本书系河南省高等学校哲学社会科学应用研究重大项目——《新常
任研究》（2016-YYZD-02）、省高校哲学社会科学首批创新团
若干重大伦理问题研究》（2012—CXTD—06）、省高校人文社
济理论研究中心、省级重点学科——河南财经政法大学哲学学科、教育部人文社科重点研究基
地——中国人民大学伦理学与道德建设研究中心研究成果。

河南省企业社会责任研究报告
（2015）

ANNUAL REPORT ON
CORPORATE SOCIAL RESPONSIBILITY OF HENAN
（2015）

马书臣 乔法容 周林霞◎主　编
李培林 王文超 张新宁◎副主编

经济管理出版社
ECONOMY & MANAGEMENT PUBLISHING HOUSE

图书在版编目（CIP）数据

河南省企业社会责任研究报告（2015）/马书臣，乔法容，周林霞主编. —北京：经济管理出版社，2015.12

ISBN 978-7-5096-4181-1

Ⅰ.①河… Ⅱ.①马… ②乔… ③周… Ⅲ.①企业责任—社会责任—研究报告—河南省—2015 Ⅳ.①F279.276.1

中国版本图书馆 CIP 数据核字（2015）第 311823 号

组稿编辑：申桂萍
责任编辑：侯春霞
责任印制：黄章平
责任校对：超　凡

出版发行：经济管理出版社
　　　　　（北京市海淀区北蜂窝 8 号中雅大厦 A 座 11 层　100038）
网　　址：www. E-mp. com. cn
电　　话：（010）51915602
印　　刷：北京晨旭印刷厂
经　　销：新华书店
开　　本：720mm×1000mm/16
印　　张：22
字　　数：382 千字
版　　次：2015 年 12 月第 1 版　2015 年 12 月第 1 次印刷
书　　号：ISBN 978-7-5096-4181-1
定　　价：78.00 元

目　录

总报告

理论篇

实践篇

附　录

总 报 告

总　论

　　《河南省企业社会责任研究报告（2015)》是河南财经政法大学河南经济伦理研究中心、中国人民大学伦理学与道德建设研究中心、河南省经济伦理学会组织编写的第一部较为系统地研究河南省企业社会责任的著作（蓝皮书）。在经济全球化日益趋于深化的背景下，世界各国尤其是市场经济发达国家，已从较早关注、研究企业社会责任理论转向企业社会责任的实践与建设阶段，昭示着企业社会责任理论与实践在21世纪将有重大突破。当今的中国，经济发展进入新常态，"十三五"规划提出，要深入推进"四个全面"，坚持发展第一要务，以提高发展质量和效益为中心，加快形成引领经济发展新常态的体制机制和发展方式，保持战略定力，坚持稳中求进，统筹推进经济建设、政治建设、文化建设、社会建设、生态文明建设和党的建设，确保如期全面建成小康社会，为实现第二个百年奋斗目标、实现中华民族伟大复兴的中国梦奠定更加坚实的基础。

　　近年来，党和政府高度重视企业社会责任工作。党的十八届三中全会对各种所有制企业提出了要承担社会责任的明确要求。党的十八届四中全会更是将企业履行社会责任提升到了立法的层面，企业履行社会责任已经从社会对企业的伦理性要求，上升为国家和政府对企业发展的制度性要求。党的十八届五中全会提出"创新、协调、绿色、开放、共享"五大发展理念。概括起来讲，就是要深刻认识创新是引领发展的第一动力，把创新摆在国家发展全局的核心位置，让创新贯穿党和国家一切工作，让创新在全社会蔚然成风；深刻认识协调是持续健康发展的内在要求，牢牢把握中国特色社会主义事业总体布局，正确处理发展中的重大关系，不断增强发展整体性；深刻认识绿色是永续发展的必要条件和人民对美好生活追求的重要体现，坚定走生产发展、生活富裕、生态良好的文明发展道路，推进美丽中国建设；深刻认识开放是国家繁荣发展的必由之路，奉行互利共赢的开放战略，发展更高层次的开放型经济；深刻认识共享是中国特色社会主义的本质要求，坚持发展为了人民、发展依靠人民、发展成果由人民共享，朝着共同富裕方向稳步前进。应该说，在学习领会全会精神的过程中，着力于贯彻落实、着力于躬身实践尤为重要。2015 年 11 月 19~20 日，中央企业社会责任工作会议在北京会议中心召开，国资委副主任、党委委员王文斌出席会议并讲话。他系统总结了"十二五"时期中央企业社会责任工作，对"十三五"时期面临的形势进行了深入分析，提出了"十三五"时期中央企业社会责任工作的总体目标，即形成"三个一批"：形成一批社会责任管理体系较为完善的优秀企业，形成一批引领行业履行社会责任的优秀企业，形成一批模范履行社会责任具有国际影响力的优秀企业。他指出，为实现总体目标，要努力做到"三个结合"和"五个更加注重"，即坚持与推动企业改革发展相结合，坚持与强化企业管理相结合，坚持与依法治企相结合；更加注重创新实践，更加注重公平运营，更加注重环境友好，更加注重和谐共享，更加注重公开透明。他要求中央企业下一阶段需要着力抓好五项工作：一是立足战略高度，切实谋划好"十三五"时期社会责任工作；二是突出责任融入，进一步提升企业运营水平；三是加强沟通交流，增强企业运营透明度；四是重视海外履责，做中国企业"走出去"的典范；五是持续改进提升，夯实社会责任管理工作基础。这是"十三五"期间从国家层面对中央企业社会责任工作的部署，同时也为地方企业、各类所有制企业进一步拓展、深化社会责任工作提出了明确方向和具体任务。

企业作为经济主体，在五大发展理念的引领和推动下，应当努力全面践行社会责任的要求，成为经济社会发展、生态文明、美丽中国与美丽河南建设的领跑者。五大发展理念是引领中国实现全面改革的指导思想，也是我们研究与撰写企业社会责任报告的指导方针。河南地处中原，社会各界日益重视企业社会责任的意识与践行，相关的理论研究与建设已进入一个新的历史时期，正迈向一个更高的台阶。对河南企业社会责任的建设成就进行梳理、研判、建构，宣传企业在践行社会责任方面的探索创新与成功经验，指出企业未来在担当社会责任方面的建议与建设思路，也是学界义不容辞的责任和使命。实践也证明，企业只有在经济发展、遵法守德、环境保护、社会和谐、生态文明等建设中勇于担当，才能更好地实现自身的可持续发展，更好地彰显自身存在的社会价值。

一、2014 年河南省经济发展概况

近些年来，河南省逐步实现由传统农业大省向新兴工业大省的历史性转变，制造业规模以上的主营业务收入超过 5 万亿元，居全国第五位。2014 年全省生

产总值 3.49 万亿元，比上年增长 8.9%。其中，第一产业增加值 4160.81 亿元，增长 4.1%；第二产业增加值 17902.67 亿元，增长 9.6%；第三产业增加值 12875.90 亿元，增长 9.4%。三次产业结构为 11.9∶51.2∶36.9。规模以上工业增加值 1.5 万亿元，比上年增长 11.2%；市场主体达到 326.3 万户，同比增长 26.4%，新登记企业数量增长 87.8%；全年城镇新增就业人员 144.20 万人，失业人员实现再就业 48.64 万人；节能减排目标全面实现。主要经济指标增速在全国位次普遍前移，发展的科学性持续增强。

企业是区域经济的微观主体，是当地经济社会健康发展的支柱。企业兴则经济兴，企业兴则社会兴。河南省是人口大省，也是工业大省，至 2014 年底，市场主体达到 326.3 万户。上市公司作为当地资本市场的主要组成部分，可有代表性地反映该区域市场经济发育和完善的程度、经济发展水平、遵守秩序意识等。本报告以河南省境内上市公司为企业代表，通过分析上市公司的发展现状及行业特点、所有制差异，探索进一步挖掘上市公司发展潜力、打造企业良好市场形象的路径，充分发挥上市公司在促进河南省经济社会又好又快发展中的生力军和领头雁作用，对于河南省经济社会发展无疑具有重要而又深远的意义。

据中国证监会披露信息统计，截至 2014 年 12 月 31 日，河南省境内共有上市公司 67 家，其中主板 36 家、中小板 23 家、创业板 8 家。根据国家统计局公布资料显示，2014 年河南省全年全省生产总值 3.49 万亿元。河南省境内 67 家 A 股上市公司总市值为 5531.61 亿元，占河南省国内生产总值的比重为 14%；根据各公司披露的 2014 年度报告，河南省上市公司总体经营状况如下：

（一）中部六省上市公司数量对比

据中国证监会披露信息统计，截至 2014 年 12 月 31 日，我国中部六省上市公司数量共 371 家，其中河南省上市公司数量达 67 家，占比为 18.06%，在中部六省中排名第四位。湖北省上市公司数量位居第一，截至 2014 年底共有上市公司 86 家，总市值为 7469.94 亿元；其次是湖南省，至 2014 年底上市公司有 76 家，总市值为 6838.04 亿元；安徽省位居第三，至 2014 年底上市公司有 74 家；山西省境内共有 A 股上市公司 35 家，总市值（含限售）为 5624.09 亿元，在中部六省中排名第五位；江西省上市公司数量相对最少，截至 2014 年底，上市公司有 33 家。具体情况如表 1 所示：

表1　中部六省上市公司数量分省份统计

序号	省份	数量（家）	占比（%）
1	湖北	86	23.18
2	湖南	76	20.49
3	安徽	74	19.95
4	河南	67	18.06
5	山西	35	9.43
6	江西	33	8.89
	合计	371	100.00

（二）上市公司性质

根据股权结构，河南省2014年上市公司以民营企业为主，有40家，占比59.70%；国有控股企业27家，占比40.30%。具体情况如表2所示：

表2　河南省2014年上市公司性质分类

公司性质	公司数量（家）	占比（%）
国有控股企业	27	40.30
民营企业	40	59.70
合计	67	100.00

从表2可以看出，河南省上市公司主要以民营企业为主，约占六成。

（三）行业分布

河南省67家上市公司主要集中在制造业，电力、热力、燃气及水生产和供应业，其中制造业44家，占比65.67%；电力、热力、燃气及水生产和供应业8家，占比11.94%。具体情况如表3所示（行业分布按照证监会行业分类）：

表3　河南省上市公司行业分类

行业分布	公司数量（家）	占比（%）
制造业	44	65.67
信息传输、软件和信息技术服务业	2	2.99
建筑业	5	7.46
农、林、牧、渔业	3	4.48
科学研究和技术服务业	1	1.49
租赁和商务服务业	2	2.99
水利、环境和公共设施管理业	1	1.49
电力、热力、燃气及水生产和供应业	8	11.94
文化、体育和娱乐业	1	1.49
合计	67	100.00

　　河南省政府曾把食品工业、轻工业和能源工业作为优势产业予以重点发展，取得了一定的成效。例如，灌肠、火腿肠生产全国出名，仅双汇、春都（2006年完成重组改制，现为"同力水泥"）和郑荣（2010年被河南正道实业收购）三大品牌就占据了全国超过一半的市场份额。轻工业则重点发展8个支柱产业，壮大4大特色产业，培育10个大型企业集团。因河南煤炭产量位居全国第二，发展火电条件良好，河南原油和天然气的产量也很丰富，所以67家上市公司的主业主要集中在制造业和采掘业以及电力、煤、气的生产和供应上。华英农业和雏鹰农牧成功上市使得河南实现了农业类上市公司零的突破，但高科技企业仅有轴研科技、华兰生物等几家，商业类仅郑州百文一家（现在已被山东三联重组兼并）。河南省是旅游和人口大省，但至今却无一家旅游业、批发零售业、金融保险业上市公司。通过产业归类发现，河南省上市公司的行业分布结合了本地资源丰富的优势，但不够充分。从全省上市公司产业分布状况来看，基本分布在第二产业，占到90%以上，而河南省作为一个农业大省，涉及第一产业的上市公司不到5%，高科技企业的比例也比较低。

　　（四）地区分布

　　在河南省67家境内上市公司中，郑州有21家、洛阳有9家、焦作有7家、许昌有6家、安阳有3家、平顶山有3家、南阳有3家，新乡、商丘、信阳、漯河和济源都只有2家境内上市公司，周口、驻马店、开封、三门峡和濮阳都仅有1家上市公司，鹤壁迄今为止未有一家公司上市。从河南省上市公司的地区分布可以看出，河南省大部分地市均已有本地区的上市公司，但明显集中在郑州市、洛阳市、焦作市、许昌市四个地市，其中郑州市上市公司数量在全省上市公司数量的占比高达1/3，全省67家上市公司的地区分布不均衡。具体情况如表4所示：

表4　河南省上市公司省内地域分布

城市	上市公司数量（家）	所占百分比（%）
郑州	21	31.34
洛阳	9	13.43
焦作	7	10.45
许昌	6	8.96
安阳	3	4.48
平顶山	3	4.48
南阳	3	4.48
新乡	2	2.99

续表

城市	上市公司数量（家）	所占百分比（%）
商丘	2	2.99
信阳	2	2.99
漯河	2	2.99
济源	2	2.99
周口	1	1.49
驻马店	1	1.49
开封	1	1.49
三门峡	1	1.49
濮阳	1	1.49
鹤壁	0	0.00
合计	67	100.00

二、河南省企业社会责任现状

企业社会责任是指企业在生产经营、对股东承担法律责任的同时，还要承担对员工、消费者、商业伙伴、社区和环境的责任。企业社会责任的内涵要求企业除了重视自身经营和财务状况之外，还要重视在生产和商业运营过程中对人的价值和社会影响的关注，包括员工的权益保障和福利条件、消费者权益保护与安全保障、对合作伙伴诚信与公平对待等责任要求；同时还强调企业要对环境、社会的贡献与责任，如生态环境的保护、社会公益与社会就业的贡献和责任等。

在经济全球化的大背景下，企业社会责任已成为全球企业提升竞争力和企业品质的核心要素，是实现企业自身创新与可持续发展，乃至推动人类社会可持续发展的客观要求；是企业在经济社会发展的新常态下，优化产业结构、实现转型升级的内生需求；同时也是企业参与和管理社会事业，促进我国社会信用体系建设，实现社会和谐，共铸中国梦的必然选择。

为推动企业社会责任工作，提振河南经济，促进"四个全面"建设和贯彻"五大发展理念"，河南省政府和相关部门相继出台了促进企业履行社会责任的政策法规，相关社会组织大力营造企业履行社会责任的舆论氛围，部分先进企业积极探索承担社会责任的路径，共同推进河南省企业社会责任建设工作。

（一）政府机关相继出台相关政策法规

1. 法律道德

2014 年 4 月，河南省人力资源和社会保障厅对外公布了《2014 年和谐劳动关系构建工程实施意见》，要求全省企业贯彻落实《劳动合同法》、改进工资分配制度、建立健全工资增长和支付保障机制等，进一步完善劳动关系工作体系，健全协调劳动关系三方机制，建立劳动保障监察执法、劳动关系矛盾协调处理、劳动人事争议调解仲裁并重的工作机制。主要内容包括六个方面：第一，全省要贯彻落实《劳动合同法》，建立完善劳动关系双方自主协调机制。第二，加大企业工资分配制度改革力度。认真落实最低工资保障制度，研究拟订最低工资标准调整方案，适时稳慎调整最低工资标准。第三，推动企业建立健全工资增长和支付保障机制。积极稳妥推行工资集体协商制度，推动企业建立职工工资共决机制和正常增长机制。第四，全面推进河南省效能建设工作。第五，继续加大劳动保障监察执法力度。第六，稳步推进劳动保障监察"两网化"管理工作。到2014年，力争全省劳动合同、集体合同签订率分别达到95%、90%以上，劳动保障监察"两网化"地级城市覆盖率达到90%，劳动人事争议仲裁案件结案率达到93%。

在建立社会信用体系、加强诚信道德建设方面，河南省高度重视社会信用体系建设，特别是金融信用体系建设。2009年12月，河南省政府下发《关于加快推进全省社会信用体系建设的通知》，明确要求建立和完善证券、期货等金融市场信用数据库，加强信息披露和提高透明度等。上市公司作为河南省经济中最具活力和竞争力的优秀企业，这份诚信公约的签署，对于打造资本市场"诚信河南"的新形象有着重要意义。2013年10月28日，河南省发展和改革委员会呈报《关于开展河南省社会信用市县建设示范试点工作的意见（代拟稿）》，指出为贯彻落实党的十八大精神，加快社会信用体系建设，推进政务诚信、商务诚信、社会诚信和司法公信，省发展改革委、中国人民银行郑州中心支行联合起草了《关于开展河南省社会信用市县建设示范试点工作的意见（代拟稿）》，征求吸收有关单位意见，并拟请以省政府文件印发。2014年3月25日，《河南省人民政府关于加快推进社会信用体系建设的指导意见》（豫政〔2014〕31号）下发，文件首先强调了社会信用体系建设的重大意义、指导思想、四个原则、重点任务、保障措施等，为河南省社会信用体系建设制定了一个相对系统、相互配套的制度安排。同时指出，信用是市场经济的"基石"，社会信用体系是社会主义市场经济体制和社会管理体制的重要制度安排。加快社会信用体系建设是实现中原崛起、河南振兴的重要基础，是完善市场经济体制、扩大开放、提升软实力的重要举措，是创新和改进社会管理、构建和谐社会的重要保障，也是推动政府职能转变、简政放权、更好做到"放"、"管"结合的必要条件。文件提出了社会信用体系建设的四条原则，即：①政府推动，社会共建。各级政府要以身作则，以政务诚信示范引领全社会诚信建设。加强规划指导和部署推动，健全相关制度和标准，动员和发挥企业、社团组织、新闻媒体和社会公众等各方面的作用，形成共建社会信用体系的合力。②统筹规划，重点突破。立足现实，着眼长远，统筹全局，系统规划，有计划、分步骤地推进社会信用体系建设工作。同时，明确关键环节和领域，实施重点突破、典型示范、创新试点，从而以点带面，协调推进。③健全法规，严格监管。建立健全信用法规体系，依法开展信用信息征集、披露和使用工作，加强信用信息监管，规范信用服务主体行为，切实维护信用信息安全和信息主体权益。④强化应用，以用促建。推进信用产品社会化应用，倡导综合信用承诺，建立健全社会征信体系和褒扬诚信、惩戒失信联动机制，大力宣传诚信典型，加大失信惩戒力度，在信用产品应用中促进信用体系建设。2015年1月，河南省委宣传部、省文明办、省发展改革委、中国人民银行郑州中心支行、省社科联在郑州联合举办了河南省诚信企业示范创建"百千万"工程启动仪式暨河南高层发展论坛。召开河南省社会信用体系建设理论研讨会，来自省社会信用体系建设领导小组各成员单位、省辖市和省直管县（市）的社会信用体系建设牵头部门、综合诚信承诺企业的领导和代表共150人参加。论坛公布了2015年河南省首批综合诚信承诺企业文件，根据《河南省人民政府关于加快推进社会信用体系建设的指导意见》和《关于河南省实施诚信企业示范创建"百千万"工程的意见》，按照企业自愿申报、各地组织企业签署《河南省企业综合诚信承诺公约》确认情况，三全食品股份有限公司、中国一拖集团有限公司、河南豫光金铅集团有限责任公司等2271家河南省首批综合诚信承诺企业予以公布。今后，河南省将紧紧围绕政务诚信、商务诚信、社会诚信和司法公信建设，启动规划编制、省级公共信用信息平台等六项重点工作。

2. 质量安全

2012年11月，河南省政府出台《关于在全省食品生产企业全面推行先进质量管理模式的意见》，全面推行 PEM、ISO22000、HACCP 等先进质量管理模式，提升食品生产企业质量管理水平和质量安全防控能力，开始从源头追溯食品安全。河南省的总体目标为：到"十二五"末，在全省食品生产企业中全面推行 PEM、ISO22000、HACCP 等先进质量管理模式，帮助企业全面建立食品生产质量安全防控体系，确保质量安全管理水平显著提升，全省食品生产质量安全监督抽查合格率稳定在96%以上。

2014 年 4 月，河南省农业厅印发《2015 年全省农产品质量安全专项整治方案》，要求严格按照《农产品质量安全法》等有关法律法规和司法解释，以农产品质量安全执法为主题，针对重点时段、重点区域、重点产品和薄弱环节，坚持问题导向，加大巡查检查和监督抽查力度，加强农产品质量安全执法，强化行政执法与刑事司法的衔接，严厉打击农产品质量安全领域的违法违规行为，通过严厉惩处使企业更加注重保障农产品的质量安全。

2014 年 10 月，河南省开始执行《河南省实施〈中华人民共和国农产品质量安全法〉办法》，该办法规定，对于农产品生产用的肥料、农药等农业投入品，企业都要建立购销记录，如实记载其采购、销售农业投入品的名称、生产日期、保质期、生产企业、产品登记证号或者产品批准文号、采购日期、采购来源、采购数量以及销售时间、对象、数量等事项，这些购销记录至少要保存两年，旨在确保企业生产经营的农产品质量安全可以追溯管理。

3. 科技创新

为引导社会资本投向科技创新创业，河南省首设科技创新风险投资基金，凡符合条件的优秀科技创新企业，最高可获得 2000 万元资金扶持。河南省科技创新风险投资基金由省财政厅、省科技厅、中原证券联合设立，旨在通过基金运作，转变财政科技资金投入方式，引导社会资本投资于科技创新创业，促进科技型小微企业发展壮大。按照计划，基金首期 5 亿元，投资范围包括：省内的国家及省级众创空间、大学科技园、科技企业孵化器在孵科技型小微企业；国家"千人计划"、省"百人计划"等高层次人才领办的省内初创期科技型企业。此外，对省内外实力强、业绩好的风险投资基金投资省内科技型小微企业，省科技创新风险投资基金可视情况跟进投资。

2014 年 1 月，河南省科技厅联合省发展改革委、工信厅、环保厅、住房城乡建设厅等部门组织开展了第六批河南省节能减排科技创新示范企业培育和认定工作。经专家评审和五部门审核同意，认定南阳防爆集团股份有限公司等 36 家企业为第六批河南省节能减排科技创新示范企业。截至 2014 年底，河南省共认定节能减排科技创新示范企业六批 197 家。各示范企业高度重视节能减排，大力实施清洁生产，发展循环经济，依靠科技创新推动节能减排工作开展，为同行业和全省工业企业节能减排提供了技术示范，为实现全省节能减排目标做出了重要贡献。

4. 消费者权益

2014 年 3 月 15 日，新《消费者权益保护法》开始全面实施。2014 年 3 月，河南省工商局发布 12 条新旧《消费者权益保护法》内容变更提示，对新《消费者权益保护法》进行了要点解读。新《消费者权益保护法》在经营者义务方面，丰富了经营者对消费者的安全保障义务，规定了缺陷产品召回制度，完善了"三包"制度，新增了无理由退货制度，规范了格式条款，并且将金融服务纳入调整范围，对部分商品和服务实行举证责任倒置等。通过对新《消费者权益保护法》的解读，可以帮助企业明确在经营活动中如何维护消费者权益，引导企业积极践行消费者责任。据河南省工商行政管理局统计，2014 年，全省工商系统各级 12315 工作机构共受理消费者咨询 205859 件、投诉 53889 件、举报 9043 件，共计 268791 件。截至 2014 年底，已处理投诉 50895 件，处理率 94.44%，投诉涉及争议金额 1508.27 万元，挽回经济损失金额 2338.94 万元；已处理举报 8362 件（部分案件正在进一步处理中）。新《消费者权益保护法》的颁布，明确了消费者的权利，确立和加强了保护消费者权益的法律基础，弥补了原有法律法规在保障消费者权益方面调整作用不全的缺陷，使消费者在遇到消费纠纷时处于更加有利的地位，降低了维权成本，使消费者维权有据可依，增强了消费者维权的信心。

5. 环境保护

2014 年 1 月，《河南省减少污染物排放条例》正式实施，该条例规定："县级以上环保行政部门对无证排污、违反许可证要求排污的，可依法查封有关设施、场所，扣押有关工具、物品；在查处相关违法行为时可对证据先行登记保存。"这被环保人士认为是中国内地污染减排监管手段的有效突破。上述条例规定赋予了环保部门"查封"、"扣押"、"先行登记保存"的权力，国家尚未出台这方面的规定，这是河南省的一个创新。此外，条例还明确规定，"县级以上政府对减少污染物排放工作负责，要纳入国民经济和社会发展规划，制订年度实施计划，实行目标责任制和行政问责制"，并加大了对重大污染事件责任人的追责力度。

2014 年 11 月，河南省环保厅与河南保监局联合出台《关于开展环境污染强制责任保险试点工作的实施意见》，"污染企业获利、损害大家埋单"的局面有望得到扭转。据权威部门估算，我国每年由于环境污染造成的直接经济损失达 1200 亿元。一旦发生重大环境污染事故，在巨额赔偿和污染治理费用面前，即便事故企业赔得破了产，受害者也常常得不到及时的补偿，最终只能由政府、社会埋单。河南省此次推行的"污染保险"其实就相当于"绿色保险"，一旦企业因为污染事故造成损失，就可以通过保险赔偿的方式，将损失降到最低。此外，"污染保险"的赔付只针对污染事故，企业有污染行为仍将受到环保部门的严厉查处，涉及刑事犯罪还要追究刑事责任，并不意味着企业掏了保险费就可以随便排污。

6. 员工权益

河南省着力构建和谐劳动关系，促进劳动者实现体面劳动、尊严生活。第一，加强劳动关系调整和劳动保障监察执法工作，进一步完善协调劳动关系三方机制。2014年，全省劳动合同签订率为97%，集体合同覆盖率为93.9%，劳动保障监察"两网化"管理覆盖92%的地级城市。第二，加强劳动人事争议调解仲裁和信访维稳工作。2014年，全省劳动人事仲裁机构共受理案件3.69万件，当期结案率达到93%以上，办案质量和效率显著提高。仲裁院建设取得突破性进展，18个省辖市和166个县（市、区）全部成立仲裁院，省辖市和县（市、区）仲裁院建院率达100%。第三，稳步推进工资收入分配制度改革。省直机关实行"同城同待遇"，调整津补贴，同步调整省直事业单位绩效工资标准，并及时兑现到位。建立覆盖全省的企业薪酬调查制度，调整了企业最低工资标准，发布了河南省2014年企业工资指导线，企业工资支付行为进一步规范。第四，全力保障农民工工资支付。这项工作涉及广大农民工的切身利益，党和政府高度关注，全省各级人社部门共查处拖欠工资案件10925件，为18万名劳动者追发工资10.45亿元，其中为16.8万名农民工追发工资9.75亿元，切实维护了广大劳动者的合法权益。

河南省召开协调劳动关系三方视频会议。2015年6月，河南省人社厅、省总工会、省企业联合会/省企业家协会、省工商联在郑州召开视频会议，全面贯彻落实中共中央、国务院《关于构建和谐劳动关系的意见》（下文简称《意见》），对推进河南省新时期构建和谐劳动关系工作进行部署。会议要求，各地三方要充分认识构建和谐劳动关系的重要性和紧迫性，准确把握《意见》精神实质，准确把握构建和谐劳动关系的目标任务、工作原则和措施，自觉把思想和行动统一到中央的决策部署上来。要在巩固当前劳动关系工作成果基础上，加强治理，科学谋划，突出重点，统筹推进构建和谐劳动关系的各项工作。要着力解决当前劳动关系突出矛盾，全面治理拖欠农民工工资问题，妥善解决部分企业不依法缴纳社会保险费的问题，加强对产业结构调整过程中劳动关系处理的指导规范。要创新劳动关系协调机制，完善劳动关系矛盾调处机制，健全劳动保障监察体制机制。

要加强对企业经营者和职工的教育引导，支持企业健康发展，全面落实劳动保障法律法规，加大宣传力度，努力营造构建和谐劳动关系的良好环境。会议指出，各级工会要不断激发基层工会活力，积极推进协调劳动关系制度机制和方法创新。要依法保障职工基本权益，充分发挥集体协商制度对调整劳动关系的基础性作用，准确把握工会的职责定位，加强对职工特别是新生代职工和农民工的人文关怀。各级企联要切实加强组织体系和队伍建设，健全完善县、区级企联组织。加强企联系统协调劳动关系的各项制度和机制建设，进一步加强工作基础条件建设，提高企联整体服务能力和水平。各级工商联要把《意见》的贯彻落实与深入开展以守法诚信为重点的理想信念教育实践活动结合起来，与优化非公有制企业发展环境结合起来，与引导非公有制企业转型升级结合起来，与学习中央统战工作会议精神结合起来，积极推动非公有制企业党建工作，引导更多的民营企业重视构建和谐劳动关系，为推动经济社会发展、维护社会和谐稳定做出贡献。会议强调，各地三方要搞好协调配合，共同做好构建和谐劳动关系的组织实施工作。一是要明确职责，共同推进。进一步健全党委领导、政府负责、社会协同、企业和职工参与、法治保障的工作体制，形成全社会共同参与的工作合力。二是要夯实基础，提高能力。加强基层劳动关系工作平台建设，加强工作人员队伍建设，提升队伍的专业化水平，积极推进劳动争议调解仲裁、劳动保障监察管理等的信息化建设。三是要加强督导，确保落实。落实企业和劳动者构建和谐劳动关系的主体责任，督促中央意见的规定在企业和职工劳动关系一线贯彻执行，实现劳动关系政府治理和社会治理良性互动，真正使得劳动关系实现长期和谐稳定。

（二）社会组织的引导和规范

河南省企业履行社会责任工作尚处于起步阶段，多数企业对于如何科学履行社会责任并不清楚，需要第三方社会组织进行引导和规范。

1. 推进企业诚信建设

河南省上市公司协会成立于2002年，是河南省上市公司、拟上市公司自愿结成的联合性、地方性、非营利性社会组织。2012年10月，在河南省证监局倡议组织下，由河南省上市公司协会发起，联合全省63家上市公司共同签署《河南上市公司诚信公约》，旨在塑造诚信、守信、互信的资本市场文化，提高河南上市公司诚信意识，提升河南省资本市场诚信水平，保护投资者合法权益，树立和维护"诚信河南"新形象。自2013年7月，河南省上市公司协会在省证监局的指导下，组织开展了河南省上市公司"诚信公约阳光行"系列活动，至2014年底先后走访了宇通客车、瑞贝卡、风神轮胎、焦作万方、佰利联、雏鹰农牧、双汇发展、莲花味精、三全食品、华英农业、好想你等多家上市公司，通过走访企业、与企业管理者面对面深入交流等形式，企业与投资者、新闻媒体等社会公众之间搭建了互动沟通的桥梁，使公众更好地监督签约公司履行承诺，进一步提高企业信息披露质量，加强投资者关系管理，切实保护投资者的知情权，从而塑造河南省上市公司的诚信形象。全省上市公司集体签订诚信公约，河南省的做法是全国首例；同时，以集体签约的形式承诺上市公司的分红比例，这在全国也是首次。上市公司作为河南省经济中最具活力和竞争力的优秀企业，其诚信公约的签署与实践，对于打造资本市场"诚信河南"的良好形象有着重要意义。

2. 推进企业文化建设

企业文化和职工文化始终是企业生存发展取之不尽、用之不竭的力量源泉。企业要真正步入市场，走出一条发展较快、效益较好的路子，就必须普及和深化企业文化建设。为推动企业文化建设，焦作市总工会以建设"职工书屋"为契机，以提高职工素质为抓手，在全市掀起了如火如荼的"职工书屋"建设工作，为职工成长成才搭建了阶梯，为企业文化建设打牢了根基。截至 2012 年，焦作市 90% 以上的企事业单位建成了"职工书屋"。河南省总工会 2014 年下发了《关于申报 2014 年全国及省级工会"职工书屋"示范点的通知》，要求 2014 年全省新建"职工书屋"500 家，进一步鼓励企业落实"职工书屋"计划，推进企业文化建设和发展。

3. 搭建企业履行社会责任的平台

为帮助企业科学全面履行社会责任，河南省工商联、河南省民政厅于 2011 年正式批准成立"河南省企业社会责任促进中心"，这是河南首家促进企业积极履行社会责任的专业非营利机构。中心自成立以来，编写了国内首部省级民营企业社会责任报告——《2011 年河南省民营企业社会责任调查报告》，起草拟定了我国首个民营企业社会责任地方标准——《河南省民营企业社会责任评价与管理指南》（DB41/T876-2013），并先后到省内的森源电气、天下投资集团、信质地产、广安集团、雏鹰农牧集团、天天一泉、穗好床垫等不同类型企业进行课题调研，宣传、讲解企业社会责任理念。2014 年 9 月，中心与河南省工经联联合开展的工业企业社会责任专项培训活动，为 100 多位学员提供了企业社会责任方面的专业培训，通过培训促进企业积极开展社会责任工作。

（三）企业主动践行社会责任

企业是社会的重要组成部分，理应自觉承担和履行社会责任。企业积极主动践行社会责任，不仅有助于树立良好的企业形象，也有助于持续提高企业市场竞争力。上市公司履行社会责任并发布社会责任报告，既符合自身发展需要，也是股票交易所对于上市公司提出的明确要求。目前，河南省上市公司整体企业社会责任意识较高，在法律道德、消费者权益、股东权益、劳工权益、科技创新、环境保护、慈善捐赠等方面，都在不断探索与提升，积累了宝贵的经验，展示了企业的价值，赢得了社会的赞誉。但总体来看，河南省企业承担社会责任的认知水平、实践能力、主动精神、内在动力仍有待提升。

1. 诚实守信经营，推动依法治企

法律责任是企业作为社会"公民"所应遵守的最根本原则。法律责任主要体现在以下几个方面：企业在生产经营活动中认真遵守法律、法规，无违法乱纪现象；公司的核心经营战略充分考虑应尽的社会责任；反对腐败，倡导并践行健康的商业价值伦理，公司的发展规划和行动始终与社会的主流方向一致；企业将社会责任绩效纳入核心经营战略规划；等等。法律责任既是企业生产经营需要遵守的底线，也是企业在市场中生存的天然保护屏障，有助于建立良好的市场秩序，保障公平、有序的竞争环境。

河南神马实业股份有限公司高度重视公司经营管理的合法合规性，在"遵纪守法、诚信经营"的理念下，公司积极构建内部管理与外部监督有效互动的企业守法合规体系，并将公司的每一位员工都纳入企业守法合规的内部管控体系中。2014年，公司在生产经营活动中严格依法经营，诚实守信，忠实履行合同，恪守商业信用，无任何己方原因造成的违约事件。公司的核心经营战略也充分考虑了应尽的社会责任，并将社会责任纳入核心经营战略规划中。此外，神马股份高度重视和倡导践行健康的商业价值伦理，确保公司的发展规划和行动始终与社会的主流方向保持一致。

作为中国客车第一品牌，宇通集团秉承"依法治企"的经营管理理念，坚持诚实守信、依法经营，及时足额缴纳税款，认真履行纳税人的各种义务和社会责任，接受社会监督，如实向税务机关报送纳税申报资料，反映公司的生产经营及执行财务制度情况。公司连续多年被河南省国家税务局、河南省地方税务局联合评为"A级纳税信用企业"。多年来，公司主要经济指标快速、健康增长，营业收入、日整车产销量屡创新高，税收贡献逐年加大，是河南省、郑州市的重点税源企业、纳税大户，在河南省国家税务局纳税百强企业排名中，历年来均位居前列。2014 年，公司纳税贡献取得新的突破，缴纳税额逾 13 亿元。

2. 以科技促创新，推动产品质量升级

创新是企业的生命，是内生的动力。没有创新，就无法满足消费者日益增长的物质文化需要。新常态下，科技创新对于推动企业转型升级具有重要的战略意义，是增强企业核心竞争力的关键举措，也是企业开拓市场，实现可持续发展的关键。

河南新天科技有限公司多年来专注于智能计量仪表及其控制系统产品的开发，始终以"掌握核心技术，不断创新"作为核心竞争力，以"先进的技术是我们的荣誉"作为公司研发人员的信念。公司专注于能源计量信息化管理产品及行业应用解决方案的研究与开发，多年来一直坚持自主创新，始终瞄准行业前沿技术，积极将前沿技术运用于技术与产品开发中，不断研发出能满足用户需求的新产品，保持较强的自主创新能力，实现产品的快速技术更新，使公司技术与产品始终处于行业领先地位。目前，公司拥有 300 余项国家专利、计算机软件著作权，其中专利 205 项、计算机软件著作权 167 项。近年来，公司不断加大新产品开发力度，持续改进和提升产品质量，努力推进公司实现持续、快速、健康发展，产品质量水平不断提高，多年稳居行业前列。中国质量检验协会组织开展了以"建设质量强国，让消费者质量和服务同享；引导质量消费，切实维护消费者合法权益"为主题的国际消费者权益日全国优秀企业"质量和服务诚信承诺"活动，新天科技被授予"全国质量和服务诚信优秀企业"荣誉称号。

中信重工作为一家以技术创新为核心战略的技术型企业，拥有国家首批认定的国家级企业技术中心，居全国 887 家国家级技术中心前 10 位，荣获国家技术中心成就奖，所属的洛阳矿山机械工程设计研究院是国内最大的矿山机械综合性技术开发研究机构，具有甲级机械工程设计和工程总承包资质，专业从事国家基础工业技术装备、成套工艺流程的基础研究和开发设计。公司开发拥有"年产千万吨级超深矿建井及提升装备设计及制造技术"、"年产千万吨级移动和半移动破碎站设计及制造技术"等 20 多项核心技术，形成了大型化、集成化、成套化、低碳化绿色产业新格局。公司拥有自主知识产权的产品占到了 95%，形成了国内外不可替代的核心竞争优势，成为重型装备制造业前沿技术的引领者，众多科研成果填补国内空白，达到国际先进水平。中信重工依靠强大的技术保障了产品质量。2014 年，公司荣获全国质量检验工作先进企业、中国质量诚信企业；公司铸锻厂铸钢车间造型班组获评"全国质量信得过班组"；公司系列减速器、回转窑、辊压机、立式辊磨机、管磨机五个产品获"中国建材机械工业著名品牌产品"；公司 LK 牌机械设备获"2013~2015 年度河南省国际知名品牌"；公司矿井提升机智能恒减速电液制动装置等五类产品获评"河南省名牌产品"。在 6 月 25 日发布的 2014 年度中国工业企业品牌竞争力评价结果中，中信重工首次成为"中国工业企业品牌竞争力评价前百名"上榜企业。

3. 践行环保责任，推动生态文明建设

秉承绿色发展理念，在发展过程中实现经济效益与环境效益的平衡发展，既保证企业可持续发展，又积极为环境保护做贡献，这是当前和今后一个时期国家和社会对于企业的迫切要求。

企业的环保责任主要表现为以下几个方面：企业制定环境保护的具体措施，并切实履行环境保护职责；企业主动发起或积极参与环境保护项目；引导并创造可持续性消费；企业注重使用清洁能源，并积极向社区里的更多人群做宣传推广工作；企业重视对节能减排措施的投入和研究创新，并注重将各项新技术、新方法积极推广到实际生产工作中。

河南风神轮胎在节能减排方面取得了很大的成就，积极履行了环境责任。该企业自 2011 年 5 月起，全面推出无毒无害、低碳节油、可翻新的绿色轮胎，是全球轮胎行业首家实行国内外统一环保标准的企业，对上下游产业和同行业具有重要的引领和示范作用。企业先后筹资 3 亿多元用于节能减排、环境改造，在具体做法上：一是主动拆除 8 台锅炉，用最先进的环保设施建成了热能综合利用项目，使二氧化硫和烟尘排放总量分别下降了 30.16% 和 31.5%，公司提前两年完成了国家"十一五"期间提出的单位 GDP 能耗下降 20% 的约束性指标；二是关闭了用于生产的 8 口水井，用处理部分城市生活污水和生产用水循环利用的思路建成了水资源综合利用项目，在全国轮胎行业率先实现了污水"零排放"；三是持续加大科技创新力度和投入，导入六西格玛设计理念（DFSS），推动研发重点向提高产品性能转移，在国家没有要求的情况下，不惜投入巨额资金，自 2011 年 5 月起，主动、全面推出无毒无害、低碳节油、可翻新的绿色轮胎，成为全球第一家 100% 全面推行绿色节油子午线轮胎的制造企业。2014 年，公司万元产值综合能耗同比降低 5%，被中国石油和化学工业联合会评为"2013 年度能效领跑者标杆企业"。

而作为河南省唯一一家环境保护类大型企业，中原环保股份有限公司以可持续发展与节约资源、保护环境和维护自然和谐为己任。通过几年的投资、经营、发展，公司污水处理规模和能力不断提升，目前公司水务运营单位达到8个，设计日处理污水能力67万吨，2014年全年污水处理量首次突破2亿吨，达到2.26亿吨，有效削减了郑州市市政污水污染负荷，对缓解贾鲁河水环境污染起到了积极的作用，使郑州市环境质量得到改善。为减少温室气体排放量，在做好污水处理、保证出水达标排放的同时，公司积极探索污水处理新技术、新工艺，并在中水回用、沼气利用、污泥处置等方面开展技术攻关。目前，沼气利用项目已顺利投产一年多，结束了沼气点天灯的历史，将洁净沼气输入郑州市燃气管网系统，初步满足2万户居民的日用气需要。公司全年沼气输送量达436万立方米，变废为宝，不仅取得了经济效益，还为生态环境的保护做出了贡献。

4. 保障员工权益，构建和谐劳动关系

劳动关系是否和谐，事关广大职工和企业的切身利益，事关经济发展与社会和谐。我国正处于经济社会转型时期，劳动关系的主体及其利益诉求越来越多元化，劳动关系矛盾已进入凸显期和多发期，构建和谐劳动关系的任务艰巨繁重。

党的十八大明确提出构建和谐劳动关系。在新的历史条件下，努力构建中国特色和谐劳动关系，是加强和创新社会管理、保障和改善民生的重要内容，是建设社会主义和谐社会的重要基础，是经济持续健康发展的重要保证，是增强党的执政基础、巩固党的执政地位的必然要求。

企业作为经济生活中的主体，对于构建和谐劳动关系、保障员工权益具有至关重要的作用。保障员工权益不仅需要政府层面的法律保障，更需要企业的自觉行为。企业在履行员工责任时，主要有以下做法：尊重劳工权益，尊重人权；严格遵守国家劳动法律和制度，员工社会保障、保险齐全；企业制定健全的反对歧视制度，员工生育期间享有福利保障，薪酬公平，休假制度健全；企业积极开展员工培训，注重培养本土的技术人才、管理人才；组建工会并积极开展工会活动；企业注重保护员工的职业健康和安全。

华兰生物一向重视员工权益维护与保障，注重员工培训与企业团队建设，把维护全体员工的利益作为工作重点，切实提升员工的自身价值，培养员工的凝聚力和团队精神，使员工的个人梦想和企业的愿景有机统一；致力于营造和谐的企业文化，实现用感情凝聚员工、用事业激励员工，规范人力资源管理体系，并不断完善薪酬及激励机制。

作为一家医药制造公司，河南羚锐制药股份有限公司十分注重维护和谐的劳动关系。公司在不断发展壮大、经济效益显著提高的同时，依据员工的心声，不断增加职工的工资收入，坚持按劳分配与按生产要素分配相结合的原则，建立了职工工资的增长机制。如因工期原因而要求员工延长工作时间的情况下，公司通过完善的劳动加班薪酬管理制度，尊重员工劳动，确保劳工权益。除了保障劳工基本权利外，公司也注重提升企业员工的福利水平。例如，投资数百万元建成了职工俱乐部和图书馆等，丰富了员工的业余生活，促进了员工的身心健康。此外，公司还建立了"员工互助基金"，建立健全困难职工档案，真心救济遭遇危难的职工。例如，公司工会开展了"金秋助学"、"金秋圆梦"活动。河南羚锐制药股份有限公司自成立以来严格遵守国家有关劳动者权益保护方面的法律法规，保障员工的合法权益。通过积极开展员工培训、组建工会活动来丰富员工的企业文化生活，维护稳定和谐的劳动关系。基于此，羚锐制药先后被河南省总工会授予"河南省劳动关系和谐模范企业"、"河南省推进集体合同、劳动合同工作先进单位"等荣誉称号。

5. 保障客户权益，提升客户满意度

消费者作为市场需求的主体，在很大程度上决定了市场消费潜力和成长活力。作为产品和服务的供给方，企业理应自觉维护消费者的合法权益，注重改善和提升产品服务质量，不断满足消费者多样化的消费需求，从而稳定市场占有率。当前，消费观念和消费模式的变革引发了新一轮的消费经济，企业应始终秉承客户利益至上的原则，不断探索新的经营思路，聚焦提升产品和服务质量。

在满足客户需求方面，安阳钢铁股份有限公司始终将顾客需求放在中心位置，通过融合技术营销理念，促进各部门工作顺畅衔接。按照产线和产品类别成立市场推广和服务机构，对顾客开展售前、售中和售后的全方位、全过程服务。成立管线钢、汽车用钢、高强板等产品室，重点跟踪顾客需求，及时抢抓高效订单。通过加强研、产、销各环节的协调，进一步提高产品交付的及时性和准确性。改善订单组织形式，尤其对于小批量订单或者用户急需订单，尽可能协同生产部门克服困难，实现整体接单。开展"量身定做"式服务，与下游相关企业共同开发胶管钢丝用盘条、高强度汽车用钢等新产品，满足顾客潜在需求。钢材加工配送中心通过对钢材进行深加工，为顾客提供半成品，提高顾客生产效率。同时，公司强化顾客服务的监督和反馈机制，通过检查、总结、考核，保证服务始终处于受控状态，通过发放《安钢钢材顾客满意度调查表》、《安钢销售公司销售服务检查记录》等收集顾客对安钢产品质量和服务质量的满意度信息，进行全方位征求意见。对征求来的意见和建议，责成有关单位改进和处理，并反馈给顾客，持续改进工作质量，实现管理闭环。

作为中国速冻食品行业的开创者和领导者，全国最大的速冻食品生产企业三全食品始终坚持诚信为本，忠实履行服务承诺。三全食品通过执行严格的质量标准，采取细致入微的质量控制措施，提升产品品质和服务质量，为广大消费者提供了安全的产品和优质的服务。公司还设立了完善的售后服务措施，努力打造和谐的客户关系。公司将一如既往地严格按照速冻食品行业国家标准、行业标准、企业标准进行生产经营，生产让消费者放心的食品，做让社会放心的企业。

6. 投身公益慈善事业，推动和谐社会建设

公益事业是关乎国计民生的社会事业，支持和推动社会公益事业发展是包括企业在内的每一位公民义不容辞的责任和义务。企业在创造物质财富的同时，自觉关注社会的进步，关注弱势群体，并合理分配企业所得财富，是企业存在的重要价值，也是企业发展的重要使命。支持公益慈善事业，参与社区建设，推动社区发展，对于构建社会主义和谐社会具有重大意义。

河南省企业中有许多积极履行公益责任、构建和谐社区的案例。河南神火煤电股份有限公司作为一家国有控股企业，在追求经济效益的同时，积极参与社会公益事业，通过助学扶贫等方式，推动社区和谐发展。2014年，河南神火煤电股份有限公司各基层工会在春节开展了"走千家访百户，献爱心送温暖"活动，走访慰问820户贫困职工，送去爱心帮扶资金83万元；对患大病、生活特别困难的职工采取多种措施，帮助他们解决困难，将66名患大病的困难职工情况上报商丘市总工会，将其加入商丘市患病困难职工救助数据库，为他们争取了15万元救助金。针对企业经营形势困难、职工收入下降的情况，公司工会先后开展了千人骨干员工帮扶和千人困难员工帮扶活动，合计发放帮扶资金404万元，受帮扶职工达2000余人；开展了"金秋助学"活动，发放助学资金65万元，受帮扶人员达325人。公司下属永城铝厂和神火发电开展了"扶贫帮困送温暖"活动，科级以上管理人员与210名困难职工结成了"亲戚"，及时对困难职工给予救助和帮扶。

河南森源集团在依靠技术创新取得巨大经济效益的同时，积极履行公益责任，致力于社区建设和和谐社会建设，为社会发展做出了巨大贡献。该公司坚持"服务于社会，贡献于国家"的经营理念，把自主创新和品牌战略作为履行社会责任的根本，在公司发展的同时，积极为政府分忧，并努力回馈社会。公司先后

累计出资 7000 多万元，分别用于建设希望学校、安置残疾人就业、抗震救灾、扶贫济困、送戏下乡、建设美丽乡村等公益事业，设立了河南省希望工程森源基金、河南省光彩事业森源基金、河南大学教育基金、长葛市森源助学基金等，并于 2012 年 5 月 19 日为清华大学经管学院新楼建设捐资 1000 万元，获得社会各界赞誉。森源集团相继资助贫困大学生 600 多名，安置残疾人就业 100 多人次，公司曾多次受到国家、省、市履行社会责任、积极参与社会公益活动的表彰，被团省委、青少年发展基金会授予"爱心单位"荣誉称号，董事长楚金甫也获得了中国百名杰出经济人物、中国优秀民营企业家、中央统战部光彩事业奖章、河南省第二届年度经济人物、河南省希望工程十大公益典范、河南省最受尊敬的民营企业家等殊荣。

三、河南省企业履行社会责任存在的问题及未来展望

（一）河南省企业社会责任发展中存在的问题

1. 政府在企业社会责任立法方面存在缺失

近年来，国家不断强调企业社会责任立法，推进企业社会责任进一步向制度化、规范化发展。上海、浙江、江苏、广东等地开始研究企业履行社会责任的制度化工作，浦东新区、杭州、南京、宁波等地制定了推动企业社会责任的政策文件。早在 2007 年，深圳市就曾出台《关于进一步推进企业履行社会责任的意见》，指导推进深圳市企业社会责任工作。作为中部地区经济和人口大省，截至 2014 年底，河南省还没有出台具有地方性质的关于企业社会责任的法律法规，使得河南省企业履行社会责任缺乏法律约束与政策推动，这是河南省在社会责任建设工作方面的一个薄弱环节。

2. 社会团体推动企业履行社会责任力度不够

河南省工商业联合会、各个行业协会以及河南省企业社会责任促进中心等各个社会团体都在为河南省企业社会责任的建设努力，并做了大量工作。但各个社会团体在推进社会责任建设的过程中，由于政府参与不足、缺乏资金扶持、社会责任活动的宣传影响力度不够，至今，尚未能探索出履行社会责任与促进企业可持续发展有机结合的模式，导致企业社会责任意识缺乏，内在动力不足，全面履行社会责任的积极性不高。

3. 反映现实的高端社会责任理论成果匮乏

截至 2014 年底，河南省仅有少数高校建立有专门从事企业社会责任研究的

机构。虽有一些研究成果推出，但呈现零散、学科视角多元、形不成气候的状况；另外，这些研究成果尚缺乏对河南省企业社会责任实践现状的整体把握，存在不接地气的现象，学术力量更是缺乏有效的整合，导致企业在履行社会责任中缺乏理论指导。河南省企业社会责任研究的学术力量不足，也是河南省企业社会责任工作进展缓慢的因素之一。

4. 企业对承担社会责任的理解存在误区

直到目前，仍存在部分企业领导不理解企业社会责任的内涵，片面地认为履行社会责任就是慈善捐款，或狭隘地理解为履行社会责任会增加企业成本，因而，认为应在企业自身具备经济实力后再谈履行社会责任等。这些误解导致企业在履行社会责任的过程中存在很大盲目性，缺乏明确的目标及战略。履行社会责任成为了包袱，动力不足，积极性不高。因此，仅停留在口头上要履行社会责任或通过做公益慈善来履行社会责任。

5. 社会责任报告数量少，企业履行责任信息披露不足

2014年由于经济下行压力较大，许多企业的利润率同比下降。2014年河南省企业社会责任报告发布数量并没有保持较快增长，企业对于社会责任报告的编制和发布在2014年处于停步不前的状态。企业参与社会责任报告，发布的积极性不高，一方面和2014年企业的经营压力有关，另一方面和企业履行社会责任的重视度有关。从企业发布的社会责任报告来看，以国企和上市公司居多，但已发布的报告中披露的履责信息不够全面。

（二）河南省推进企业社会责任建设的未来展望

随着河南省经济实力的进一步增强、企业整体经济水平的提升，河南省企业社会责任在未来几年将会经历一个快速发展期。我们必须抓住机遇，迎接挑战，积极推进企业社会责任建设。

河南省在企业社会责任建设中需从以下几个方面努力：

1. 政府推进

第一，推进企业社会责任法制化。要从公司法的总则中突出强调企业必须承担的基本社会责任，使企业社会责任纳入法制化、规范化的管理体系中。强化企业社会责任实际上是强化企业的守法行为，使企业在生产经营的过程中严格遵守劳动保护法、生产安全法和环境保护法，在遵守国家各项法律的前提下创造利润，为社会做贡献。

第二，使企业社会责任管理与国际接轨，建立企业社会责任评价体系。在西

方发达国家，对任何一个企业的评价都是从经济、社会和环境三个方面进行，经济指标仅仅被认为是企业最基本的评价指标，而关于企业社会责任的评价多种多样，如道琼斯可持续发展指数、多米尼道德指数、《商业道德》《财富》等都将企业社会责任纳入评价体系。所以，跨国公司都把履行企业社会责任作为展现企业好公民形象的条件，并且将企业社会责任作为一个制度化、规范化的管理体系，有明确的计划、有专门的负责部门、有一定的经费保障、有可操作的规范化的管理程序。而在河南省，对企业的评价仍然以经济指标为主，这样的评价体系已经不能适应经济全球化的趋势和要求，不符合"五大发展理念"的精神，也不利于河南省的企业提高国际竞争力和美誉度。

第三，加强培训工作。通过对有关人员的培训与教育，让地方政府管理部门的官员和企业经营者、管理者认识和理解企业社会责任对企业发展和地方经济发展的重要意义，帮助企业树立社会责任的理念，在创造利润的过程中，不忘企业的社会责任。要帮助企业建立企业社会责任的管理体系，使企业社会责任管理制度化、规范化，尽快与国际接轨。

第四，加大宣传，让各类组织都来关注企业社会责任建设。各类组织应参与到推动企业社会责任的运动中来，营造推进企业社会责任的社会氛围，使企业在一个积极促进企业社会责任的环境中认识到推行社会责任有利于企业发展，否则，对企业发展会产生不利影响。

第五，政府应强化对企业履行社会责任的监督与管理。在依法治国的今天，政府对企业的管理必须树立法治思维，充分了解企业的守法行为情况，并做出定期评估和指导。通过激励约束机制，表彰认真履行企业社会责任的企业，对那些严重违反劳动法、生产安全法和环境保护法的企业提出批评、经济惩罚或资格限制等，从而引导企业转变观念，以"五大发展理念"为指导，积极主动地履行社会责任。

2. 发挥社会团体力量，推动河南企业社会责任建设

（1）民间组织推动。民间组织也称非政府组织，已经成为一个国家乃至国际社会具有非常大的影响力的集团。究其原因，一方面，民间组织为社会提供基本服务，如积极主动救济贫困人群、保护贫困人群的合法权益、提倡并实施环境保护、极大地促进社区发展公益事业；另一方面，民间组织对政府积极监督，抵制各个经济组织的不良和不法行为，从而对政府的决策产生积极影响。在欧美等经济发达国家和地区，非政府组织积极推进企业社会责任运行机制的形成和完善，

其经验可以借鉴。河南省可以积极培育民间组织力量，不断地推进企业社会责任建设。

（2）行业协会支持。行业协会可以对企业社会责任建设产生多方面的促进机制。促进机制包括多方面，如行业行为标准、评估标准和宣传培训等。可以说，在推动社会责任方面，河南省行业协会占据着有利地位。行业协会的首要责任在于建立本行业内的企业社会责任管理体系，规范行业的行为，改善社会责任管理，同时制定和完善行业企业社会责任准则和标准；此外，搭建省内外企业就社会责任等方面开展实践交流活动的平台，转变企业发展理念，提高企业管理水平，增强企业的核心竞争力，保证企业的合法经营，从而使企业发展得更顺利。如河南省工商业联合会举办的民营企业社会责任培训等活动，有力地促进了河南省民营企业社会责任的发展。

（3）媒体参与推动。随着社会的发展，信息变得高度发达，媒体也成为重要的公众之一。从某种程度上讲，媒体对企业命运具有一定的决定作用。因此，不可低估公众媒体对企业履行社会责任的影响。民营企业应该高度重视自身形象，尽可能提高企业知名度，从而实现利益最大化。然而，这些方面都与公众媒体密切相关，企业各类社会责任事件的报道都会影响到企业形象。因此，只有在媒体监督和推动下，企业才能更好地履行社会责任。在河南省，《大河报》以及新华网河南频道等媒体对于河南省企业履行社会责任起到了积极的宣传作用，对一些企业的失责行为也给予了公正的批评。

（4）联合高校和科研机构共同推动。高校和科研机构在促进企业履行社会责任的过程中扮演着一个非常重要的角色，如通过引领企业社会责任理论，大力支持和激励企业在实践中的社会责任活动，总结其实践成果。今后，河南省高校和科研机构需加大在企业社会责任理论方面的研究，为企业社会责任实践提供更有力的理论支持。此外，在一些大学和商学院等应借鉴西方发达国家和地区的做法，开设企业社会责任方面的课程，组织学生对一些企业进行企业社会责任调查，使学生对企业社会责任有一定的了解，为以后各种认证标准和实施程序的构建打下一定的基础。

（三）企业履行社会责任的几点建议

1. 将企业社会责任融入发展战略

把履行社会责任融入企业发展战略，是企业切实承担社会责任的必由之路。只有将履行社会责任纳入公司治理，融入企业发展战略，落实到生产经营各个环

节，并得到员工的理解和认可，才能保障企业社会责任工作顺利开展。

2. 加强企业社会责任管理体系建设

企业社会责任管理，是企业在社会责任建设中起关键性作用的一个环节。企业社会责任管理影响着企业履行社会责任的专业化、规范化以及系统化。对于河南省企业来说，大多数企业对于社会责任的内涵理解不够深刻，大多没有建立社会责任管理体系的意识。而国际上一些大公司在履行社会责任的做法中，大都将社会责任纳入企业管理体系中，从而将社会责任工作提升到一定的高度，建设有专门的社会责任部门，将社会责任工作更加常规化、专业化。企业应制定和完善社会责任管理与考核细则，强化各部门和岗位考核，落实每年度的社会责任考核评估制度。建议每年由社会责任主管部门牵头，组织对本企业进行社会责任的年度考评，及时发现问题和不足，持续改进社会责任。

3. 发布企业社会责任报告

企业社会责任报告能够较系统地反映企业在过去一年的社会责任履行情况。而据统计，河南省大概有40多家公司发布年度的企业社会责任报告，而其中上市公司有近30家发布企业社会责任报告。在众多的企业中，河南省只有40多家发布企业社会责任报告，说明企业发布社会责任报告的积极性不高，应该鼓励企业发布社会责任报告，进一步完善企业履行社会责任的信息披露，促进企业履行社会责任更加透明化和专业化。

4. 充分运用新媒体，促进企业履行社会责任的方式多元化

近几年来，微信、微博的兴起为企业提供了一个快捷有效的信息传播途径。随着新媒体的兴起，企业与消费者以及社区的互动增多，企业履行社会责任的方式发生了变化。一些企业利用新媒体发起助学助贫等公益项目，全程参与，产生了很大的社会影响力，有力地促进了社会责任的发展。

理 论 篇

企业社会责任理论研究前沿

　　企业社会责任理念早在 19 世纪的西方国家就已出现，但一直到 20 世纪 50 年代，企业社会责任才开始在个别领域开始实践，20 世纪 50 年代以后，企业社会责任理念逐步得到国际社会的广泛认同。尤其是 20 世纪 90 年代至今，其内涵和外延随着国际经济社会的不断发展而得到进一步丰富和拓展，并呈现出继续扩大的趋势。随着人们价值观念、消费观念的改变，企业的发展也要求按照以人为本的伦理道德要求来调整经营管理思路。学术界对企业社会责任的研究主要集中在以下几个方面：

一、企业社会责任的发展历程

　　企业社会责任（Corporate Social Responsibility，CSR）的思想形成于 20 世纪初的美国。1924 年，欧利文·谢尔顿（Oliver Sheldon）在其《管理哲学》一书中首次提出了 CSR 的观念，将 CSR 与公司经营者满足产业内外各种人类需要的责任联系起来，认为企业社会责任会有许多道德因素在内。这一崭新的企业社会责任思想随即引发了理论界和社会的广泛关注和探讨。

　　20 世纪 70 年代以来，在一系列环保运动、劳工运动、消费者运动、社会责任投资运动和可持续发展运动等社会责任运动的推动下，关于企业社会责任的组织和规则相继建立。至 2000 年，企业社会责任规则在全球共计有 246 个。例如，1977 年 3 月沙利文与包括通用汽车在内的美国 12 家大企业的代表共同拟定发布的《沙利文原则》；1989 年 9 月由 15 个主要的环保团体推出的《色列斯原则》；1998 年国际劳工大会发布的《关于工作中基本原则和权利宣言》等。其中最具影响的是由"国际社会责任组织"（SAI）于 1997 年制定的 SA8000 社会责任国际标准和 1999 年 1 月在达沃斯世界经济论坛年会上联合国秘书长科菲·安南倡议推出的"全球契约"计划。

　　SA8000 社会责任国际标准（Social Accountability 8000 International Standard）

主要涉及劳工权利保护、劳动环境和条件保障等方面的社会责任内容，是全球第一个可用于第三方认证的社会责任体系。全球契约要求跨国公司和私营企业遵守、支持和实施一套关于人权、劳工标准和环境等方面的十项原则。SA8000和全球契约得到了阿迪达斯、沃尔玛等众多著名跨国企业的响应，它们不仅自身积极履行有关社会责任的既有标准、守则，而且要求其产品配套企业和合作企业也必须遵守，继而将CSR理念、标准、守则及其实践引入生产制造基地的发展中国家，使得"社会责任"成为近年来对企业进行评价的一个新指标，并逐步成为国际贸易的重要条件。

2005年8月，欧盟议会及理事会通过的ROHS、WEEE环保指令对中国企业正式生效，自2006年7月1日开始，中国企业在欧洲销售电子产品须承担其报废产品回收费用。"低碳经济"因2009年哥本哈根联合国国际气候大会的倡议而受到全世界的关注。并且在次年，即2010年，新能源与低碳经济便在我国形成热议，企业履行环境责任、转变经济增长模式提到了议事日程，成为企业竞争力的一个重要组成部分。

至2010年，已有包括中国在内的100多个国家的8000多家企业参与了"全球契约"计划。同年，国际标准化组织颁布了第一个国际社会责任标准ISO26000。这一企业社会责任国际标准的诞生表明社会责任在世界上已得到了日益广泛的认同和支持，预示着企业之间的竞争已从原来单纯的市场竞争和环境竞争转化为全面的责任竞争，践行社会责任成为企业构筑竞争力的一个新的手段和策略，对提升企业竞争力正在产生越来越重要的影响。因此，研究企业社会责任和企业竞争力之间的关系，探究企业如何通过履行社会责任为社会和企业创造共同价值，从而使CSR转化为企业竞争力，并寻求培养和提升我国企业责任竞争力的战略路径，已经成为目前我国企业界、学界、政府和社会各界都非常关注的一个热点问题。

2010年9月，由99个国家参与制定的企业责任国际标准ISO26000的颁布，宣告了社会责任全球标准的正式诞生，不仅表明社会责任越来越受到国际社会的重视，在世界上已得到了越来越广泛的认同和支持，而且标志着企业之间的竞争已从以ISO9000为标准的质量竞争阶段、以ISO14000为标准的环境竞争阶段向全面责任竞争阶段转变，企业承担社会责任对企业竞争力构建的影响日益凸显，而且，随着全球化的不断深入，企业社会责任的履行对于企业全球化运营的成功也将发挥越来越重要的作用。

二、企业社会责任的内涵

谢尔顿在 1924 年出版的著作《管理哲学》中明确指出企业经理们需要采用三个社会标准来进行管理：工业的政策、情况和方法应当有助于公共福利；管理将努力达到整个社会最高的道德标准，并将社会正义应用到工业实践上；管理应当导致普遍的伦理标准和社会正义的提高。

20 世纪 20 年代，出现了其他两种支持企业扩展社会项目的观念：第一种观念是"利益平衡观"，即认为企业在满足股东需求的同时，还应平衡其他利益相关方的利益实现和期望满足，企业的管理者便是各利益团体之间的利益协调人。第二种观念是"服务观"，即认为企业及其管理者有义务承担社会项目以造福或服务于公，为社会做出贡献。① 这些相互联系的观点表达了一种相通的主张：企业在追求利润的同时，还应承担更为广泛的社会责任。

20 世纪 30 年代，对于企业经营者是否应承担社会责任的问题，哥伦比亚大学教授伯尔（Berle）和哈佛大学教授多德（Dodd）之间爆发了著名的论战。这场论战一直延续到了 20 世纪 60 年代，使反对企业履行社会责任的观点占据了上风。当时，否认企业社会责任的观点主要来自主流经济学中的企业理论，即股东至上主义，主要代表人物有诺贝尔经济学奖获得者 Milton Friedman 和 Friedrich A. Hayek。这种经济自由主义的企业社会责任观念在 20 世纪中期产生了广泛影响，使企业社会责任在很长一段时间仅仅被当作企业家们的一种仁慈行为，逐步淡出了人们的视野。

1953 年，Howard R. Bowen 出版了《企业的社会责任》（Social Responsibilities of the Businessman）一书，认为"企业家具有按照社会期望的目标和价值观，来制定政策、进行决策或采取行动的义务"。在随后的 20 年里，学术界里的企业社会责任辩论基本上是围绕着这个概念的内涵进行的。1961 年，Keith Davis 提出著名的"责任铁律"，认为企业对社会责任的回避将导致社会所赋予权力的逐步丧失，企业需考虑或回应超出狭窄的经济、技术和立法要求之外的议题，实现企业追求的传统经济目标和社会利益。②

---

① 乔治·斯蒂纳，约翰·斯蒂纳. 企业、政府与社会 [M]. 张志强，王春香译. 北京：华夏出版社，2002：130.

② Keith Davis. Five Propositions for Social Responsibility [J]. Business Harizon，1975（6）：19–24.

20世纪70年代，学术界开始从公司社会责任转向公司如何满足社会需求和社会预期、应对社会压力和进行社会问题管理。例如，阿克曼认为公司社会回应是一种公司战略、一个管理过程、一种创新型的业绩表现衡量方法、一种应对不同时间公众预期变化的新技术和新管理技能、一种制度化的决策方式；① Frederick 对公司社会责任与公司社会回应两个概念做了具体的区分，认为前者回答原因和根据，后者回答方法和效应问题且更注重实践；② 爱泼斯坦提出，企业伦理、公司社会责任和公司社会回应三个概念的主要部分应该用第四个概念来加以概括，即"公司社会决策过程"，其中心点是将企业内的企业伦理、公司社会责任和公司社会回应等方面的主要因素加以制度化。

1979年，卡罗尔（Archie B. Carroll）在前人研究的基础上对企业社会责任的定义进行了总结，认为"企业的社会责任涵盖了在一个特定时点，社会对企业的经济、法律、伦理和自由决定的期望"。他整合了社会问题、社会响应和社会责任三个方面，提出了"企业社会表现的三维概念模型"，其中构成企业社会表现的第一维度即为卡罗尔在其金字塔模型中提出的经济责任、法律责任、伦理责任和自愿责任，第二维度为社会问题管理，第三维度为公司社会回应。卡罗尔认为公司社会表现要求：企业的社会责任应该得到衡量；企业面临的问题必须得到确认；回应的理念可以得到选择。③ 1991年，卡罗尔又提出了最为经典的CSR金字塔模型，CSR从下到上分为经济责任（赚取利润是其他责任的基础）、法律责任（法律是正确与错误的社会标准、按照游戏规则行事）、伦理责任（有义务做正确、正义和公平的事情、避免伤害）和自由决定履行与否的责任（也称为慈善责任，做一个好的企业公民、对社会投入资源）。四种责任的权数不同，依次为4、3、2、1。④ 卡罗尔的CSR金字塔模型对企业社会责任领域的研究影响极为深远，构成了企业社会责任体系的重要理论基础，此后众多学者在社会责任方面提出的理论和方法都是基于卡罗尔的理论框架。

20世纪90年代，公司社会责任思想的主流与利益相关者理论开始呈现全面

---

① Ackerman, Robert W. How Companies Respond to Social Demands [J]. Harvard Business Review, 1975 (51)：98.

② Frederick, William C. From CSR1 to CSR2 [J]. Business and Society, 1994, 33 (2)：159.

③ Archie B. Carroll. A Three-Dimensional Conceptual Model of Corporate Performance [J]. Academy of Management Review, 1979 (4)：503.

④ Archie B. Carroll. The Pyramid of Corporate Social Responsibility: Toward the Moral Management of Organizational Stake-holders [J]. Business Horizons, July-August 1991：39-48.

融合。1984年，弗里曼提出利益相关方理论。利益相关方是指任何影响企业目标思想或者被实现企业目标所影响的集团或个人。企业是利益相关方相互关系的联结，任何企业的发展都离不开各种利益相关方的投入和参与，企业追求的是利益相关方的整体利益，而不是某个主体的利益。利益相关方理论将社会责任界定为："超过法律和经济要求的（社会义务）、企业为谋求对社会有利的长远目标所承担的责任（社会责任）"，"企业除了要为股东追求利润外，还应该考虑相关利益人，即影响和受影响于企业行为的各方的利益"。利益相关方理论应用于企业社会责任，明确了社会责任的对象，进一步拓展了企业社会责任的实施范围。[1] 利益相关方理论如图1所示。

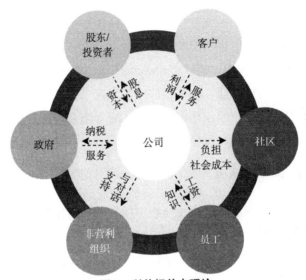

图1 利益相关方理论

1997年英国学者Elkington提出了"三重底线原则"（The Triple Bottom Line），认为一个企业在长期持续发展中要始终坚持企业盈利、社会责任、环境责任三者的统一。企业行为要满足经济底线、社会底线和环境底线，追求经济、社会和环境价值的平衡；要考虑利益相关方的诉求，尽可能减少企业活动对利益相关方造成的负面影响。三重底线理论如图2所示。

---

[1] 邓玉华. 基于社会责任的企业竞争力研究 [D]. 江西财经大学博士学位论文，2013.

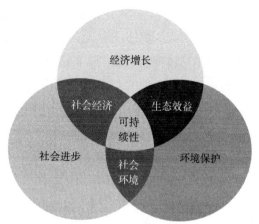

图2　三重底线理论

与此同时，一些非政府机构也积极探讨企业社会责任概念。最具影响的是社会责任国际（Social Accountability International，SAI）对 CSR 概念的界定，认为企业社会责任区别于商业责任，它是指除了对股东负责，即创造财富之外，还必须对全体社会承担责任，一般包括保护环境、遵守商业道德、劳工权利保护、公益事业捐赠、支持慈善事业、弱势群体保护等。[①]

三、企业社会责任体系

所谓企业社会责任体系，是指在社会责任的范围内按照一定的秩序和内部联系组合而成的有机整体。作为一个系统工程，企业社会责任体系的意义就在于厘清企业社会责任的承担范围，明确企业社会责任的实体内容，构筑企业社会责任的一体化范畴。随着对企业社会责任内涵认识的不断加深，各国政府、国际组织以及学者对企业社会责任所涉及的范围也产生了不同认识，并由此形成了不同的企业社会责任体系。具有代表性的有以下几种体系：

第一，"同心圆"体系。美国经济发展委员会（Committee for Economic Development，CED）最早对企业社会责任的范围进行了分类，将企业作为圆心，根据企业社会责任承担类别的不同，将其承担的责任逐渐向外扩展，最终形成一系列同心圆（见图3）。这一分类主要包含三个层次：一是企业的内圈责任（Inner Circle），即企业应当有效履行的最基本的经济责任，"包括提供合格产品、

---

① 邓玉华. 基于社会责任的企业竞争力研究 [D]. 江西财经大学博士学位论文，2013.

就业以及经济增长等基本责任"；二是企业的中圈责任（Intermediate Circle），即在考虑上述内圈责任的同时，对社会价值观的积极配合与履行，包括维护员工与企业之间的关系、公平对待消费者以及妥善处理环境保护问题等；三是企业的外圈责任（Outer Circle）。这一层责任是一个处于开放状态的同心圆，目的是为了包含那些新出现的还不明确的责任，"也就是企业必须保证越来越多地参与到改善社会环境的活动中来"，强调企业应该主动积极改善社会大环境。①

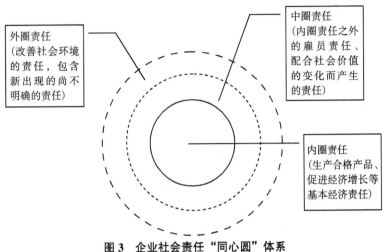

图3　企业社会责任"同心圆"体系

　　第二，"四层次"体系。美国商会（US Chamber of Commerce）对企业社会责任体系的分类也具有一定的代表性，其按照履行难度将企业社会责任分为四个层次：第一层责任是在履行经济责任时能符合现有法律的要求；第二层责任是满足公共期望和社会公认的要求；第三层责任是预先考虑新的社会要求并准备满足它；第四层责任是在建立企业社会表现新标准的基础上担任领导者。② 与"同心圆"责任体系不同，美国商会将企业最基本的社会责任定位为法律责任，在此基础上逐步提高，第三层责任和第四层责任已经超出了实然状态，变成了对企业的一种期望。

　　第三，"三层级"体系。莱辛格（Leisinger）于2007年在"企业社会责任与

　　① 乔治·斯蒂纳，约翰·斯蒂纳.企业、政府与社会 [M].张志强，王春香译.北京：华夏出版社，2002：132-133.
　　② 段文，晁罡，刘善仕.国外企业社会责任研究述评 [J].华南理工大学学报（社会科学版），2007（3）：51.

企业价值创造"的演讲中，按照企业社会责任对企业要求程度的不同，将企业社会责任区分为三个层级：最底层的是"必须"（Must），即企业要遵守法律、能够盈利、促进增长等。这些都是企业存在的必备要件，是最基础的法律义务。第二个层级是"应当"（Ought to），即企业被期待在基础的法律义务之外承担更多的社会责任。最高一个层级是"能够"（Can），即企业基于自愿主动承担社会责任，为社会和环境带来积极正面的影响。① 具体如图4所示。

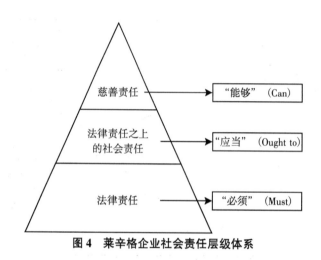

图4　莱辛格企业社会责任层级体系

第四，金字塔理论体系。在众多企业社会责任体系的学说中，通常采用卡罗尔（Carroll）的四分法界定企业社会责任体系，即把企业社会责任按照责任强度由低到高分为经济责任（Economic Responsibilities）、法律责任（Legal Responsibilities）、伦理责任（Ethical Responsibilities）与慈善责任（Discretionary Responsibilities）。所谓经济责任是指生产社会所必需的合格的商品和提供公平交易的服务，并且以社会公认的合理的价格售出，取得适当的企业利润并促进其自身的发展及回报相关投资主体；法律责任是指企业要遵守基本的法律法规，在法律许可的范围内规范企业的经营活动；伦理责任是指一个社会基本的道德规范和社会规范对企业形成的期待，但没有明确以法律的形式加以规范；慈善责任是指企业自愿承担的责任，而非法律要求或社会期待的责任。② 具体如图5所示。

① 崔丽. 当代中国企业社会责任研究——以关系契约理论为视角 [D]. 吉林大学博士学位论文，2013.
② 蒋建湘. 企业社会责任的性质 [J]. 政法论坛，2010（10）：105.

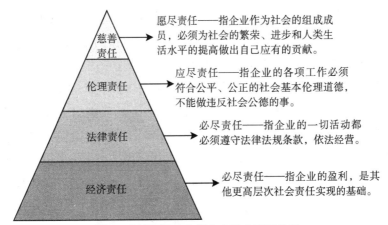

图5　卡罗尔的金字塔企业社会责任体系

第五，"关系契约论"企业社会责任体系。崔丽依据"关系契约"理论，按照企业社会责任履行主体、企业社会责任体系内容和企业社会责任的承担对象三个变量确定了当代中国企业社会责任三维坐标体系，并绘制了当代中国企业社会责任体系模型（见图6）。

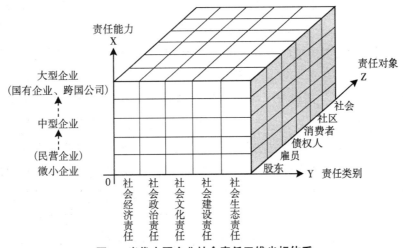

图6　当代中国企业社会责任三维坐标体系

该模型中，X坐标为企业履行社会责任的能力。根据"关系强度"理论，企业履行社会责任的能力与其所有制类型密切相关，按企业规模的大小可以将企业分为微小企业、中型企业和大型企业。Y坐标为"五位一体"的企业社会责任体系内容。按照责任承担要求的不同，依次为企业的社会经济责任、社会政治责任、社会文化责任、社会建设责任和社会生态责任。这五个方面并不是简单并列的关系，其中企业的社会经济责任是其他社会责任承担的基础。Z 坐标为企业社会责任的承担对象，企业与其利益相关者的"关系契约"中，各个企业社会责任的承担对象与企业的关联性并不是等同的，企业与不同利益相关者之间的距离由二者之间的"关系强度"所决定。通常来讲，企业的股东与企业的关系最为接近，企业应当首先满足股东对于利润的追求。同时，作为企业的一员，企业应当对其经营管理者和员工尽到充分的社会责任，这也被认为是企业最为基本的社会责任。由于这些责任通常发生在企业内部，因此也被称为企业社会责任的"内部责任"。当然，在企业之外，企业仍然通过关系契约与社会主体建立广泛的联系，其中债权人与消费者是与企业的关系强度较近的主体，而社区和更为广泛的社会则在关系强度上距离企业最远。通常，与企业之间的关系强度越大，企业社会责任的承担范围和承担强度也就越大；反之，对于关系强度较低的社会来说，企业社会责任无论是在范围上还是在强度上都远远低于前者。[①]

四、企业社会责任与利益相关者理论

通常意义上的企业社会责任是指企业在创造利润、对股东承担法律责任的同时，强调企业在生产过程中对员工、客户、消费者、政府、环境以及社会的贡献。利益相关者是美国战略专家安索夫在 1965 年首次提出的，所谓利益相关者是指企业外部环境中受组织决策和行动影响的任何相关者，具体包括企业的股东、债权人、雇员、消费者、供应商等交易伙伴，也包括政府、本地居民、社区、媒体、环保主义等压力集团。1984 年弗里曼在《战略管理：利益相关者管理的分析方法》一书中明确提出了利益相关者理论，即企业的经营者为综合平衡各个利益相关者的利益要求而进行的各种管理活动。该理论认为企业与其利益相关者之间存在一系列或明或暗的契约，在这个契约中，各个利益相关者等都以各自方式向企业投入相应的资源，提供各自的支持与帮助，为企业的绩效做出各自的贡献，与此对应，企业也通过履行各个利益相关者的社会责任予以回报。企业通过履行各个利益相关者的社会责任，一方面，可以促使各个利益相关者更加积极参与企业资源的合作，从而使企业业绩提升；另一方面，企业积极履行利益相关者责任也可以提升企业形象与声誉，引领消费者行为，从而提升消费与企业绩效。

---

① 崔丽. 当代中国企业社会责任研究——以关系契约理论为视角 [D]. 吉林大学博士学位论文，2013.

一些学者着重从经济伦理学角度研究企业社会责任问题。经济伦理学主要是研究经济发展和经济行为与社会伦理规范的问题。乔治·A.斯蒂纳和约翰·F.斯蒂纳认为，商业道德较之于普通的社会或个人道德可以更为宽容。他们认为现实中存在两种对立的理论：其一为 19 世纪颇为流行"非道义理论"——认为商业行为是非道德的，商业行为不应以整个社会道德理想作为标准来判断；其二则是"道德同一理论"——认为商业行为的判断应当适用社会的普遍道德标准，而不应适用一套更为宽容的特殊标准。乔治·恩德勒从经济伦理学的角度提出了"平衡的企业"概念，认为企业是一个道德行为人的企业，对经济、社会和环境皆负有责任，需以一种平衡的方式来考虑这些互相关联的所有方面，不可偏废。经济责任不能完全由社会的和环境的责任来取代，社会的和环境的责任不能完全由单纯履行经济责任来承担。经济伦理学的社会责任理论旨在阐明，企业的发展不能与社会道德伦理规范相背离，而要与社会道德伦理规范相一致，与公众的期望相一致，与经济社会以及环境协调发展，企业承担社会责任是企业自觉履行道德责任的自觉行动。

五、企业社会责任与企业价值之间的关系

大部分学者在研究企业社会责任与企业价值的相关性时主要用评价企业盈利能力的财务指标来表明企业价值，如分析企业社会责任与资产净利润、销售净利率、净资产收益率等指标之间的相关性，研究结论主要有企业社会责任的履行与企业价值正相关、负相关和不相关三种关系。

第一，认为企业社会责任与企业价值正相关。Spicer 研究企业社会责任与企业价值之间的关系时，从更全面的角度选取绩效指标，即选取 ROE、EPS 或 ROA 指标，研究结果表明两者之间存在正相关关系。企业承担社会责任虽然需要付出一定的资金成本，但是相对于这种行为的效果来说是微不足道的，责任行为的结果将在各个方面提升企业的价值。① Wood 认为，两者之间的关系受企业规模的影响，而企业的资产状况可以很有效地代表企业的规模，因此分别实证了两个不同时间段的两个不同的样本数据，比较两者之间的关系后发现两者之间是正

---

① Spicer B. H. Investors, Corporate Social Performance and Information Disclosure：An Empirical Study [J]. The Accounting Review, 1978, 53 (1)：94–111.

相关的。[1] Mohr 也有相似的结论。[2] 李姝结合目前中国企业的社会责任现状，分析中国企业存在的相关问题，并指出企业对不同利益主体履行责任对企业经济绩效具有很好的提升作用。[3] 李红玉将与企业有经济利益关联的主体划分为不同的利益相关者，并通过实证分别研究它们与企业绩效的关系，结果表明企业的不同利益主体都对企业绩效产生作用，各经济主体的利益与传统的股东利益最大化并不矛盾，企业社会责任的履行与企业价值显著正相关。[4] 李琦认为，企业社会责任的履行对企业理财目标具有影响，企业应选择企业价值最大化的目标，最后指出企业责任是实现价值最大化目标的一个约束条件，并指明二者之间的一致性。[5] 王晓巍、陈慧以 2008~2010 年沪深两市 328 家上市公司的数据为样本，建立结构方程模型，运用统计软件 SPSS 16.0 和结构方程软件 LISREL 8.7，针对企业承担的对不同利益相关者的社会责任与企业价值的相关性进行实证研究。研究结果表明，企业承担的对不同利益相关者的社会责任与企业价值存在正相关关系，企业对不同利益相关者的社会责任对企业价值的影响程度不同，企业对股东的社会责任对企业价值的贡献度最大，企业对不同利益相关者履行社会责任存在相互影响。[6]

第二，企业社会责任与企业价值负相关。Crisostomo 等的研究表明，企业的社会责任与企业价值负相关，企业履行社会责任会降低企业价值。[7] Vance 在早期的研究中选取两个样本进行对比分析，结果表明在履行企业社会责任方面做得较好的公司，其股票市场价值低于对照样本，即企业社会责任与企业价值负相关。[8] 王建琼等以每股收益衡量企业价值，并分别研究其与政府、供应商之间的关系，结果表明其与政府呈正相关关系，而与供应商则相反。[9] 顾湘等选取沪市 A 股电

① Wood D. J. Corporate Social Performance Revisited [J]. Acacemy of Management Review, 1991, 16 (4): 691-718.

② Mohr L. A., Webb D. J. The Effect of Corporate Social Responsibility and Price on Consumer Responses [J]. Journal of Consumer Affairs, 2005, 39 (1): 121-147.

③ 李姝. 企业社会责任：中国的实践及启示——基于利益相关者理论视角 [J]. 商业经济，2007 (10).

④ 李红玉. 中国企业社会责任与企业绩效的关系研究 [D]. 辽宁大学硕士学位论文，2007.

⑤ 李琦. 企业财务管理目标与社会责任 [J]. 经济研究导刊，2011 (15).

⑥ 王晓巍，陈慧. 基于利益相关者的企业社会责任与企业价值关系研究 [J]. 管理科学，2011 (6).

⑦ Crisostomo V. L., De Souza Freire F., De Vasconcellos F. C. Corporate Social Responsibility, Firm Value and Financial Performance in Brazil [J]. Social Responsibility Journal, 2011, 7 (2): 295-309.

⑧ Vance S. C. Are Socially Responsible Corporations Good Investment Risks [J]. Management Review, 1975, 64 (8): 19-24.

⑨ 王建琼，何静谊. 公司治理、企业经济绩效与企业社会责任：基于中国制造业上市公司数据的经验研究 [J]. 经济经纬，2009 (2).

力、煤气及水的生产和供应业的上市公司为样本，依据 2007~2009 年的报表数据，结合系统论、价值论以及利益相关者理论，对企业社会责任与企业价值的相关关系进行实证分析，结果表明企业价值与股东社会责任呈明显正相关关系，而与其他利益相关者社会责任呈负相关关系。[1]朱雅琴等以沪深两市 1318 家上市公司为样本，运用回归分析法对企业社会责任的履行与企业价值的相关性进行实证分析，结果显示，企业对不同利益相关者的社会责任对企业价值的影响不同，企业履行对政府、职工的社会责任会提升企业价值，履行对投资者的社会责任会降低企业价值，履行对供应商的社会责任与企业价值的相关性并不显著。[2]

第三，企业社会责任与企业价值不相关。Alexander 等借用前人的样本数据实证研究发现，经过风险调整后的股票市场回报与企业社会责任不相关。[3]Chen 等的研究表明，企业社会责任的履行在近期可以提高企业的财务业绩。[4]Shen 等[5]和 Wu[6]认为企业履行社会责任的程度取决于社会发展的程度，中国也不例外。陈玉清等采用实证研究方法，选取不同的变量反映企业社会责任，研究结果表明企业社会责任的履行对企业价值的影响具有行业的差异性。[7]刘长翠等在样本的选择中考虑到行业的差异性，分行业进行研究，发现企业的主营业务收入增长率、资产负债率与社会责任贡献率不相关。[8]

从目前国内外相关研究的成果看，在企业社会责任与企业价值关系的研究中存在两方面的不足：一方面，将企业社会责任的各个维度分开研究，割裂了它们之间的相关性，由于单一的价值维度不能综合反映企业的价值，因而大大影响了研究结果的可信度；另一方面，研究方法一般都局限于相关分析、一元线性回归、多元线性回归等，对企业社会责任与企业价值的研究也仅局限于是否存在关

---

① 顾湘，徐文学. 基于利益相关者的社会责任与企业价值相关性研究 [J]. 财会通讯，2011（1）.

② 朱雅琴，姚海鑫. 企业社会责任与企业价值关系的实证研究 [J]. 财经问题研究，2010（2）.

③ Alexander G., Buchholz R. A. Corporate Social Responsibility and Stock Market Performance [J]. Academy of Management Journal，1978，56（21）：479-486.

④ Chen Honghui，Wang Xiayang. Corporate Social Responsibility and Corporate Financial Performance in China: An Empirical Research from Chinese Firms [J]. Corporate Governance，2011，11（4）：361-370.

⑤ Shen Sibao，Cheng Huaer. Economic Globalization and the Construction of China's Corporate Social Responsibility [J]. International Journal of Law and Management，2009，51（3）：134-138.

⑥ Wu C. F. The Relationship of Ethics Decision-Making to Business Ethics and Performance in Taiwan [J]. Journal of Business Ethics，2002，35（3）：163-177.

⑦ 陈玉清，马丽丽. 我国上市公司社会责任会计信息市场反应实证分析 [J]. 会计研究，2005（11）.

⑧ 刘长翠，孔晓婷. 社会责任会计信息披露的实证研究：来自沪市 2002 年-2004 年度的经验数据 [J]. 会计研究，2006（10）.

联关系，并没有对企业社会责任的不同维度对企业价值的影响程度进行探究。

六、企业社会责任研究的政治维度

西方学者有的从法律、经济、伦理、文化等视角研究企业社会责任，近些年来又有从政治的视角来关注企业社会责任。下面简述这种新的具有代表性的研究成果，以便了解西方学者对企业社会责任问题的研究现状与最新进展。

主张从政治维度研究企业社会责任的学者，系统梳理了企业社会责任研究的不同观点和维度。

关于经济的视角。许多学者分析了企业社会责任领域的文献，认为用经济的方法来研究企业社会责任是非常有影响力的，当前很大一部分关于企业社会责任的辩论均可纳入公司的经济理论。企业社会责任的经济观点基于三个前提：①商业和政治有一个明确分区[1]（弗里德曼，1962； Henderson，2001）；②企业要实现利润最大化和经理人对股东有信托的责任[2]（Sundaram 和 Inkpen，2004）；③社会责任只有在它们推进公司的长期价值时才可能被承担。因此，许多经济学家在原则上不会拒绝对社会负责的行为，但他们会评估企业社会责任活动对价值增值的贡献。在查询企业社会责任的"商业案例"时，虽然常常没有明确说明，但企业社会责任的许多研究都建立在这些假设的基础之上，从而形成了一个关于企业社会责任的工具主义观点[3]（琼斯，1995）。超过一百多个实证调查有关企业社会绩效对企业财务绩效的贡献，甚至广泛讨论的企业社会责任的利益相关者的方法也致力于工具主义思维。如 Mitchell 等 （1997）认为，只有当他们是强大的且能够影响公司的利润时，企业的各种利益相关者才会在企业的决策中被考虑。[4]

然而，企业的经济概念还没有充分解决全球化和后国家世界的挑战，而是仍然停留在依赖民族国家治理的威慑力量。在全球竞争环境中，一些公司正在讨论作为经济和政治行动者如何完善企业管理决策的问题。社会转型的过程也表明，

---

① Friedman M. Capitalism and Freedom [M]. Chicago, IL: University of Chicago Press, 1962.

②Sundaram A. K., Inkpen A. C. The Corporate Objective Revisited[J]. Organization Science, 2004 (15): 350-363.

③ Jones T. M. Instrumental Stakeholder Theory: A Synthesis of Ethics and Economics [J]. Academy of Management Review, 1995 (20): 404-437.

④ Mitchell R. K., Agle B. R., Wood D. J. Toward a Theory of Stakeholder Identification and Salience: Defining the Principle of Who and What Really Counts [J]. Academy of Management Review, 1997 (22): 853-886.

推出一个（全球化的）商业企业新理论的时机已经成熟。

基于伦理的方法。最近的分析表明（Scherer 和 Palazzo，2007[1]；Walsh，2005[2]；Windsor，2006[3]），企业社会责任的伦理方法有一些来源于受哲学启发的经济伦理文献，有一些来源于规范性的利益相关者的方法。但用上述两种方法来分析和应对全球化环境下企业的社会责任和企业的政治活动都存在问题，因为它们主要建立在相同的假设上，即一个完整的原封不动的民族国家体系，此体系为它们的规范分析提供了法律和道德的参照依据。然而，法律框架在全球化进程中不断被减弱，而国家层面的管理者的道德语境不时出现碎片化的问题。因此，在后国家时代，日益多元化的价值观、行为规范和生活方式，使规范主义的学者更难以令人信服地制定了一套具有普世性价值的规则，并确证其可跨文化应用。上述这种努力受到后现代主义学者们的攻击。他们强调"宏大叙事的终结"（利奥塔，1984），哲学的概念根源于历史和文化。后现代主义和实用主义哲学家（罗蒂，1985）拒绝任何普遍性的法则，目的是为了保护历史上曾出现的本土性的合理性（迈克尔森，2010）。即使是经济伦理学家，如唐纳森和邓菲[4]（Donaldson 和 Dunfee，1999）也认为，哲学寻求普遍规则的努力可能是徒劳的，因为不会无端出现一个看法，据此可以演绎出非历史的和非文化的（与历史和文化无关的）伦理规范。但是，在后现代和后国家的世界，当缺乏普遍性的道德行为准则时，对企业活动的合法性进行规范性的评价就依然是一个问题。跟随罗蒂（1991）[5]强调的民主对于哲学的优先性观点，我们认为，可以从另一个视角讨论企业社会责任的活动。我们提出将企业社会责任的讨论嵌入政治制度变化的秩序背景下，而不是从经济或伦理的视角分析企业社会责任。

基于政治视角的考量。从企业社会责任的不同视角和多种观点来看，研究企业社会责任和管理理论的学者提出的关键假设需要重新考量。因为不管企业负社会责任是否有回报，以及是否可以定义具有普遍性的规范性原则，全球化背景对

---

[1] Scherer A. G., Palazzo G. Toward a Political Conception of Corporate Responsibility: Business and Society Seen from a Habermasian Perspective [J]. Academy of Management Review, 2007 (32): 1096–1120.

[2] Walsh J. P. Book Review Essay: Taking Stock of Stakeholder Management [J]. Academy of Management Review, 2005 (30): 426–452.

[3] Windsor D. Corporate Social Responsibility: Three Key Approaches [J]. Journal of Management Studies, 2006 (43): 93–114.

[4] Donaldson T., Dunfee T. W. Ties That Bind [M]. Boston, MA: Harvard Business School Press, 1999.

[5] Rorty R. The Priority of Democracy to Philosophy. In Rorty R. (Ed.), Objectivity, Relativism, and Truth: Philosophical Papers, Vol. 1 [M]. Cambridge: Cambridge University Press, 1991:175–196.

现行政治制度的秩序已经提出了严峻挑战，而企业又是置身于其中的。所以，为了应对全球化现象，就必须承认企业除了遵守法律标准和符合道德规则外，还具有一种新的政治角色的作用。[1]建立在政治学、政治哲学和法律研究的新争论，政治社会责任的各个方面都已经在企业社会责任领域得到了讨论。我们的主张是，了解企业作为政治参与者只是第一步，还有很多工作摆在面前，今后应强调私有商业公司的公共角色，以及公司的新理论这种做法。

另外，学者的研究结果提示我们，企业社会责任与企业的政治活动之间存在着内在关联，发挥着协同效应，处理得好与坏直接影响到企业的信誉与企业的发展。最近有学者提出企业社会责任（CSR）是"政治"（性）的。[2]我们认为，企业社会责任和企业的政治活动（CPA）之间的一些潜在协同效应往往被多数企业所忽视，如果能够认识到这些协同效应，将会激发企业调整其企业社会责任和企业的政治活动。我们开发了一个概念模型，它表明，企业社会责任和企业的政治活动的各种配置协调、或错位和不协调是如何影响企业的声誉的，它已超越企业社会责任和企业的政治活动单独对企业声誉的效应。这种模型对于理解如何以及为什么企业应该注意其政治活动和企业社会责任的配置，有着重要意义。"政治性的企业社会责任"包括企业社会责任（CSR）和企业的政治理论（Matten 和 Crane，2005[3]；Scherer 和 Palazzo，2011），针对有些地区可能会出现政府管理薄弱环节，它更专注于企业在全球范围内承担政府的角色和责任，由此提出企业社会责任在广泛的意义上是"政治"性的。

然而在更传统的意义上，许多企业同时也在"政治性地"运营，与政府决策者打交道，即参与企业的政治活动（CPA）。到目前为止，人们很少关注到企业是否以及如何共同管理其政治和社会责任方面的工作，以及由此造成的后果。组织内部对企业社会责任和企业政治活动的管理，又是如何影响一个企业的声誉？这些问题具有学术意义，因为它们有助于更完整地理解企业的非市场战略。有证

① Scherer A. G., Palazzo G. The New Political Role of Business in a Globalized World: A Review of a New Perspective on CSR and Its Implications for the Firm, Governance and Democracy [J]. Journal of Management Studies, 2011 (48): 899-931.

② den Hond F., Rehbein K. A., de Bakker F. G. A., Lankveld H. K. Playing on Two Chessboards: Reputation Effects Between Corporate Social Responsibility (CSR) and Corporate Political Activity (CPA) [J]. Journal of Management Studies, 2014 (51): 790-813.

③ Moon J., Crane A., Matten D. Can Corporations Be Citizens? Corporate Citizenship as a Metaphor for Business Participation in Society [J]. Business Ethics Quarterly, 2005 (15): 429-454.

据表明，大量企业忽视企业社会责任和企业政治活动之间的关系（Beloe 等，2007[1]）。然而，有一些企业共同管理它们的企业政治活动和企业社会责任，这些企业自觉地协调其政治和社会责任方面的工作。一个例子是飞利浦公司，它们开发节能灯泡作为其可持续发展战略的一部分，以取代传统的白炽灯泡。当新的节能灯泡的销量仍不尽如人意时，飞利浦游说欧盟的法律机构逐步淘汰传统灯泡的销售，主张节能和二氧化碳减排（Wynia，2009）。这个例子表明，企业社会责任与企业政治活动交互影响着公司的声誉。企业实质上是在"同时下两盘棋"。只有在企业社会责任和企业政治活动两个方面都做工作，才能赢得企业信誉和可持续发展。企业的政治活动也是一个带有总括性的概念，如把握企业的政策、流程和那些"试图影响政府的政策和程序"的做法。我们的首要目标是从概念上探讨企业社会责任与企业政治活动之间的相互作用，通过追问——企业为什么和怎样协调它们的社会责任和政治活动，并探讨企业社会责任与企业政治活动在协调或不协调、或错位时对企业声誉的影响。我们的结论是企业社会责任与企业政治活动都影响公司的声誉，因为它们影响利益相关者如何评价公司很好、钦佩或敬意（Dowling 和 Moran，2012[2]）。上述两种活动发出关于一个公司的性质和能力的信号，以便帮助利益相关者评估公司当前和未来的业绩，这符合声誉的组织机制特征（Love 和 Kraatz，2009），从而有助于企业通过声誉这一竞争优势区别于竞争对手，并使之更加卓越。

七、企业社会责任的评价

企业社会责任的评价是促进企业社会责任发展的重要因素。用一套逻辑一致的指标体系对不同企业的社会责任发展状况进行评价，有助于外部利益相关方更清晰地辨识不同企业社会责任发展水平的差距，推动企业社会责任更快更好地发展。国外企业社会责任评价发展很快，出现了诸多影响广泛的社会责任指数，如《财富》100 强责任排名指数、道琼斯可持续发展指数（DJSI）、伦敦证交所富时可持续性投资指数（FTsE4Good）、约翰内斯堡股票交易所责任投资指数、英国企业商会（BTIC）企业责任指数等，这些指数在评价企业社会责任绩效、推动企业

[1] Beloe S., Harrison J., Greenfield O. Coming in from the Cold:Public Affairs and Corporate Responsibility [M]. London: Sustainability, 2007.

[2] Love E., Kraatz M. Character, Conformity, or the Bottom Line: How and Why Downsizing Affected Corporate Reputation [J]. Academy of Management Journal, 2009（52）：314-335.

履行社会责任方面发挥着积极作用。中国企业社会责任综合评价刚刚起步，一些学者提出了企业社会责任指标体系的框架，或者具体的评价指标；一些学者运用构建的指标体系进行了实证；还有一些学者进行了特定行业的指标体系研究以及特定利益相关方的责任指标研究。

目前，我国相关研究机构和社会组织相继发布了一些企业社会责任评价准则。中国企业评价协会、清华大学社会科学学院和10余家企业联合起草的《中国企业社会责任评价准则》在2014年发布，旨在为企业在存续期内的社会责任行为提供参考和依据，规定了对企业履行社会责任进行评价时应遵照的原则、准则及方法。中国社会科学院经济学部企业社会责任研究中心自2009年以来连续编著《中国企业社会责任研究报告》，发布中国企业社会责任发展指数，评价中国企业年度的社会责任管理状况和社会/环境信息披露水平，辨析中国企业社会责任发展进程的阶段性特征。四川省社会科学院于2014年发布《四川企业社会责任研究报告（2014~2015）》，该报告在参考国际公约、国内有关法律法规、行业规范、现实数据以及国内外主要的企业社会责任评价体系的基础上，推出《四川省企业社会责任评价体系》。河南省质量技术监督局于2013年12月发布了由河南省工商业联合会、河南省民营企业社会责任促进中心、河南省民营企业家协会、河南省品牌促进会等单位制定的河南省地方标准《民营企业社会责任评价与管理指南》（编号：DB41/T 876-2013），该地方标准自2014年2月25日起实施。山东省质量技术监督局于2013年12月发布了由山东省标准化研究院、山东省企业信用与社会责任协会制定的《企业社会责任指标体系》（编号：DB37/T 2452-2013），该地方标准自2014年2月1日起实施。杭州市于2010年9月正式发布《杭州市企业社会责任评价体系》，并对企业履行社会责任的情况进行量化评估。《杭州市企业社会责任评价体系》由杭州市企业社会责任建设领导小组和浙江大学公共管理学院联合制定，参考了国际通行的相关标准，这是中国地市以上城市政府出台的第一份企业社会责任标准。

八、企业社会责任的发展趋势

2015年很可能成为中国企业社会责任的又一个标志性年份，整个国家增长模式和发展思路的转型，以及新的法律法规的出台都注定这一年不会平凡，而整个责任事业中驱动运转的齿轮越来越多，资本、行业甚至园区都将扮演越来越重要的角色，不仅舞台上重要的角色越来越多，而且舞台也变得越来越大，中国企业的责任表现正在影响海外更大的社群。另外，随着学术研究的开展和交流，企业社会责任经理人的素质正在提高，其社群组织正在逐步完善并自我进步，而托日新月异的技术变革的福，这个行当的玩法也在变得越来越多。

南方周末报社联合商道纵横发布了《2015 年中国企业社会责任十大趋势》。^① 具体来说：第一，责任新常态：创造价值慎防后院起火。无论是国企、民企还是外企，严守合规底线都将是 2015 年的工作重点，触及法律红线的"后院起火"应成为值得重视的问题。第二，新"紧箍咒"：企业环保压力新高度。2015 年 1 月 1 日起，新环保法正式施行。"按日连续处罚"等一系列规定，都表明企业环境违法成本将明显提高。第三，集群责任：园区成为撬动企业履责的新杠杆。园区经济在中国不断深化发展，对区域经济的增长起到了显著的促进作用。各类科技园区、工业园区、经济开发区、物流园甚至文化创意园也开始尝试以各种方式引导园区内企业承担社会责任，从而实现企业履行社会责任的集群效应。第四，走出去：中国企业海外责任世界瞩目。由于中资企业海外投资集中在能源、矿产等社会影响较大、污染较重的行业，因此不可避免地会受到当地非政府组织对环境绩效、社会责任的监督。第五，资本发力：沪港通引进新的投资理念。沪港通促使中国资本市场进一步向国际开放，也必将引入新的投资理念。在此背景下，上市公司遵循国际惯例进行环境社会信息披露将成为趋势，国内责任投资水平也将顺势提升。第六，责任智能化：技术让 CSR 更"交互"。独立的咨询机构、学术机构、非政府组织等第三方机构也开始尝试利用大数据技术开展有关企业社会责任的研究分析。第七，"墙倒了"：借力社交平台。社交媒体的空前发达让企业与利益相关方，尤其是普通消费者之间的"墙"倒了，新媒体化的企业社会责任报告不仅融入文字和图片，声音和影像也成为企业社会责任信息的载体。第八，CSR 自组织：交流共享与跨界合作。2015 年，CSR 自组织的网络将不断扩大和完善，不同省份、不同企业社会责任经理人自组织间的沟通交流将会愈加频繁，对国内的公益事业和责任事业来说，都能期待一个资源更优化、信息更通畅、整合更强大的局面。第九，慈善新动力：公益也要玩转金融。国家政策表明将在未来大力鼓励金融资本支持慈善事业及相关创新尝试，为公益金融的发展扫清障碍。第十，责任进课堂：CSR 教育井喷指日可待。在各大商学院教育质量的国际认证要求中，均不同程度地强调 MBA 项目要融入社会责任相关内容，国际、国内的商学院已经开始行动。排名前 50 的 MBA 项目所属的商学院中，超过 84% 的学院开设了与企业社会责任相关的课程。

九、中国企业社会责任报告的最新特点及未来趋势

2015 年 1 月 15 日，由中国社科院经济学部企业社会责任研究中心、新华网、正德至远社会责任咨询机构共同编著的《中国企业社会责任报告（2014）》在京发布。报告以 2014 年度 1007 家企业发布的社会责任报告为研究对象，通过分析企业社会责任报告的信息披露情况及报告管理等内容，辨析当前我国企业社会责任报告领域的最新特点及未来趋势。

第一，2014 年度中国企业社会责任报告八大发现。一是报告数量持续增长，2014 年达 1526 份，国有企业和上市公司为主力军。二是报告篇幅略增，内容较丰富，企业更倾向披露慈善公益等信息。三是报告参考标准多元，但第三方评价不足，可靠性有待提高；61 家企业引入报告评级，其中南方电网、中国三星等 13 家企业为五星级。四是报告亮点突出，但同质化现象渐显，报告实质性议题识别不足。五是报告定量数据改善明显，纵向可比性好于横向可比性，国企、外资表现优于民企。六是报告平衡性表现不足，除部分企业外，整体存在"报喜不报忧"现象。七是报告发布连续性较好，发布时间集中在上半年，传播方式丰富，显现出企业对社会责任信息沟通的迫切期望。八是报告过程性管理可圈可点，利益相关方参与沟通须进一步加强。

第二，企业社会责任报告未来六大趋势。一是企业社会责任报告数量将稳步上升，上市公司和外资企业将成为新的增长点；二是企业社会责任报告管理将走向常态化、专业化和信息化，管理能力将进一步得到提升；三是企业社会责任报告内容将更加实质化、定量化，与公司战略、重大活动、社会热点等相结合将成为未来重点；四是企业社会责任报告发布将更加重视发布平台和新媒体的"杠杆"作用，传播形式趋向"社交化"和"移动化"；五是企业社会责任报告视野将更加国际化：不同语言版本渐多、海外报告和专题渐起、对标国际一流报告渐盛；六是社会公众对企业社会责任报告的期望更高，监督更加严格，企业社会责任报告将进入新的阶段和发展水平。

企业社会责任指标体系建设概述

企业社会责任指标体系是企业社会责任管理体系的重要组成部分，是由相互联系、相互独立、相互补充的一些社会责任指标所组成，主要用于推进企业社会责任管理，加强与利益相关方的沟通，对企业社会责任绩效进行评价的一套完善、系统的工具和标准。近年来，学术界、研究机构以及一些政府部门制定并发布了一些企业社会责任指标体系，推动了我国企业社会责任理论与实践的发展。现简要概述如下：

一、《中国企业社会责任评价准则》概述

2014 年 6 月，由中国企业评价协会、清华大学社会科学学院和 10 余家企业联合起草的《中国企业社会责任评价准则》发布，旨在为企业在存续期内的社会责任行为提供参考和依据，规定了对企业履行社会责任进行评价时应遵照的原则、准则及方法。该准则认为，企业社会责任是企业通过透明的、有道德的行为对其决策及活动对社会、环境产生的影响所负的责任，包括：与可持续发展和社会福祉相一致；考虑利益相关方的期望；符合相关法律并与国际行为准则相一致；融入整个社会组织活动。该准则依据引导性、可比性、普适性、持续性原则，设定了 10 项一级指标、62 项二级指标、121 项三级指标和 135 项打分操作指标。

（一）法律道德

二级指标包括：企业在生产经营活动中认真遵守法律、法规，无违法乱纪现象；公司的核心经营战略充分考虑应尽的社会责任；反对腐败，倡导并践行健康的商业价值伦理，公司的发展规划和行动始终与社会的主流方向一致；企业将社会责任绩效纳入核心经营战略规划；税收贡献。

其中，"税收贡献"有两个三级指标，分别是：税收及税收增长纵向比较情况；积极纳税的示范带动作用及对产业良性发展的推动作用。

（二）质量安全

二级指标包括：高度重视产品质量和生产安全管理，建立相应制度，始终坚持提供合格产品；有系统的、严格的质量控制方法和流程，安全生产始终如一；通过了相关的产品质量认证；有应对突发事故或进行危机处理的完善程序与责任人；企业没有出现过严重的产品质量事件和安全事故。

（三）科技创新

二级指标包括：积极开展产品创新、管理创新，注重对研发的投入；新技术、新产品为消费者或社会喜爱，引导美好生活，推动社会进步；企业将先进研发成果积极转化为生产力，带动行业健康发展并有利于其他企业研发水平的提升；专利申请及拥有情况。

（四）诚实守信

二级指标包括：具有完善的信息沟通和披露机制，及时向利益相关方披露与公司运营相关的、对利益相关方的决策具有重要影响的信息，主动与利益相关方进行多种形式的沟通；在运营活动中始终为利益相关方提供真实合法的产品和信息；诚信经营、公平交易，在商业活动中坚决杜绝欺诈行为；尊重和保护知识产权；以身作则，为社会诚信经营环境的提升而不断努力；在供应链中倡导健康的商业道德价值，为供应链的上下游企业提供公平交易的机会。

（五）消费者权益

二级指标包括：始终坚持为消费者提供优质、合格的产品；公平营销、真正公正的信息和公平的合同行为；建立完善的售后服务体系，及时解决消费者的投诉和要求；具有和实际执行对存在质量缺陷的产品召回并给予消费者补偿的规定；重视对消费者的健康保护、安全保护、信息及隐私保护。

（六）股东权益

二级指标包括：正当健康经营，确保股东的合理回报；注重对小股东权益的保护与救济；科学的治理结构，决策最大程度地体现股东意志；加强投资者关系管理，与投资者建立良好的关系。

（七）员工权益

二级指标包括：尊重劳工权益，尊重人权；严格遵守国家劳动法律和制度，员工社会保障、保险齐全；企业制定健全的反歧视制度，员工生育期间享有福利保障，薪酬公平、休假制度健全；企业积极开展员工培训，注重培养本土的技术人才、管理人才；组建工会并积极开展工会活动；企业注重保护员工的职业健康和安全；注重维护和谐的劳动关系，没有各种形式的强迫劳动、童工劳动；积极创造就业机会。

（八）能源环境

二级指标包括：环境保护、节能减排、可持续发展。

"环境保护"的三级指标包括：企业制定环境保护的具体措施，并切实履行环境保护职责；坚持环保预防性原则，在全球各地都秉持一致的环保标准；企业积极培养和倡导员工的环境保护意识；减缓并适应气候变化，致力于生产环保型产品和服务；企业主动发起或积极参与环境保护项目；引导并创造可持续性消费。

"节能减排"的三级指标包括：企业注重节能降耗减排，积极发展循环经济；企业注重使用清洁能源，并积极向社区里的更多人群做宣传推广工作；企业重视对节能减排措施的投入和研究创新，并注重将各项新技术、新方法积极推广到实际生产工作中；节能减排有较显著的成效。

"可持续发展"的三级指标包括：企业制定了科学的可持续发展战略，已经形成了较强的可持续发展意识；企业在战略的可持续、生产的可持续、盈利的可持续、研发的可持续及环保的可持续等方面的表现；企业在环境和资源的利用上强调并实施可持续发展战略。

（九）和谐社区

二级指标包括：社区关系、公益慈善。

"社区关系"的三级指标包括：同政府机构、行业协会保持良好关系；公平竞争，支持营造良性生态；发挥辐射作用，能带动所在社区的更多成员积极履行社会责任。

"公益慈善"的三级指标包括：力所能及地开展慈善捐赠，并有科学安排，具有持续性；积极传播慈善理念和公益文化，影响他人向善；通过教育提升、文化传播、技术开发与获取等方式，对所在社区生活改善做出贡献。

（十）责任管理

二级指标包括：具有社会责任感的企业文化情况；有社会责任管理机构和相关人员；实施社会责任项目；企业建立了针对突发事件的积极有效的应对和改进机制；维护良好的公众形象，无社会责任缺失事件；企业获得社会责任的相关奖项或领先排名情况。

《中国企业社会责任评价准则》规定了企业社会责任评价过程中的评分指标和分值分配，如表1所示。

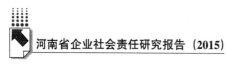

表1　企业社会责任评分

目　标	一级指标	二级指标	三级指标	分值分配
社会责任	法律道德（135分）	遵守法律法规		30
		核心战略考虑社会责任		20
		反对腐败，健康的商业价值伦理		25
		社会责任绩效		20
		税收贡献	税收及税收增长情况	20
			纳税的示范带动作用	20
	质量安全（120分）	质量管理制度		25
		质量控制方法		40
		产品质量认证		15
		事故应对		15
		无严重质量事件和安全事故		25
	科技创新（95分）	研发投入		35
		开发好产品		25
		成果转化		20
		专利申请及拥有情况		15
	诚实守信（90分）	完善的信息沟通和披露机制，利益相关方沟通		15
		真实合法的产品和信息		20
		诚信经营、公平交易，杜绝欺诈		20
		尊重和保护知识产权		15
		营造诚信环境		10
		供应链关系		10
	消费者权益（90分）	始终提供优质产品		25
		公平营销		20
		完善的售后服务体系		25
		产品召回与补偿		10
		消费者保护		10
	股东权益（96分）	确保股东合理回报		32
		小股东权益的保护与救济		24
		最大程度体现股东意志		24
		与投资者的良好关系		16
	员工权益（100分）	尊重劳工，尊重人权		15
		遵守劳动法律和制度		15
		反对歧视		10
		员工培训		10
		工会活动		10
		职业健康和安全		10
		和谐劳动关系		15
		创造就业		15

目 标	一级指标	二级指标	三级指标	分值分配
社会责任	能源环境（130分）	环境保护	环境保护措施	12
			环境保护标准	8
			环境保护意识	5
			产品与服务	10
			环境保护项目	10
			引导并创造可持续性消费	10
		节能减排	循环经济	15
			清洁能源	10
			技术创新	10
			量化的成效	10
		可持续发展	可持续发展战略	10
			可持续发展表现	10
			可持续利用	10
	和谐社区（64分）	社区关系	良好关系	12
			良好生态	12
			辐射作用	10
		公益慈善	慈善捐赠	10
			慈善理念传播	10
			社会公益慈善项目	10
	责任管理（80分）	有社会责任感的企业文化		20
		责任管理机构和人员		15
		社会责任项目		15
		突发事件应对		10
		良好的公众形象		10
		社会责任荣誉		10

注：以上打分项共63款，满分1000分。

《中国企业社会责任评价准则》在评分标准上履行以下三个原则：一是"特别弘扬原则"。即在10个一级评价标准中，企业可将自身认为做得最好的1~3个方面提请评审员特别关注，以争取该项更高的得分。"特别弘扬原则"要求企业在提请关注的打分项上，做到世界或国内领先，或在行业内得到广泛认可，或有独到的创新之处，有切实的依据或成绩体现。二是"缺失波及原则"。在本评价准则的一级或二级评价标准中，企业责任缺失将波及其他相关打分项的得分。例如，企业在环境保护方面出现事故，不仅影响企业在"环境保护"项的得分，可能还会波及"道德伦理"、"和谐社区"等方面的得分。三是"零分捆绑原则"。评价准则10个一级评价标准所包含的二级或三级标准中，若有一项得分为零，即该企业在某项社会责任履行上出现重大缺失，则该一级指标全部得分为零。例如，企业出现了严重的产品质量问题，造成重大的社会后果，那么该企业在一级指标"质量安全"里的总得分为零，即该项不得分。

对于企业社会责任的评级，《中国企业社会责任评价准则》按由劣到优分为C、B、BB、BBB、A、AA、AAA 三类七个基本级。依据企业社会责任评分，对应级别如表2所示：

表2　企业社会责任评级

类型	标志	得分范围	评语	备注
C	C	350分及以下	社会责任严重缺失企业	
B	B	351~550分	社会责任缺失企业	
	BB	551~650分	社会责任轻度缺失企业	
	BBB	651~750分	社会责任合格企业	
A	A	751~850分	社会责任良好企业	
	AA	851~950分	社会责任优秀企业	
	AAA	951~1000分	社会责任典范企业	

2015年3月，中国企业评价协会联合清华大学社会科学学院依据《中国企业社会责任评价准则》，历时10个月，对1600家评价对象企业进行了研究和测评，并按照《评价准则》10项一级指标、62项二级指标、121项三级指标和135项打分操作指标，评出社会责任AAA级企业14家、AA级企业144家、A级企业181家、BBB级企业161家，发布"2015年中国企业社会责任500强"。前20名企业分别为：华为、三星、天津房地产、海尔集团、雀巢、中国石油化工集团、腾讯控股有限公司、PPG工业公司、福耀玻璃、宝马集团与华晨宝马、国家电网公司、阿迪达斯、大唐电信、京东方科技集团、联合利华中国、家乐福中国、工商银行、辉瑞投资、普利司通中国、中粮集团。

"2015年中国企业社会责任500强"具有以下几个特点：一是企业越是重视和践行社会责任，就越是能够得到市场和客户的认可。消费者手中的货币选票和客户手中的订单，更愿意送给那些有高度社会责任感的企业。"企业越大，责任也越大；企业越尽责，社会越认可"，这既是社会对中国企业的期望和褒奖，也是中国企业在履行企业社会责任实践中的突出特点。二是企业的外部监督越强，企业履行社会责任的意识和绩效就越好。与非上市公司相比，上市公司（包括在沪深和境外上市的公司）的社会关注度和外部监督与制约比较强，它们在践行社会责任方面的压力和动力也比较大，在履行社会责任上的表现也更加突出。在中国企业社会责任 500 强企业中，上市公司所占比例达到 77.2%。三是企业在全面履行社会责任方面还不够平衡，存在着有些方面较强而有些方面薄弱的现象。从评价情况来看，"中国企业社会责任 500 强"在守法、诚信等指标上得分较高，但在责任管理、环境能源等方面表现不足，需要进一步加强。

二、中国企业社会责任发展指数

2009 年以来，中国社会科学院经济学部企业社会责任研究中心连续编著《中国企业社会责任研究报告》，发布中国企业社会责任发展指数，评价中国企业年度的社会责任管理状况和社会/环境信息披露水平，辨析中国企业社会责任发展进程的阶段性特征。[①]

企业社会责任发展指数（2014）的研究路径如下：延续责任管理、市场责任、社会责任、环境责任"四位一体"的理论模型；参考 ISO26000 等国际社会责任指数、国内社会责任倡议文件和世界 500 强企业社会责任报告指标，优化分行业社会责任指标体系；从企业社会责任报告、企业年报、企业单项报告（包括企业公益报告书、环境报告书、员工报告书、客户报告书等针对特定相关方面对外发布的报告）、企业官方网站收集企业 2013/2014 年度的社会责任信息；对企业的社会责任信息进行内容分析和定量评价，得出企业社会责任发展指数初始得分，并根据责任奖项、责任缺失（信息来自人民网、新华网等权威媒体和相关政府网站）和创新责任管理对初始得分进行调整，得到企业社会责任发展指数最终得分与排名。

企业社会责任发展指数的理论模型是责任管理、市场责任、社会责任、环境责任"四位一体"理论（见图 1）。责任管理处于模型的核心，是每个企业社会责任实践的原点。企业责任管理包括责任战略、责任治理、责任融合、责任绩效、责任沟通和责任能力。市场责任居于模型底部。企业是经济性组织，为市场高效率、低成本地提供有价值的产品或服务，取得较好的财务绩效是企业可持续发展的基础。市场责任包括客户责任、伙伴责任和股东责任等与企业业务活动密切相关的责任。社会责任为模型的左翼，包括政府责任、员工责任和社区责任。

---

① 黄群慧，彭华岗，钟宏武，张蒽等. 中国企业社会责任研究报告（2014）[M].北京：社会科学文献出版社，2014：26-39.

环境责任为模型的右翼，包括环境管理、节约能源资源、降污减排等内容。整个模型围绕责任管理这一核心，以市场责任为基石，社会责任、环境责任为两翼，形成一个稳定的闭环三角结构。

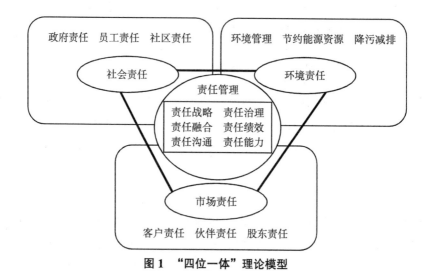

图1 "四位一体"理论模型

企业社会责任发展指数（2014）注意行业间社会责任议题的差异，从企业社会责任的一般议题出发，构建了企业社会责任通用议题评价指标，并结合行业特定社会责任议题，构建了行业特定社会责任议题评价指标，最终形成了中国企业社会责任发展指数（2014）"通用议题+行业特定议题"的评价指标体系，如表3所示。

表3 中国企业社会责任发展指数（2014）的指标体系

责任板块	责任议题	责任指标
责任管理	责任管理	①企业社会责任理念；②核心社会责任议题；③企业社会责任规划或年度计划；④社会责任领导机构；⑤社会责任组织体系；⑥社会责任管理制度；⑦利益相关方识别；⑧利益相关方的期望及企业回应措施；⑨利益相关方沟通、参与机制；⑩是否发布企业社会责任报告；⑪报告是否有第三方评价；⑫官网上是否有CSR专栏；⑬是否有单项报告；⑭高层领导参与的社会责任活动
市场责任	股东权益	①投资者关系管理制度；②营业收入；③净利润；④资产总额；⑤资产负债率
	供应链管理	①供应商管理制度；②供应商名单；③供应商资质要求；④责任采购制度及方针；⑤推动供应商履行社会责任
	客户满意	①客户关系管理制度；②售后服务体系；③积极应对客户投诉；④客户信息保护；⑤客户满意度调查；⑥产品质量管理体系及认证；⑦广告宣传合规
	科技创新	①支持科技研发的制度及措施；②研发人员数量及比例；③研发投入；④新增专利数
	行业特定议题	行业相关指标

责任板块	责任议题	责任指标
社会责任	依法经营	①守法合规体系；②反腐败和商业贿赂；③纳税总额；④报告期内吸纳就业人数
	员工关爱	①平等雇用制度；②劳动合同签订率/集体合同覆盖率；③社会保险覆盖率；④参加工会的员工比例；⑤禁止强迫劳动；⑥保护雇员个人信息和隐私；⑦每年人均带薪休假天数；⑧女性管理者比例；⑨残疾人雇用率或雇用人数；⑩民主管理与厂务公开；⑪困难员工帮扶收入；⑫为特殊人群（如孕妇、哺乳妇女等）提供特殊保护；⑬员工满意度；⑭员工流失率；⑮员工培训制度；⑯员工培训绩效；⑰员工职业发展通道；⑱员工成长激励机制
	社区关系	①社区沟通参与机制和渠道；②支持员工本地化的政策；③支持本地化采购；④支持社区成员（尤其是弱势群体）的教育和学习；⑤和当地政府、NGO等建立伙伴关系；⑥公益方针/基金会；⑦支持员工志愿者制度/员工志愿活动绩效；⑧捐赠总额
	安全生产	①安全生产管理体系；②安全应急管理机制；③安全教育与培训；④安全培训绩效；⑤安全生产投入；⑥员工伤亡人数
	行业特定议题	行业相关指标
环境责任	绿色经营	①环境管理体系及认证；②环保培训与宣教；③环保总投入；④能源消耗总量；⑤水资源消耗总量；⑥环保技术设备研发与应用；⑦绿色办公；⑧应对气候变化目标及计划；⑨温室气体排放量及减排量
	行业特定议题	行业相关指标

注：以一般制造业为例。

中国企业社会责任发展指数的赋值和评分共分六个步骤：第一，根据各行业指标体系中各项企业社会责任内容的相对重要性，运用层次分析法确定责任管理、市场责任、社会责任、环境责任四大类责任板块的权重。第二，根据不同行业的实质性和重要性，为每大类责任议题以及每一议题下的具体指标赋权。第三，根据企业社会责任管理现状和信息披露情况，给出各项社会责任内容下每一个指标的得分（评分标准是：无论管理类指标还是绩效类指标，如果从企业公开信息中能够说明企业已经建立了相关体系或者披露了相关绩效数据，那么就给分；否则，该项指标不得分。指标得分之和就是该项责任板块的得分）。第四，根据权重和各项责任板块的得分，计算企业在所属行业中社会责任发展指数的初始得分。计算公式为：企业社会责任初始得分 $= \sum_{j=1,2,3,4} A_j W_j$，其中，$A_j$ 为企业某社会责任板块得分，W_j 为该项责任板块的权重。第五，初始得分加上调整项得分就是企业在所属行业中的社会责任发展指数得分。调整项得分包括企业社会责任相关奖项的奖励分、企业社会责任管理的创新实践加分，以及年度重大社会责任缺失扣分项。第六，如果企业的经营范围为单一行业，则所属行业的社会责任发展指数得分就是该企业社会责任发展指数的最终得分。如果企业被确定为混业经营，则该企业的社会责任指数最终得分 $= \sum\limits_{j=1,\cdots,k} B_j I_j$，其中，$B_j$ 为企业在某行业中的社会责任发展指数得分，I_j 为该行业的权重。各行业权重按行业的社会责任敏感度设定，跨两个行业的企业按照"6、4"原则赋权，即社会责任敏感度较高的行业权重为60%，敏感度较低的行业权重为40%；跨三个行业的企业按照"5、3、2"原则赋权，即社会责任敏感度最高的行业权重为50%，其次为30%，最后为20%。社会责任敏感度主要从环境敏感度、客户敏感度考察，耗能大、污染多的行业环境敏感度较高，与消费者直接接触的行业客户敏感度较高。

根据评分结果，可以将企业年度社会责任发展指数进行星级分类，分别为五星级、四星级、三星级、二星级和一星级五个星级水平，分别对应卓越者、领先者、追赶者、起步者和旁观者五个发展阶段。各类企业对应的社会责任发展指数星级水平和企业社会责任发展特征如表4所示。

表4 企业社会责任发展类型

序号	星级水平	得分区间	发展阶段	企业特征
1	五星级（★★★★★）	80分以上	卓越者	企业建立了完善的社会责任管理体系，社会责任信息披露完整，是我国企业社会责任的卓越引领者
2	四星级（★★★★）	60~80分	领先者	企业逐步建立社会责任管理体系，社会责任信息披露较为完整，是我国企业社会责任的先行者
3	三星级（★★★）	40~60分	追赶者	企业开始推动社会责任管理工作，社会责任披露基本完善，是社会责任领先企业的追赶者
4	二星级（★★）	20~40分	起步者	企业社会责任工作刚刚起步，尚未建立系统的社会责任管理体系，社会责任信息披露也较为零散、片面，与领先者和追赶者有较大的差距
5	一星级（★）	20分以下	旁观者	企业社会责任信息披露严重不足

中国社会科学院经济学部企业社会责任研究中心依据上述指标体系和评分原则，评出中国企业300强社会责任发展指数，其中五星级企业有14家，分别是中国南方电网有限责任公司、中国移动通信集团公司、国家电网公司、中国华电集团公司、中国石油化工集团公司、中国华能集团公司、华为投资控股有限公司、中国建筑股份有限公司、中国黄金集团公司、中国建筑材料集团有限公司、中国五矿集团公司、中国民生银行股份有限公司、三星中国投资有限公司、英特尔（中国）有限公司。中国企业300强社会责任发展的阶段性特征为：一是中国企业300强社会责任发展指数为32.9分，整体处于起步者阶段，近五成企业仍

在"旁观",三家企业得分为零;二是国有、民营和外资三类企业社会责任指数整体呈上升趋势,国有企业尤其是中央企业上升幅度最大,且三类企业的差距有日渐加大的趋势;三是社会责任四大板块指数均有提升,责任管理指数增长显著且开始领先于责任实践指数;四是国有、民营和外资三类企业社会责任议题表现差异明显;五是超四成企业发布社会责任报告,近八成企业在官网设置社会责任专栏。

三、四川省企业社会责任评价体系概述

2014 年 4 月,四川省社会科学院发布《四川企业社会责任研究报告(2014~2015)》。该报告在参考国际公约、国内有关法律法规、行业规范、现实数据以及国内外主要的企业社会责任评价体系的基础上,推出《四川省企业社会责任评价体系》。该评价体系由 8 个一级指标、24 个二级指标和 51 个三级指标构成。其中,作为一级指标的八个主要利益相关方是消费者、环境、员工、社区、合作伙伴、投资方、政府、慈善公益;8 个一级指标细分为 24 个二级指标;24 个二级指标又分解为 51 个三级指标,并标明三级指标的具体考察内容,以实现科学量化评价。

(一)消费者

二级指标包括:产品/服务安全,产品/服务信息,顾客满意。

"产品/服务安全"的三级指标包括:企业向消费者提供安全、可靠的产品/服务;企业对交付或使用不当可能危及人身和财产安全的产品(服务)给出警示说明;产品投放市场(提供服务)后,发现其可能存在威胁到消费者安全和健康的缺陷时,企业应该采取适当的方式进行处置;必要时,应该召回产品或给使用者提供补偿。

"产品/服务信息"的三级指标包括:及时、完整地提供产品功能、使用条件以及维修等信息;及时、完整地向消费者提供服务范围和方式等信息;在提供产品服务信息时,不应使用带有歧视性的文字和形象。

"顾客满意"的三级指标包括:主动获取顾客关于是否满足其要求的相关信息,并且获取和利用这种信息合法;有完善的售后投诉纠纷处理规则,并在实施中不断改进,提高投诉处理的满意度。

(二)环境

二级指标包括:环境管理,资源和能源管理,污染物管理。

"环境管理"的三级指标包括:企业有环境管理的职责和权限规定,有资源

使用规范，有环境管理制度；企业应该根据环境管理的现状和产品（服务）等使用（提供）对环境影响的类型和程度，确定、控制重要环境因素；企业应开展培训或采取其他措施，提高员工的环境保护意识，建立绿色环保理念，推行清洁生产，促进可持续发展。

"资源和能源管理"的三级指标包括：企业积极采用新技术、新材料、新工艺和新设备，减少并逐渐控制任何类型污染（废弃物）的产生、排放或抛弃；企业确定优先控制的能源因素，节能、减排、降耗，提高能源利用效率；企业应该主动使用新能源、可再生能源（清洁能源），促进可持续发展。

"污染物管理"的三级指标包括：减少污染物排放，企业在设计、开发、生产、服务过程中，建立、实施并保持控制文件、保存相关记录；企业建立并实施环境监测，明确程序，企业要满足环境法律法规和其他应遵守规则的要求，保存相关记录；企业针对潜在和紧急事件规定相应措施，定期进行评审，定期进行试验，并评估和管理伴随的环境影响。

（三）员工

二级指标包括：劳动合同，员工权益，安全生产，沟通协商机制。

"劳动合同"的三级指标包括：遵循公平、诚信原则，与员工签订书面劳动合同；劳动合同的履行、变更、解除和终止应符合法律法规规定；企业主动提出提前解除员工劳动合同时应按规定做出经济补偿，集体裁员应按规定办理相关手续；企业应保存已经解除或终止的劳动合同文本。

"员工权益"的三级指标包括：企业应遵循按劳分配原则，实行同工同酬、带薪休假，满足当地最低工资标准，以货币形式按时足额支付员工工资，并缴纳社会保障金；企业应按规定合理安排员工的作息时间，控制加班，超时部分按规定足额支付报酬；企业制订员工教育和培训计划，提供职业技能培训，帮助和指导员工的职业规划；在推进员工职业发展中，企业应进行员工职业发展战略管理，对员工进行职业发展规划，引导员工向职业规划目标发展。

"安全生产"的三级指标包括：明确安全生产的规定，提供资源，建立制度；企业应为员工提供适宜、安全、健康的工作条件，并对特种作业人员、女工和未成年工进行特殊保护，减少职业危害及职业病，对从事有职业危害作业的员工，按规定定期进行职业健康检查，加强防范；安全设施及应急演练。

"沟通协商机制"的三级指标包括：建立健全工会组织，确保工会组织及其代表依法履行职责，维护员工合法权益；建立健全民主管理制度，听取员工意见和建议，通过职工代表大会制度、平等协商和集体合同制度、企业厂务公开制度等方式建立员工信息沟通机制。

（四）社区

二级指标包括：就业岗位，社区建设。

"就业岗位"的三级指标包括：向劳动者提供平等的就业机会和公平的就业条件；创造就业岗位，扶持失业人员（下岗人员）及残疾人就业；支持和促进社区教育和职业技能培训。

"社区建设"的三级指标包括：为社区经济、社会发展和生活水平提升提供支持；遵守所在社区及经营活动涉及区域的法律法规要求；制订和实施社区支持计划，鼓励员工参加社区志愿服务活动。

（五）合作伙伴

二级指标包括：互利合作，相互促进。

"互利合作"的三级指标包括：尊重和保障合作伙伴的合法权益，诚实、公平地订立、履行商业合同；尊重和保护合作伙伴的知识产权，保守其商业秘密，与合作伙伴建立持久的良好关系。

"相互促进"的三级指标包括：对交往的合作伙伴，关注其在履行社会责任方面的行为及结果；在可能影响的范围内，推动和支持合作伙伴共同承担社会责任。

（六）投资方

二级指标包括：治理结构，信息披露。

"治理结构"的三级指标包括：建立经营者经营责任制，防范经营风险，实现资产保值增值；建立健全财务管理制度，实施独立审计；保护投资方的合法权益，特别是中小投资者权益，并为投资方参与企业重大经营决策提供适当的途径。

"信息披露"的三级指标包括：建立和完善信息披露制度，主动、真实地披露企业重大经营活动等信息；企业经营发生重大变化时，及时披露相关信息。

（七）政府

二级指标包括：纳税，反腐倡廉，社会稳定，宏观政策。

"反腐倡廉"的三级指标包括：对内对外反对腐败；履行全球契约反腐目标；企业应反对各种形式的贪污，包括敲诈、勒索和行贿受贿；营造廉洁从业的氛围；制度与监督；激励与约束并举。

（八）慈善公益

二级指标包括：慈善捐助，抗震救灾，扶危济困助学，公益事业。

"慈善捐助"的三级指标包括：当发生重大自然灾害或突发事件后，提供人力、物力、财力上的支持；发生重大自然灾害或突发事件后，开展或参与慈善活动。

为了更好地配置各个指标的权重，《四川省企业社会责任评价体系》采用层次分析法（Analytic Hierarchy Process，AHP）对权重进行归化处理后得到如下结果：对消费者的责任指标总权重为 200，对环境的责任指标总权重为 150，对员工的责任指标总权重为 160，对社区的责任指标总权重为 70，对合作伙伴的责任指标总权重为 80，对投资方的责任指标总权重为 70，对政府的责任指标总权重为 130，对慈善公益的责任指标总权重为 140。二级指标的权重如表 5 所示。

表 5　企业社会责任评价指标及其权重

一级指标	权重	二级指标		权重
1. 对消费者的责任	200	1.1	产品/服务安全	70
		1.2	产品/服务信息	60
		1.3	顾客满意	70
2. 对环境的责任	150	2.1	环境管理	50
		2.2	资源和能源管理	40
		2.3	污染物管理	60
3. 对员工的责任	160	3.1	劳动合同	60
		3.2	员工权益	30
		3.3	安全生产	40
		3.4	沟通协商机制	30
4. 对社区的责任	70	4.1	就业岗位	40
		4.2	社区建设	30
5. 对合作伙伴的责任	80	5.1	互利合作	50
		5.2	相互促进	30
6. 对投资方的责任	70	6.1	治理结构	40
		6.2	信息披露	30
7. 对政府的责任	130	7.1	纳税	50
		7.2	反腐倡廉	20
		7.3	社会稳定	30
		7.4	宏观政策	30
8. 慈善公益的责任	140	8.1	慈善捐助	50
		8.2	抗震救灾	40
		8.3	扶危济困助学	30
		8.4	公益事业	20

企业社会责任评价指数的计算方法如下：

$$企业社会责任评价指数 = \frac{实际评价得分}{理论评价得分} \times 100\% = \frac{\sum \alpha_i A_i}{\sum \alpha_i B_i} \times 100\%$$

上式中，α_i 表示第 i 个评价项权重；A_i 表示第 i 个评价项的实际得分；B_i 表示第 i 个评价项的理论得分。

该公式的含义为：企业社会责任实际评价得分是每一评价项实际得分与权重乘积的和；企业社会责任理论评价得分是每一评价项理论得分与权重乘积的和。在对企业进行社会责任评价的过程中，首先根据企业履行社会责任的程度，对于指标体系中的三级指标分别给予 A、B、C、D、E 五级评价，再根据对应的权重得出实际评价得分，从而最终算出企业社会责任指数。[①]

四、河南省《民营企业社会责任评价指标体系》

2013 年 12 月，河南省质量技术监督局发布了由河南省工商业联合会、河南省民营企业社会责任促进中心、河南省民营企业家协会、河南省品牌促进会等单位制定的河南省地方标准《民营企业社会责任评价与管理指南》（编号：DB41/T 876–2013），该地方标准自 2014 年 2 月 25 日起实施。河南省《民营企业社会责任评价指标体系》认为，企业社会责任是企业在商业运作过程中对其利益相关方应负的责任，包括对消费者、员工、商业伙伴、社区、环境等的责任。企业应通过建立一套管理体系，有效管理企业运营对利益相关方、社会和环境的影响，形成社会责任理念融入企业经营的全过程长效机制。河南省《民营企业社会责任评价指标体系》的一级指标有：消费者责任、员工责任、社区责任、商业伙伴责任、环境保护责任、企业文化建设。

（一）消费者责任

二级指标包括：产品质量，服务质量，产品信息披露，消费者信息安全，纠纷处理。

"产品质量"的三级指标包括：产品质量稳定、安全、合格，应符合国家产品安全和质量标准；通过技术改进和创新，提升产品性能和附加值。

---

① 平文艺，刘雄峰，黄泽勇. 四川企业社会责任评价体系介绍［M］. 北京：社会科学文献出版社，2014：27–55.

"服务质量"的三级指标包括：制定系统有序的规范化要求，服务人员有优良的服务态度和技能；对顾客承诺的服务及时有效兑现；建立消费者沟通机制，积极回应消费者提出的问题，增强与消费者的互动。

"产品信息披露"的三级指标包括：如实进行产品质量和安全信息披露，对产品质量和标准等信息明确承诺和公示。

"消费者信息安全"的三级指标包括：加强消费者信息安全管理，无泄露消费者信息的行为。

"纠纷处理"的三级指标包括：及时化解纠纷，妥善处理消费者投诉，对发生的侵权行为及时回应和补偿。

（二）员工责任

二级指标包括：劳动用工，劳动合同，劳动收入，劳动保险，劳动时间，企业福利，健康与安全，企业民主管理，员工发展。

"劳动用工"的三级指标包括：执行国家未成年工和女职工等特殊人群的劳动保护规定，无使用童工行为；尊重员工的风俗习惯和信仰，维护员工人格尊严，对员工无歧视、暴力、威胁、监禁等行为。

"劳动合同"的三级指标包括：遵循平等自愿、协商一致、诚实守信原则，与劳动者依法签订劳动合同，并认真履行。

"劳动收入"的三级指标包括：按时、足额支付员工劳动报酬；劳动报酬不低于当地政府规定的最低工资标准；经营效益好的企业宜逐步合理地提升员工的劳动收入水平。

"劳动保险"的三级指标包括：依法、足额为员工缴纳社会保险；经营效益好的企业宜为员工缴纳补充养老、医疗保险或其他保险。

"劳动时间"的三级指标包括：执行国家及地方相关法规，合理安排员工的劳动时间与休假。

"企业福利"的三级指标包括：企业应逐步完善员工福利保障，包括经济福利、工时福利、设施福利、娱乐福利等。

"健康与安全"的三级指标包括：建立员工健康档案，定期组织健康体检，并将体检结果对当事员工如实公开；采取职业病防控措施，减少职业病危害；重视员工心理健康，定期开展心理健康活动，帮助员工舒缓压力，保持工作和生活的平衡；开展现场管理，配备必要的劳动防护设施，定期发放劳动防护用品，保障劳动过程和工作环境的安全。

"企业民主管理"的三级指标包括：加强党、工、团等企业民主管理组织建设，健全活动机制，广泛吸纳员工参与企业民主管理；通过职代会、厂务公开等多种途径，实现员工参与企业各项事务的决策与监督。

"员工发展"的三级指标包括：制订培训计划，开展职业技能知识、思想道德等多方面的培训和考核，提高员工的综合素质和业务技能水平；建立科学合理的晋升机制和通道，帮助员工制定职业发展规划，为员工提供广阔的职业发展空间。

（三）社区责任

二级指标包括：依法纳税，促进就业，社区共建，公益慈善。

"依法纳税"的三级指标包括：依法、诚信、按时、足额缴纳国家规定的各项税款，并遵循财务会计信用管理规定。

"促进就业"的三级指标包括：根据自身战略规划和发展要求，为社会提供更多的实习与就业岗位，缓解就业压力。

"社区共建"的三级指标包括：在实现自身发展的同时，积极投身社区基础设施建设，支持、发起和参与社区活动，促进社区和谐发展；根据自身发展状况，对欠发达地区的资源进行倾斜性开发，帮助当地脱贫致富。

"公益慈善"的三级指标包括：宜安排相应的人力、物力、财力，通过公益慈善行为，帮助发展教育、社会保障和医疗卫生等事业；对智障、体障人群和老人等社会弱势群体给予社会人文关怀；积极发展员工加入志愿者组织，尽可能提供条件支持员工志愿者活动。

（四）商业伙伴责任

二级指标包括：信息披露，合同履行，责任采购，尊重知识产权，公平竞争。

"信息披露"的三级指标包括：定期披露企业的经营管理状况，履行告知义务。

"合同履行"的三级指标包括：遵循公平、公正、诚信的原则依法签订合同，忠实履约，保障各方利益不受损害。

"责任采购"的三级指标包括：在采购决策中可考虑商业伙伴的产品或服务在整个生命周期中的环境、社会和道德绩效。

"尊重知识产权"的三级指标包括：尊重和保护商业伙伴的知识产权，无侵权行为。

"公平竞争"的三级指标包括：以公平的方式开展竞争，反对垄断，不采用非正当行为获取竞争优势，不损害商业伙伴的商业信誉，防止介入或陷入不正当竞争。

（五）环境保护责任

二级指标包括：环保管理，保障机制，降污减排，资源节约，生态与人文环境保护。

"环保管理"的三级指标包括：对环保工作进行有效管理，包括环保管理的组织与执行、环保工作状况的监控与改进、环境预警应急机制等内容；建立环保管理制度，并以企业文化形式体现；定期编制、公开发布环保工作报告，如实披露开展环保工作的理念、制度、措施和绩效，以及企业运营对环境的重大影响。

"保障机制"的三级指标包括：设有专门负责环保的职能部门，岗位设置明确，人员结构合理、数量充足；提供必要的财力、物质资源及开展环保工作所必需的基础设施，保障环保工作的有效实施。

"降污减排"的三级指标包括：严格执行国家及地方相关规定，满足污染物达标排放、总量控制要求，逐渐降低污染物排放总量；以妥善和透明的方式对危险废弃物加以管理；在生产过程中逐步淘汰有毒、有害原材料；积极采用资源利用率高、污染物产量少的清洁生产技术、工艺和设备，建立持续清洁生产机制，并根据需要开展清洁生产审核。

"资源节约"的三级指标包括：减少不可再生资源和能源的消耗，提高其使用效率，积极开发和使用可再生的替代能源和清洁能源；积极考虑原料和产品在整个生命周期中的利用效率，通过再制造、重复使用、综合利用等方式提高资源生产率；监测、控制和降低单位产值的资源消耗及能耗，将节能、节水和资源综合利用纳入对经营活动的内部考核机制。

"生态与人文环境保护"的三级指标包括：在生产经营活动中可采取有效措施预防和减少对生物多样性、生态平衡、人文风俗和历史文化遗产等的不利影响，对造成破坏的应予以恢复和补偿；积极投身环保公益和宣传教育事业，主动承担环境治理和修复责任。

（六）企业文化建设

二级指标包括：企业凝聚力，人文关怀，企业形象，企业文化传播，创新导向。

　　"企业凝聚力"的三级指标包括：企业文化建设与企业中心工作的融合度、协调发展度高，企业文化的积极引领作用得到发挥，在转变经济发展方式、实现科学发展方面有显著成效；企业核心价值观为员工广泛认知、认同，并在企业生产经营服务活动和员工行为中得到体现；企业管理层与员工之间、员工与员工之间关系和谐融洽，无大规模群体性事件发生。

　　"人文关怀"的三级指标包括：充分发挥企业党、工、团等组织在企业文化建设中的重要作用，经常开展员工喜闻乐见的各种文化活动，丰富员工精神文化生活，定期开展企业间、企业与地方间的文化交流活动；加强党风廉政建设，关心员工工作、生活，建立困难帮扶和员工心理疏导等工作机制，员工政治觉悟、思想道德水平和文明素质得到整体提升，实现爱国、敬业、诚信、友善，精神生活健康。

　　"企业形象"的三级指标包括：按照 GB/T 27925-2011 的要求，制定企业品牌发展战略，注重提升品牌的文化含量，细化品牌管理的标准与流程；建立以企业标识、标准色、标准字、着装、司旗和司歌等为主要内容的视觉识别系统，并制定具体的应用规范。

　　"企业文化传播"的三级指标包括：每年宜拨付一定数量的企业文化设施建设专项经费，加强图书馆、宣传栏、文体活动场所等阵地建设，并配备必要的现代化工具；建立企业互联网和手机信息平台，办好企业广播电台、电视台、企业报、企业内部刊物等，扩大企业文化传播的覆盖面，通过大众媒介向社会宣传企业价值理念，树立企业形象，提高企业的社会知名度和认同度；企业文化手册、企业（员工）故事、企业案例、企业成功经验、先进典型和企业文艺作品门类齐全、丰富多样，有本企业特色，企业文化产品发展均衡、有延续性，能够反映不同阶段企业发展成就和员工精神风貌；开展多种形式的主题宣传教育活动，设计内容丰富、层次多样、针对性强的业务培训课程，且用于培训工作，定期开展企业文化教育实践活动，提升员工对企业文化的认知度和认同度。

　　"创新导向"的三级指标包括：以科学发展为主线，确立全面统筹协调、可持续发展理念，保证企业健康发展；具有创新意识，有明确的激励机制，重视对核心技术的开发、掌握、应用；形成鼓励创新的氛围，企业文化建设方式方法、载体机制有创新、有成效。

　　根据上述指标体系，在对企业社会责任履行状况进行评价时，对各项指标采用评分制。表6给出了民营企业社会责任的评价指标和分值，满分为1000分。

表6 民营企业社会责任评价指标和分值

一级指标	二级指标	分值
消费者责任（200分）	产品质量	80
	服务质量	50
	产品信息披露	20
	消费者信息安全	30
	纠纷处理	20
员工责任（200分）	劳动用工	20
	劳动合同	30
	劳动收入	20
	劳动保险	20
	劳动时间	20
	企业福利	20
	健康与安全	30
	企业民主管理	20
	员工发展	20
社区责任（200分）	依法纳税	50
	促进就业	50
	社区共建	40
	公益慈善	60
商业伙伴责任（100分）	信息披露	10
	合同履行	30
	责任采购	30
	尊重知识产权	10
	公平竞争	20
环境保护责任（150分）	环保管理	30
	保障机制	20
	降污减排	40
	资源节约	40
	生态与人文环境保护	20
企业文化建设（150分）	企业凝聚力	40
	人文关怀	30
	企业形象	30
	企业文化传播	20
	创新导向	30

河南省《民营企业社会责任评价与管理指南》还给出了企业社会责任评价评分要求，如表7所示。

表7 民营企业社会责任评价评分要求

评分比例	要点
0%~20%	■在该评分要求中水平很差，或没有描述结果，或结果很差 ■在该评分要求中没有或有极少显示趋势的数据，或显示了总体不良的趋势 ■在该评分要求中没有或有极少的相关数据信息，或对比性信息
20%~40%	■在该评分要求中结果很少，或在少数方面有一些改进和（或）处于初期绩效水平 ■在该评分要求中有少量显示趋势的数据，或处于较低水平 ■在该评分要求中有少量相关数据信息，或对比性信息
40%~60%	■在该评分要求的多数方面有改进和（或）良好水平 ■在该评分要求的多数方面处于取得良好趋势的初级阶段，或处于一般水平 ■在该评分要求中能够获得相关数据，或对比性信息
60%~80%	■在该评分要求的大多数方面有改进趋势和（或）良好水平 ■在该评分要求中一些趋势和（或）当前显示了良好到优秀的水平 ■在该评分要求中获得大量相关数据，或对比性信息
80%~100%	■在该评分要求中的大多数方面，当前结果/水平/绩效达到优良水平 ■在该评分要求中大多数的趋势显示了领先和优秀的水平 ■在该评分要求中能够获得充分的相关数据，或对比性信息

根据评价指标体系的具体指标、分值、评分要求等对企业履行社会责任情况进行综合评分，评分结果分涉污企业和不涉污企业。对于涉污企业：900分以上（含900分），是五星社会责任企业；850分以上（含850分），是四星社会责任企业；700分以上（含700分），是三星社会责任企业；600分以上（含600分），是二星社会责任企业。对于不涉污企业，800分以上（含800分），是五星社会责任企业；750分以上（含750分），是四星社会责任企业；600分以上（含600分），是三星社会责任企业；500分以上（含500分），是二星社会责任企业。

五、山东省《企业社会责任指标体系》

2013年12月，山东省质量技术监督局发布了由山东省标准化研究院、山东省企业信用与社会责任协会制定的《企业社会责任指标体系》（编号：DB37/T 2452-2013），该地方标准自2014年2月1日起实施。这是国内首个地方性CSR指标体系。该标准认为，企业社会责任是企业通过透明和合乎道德的行为，为其决策和活动（包括产品、服务和过程）对经济、社会和环境的影响而承担的责任，它包括以下活动：对可持续发展做出贡献，包括社会健康和福利；关注利益相关方的期望；遵守相关的法律、法规及规章；全面融入组织，并在其关系（指组织在其影响范围内的活动）中得到实践。利益相关方是任何可能受到企业决策与活动影响以及可以影响企业决策与活动的利益群体，包括员工、消费者、供方、分包商、债权人、竞争者、政府、行业协会等非营利组织、当地社区以及自然环境（其法定或志愿监护者）等。

该标准既综合了山东企业社会责任发展水平，又吸收了ISO26000《社会责任指南》等国际标准的先进经验，同时还考虑了我国的传统责任观、法律法规和山东省内先进企业的具体实践，依据利益相关方理论、可持续发展理论、德尔菲专家法等，以企业的经济责任、社会责任和环境责任三重基本责任为核心，采用基本指标和进步指标相结合的模式，建立了包括4项一级指标、12项二级指标、58项三级指标、119项评估内容的指标体系。该指标体系包括基本指标（B）和进步指标（P），基本指标反映了企业履行"基本社会责任"的情况，主要是法律层面的指标；进步指标是企业在满足基本社会责任的基础上履行的，带有时代"进步性"的指标，反映了企业履行社会责任的更高标准。

（一）责任管理

二级指标包括：责任治理，责任推进，责任沟通。

"责任治理"的三级指标包括：社会责任战略；社会责任领导机构；社会责任组织体系；社会责任管理制度；社会责任培训。

"责任推进"的三级指标包括：社会责任融合；社会责任绩效；社会责任研究活动参与；全面风险管理/内控管理。

"责任沟通"的三级指标包括：社会责任沟通。

（二）经济影响

二级指标包括：对消费者和客户的责任，对商业伙伴和同行的责任，对股东的责任。

"对消费者和客户的责任"的三级指标包括：产品质量安全；产品质量持续改进；营销理念；售后服务；消费者与客户权益保障；消费者与客户投诉及回应；消费者、客户满意度；产品、服务追踪。

"对商业伙伴和同行的责任"的三级指标包括：企业信用；合同履行；知识产权；公平竞争；责任采购。

"对股东的责任"的三级指标包括：股东回报；信息披露。

（三）环境影响

二级指标包括：环境保护，可持续利用资源，环境绩效管理。

"环境保护"的三级指标包括：环境守法；环境影响评价；治污减排；清洁生产；生态保护；环保投入。

"可持续利用资源"的三级指标包括：资源节约使用；可再生资源利用；节能办公。

"环境绩效管理"的三级指标包括：环境管理体系；环境监测和预防；环境管理创新；企业对社会的环境贡献。

（四）社会影响

二级指标包括：对员工的责任，对政府的责任，社区参与。

"对员工的责任"的三级指标包括：劳动合同；保障和保险；员工薪酬；工作环境安全与保障；休假、休息的权利；员工尊严；员工保护与救助；员工健康关怀；员工教育与培训；员工民主参与；文化设施与文化生活；工作与生活的平衡；工会组织建设。

"对政府的责任"的三级指标包括：守法合规；落实政府相关规定；促进廉政建设。

"社区参与"的三级指标包括：参与社区活动；公益及慈善捐款；教育和文化推进；创造就业及技能发展；健康；社区投资；公共关系。

基本指标、进步指标根据企业履行程度，普遍采取记 0 分和 100 分两级记录，个别层次较多、主观性较强的指标，加入一个中间分数，记为 50 分。由第三方机构依据《企业社会责任指标体系表》进行逐项评分，并依据计算公式计算分数。

基本指标得分 S_B 计算方法如下：

$$S_B = \frac{N_{Bh} \times 100 + N_{Bl} \times 50 + N_{BZ} \times 0 + N_{Br} \times (-50)}{N_{Bh} + N_{Bl} + N_{BZ} + N_{Br}}$$

进步指标得分 S_P 计算方法如下：

$$S_P = \frac{N_{Ph} \times 100 + N_{Pl} \times 50 + N_{PZ} \times 0}{N_{Ph} + N_{Pl} + N_{PZ}}$$

得分：$S = \frac{2}{3}S_B + \frac{1}{3}S_P$

其中，N_{Bh} 是基本指标（B）中得 100 分的指标数目；N_{Bl} 是基本指标（B）中得 50 分的指标数目；N_{BZ} 是基本指标（B）中得 0 分的指标数目；N_{Br} 是基本指标（B）中得-50分的指标数目；N_{Ph} 是进步指标（P）中得100分的指标数目；N_{Pl} 是进步指标（P）中得50分的指标数目；N_{PZ} 是进步指标（P）中得0分的指标数目。

评分结果出来后，第三方机构对企业分别做出 A、B、C、D、E 五个等级的评价。其中，评分在90分（含）以上为 A 级，评分在80分（含）至89分之间为 B 级，评分在70分（含）至79分之间为 C 级，评分在60分（含）至69分之间为 D 级，60分以下为 E 级。

在《企业社会责任指标体系》的基础上，山东省质量技术监督局还发布了《企业社会责任报告编写指南》。随后，山东省企业信用与社会责任协会先后与烟台、威海、东营三个经济开发区和禹城市政府签署协议，联手开展企业社会责任评价试点工作，力争尽快在"三区一市"行政区域内建立起政府对企业社会责任的考核评价工作机制。

六、《杭州市企业社会责任评价体系》概述

2010年9月，杭州市正式发布《杭州市企业社会责任评价体系》，并对企业履行社会责任的情况进行量化评估。《杭州市企业社会责任评价体系》由杭州市企业社会责任建设领导小组和浙江大学公共管理学院联合制定，参考了国际通行的相关标准。这是中国地市以上城市政府出台的第一份企业社会责任标准。《杭州市企业社会责任评价体系》分为市场责任、环境责任、用工责任、公益责任、社会评价五个方面，下设11个一级指标，23个二级指标，65个三级指标。

（一）市场责任类

第一部分"市场责任"类指标中，一级指标有3个，分别是诚信经营、财会纳税、产品质量；二级指标有6个，分别是诚信制度体系、诚信表现绩效、财会纳税管理、纳税表现绩效、质量管理服务、产品研发创新；三级指标有13个，分别是合同管理制度、消费投诉体系、工商年检、工商信用评价、发票票据管理制度、财务会计管理制度、纳税（缴费）情况、纳税信用评价、质量管理体系认证、产品销售服务体系、产品研发投入、产品技改创新、产品标准制定。

"消费投诉体系"指标为 A 类指标，反映企业对消费者的诚信度，评价内容包括企业的消费投诉体系建立情况、体系运行情况和现实绩效。这一指标要求企业在提高经营绩效的同时，诚信对待消费者，尊重、维护消费者权益。

"工商信用评价"指标为 B 类指标，反映企业的工商信用监管评价情况，评

价内容为工商企业信用等级（企业信用监管评价等级）。该指标通过工商企业信用等级（企业信用监管评价等级）评价，鼓励和引导企业对诚信经营有更高的追求。

"纳税信用评价"指标为 B 类指标，反映企业的纳税信用度，评价内容是企业纳税信用等级评价结果。该指标鼓励和引导企业在依法纳税的基础上，追求更高的纳税信用。

（二）环境责任类

第二部分"环境责任"类指标中，一级指标有 2 个，分别是环保减排、低碳节能；二级指标有 4 个，分别是环保管理参与、环保治理绩效、低碳节能管理、低碳节能绩效；三级指标有 18 个，分别是环保管理体系、环境管理认证、环保宣传参与、环保产品研发应用、环保投入、环保规定执行情况、污染物排放、固体废物处置利用、环保设备设施、环境行为评价、清洁生产审核、低碳节能制度、低碳节能参与应用、低碳节能技改研发、综合能耗降低量、综合能耗降低率、资源循环使用率、清洁能源使用情况。

"环保管理体系"指标为 A 类指标，反映企业的环保管理制度体系建设情况，评价内容为环保组织管理体系及相关制度的建立与实施情况。这一指标要求企业建立完善的环保管理体系，按规定进行环境管理。

"环保投入"指标为 A 类指标，反映企业在环保治理方面的经费投入情况，评价内容为企业是否具有专项环保投入及实际的环保经费投入情况。这一指标要求企业在发展的同时注重环境保护，加大环保投入。

"污染物排放"指标为 E 类指标，反映企业环保治理的执行情况，评价内容为企业污染物排放浓度和排放量，以及年度减排任务完成情况。这一指标要求环保相关企业注重环境保护，严格执行排污要求。

"环境行为评价"指标为 E 类指标，综合反映企业的环保行为，评价内容为企业的环境行为评价结果。这一指标要求环保监控企业切实履行环保要求，注重环境保护。政府环保部门根据考核情况，分别给出绿色、蓝色、黄色、红色和黑色五种颜色的评价结果。这五种颜色分别代表很好、好、一般、差和很差，很好的将得 30 分，很差的将被扣 30 分。

（三）用工责任类

第三部分"用工责任"类指标中，一级指标有 4 个，分别是依法用工、协调机制、安全生产、职业健康；二级指标有 9 个，分别是用工制度建设、基本权益保障、组织建设管理、协商调解机制、员工发展关爱、安全生产管理、劳动保护措施、健康防护体系、职业病防治；三级指标有 23 个，分别是内容程序规范合法、劳动合同签订及参保、劳动合同履行情况、工资发放与增长、工时休息休假情况、党组织及工会建设、民主管理、集体协商机制、劳动关系预警及处理、员工教育培训、员工文化与生活、员工关爱互助、安全生产宣传培训、安全生产管理制度、安全检查事故管理、特种设备安全、女工与未成年工保护、劳动保护用品、工作环境管理、健康体检、职业病危害告知、职业病发生率、职业病防护控制体系。

"劳动合同履行情况"指标为 B 类指标，反映企业劳动合同的实际履行情况，评价内容为企业合同期内员工的流失率及解聘程序。这一指标要求企业依法履行劳动合同。

"工资发放与增长"指标为 A 类指标，反映企业的工资发放和增长情况，评价内容为企业工资发放情况、工资增长机制，以及员工人均工资增长比率。这一指标要求企业在提高经营绩效的同时，建立正常的工资增长机制，关注员工的工资增长。

"工时休息休假情况"指标为 A 类指标，反映企业工时和休假的执行情况，评价内容为企业员工平均工时、休假的情况，是体现企业劳动关系和谐的重要指标。这一指标要求企业按国家要求执行工时与休假制度，合理安排员工休息休假。

"员工文化与生活"指标为 A 类指标，反映企业关爱员工的情况，评价内容为企业所开展的具体活动、职工救济互助机制的建立和实施情况。这一指标要求企业关爱员工，建立职工救济互助机制，及时解决有关职工切身利益的问题。

（四）公益责任类

第四部分"公益责任"类指标中，一级指标有 1 个，是公益慈善；二级指标有 2 个，分别是公益慈善制度、公益慈善表现；三级指标有 7 个，分别是公益慈善资金、企业社会责任报告、参加公益慈善活动、公益慈善投入率、帮扶与共建活动、残疾人就业比例、就业弹性。

"参加公益慈善活动"指标为 A 类指标，反映企业的公益慈善活动力度，评价内容为各类公益活动的次数和持续性。这一指标要求企业积极参与"春风行动"等社会公益慈善活动，承担社会公益责任。

"公益慈善投入率"指标为 B 类指标，反映企业公益慈善资金投入力度，评价内容为企业公益慈善投入占净利润比重与参评企业的比较。这一指标鼓励和引导企业在发展的同时，加大用以支持公益慈善事业的资金投入。

"残疾人就业比例"指标为 A 类指标，反映企业对残疾人就业所尽的社会责任，评价内容为企业员工中残疾人的比例，以及企业是否缴纳残保金来代替雇用。残疾人比例占企业职工总数的 1.5% 及以上，可以得 20 分；用缴纳残保金来替代雇用残疾人，可以得 10 分。

（五）社会评价类

第五部分"社会评价"类指标中，二级指标有 2 个，分别是荣誉、惩戒；三级指标有 4 个，分别是表彰奖励、体系认证、法规政策履行、重大事件事故。

"重大事件事故"指标为 F 类指标，是一票否决指标，从重大事故（包括计划生育一票否决情况）这一极端恶劣情况的发生与否来考察企业运营是否合法。这一指标采用一票否决制度，以最为严厉的手段惩罚企业的严重违法经营行为。在近三年内（包括评估当年），企业发生诸如使用童工、强制劳动、对员工采用侮辱性惩罚措施，发生严重治安事件、群体性事件、重大职业病危害事件、经认定的重大事故（死亡、中毒、环保、安全生产、火警等），企业生产、加工、销售假冒伪劣产（商）品，发生食品等产品质量安全事故，长期恶意欠税（费）等情形的，采用一票否决的办法，不评分，直接归入企业社会责任评价的最下位等级。

《杭州市企业社会责任评价体系》如表 8 所示。

表 8　《杭州市企业社会责任评价体系》

责任界定	一级指标	二级指标	三级指标	类别	分值
市场责任 240	诚信经营 90	诚信制度体系	合同管理制度	A	10
			消费投诉体系	A	10
		诚信表现绩效	工商年检	A	20
			工商信用评价	B	50
	财会纳税 70	财会纳税管理	发票票据管理制度	A	10
			财务会计管理制度	A	10
		纳税表现绩效	纳税（缴费）情况	C	减分
			纳税信用评价	B	50
	产品质量 80	质量管理服务	质量管理体系认证	B	20
			产品销售服务体系	A	20
		产品研发创新	产品研发投入	A	10
			产品技改创新	B	20
			产品标准制定	B	10

河南省企业社会责任研究报告（2015）

续表

责任界定	一级指标	二级指标	三级指标	类别	分值
环境责任300	环保减排150	环保管理参与	环保管理体系	A	10
			环境管理认证	B	20
			环保宣传参与	B	20
			环保产品研发应用	B	10
		环保治理绩效	环保投入	A	10
			环保规定执行情况	E	10
			污染物排放	E	20
			固体废物处置利用	E	10
			环保设备设施	E	10
			环境行为评价	E	30
	低碳节能150	低碳节能管理	清洁生产审核	B	20
			低碳节能制度	A	20
			低碳节能参与应用	A	10
			低碳节能技改研发	B	10
		低碳节能绩效	综合能耗降低量	A	20
			综合能耗降低率	B	30
			资源循环使用率	E	20
			清洁能源使用情况	E	20
用工责任330	依法用工70	用工制度建设	内容程序规范合法	A	10
		基本权益保障	劳动合同签订及参保	C	减分
			劳动合同履行情况	B	20
			工资发放与增长	A	20
			工时休息休假情况	A	20
	协调机制120	组织建设管理	党组织及工会建设	A	20
			民主管理	A	20
		协商调解机制	集体协商机制	A	10
			劳动关系预警及处理	A	10
		员工发展关爱	员工教育培训	A	20
			员工文化与生活	A	20
			员工关爱互助	B	20
	安全生产80	安全生产管理	安全生产宣传培训	A	20
			安全生产管理制度	A	20
			安全检查事故管理	A	10
			特种设备安全	C	减分
		劳动保护措施	女工与未成年工保护	A	20
			劳动保护用品	A	10
	职业健康60	健康防护体系	工作环境管理	A	10
			健康体检	A	20

076

续表

责任界定	一级指标	二级指标	三级指标	类别	分值
用工责任 330	职业健康 60	职业病防治	职业病危害告知	E	10
			职业病发生率	C	减分
			职业病防护控制体系	A	20
公益责任 130	公益慈善 130	公益慈善制度	公益慈善资金	B	10
			企业社会责任报告	B	20
		公益慈善表现	参加公益慈善活动	A	20
			公益慈善投入率	B	20
			帮扶与共建活动	B	20
			残疾人就业比例	A	20
			就业弹性	B	20
社会评价（加减分）		荣誉	表彰奖励	D	加分
			体系认证	D	加分
		惩戒	法规政策履行	C	减分
			重大事件事故	F	一票否决

注：A 为基本指标，B 为进步指标，C 为减分指标，D 为加分指标，E 为个性指标，F 为一票否决指标。

2014 年 4 月，杭州市又出台《企业社会责任评价规范地方标准》，并通过浙江省质量技术监督局备案审查。该标准是由总则、建设业和服务业三个板块组成的一整套系列标准，适用于指导全市相关行业的企业社会责任建设和评价。《杭州市企业社会责任评价规范》由杭州市总工会、市标准化研究院、浙江大学公共管理学院联合起草，历时一年多，既综合了杭州市前两轮企业社会责任建设和评估的实践成果，又吸收了 ISO26000《社会责任指南》等国际标准的先进理念，同时还考虑传统责任观、法律法规和国内外企业社会责任建设的典型经验，依据利益相关方理论、可持续发展理论、德尔菲专家法等，以企业的市场责任、用工责任、环境责任和公益责任四重基本责任为核心，采用基本指标、进步指标、加减分指标、个性指标和一票否决指标等相结合的模式，建立了包括四重责任、10 项一级指标、50 项二级指标在内的指标体系。

杭州市《企业社会责任评价规范地方标准》的发布标志着杭州的企业社会责任建设进入规范化、标准化的新阶段。既为杭州市的企业提供了一个积极履行企业社会责任的价值标准和行为准则，又可以通过评价活动的开展，真正发现一些履行社会责任的优秀企业，发挥典范和示范作用。企业社会责任标准有助于形成一种与利益挂钩的有效机制，避免了单纯的道德呼吁和劝导，不仅可以获得良好的社会效益，而且可以获得长远发展能力。

　　总之，从企业个体的自愿性行为，到各国政府和国际组织的有效介入和主导，企业社会责任作为一种主流的思潮和国际现象，经过多年发展，在系统化、标准化和可操作性方面取得了很大的突破。当前，国际上企业社会责任体系的建立和发展，大部分是在政府和社会的整体推动之下完善的。国际上衡量企业社会责任和可持续发展的综合性体系，如多米尼社会责任投资指数、全球报告倡议、道琼斯可持续发展指数、全球契约标准、跨国公司行为准则、ISO26000 等，帮助企业在各国资本市场获得了信赖和支持，成为国际贸易的通行证，服务于企业全球战略，为构建一个可持续发展的国际市场做了很多工作。如今，通过贸易、投资、并购、上市等种种经济行为，中国企业已经深入融合到世界经济的版图。倡导可持续发展，建立负责任的企业形象，能够帮助企业获得国际市场的认可，大大提升企业的国际竞争力。可以说，每一个积极践行企业社会责任的中国企业，都成为了国家一张颇具分量的"中国名片"，企业社会责任已经不仅仅是企业更是国家软实力的重要体现，为中国在国际社会增添话语权做出了非凡的贡献。

河南省企业社会责任发展历程

改革开放以来，随着社会主义市场经济的不断发展，河南省企业社会责任的发展历程可分为三个阶段，即学术界的早期研究和推广阶段、取得基本共识阶段、全面发展阶段。梳理河南省企业社会责任发展历程，有利于我们准确把握企业社会责任的内涵，推动企业更好地履行社会责任。

一、学术界的早期研究和推广阶段（1978~2005年）

改革开放以来，我国在经济体制上实行有计划的社会主义商品制度。商品制度的快速发展引发了一些深层次的经济伦理问题，既包括宏观层面的经济和道德的关系问题，也包括微观层面的企业道德问题，如商业活动中出现的缺斤短两、制假售假等问题。到了20世纪80年代中期，学术界对企业道德、商业道德等问题展开了激烈的讨论，初步认识到社会主义企业应当承担道德责任。例如，1985年，杨承训在《信誉——企业兴盛之本》一文中指出："社会主义制度下的竞争，不但是技术和智力的竞争，而且是文明经商和职业道德的竞争，是企业信誉的竞争。谁享有信誉，谁就拥有竞争的能力，从而也就能取得扎扎实实的经济效益。"[1]1990年乔法容出版的专著《企业伦理文化——当代企业管理趋向的认识与实践》中，从文化和道德的角度对当代企业管理进行了新的理论探索。该书提出，承担道德责任是现代经济生活的客观要求。并指出，根据我国的现状和社会主义企业的经营特点，企业经营活动对社会应负的道德责任主要有三个方面：一是对自然环境的道德责任，提高企业生产经营活动对自然界的道德责任意识，这既是环境道德的要求，也是人们向自然界获取自身利益的需要；二是对人的生命价值的道德责任，尊重劳动者的生命价值、保护劳动者的生命健康是社会主义企业义不容辞的道德责任；三是对社会和人们道德意识的道德责任，企业的生产行为对其成

---

[1] 杨承训. 信誉——企业兴盛之本 [N]. 人民日报，1985-6-3.

员的善恶标准、是非观念、价值目标等道德意识的形成和确立负有不可推卸的责任。① 1999 年程文晋等出版的《商业文化论》提出，企业家们以推动科技发展的实力，担负起重要的社会责任，其所创造的企业跨文化经营与管理经验，已经成为世界跨国公司企业经营的成功之所在。②

20 世纪末，河南省出现了巩义的假电线、尉氏的棉花掺杂使假案等，严重损害了河南省的形象，使河南省的企业出现了严重的信誉危机。在此背景下，河南省经济伦理学会于 2000 年 5 月成立，旨在加强经济伦理、企业伦理研究，推动企业承担道德责任、履行社会责任。2001 年 1 月，河南省经济伦理学会召开河南省首届"经济伦理与企业形象高级论坛"，与会人员一致表决通过了《河南省经济伦理学会关于建立经济道德规范的倡议书》，呼吁全省企业界从自身做起，自觉承担社会责任，关心支持社会公益事业，坚持抵制制假售假等有害于市场秩序的行为，重塑河南形象，创立一流名牌。与此同时，河南省也涌现了一大批注重企业文化建设的典型企业。如许昌继电器集团公司打造"合力文化"，对企业履行社会责任具有较强的示范带动作用。许继集团在长期发展的过程中，培育并形成了独具特色、内涵丰富的企业文化，先后提出"质量第一，用户至上"的企业宗旨和"理想、纪律、勤奋、向上"的企业精神。经过一代人的努力，形成了"团结一致、坚忍不拔、力争上游"的企业文化。为了不断挑战自我发展极限，实现努力服务于社会的承诺，1999 年许继集团庄严宣示了自己的使命宣言——《许继集团使命宣言》，使许继集团的企业文化和经营理念得到进一步升华。面对 21 世纪的机遇与挑战，许继集团又提出了"许继集团、合力奉献"的合力文化理念，为打造"百年许继"奠定了坚实基础。许继集团合力文化的企业核心价值观遵循的基本原则是：人的价值高于物的价值，即以人为本；集体价值高于个人价值，即以和为贵；社会价值高于企业价值，即以诚为重。③

在这个阶段，学术界一些学者通过著书立说、组织学术论坛等方式，对企业社会责任的内涵、意义以及推广措施进行了研究。2001 年，杨承训、乔法容提出，市场经济是信用经济。诚实守信能够在市场中享有崇高的声誉，这种声誉会形成无形资产，是现代市场经济运行中一种重要的新的资本形态，它蕴含着丰富

---

① 乔法容. 企业伦理文化——当代企业管理趋向的认识与实践 [M]. 郑州：河南人民出版社，1990.
② 程文晋，张廷安. 商业文化论 [M]. 开封：河南大学出版社，1999.
③ 乔法容. 公有资本人格化中的若干伦理问题 [J]. 道德与文明，1999（2）.

的文化内涵，标志着企业和产品的崇高品位。[①] 2003 年，乔法容提出，市场经济发展几十年后的今天，一些国企已经走出国门，积极参与全球市场的竞争，企业经营理念在悄然发生变化，企业经营目的也发生了质的提升。从企业要学会盈利到学会正确处理各方利益关系，担负社会责任，将企业经营目的升华到伦理文化层面，并融入企业文化建设中，这无疑是一个巨大的历史性进步，标志着中国传统企业向现代企业的转换。[②] 2004 年，乔法容等主编的《经济伦理学》提出，企业的伦理责任是指企业在经营活动中，在谋取企业利益最大化的同时，要正确处理国家和社会的利益、他人的权利、整个人类生存环境及子孙后代的长远利益。企业伦理责任的本质要求是承担社会责任，基本要求是环境保护，底线是依法纳税、提供安全的消费品和对工人最低劳动条件的关心。[③] 2004 年，程文晋在《经济精神论》一书中提出，社会主义市场经济不是社会主义与市场经济二者的简单组合，而是在精神与价值的层面上高度的认同和重构，它体现了这样一种市场经济模式：遵循价值规律，促进经济与社会、经济与人文、公平与进步的和谐发展。[④]

二、取得基本共识阶段（2006~2011 年）

2006 年，企业履行社会责任首次以法律和党的纲领的形式确立下来，为企业履行社会责任提供了法律依据，并上升为党的纲领和政策。2006 年 1 月 1 日正式实施的《中华人民共和国公司法》修订案，第一次以法律形式明确提出企业要承担社会责任，强调公司的运作行为不仅关系股东、职工等内部利益关系人的利益，也对市场经济秩序和社会公共利益发挥着重要的影响。因此，公司及其股东、董事、监事在追逐公司经济效益最大化的同时，也必须承担一定的社会责任。在总则中要求公司必须遵守法律、行政法规，遵守社会公德、商业道德，诚实守信，接受政府和社会公众的监督，承担社会责任。同年 10 月，党的十六届六中全会通过的《中共中央关于构建社会主义和谐社会若干重大问题的决定》中，明确提出要增强包括企业在内的公民和各种组织的社会责任，参与和谐社会构建。随后，中共河南省委召开八届二次全会，通过了《中共河南省委关于深入贯彻党的十六届六中全会精神，努力推进和谐中原建设的意见》。从法律、党的纲

① 杨承训，乔法容.市场经济是信用经济 [N].人民日报，2001-1-18.
② 乔法容.市场经济运行结构中的矛盾与经济伦理学创新 [J].经济经纬，2003（1）.
③ 乔法容，朱金瑞.经济伦理学 [M].北京：人民出版社，2004.
④ 程文晋.经济精神论——中国经济改革实践的理性思考 [M].北京：中国经济出版社，2004.

领两个层面对企业承担社会责任问题做了明确规定，使企业履行社会责任得到各界的普遍认可。

从政府层面看，2006年以来企业社会责任作为转型期内我国推进可持续发展事业的主要抓手和现实路径，得到了我国各级政府部门的广泛认可。河南省委省政府也十分重视企业承担社会责任，要求企业在应对国际金融危机时，要勇于承担社会责任，积极参加公益事业，千方百计增加就业岗位。2009年2月，时任河南省委书记徐光春在视察张弓酒业有限公司时指出："企业和企业家要有社会责任感，危机来临时要为国分忧、为民解愁。尤其是劳动密集型企业要多用工，企业效益好转了还要增加他们的薪酬。员工得实惠，干劲大了，凝聚力强了，企业才会得到更大的发展。"[①] 2009年5月，河南省委省政府隆重召开全省民营企业表彰大会，时任省委书记徐光春对民营企业在应对金融危机中如何提高竞争力开出良方，指出："以渡难关、促发展、上水平为目标，在应对金融危机中提高民营经济的竞争力。其一，市场反应要突出一个'快'字。要加快市场开发，加快投资节奏，加快人才引进，不断提高市场洞察力、增强市场应变力，坚持'快'字当先，闯出一条生路，走出一条活路。其二，产品开发要突出一个'新'字。一方面要立足自我，加大研发投入力度；另一方面要借助外力，拓宽产品开发路子。广大民营企业要把产品开发作为企业生存发展的头等大事，下大力气切实抓紧抓好。其三，企业管理要突出一个'精'字。要建立现代企业制度，细化企业内部管理，注重培育企业文化，加快实现粗放式管理向精细化管理的转变，为应对危机、渡过难关，进而实现长远发展提供重要保障。其四，品牌打造要突出一个'响'字。品牌是企业的灵魂和生命线，品牌响不响直接决定着企业占领市场的能力强不强。广大民营企业要强化品牌意识，一方面靠质量来保证，另一方面靠诚信来维护，实施品牌战略，用响亮的品牌吸引消费者、提高产品附加值。其五，责任承担要突出一个'勇'字。广大民营企业在千方百计渡难关的同时，要勇于承担社会责任，积极参加公益事业，当前最关键的是千方百计增加就业岗位，努力做到不裁员、少裁员，特别是要优先留用困难职工等特殊群体，缓解社会就业压力。"[②] 此外，河南省各级政府部门通过完善法律法规，发布相关通知、意见、办法、标准和指南等方式，营造宽松环境和创造有利条件，引

---

① 徐光春. 企业家要有社会责任感　要分国忧解民愁 [N]. 河南日报，2009-2-12.
② 万川明，杨凌. 省委省政府隆重召开全省民营企业表彰大会 [N]. 河南日报，2009-5-28.

导和规范企业负责任的行为，促进企业履行社会责任的意识和能力的全面提升。

从企业层面来看，2006 年以来河南省的企业积极贯彻河南省委省政府的战略部署，越来越重视应用企业社会责任的国际标准，通过开展社会责任培训、建立社会责任工作部门、制定社会责任推进制度和工作规划等方式提升企业履行社会责任的水平。一些优秀的企业逐渐突破了传统的慈善公益领域，开始与供应链管理、社区发展、环境保护等领域结合起来。2006 年 2 月，国家电网公司公布《2005 年社会责任报告》，这是中央企业正式发布的第一份社会责任报告，标志着中央企业开始融入自觉履行社会责任的世界潮流。2006 年 10 月，中国欧盟商会发布第一本关于企业社会责任的商业指南《企业为人民还是人民为企业——创造和谐与可持续发展的社会》，这对于欧盟企业在我国履行社会责任具有重要意义。2008 年 1 月，国资委发布 2008 年 1 号文件《关于中央企业履行社会责任指导意见》，要求中央企业充分认识履行社会责任的重要意义，提出了中央企业社会责任的指导思想、总体要求和基本纲要，这是我国第一个由部委出台的企业履行社会责任的规范性文件，对企业社会责任在我国推广具有重要意义。2011 年 9 月，国资委制定发布《中央企业"十二五"和谐发展战略实施纲要》，提出要以可持续发展为核心，以推进企业履行社会责任为载体，立足战略高度认识、部署和推进中央企业与社会、环境的和谐发展，为实现"做强做优、世界一流目标"提供支撑。不论是中央企业主动发布企业社会责任报告，还是国家部委发布相关指导要求企业履行社会责任，都对河南省企业重视社会责任的履行起到了推动作用。河南省企业也逐渐融入这个世界潮流中，加大了社会责任的履行力度，规范了企业履行社会责任的行为，促进了企业可持续发展。

在学术界，河南省学者通过对经济社会发展中的重大现实问题与企业社会责任进行结合研究，提出了一系列创新性的观点。例如，乔法容等提出，循环经济发展方式与企业社会责任存在着内在的关联性。循环经济内蕴着确定的价值诉求，企业社会责任则是其外在的体现或实现。因此，循环经济可以作为一个新的分析框架来诠释企业社会责任观。循环经济将不同层面上的生产和消费纳入一个有机的可持续发展的整体中，以生态经济为理论支撑，从系统、整体的利益出发，统筹整体和局部利益的关系，构建一个社会、经济、环境良性发展的生态平台。循环经济宏观体系主要包括三种意义的循环，即企业内部的小循环、生产之间的区域中循环和社会经济层的大循环。在不同的循环层面，对企业社会责任有不同的要求。① 程文晋提出，精神资本与物质资本、人力资本共同构成了经济学中的三大资本形态，从某种意义上说，精神资本更为重要。因为人不仅是物质的存在物，也是精神存在物，更为重要的是精神资本在自身中以精神的形式把需要的主体与需要的对象联系起来，而实现这一联系的中介正是经济活动实践。经济活动的生产方式、组织方式等无不体现精神资本因素，同时它还以自身独有的超物质性、超生物性、超动物性规定着经济活动的方向和价值实现方式的选择。② 李培林提出，企业文化管理对提升企业竞争力具有十分重要的作用。因为，良好的企业文化管理能够影响员工的价值观，给员工提供强大的精神动力，促使精神与行为的统一；能够变外部驱动力为内部驱动力，降低内部交易成本；能够变个别优秀为"万马奔腾"；能够变痛苦谋生为快乐人生；能够让所有人生活在一个进步的环境中；能够促进企业绩效的提升；能够造就健康而文明的人，造就文明的事业。③

三、全面发展阶段（2012年至今）

2012年是中国企业社会责任发展进入社会责任管理发展的里程碑年。对于中国企业来说，社会责任管理是中国企业管理发展的一次新机遇。对正处于新一轮经济贸易全球化浪潮中的中国企业来讲，如果说社会责任为中国企业的转型升级和持续发展提供了新的可供借鉴的现实路径，那么社会责任管理则为中国企业提供了一次与国际一流企业在同一起跑线上发展新型经营管理之道的难得机遇，并成为一些先锋企业探索实践社会责任的新内容和新课题。作为一种全新的企业管理理念，社会责任管理要求企业做到将社会责任和可持续发展理念贯穿于企业创新研发、安全生产的全流程，企业运营管理、品牌塑造的全周期，以及企业文化与价值体系的整个系统，进而提升经营理念，转变管理方式，实现企业与社会共同可持续发展。④

在政府层面，政府引导社会责任管理。2012年，国资委明确提出中央企业要加强社会责任管理，并采取了一系列的举措：2月，国资委研究局召开中央企业社会责任指引研讨会，将社会责任管理课题作为下一步中央企业社会责任工作

---

① 乔法容，王丽阳. 循环经济分析框架下的企业社会责任 [J]. 伦理学研究，2008（1）.
② 程文晋. 经济发展中精神资本的一般性分析 [J]. 中国矿业大学学报，2006（1）.
③ 李培林. 论企业文化管理与企业竞争力 [J]. 企业活力，2008（3）.
④ 编写组. 中国企业社会责任发展报告（2006~2013）[M]. 北京：企业管理出版社，2014：8.

的推动重点，将中央企业社会责任工作向纵深推进；3月，国资委将加强社会责任管理作为中央企业管理提升十三项专项内容之一；6月，国资委开展2012年中央企业社会责任管理提升培训活动，国家电网、中远集团和中国移动三家中央企业在会上交流了开展社会责任管理的经验和体会。[①]2013年，党的十八届三中全会强调企业"必须适应市场化、国际化新形势，以公平参与竞争、提高企业效率、增强企业活力、承担社会责任为重点，进一步深化改革"，这是党的文件中第一次将社会责任工作提升到前所未有的高度，充分体现了党中央对企业履行社会责任的战略思考和高度重视。党的十八届三中全会还指出，要完善发展成果考核评价体系，加大资源消耗、环境损害、生态效益、产能过剩、科技创新、安全生产等指标的权重，更加重视劳动就业、居民收入、社会保障、人民健康状况。这充分体现了我国经济发展方式、发展理念上的根本转变，对企业履行社会责任也提出了更加全面、更加系统、更加严格的要求。党的十八届四中全会明确提出，要"加强企业社会责任立法"。企业社会责任正越来越受到党和国家以及社会各界的高度重视，成为中国经济新常态下转变经济发展方式、提高经济增长质量和效益、实现经济社会可持续发展的重要推动力。在这样的背景下，如何更好地评价企业的社会责任绩效，引导和推动企业的社会责任实践，显得尤为必要、尤为紧迫。

河南省相关部门也加大了社会责任的标准制定、推广工作，为企业履行社会责任提供规范性指导意见。2013年12月25日，河南省质量技术监督局批准发布了由河南省工商业联合会、河南省民营企业社会责任促进中心、河南省民营企业家协会、河南省品牌促进会起草的《民营企业社会责任评价与管理指南》（河南省地方标准DB41/T876-2013），该标准于2014年2月25日正式实施。自2013年开始，为进一步强化全省企业的环境社会责任意识，提高企业管理人员依法履行环保义务的能力，河南省环保厅着力加强企业环境社会责任培训工作。河南省环保厅认为，环境经济政策是实现环保规划的重要保障和基石，是实现污染减排的重要政策支撑，是未来环境政策创新的主要方向。河南省环保厅近年来制定了主要污染物排放总量预算管理制度、主要污染物排污权有偿使用和交易制度、水环境生态补偿制度等环境经济政策，要求企业在保护环境、防治污染工作中尽到相应的责任和义务。

---

① 编写组. 中国企业社会责任发展报告（2006~2013）[M]. 北京：企业管理出版社，2014：8.

2014 年 12 月 30 日，河南省工商联第十一届执行委员会全体委员发出《河南省民营企业守法经营倡议书》。该倡议书认为，党的十八届四中全会做出了建设法治国家的重大部署，这是我国法治建设进程中的重要里程碑，是建设法治中国的总动员，标志着建设中国特色社会主义法治体系、建设社会主义法治国家、实现国家治理体系现代化进入一个崭新阶段。这将使社会主义市场经济的法治基石更牢固，经营环境更宽松。民营企业作为市场经济的主体，既是法治国家的建设者、推动者，也是受益者、呵护者，守法经营是民营企业的应尽责任和义务。该倡议书向全省广大民营企业家发出如下倡议：①树立法治思维，增强法治观念。要深入学习党的十八届四中全会精神，看懂总蓝图，领会总部署，明确总目标，强化使命感。认真学习法律法规，敬法尊法、知法信法、守法用法，树立法治思维，增强法治观念，运用法治方式，做依法治国的积极拥护者和自觉践行者。②诚信守法经营，维护市场秩序。社会主义市场经济本质上是法治经济、信用经济。要诚实守信，杜绝假冒伪劣，保证产品质量，提高服务水平，促进市场繁荣。维护契约精神，加强企业自律，信守职业道德，坚守法律底线，自觉维护公平公正的市场秩序。遵照法律办好企业，运用法律维护权益，办受人尊敬的企业，做受人尊敬的企业家。③倡导法治精神，建设法治文化。要认真梳理、着力建设企业文化，不断提升文化软实力。深入践行社会主义核心价值观，大力倡导法治精神，涵养法治文化，建设法治企业。打造企业品牌，树立企业形象，靠文化强企，以管理取胜。提高全体员工的文化素养和法治意识，关心职工生活，保障职工权益，构建和谐劳动关系。④承担社会责任，共建法治河南。要积极参与法治体系、诚信体系建设，积极践行守法光荣、违法可耻、诚实守信、廉洁经营的理念，发挥企业公民的作用，认真履行法定义务和社会责任，努力推动法治河南建设。该倡议书最后强调：依法治国是社会发展所需，是民营企业所盼，让我们在省委省政府的正确领导下，同心协力，朝着法治的方向，凝聚法治的力量，遵纪守法，身体力行，为促进法治河南建设做出积极贡献。

2015 年 6 月，由河南省企业社会责任促进中心、河南省工业经济联合会等单位共同提出的《河南省中小企业信用评价准则》地方标准已获批立项，这是河南省首个企业信用综合评价地方标准。该标准拟适用于河南省范围内第三方信用服务机构开展的中小企业信用评价、信用认证、商业征信活动。对中小企业信用评价主体的权利与职责，评价业务的基本原则、程序，评价报告的基本要求及主要内容，评价过程的管理与监督，企业信用评价要素指标体系、评级结果与信用等级划分等内容做出了规定。

在行业层面，行业推动社会责任管理。一些行业协会主动推进行业内企业开展责任管理和实践，要求将社会责任融入行业和企业的日常工作中。2010~2014年，河南省连续五年举办了河南工业行业企业社会责任报告发布会，共有36个企业和11个行业协会发布了社会责任报告。该发布会由河南省工业经济联合会主办，省发改委、省工信委、省民政厅、省国资委等省政府部门为发布会指导单位，河南省矿业协会、河南省纺织行业协会、河南省建筑材料工业协会、河南省石油和化学工业协会、河南省汽车行业协会、河南省煤炭行业协会、河南省钢铁工业协会、河南省有色金属行业协会、河南省轻工业协会、河南省铸锻工业协会和省辖市工经联共同协办，省工经联秘书处负责具体日常工作。该发布会旨在为河南工业企业及行业协会提供社会责任工作展示和交流平台，巩固和完善社会责任信息披露制度，加强宣传引导，营造社会氛围，推动形成公开透明的自我约束机制和社会监督机制，提升企业履责管理实践水平，促进经济、社会、环境的全面协调可持续发展。

2012年1月，全国工商联系统首个促进民营企业履行社会责任的专职工作机构——河南省民营企业社会责任促进中心正式成立，旨在协助政府及有关方面，建立并逐步完善与经济社会发展要求相适应的企业社会责任评价体系，帮助企业正确认识并积极履行社会责任，服务企业提高社会责任建设与绩效管理水平，促进企业与社会协调共同可持续发展。2012年8月30日，该中心在《河南日报》全文发表了《2011年河南省民营企业社会责任调查报告》，这是国内首份省级民营企业社会责任专项报告。

2015年6月，由河南省企业社会责任促进中心等机构共同主办的"河南省企业公益慈善百强"评选活动正式启动，对有关企业的公益慈善活动进行实地调研，如实反映近两年来河南省企业公益慈善工作发展现状，引导企业以更高的站位参与公益慈善事业，促进河南省企业公益慈善事业规范化发展。实地调研活动结束后，河南省企业社会责任促进中心将结合问卷调查的有关资料，通过科学的手段，编写和发布《2015年河南省企业公益慈善调查报告》，为河南省有关部门制定促进慈善事业发展的相关政策提供参考和依据。

在企业层面，企业规范社会责任管理。以社会责任重塑企业管理理念、管理目标、管理对象和管理方法的企业社会责任管理正成为一种新的管理范式。河南省企业通过履行社会责任，逐渐形成了包括理念深化、战略融入、组织建设、制度完善、能力提升、管理对标、运营改进、产业链责任延伸等在内的社会责任管理体系建设，推动了企业实现可持续发展。2013 年 1 月 12 日，由河南省工商联、河南日报报业集团、河南影视制作集团共同主办的河南省首届民营企业社会责任高峰论坛暨 2012 年河南企业社会责任榜发布活动举行。来自全国工商联、河南省工商联、北师大中国公益研究院、北京大学社会责任可持续发展国际研究中心、省社科院和河南财经政法大学等高等院校的专家学者围绕民营企业如何履行社会责任这一主题，分析了当前河南民营企业履行社会责任迫切需要解决的问题，如可持续发展浪潮下企业社会责任的前沿动态和发展趋势、民营企业该如何制定社会责任发展战略以及信息化时代政府与媒体在民营企业社会责任方面的议题。在 2012 年河南企业社会责任榜中，建业住宅集团、森源集团等 10 家企业被评为"河南省十大最具社会责任感企业"。

2014 年 11 月，河南省工商联、省工商局、省工信厅和河南日报报业集团四单位联合，在省人民会堂正式对外公布了 2014 年河南民营企业 100 强名单，其中金龙精密铜管集团股份有限公司（简称金龙铜管）、天瑞集团与宇通集团位列前三。同时，省工商联发布的《2014·河南民营企业 100 强调研分析报告》显示，河南共有 15 家民企营收超百亿元，跻身"百亿俱乐部"，数量位居中部六省首位。在履行社会责任方面，2014 年河南省民营企业 100 强在缴纳税收和扩大就业方面的作用不断提升，经济贡献和社会贡献不断加大。数据显示，2014 年河南省民营企业 100 强缴税总额合计 170.84 亿元，同比增长 4.45%；吸纳就业 33.94 万人，同比增长 12.13%。[①]

2015 年 3 月，中国企业评价协会联合清华大学社会科学学院，依据《中国企业社会责任评价准则》编制的"2015 年中国企业社会责任 500 强"榜单于 3 月 27 日在北京钓鱼台国宾馆隆重发布。河南省共有 5 家企业上榜，分别是河南省漯河市双汇实业集团有限责任公司（第 284 名）、风神轮胎股份有限公司（第 325 名）、郑州宇通集团有限公司（第 407 名）、白象食品股份有限公司（第 410 名）、河南羚锐制药股份有限公司（第 427 名）。

在学术研究层面，河南省学术界加大对企业伦理的研究力度，取得了丰硕的成果，达成了广泛的共识。2015 年 1 月 12 日，河南省经济伦理学会换届大会暨企业伦理与经济社会发展研讨会在郑州召开，来自高等院校、科研院所、企事业

---

① 谭勇. 百强民企"强"在哪儿？[N]. 河南日报，2014-11-9.

单位的 50 余名专家与会，围绕经济新常态下经济伦理学的发展、企业伦理与经济社会发展等问题展开研讨。与会学者认为，当前我国经济进入新常态，其特征是：增长速度的新常态，即从高速增长向中高速增长换挡；结构调整的新常态，即从结构失衡到优化再平衡；宏观政策的新常态，即保持政策定力，消化前期刺激政策，从总量宽松、粗放刺激转向总量稳定、结构优化。经济新常态为经济伦理学的发展提供了诸多新的研究课题，当前尤其要重视从经济伦理的学科角度，研究市场与政府的关系、分配领域公平与效率的关系、社会信用体系建设与市场秩序的关系、企业社会责任与企业可持续发展的关系、经济伦理与社会主义核心价值观的关系、城镇化进程中的生态伦理等重大理论与现实问题。这些问题既关系到学科的生存和发展，又是当代中国现实经济生活特别是全面深化改革时期需要合理阐述的问题。与会学者认为，新常态下企业面临千载难逢的机会。在价值观上，企业要坚持正确的"义利观"，有所为有所不为，既要算经济账，更要算政治账、社会责任账，既注重当前，更注重长远；在经营观上，要以多元共赢替代零和博弈的思维模式，坚持互利共赢的开放战略，在追求自身利益时兼顾竞争对手的合理关切，在谋求企业发展中促进共同发展；在社会责任承担上，致力于维护和发展开放型经济，更积极主动地参与企业治理机制完善和规则制定，从原来的被动接受者变为积极参与者和利益攸关者。有的学者认为，在经济新常态下，自主创新将成为企业的新目标，实现"中国制造"向"中国创造"的转变，是经济转型的重要内容。企业要更加积极主动地布局，强调内外平衡，把握发展主动权。国无德不行，人无德不立。与会学者提出，企业文化建设应以企业伦理观的构建为核心。新常态下企业要实现长久可持续发展，应把企业伦理责任放在首位。企业在实现经济责任、法律责任的基础上，在实施由外部施压的慈善责任的同时，更要注重企业作为独立行动者应承担的伦理责任。企业管理涉及企业的内部利益相关者、外部利益相关者等多个群体间的关系，为实现企业各利益相关者的和谐发展，企业领导者必须具备管理伦理意识，着力探寻管理伦理的实现路径，积极凝练企业伦理文化理念。

总之，河南省的企业社会责任理论与实践随着经济全球化的进一步发展和改革开放的进一步深化，越来越引起各级政府部门、企业、行业协会、学术界的重视，使河南省的企业逐渐融入履行社会责任的大潮流、大趋势中，将企业社会责任的承担真正融入企业发展的治理结构和整体规划之中，将企业履行社会责任的行为由外在压力转化为其发展的内在动力，贯穿于企业发展的各个环节，由被动转为主动、由自发转为自觉，使企业获得更为广阔的发展空间和实践舞台。

附：豫企力量扛鼎中原行业篇：履职尽责促中原崛起①

作为经济主体，企业尤其是大企业大集团，除了直接创造财富外，其承担的社会责任也越来越多地被提及。中国社会科学院近日发布的2014年《企业社会责任蓝皮书》显示，国内企业社会责任发展指数为32.9分，整体处于起步阶段，还有很大的提升空间。

刚刚结束的中央经济工作会议对"新常态"进行了深入阐释。业内专家认为，经济新常态对企业践行社会责任提出了更高要求，企业如何在经济增速整体放缓的形势下持续盈利？如何提高产业效率、实现突破性增长？战略性的企业社会责任将成为企业实现可持续发展的重要途径。

稳健经营和持续发展是第一责任

据省国资委统计，2003~2013年，全省地方国有企业资产总额从4319.4亿元增长到1.8万亿元，年均增长15.3%；营业收入从2025.6亿元增长到7650亿元，年均增长14.2%；实现利税从132.8亿元增长到445亿元，年均增长12.9%。

"国有企业是我省经济社会发展的重要支撑，承担着重要的经济责任、政治责任和社会责任，发挥着经济'稳定器'作用。"省国资委主任肖新明表示，近年来，面对复杂多变的国内外经济形势，河南省国企在棚户区改造、稳定物价、加强资源环境保护、参与扶贫助教等方面，发挥了国有经济的引领、示范、带动作用。数据显示，2013年度河南省国有企业社会贡献总额达1574亿元。

生存勿忘质量，发展必须创新。驱动企业不断进行产业创新的动力，不仅有市场竞争的因素，还有"责任"二字。在不断的创新发展过程中，涌现了一批大型企业集团和知名品牌。河省九户国有企业入围2014年中国企业500强，其中河南能源化工集团连续三年进入世界企业500强。

企业通过潜心探索和深耕市场，一旦长成"参天大树"，除了促进就业、贡献税收、提供产品和服务外，还应有造福一方经济和人民的担当。

2012年，按照省委省政府部署，省管企业承担着巨大的安全和经营压力，共投入资金230多亿元，兼并重组小煤矿456处。近几年，省管煤炭企业安全生产形势良好，全省煤炭企业安全生产事故明显减少。

---

① 陈学桦，宋敏.豫企力量扛鼎中原行业篇：履职尽责促中原崛起 [N].河南日报，2014-12-30.

积极做好产业援疆工作。截至目前，河南省国有重点企业在新疆投资项目34个，累计完成投资60多亿元，产业涉及煤炭、电力、有色、装备制造、现代农业等多个领域，收到了较好的效果。

"稳健经营和持续发展，是企业的第一要务，也是最大的社会责任。"省社会科学院副院长刘道兴说，只有企业增强社会责任意识，坚持提供优质产品和服务，才能从根本上转变经济发展方式，实现经济、社会、环境的可持续发展。

社会责任应融入企业战略发展中

12月29日，洛阳银行唐宫中路支行门口，一块"洛阳市就业扶持小额贷款担保中心"的牌子格外醒目。

马新利曾是洛阳市建筑公司的下岗职工，现经营一家店铺从事副食品批发。"今天我特别高兴，因为领到了洛阳银行批下来的5万元贷款，扩大经营有保障了。"马新利一边在登记表上签字，一边告诉记者，从提交材料到领到存折也就不到10天时间，且贷款有财政贴息，明年按时还了还可以接着贷。

"洛阳银行把'服务地方经济、服务中小企业、服务城市居民'的市场定位与'雪中送炭、反哺社会、共创和谐'的社会责任有机结合起来，旨在'把简单容易的金融产品送到千家万户'。"洛阳银行行长段跃军介绍，仅再就业贷款一项业务，自2003年开办以来累计发放7万笔共47.58亿元，带动10万多人次走上了创业致富的路子。

企业要想赢得尊重，走得更远，就要主动承担社会责任，形成鲜明的企业文化和独立的研发能力，这也越来越成为业界共识。实际上，许多河南企业在社会责任实践方面都经历了长期的摸索，有许多值得借鉴的经验。

在南阳，宛西制药发展中药农业，建立的中药材基地有效改善了当地生态环境，20万亩山茱萸基地使西峡森林覆盖率提高了3.8个百分点；对建业集团来说，20年如一日投资河南足球事业，是企业"根植中原，造福百姓"核心价值观的最直接体现。

制定社会责任战略并长期坚持实施，对企业发展具有深远意义。越来越多的企业认识到，担当社会责任是企业软实力的重要体现。截至2013年底，超过1500家中国企业发布了企业社会责任报告。

"从更深层次说，企业社会责任已不仅是企业，更是河南经济软实力的重要体现。"河南大学中原经济研究院院长耿明斋指出，相关各方应突破对企业社会责任的狭隘认识，将履行社会责任与提升企业综合竞争力、促进国民经济科学发展有机结合，形成国家、社会和企业共赢的局面。

经济发展不能以牺牲环境为代价

对许继集团有限公司总经理冷俊来说，"当前面临的环境问题，是对每一个人、每一家企业提出的挑战，企业在承担绿色责任上大有可为"。公司通过研发特高压产品，推动"电从远方来"；加大风电、光伏发电设备研发，解决间歇性清洁能源接入的世界性难题。冷俊认为，只要企业积极参与，一定能促进绿色能源应用，助力环境改善。

国网河南省电力公司也以电为"媒"，积极推进"电能替代"战略，通过示范引领提高电能在能源终端消费中的比重，推动经济社会清洁发展。据了解，2014年国网河南电力针对10种电能替代技术、14种替代方式开展了电能替代项目可行性研究，可实施项目达2393项，仅前10个月就完成电能替代电量38.9亿千瓦时，替代容量478万千伏安。

得益于企业积极参与，近几年，河南省环保产业得到较大发展。河南宇通重工在"生活垃圾处理"、"污水处理"及"环保设备"等领域有较强的制造能力；河南金谷实业开发的新型铬渣湿法解毒工艺，为全省环保产业的发展提供了技术支撑和装备支撑；中信重工自主研发的利用水泥窑消纳城市生活垃圾技术，实现了垃圾处理的"资源化"、"无害化"和"零排放"。

"企业是社会财富的创造者、资源的使用者和转化者，同时也是污染物的生产者和排放者。新常态下，企业发展要建立在资源能支撑、环境能容纳、生态受保护的基础上，希望中原经济区的建设，带来的不是环境污染，而是美丽中原。"省政府发展研究中心主任王永苏表示。

实 践 篇

中国石化股份有限公司洛阳分公司 2014 年度企业社会责任报告

一、公司概况

洛阳石化是中国石化在豫唯一一家特大型炼化一体化生产企业，是国家第五个"五年计划"期间批准建设的单系列 500 万吨/年燃料型炼油企业，1978 年开始建设，1984 年部分建成投产，1993 年全面建成 500 万吨/年炼化工程并通过国家竣工验收。之后边生产边建设，投入产出滚动发展，逐步从单纯燃料型企业发展成为集炼油、化工、化纤于一体的综合型炼化企业，生产规模不断扩大，经济实力与日俱增。

2010 年 10 月，随着 260 万吨/年柴油加氢装置开工投产，洛阳石化油品质量升级改造项目全面告捷，企业跨入了千万吨级炼厂行列，胜利实现了"三步走"战略目标。目前共有 20 多套大型石油化工生产装置及相应的辅助系统和配套设施，拥有 800 万吨/年常减压装置、150 万吨/年原油闪蒸装置、32.5 万吨/年 PTA、20 万吨/年聚酯、20 万吨/年涤纶纤维、9 万吨/年聚丙烯等生产能力。主要产品有汽油、柴油、航空煤油、液化气、石油焦、沥青、聚酯、涤纶长丝和短纤维、聚丙烯等数十种。截至 2010 年底，企业资产总额 105 亿元，各类用工总量 5825 人，其中正式职工 4210 人。作为具有特殊产权结构和政治属性的国有企业，多年来，洛阳石化秉持"为社会提供更大的价值、为市场提供更优的产品、为员工提供更好的成长"的企业宗旨和"珍惜资源、绿色开发、造福中原、报效国家"的企业使命。积极探索国有企业政治优势转化新途径，在追求经济效益、保护股东利益的同时，诚信对待和保护其他利益相关者的合法权益，严格落实安全生产，提高产品质量和服务效率，积极推进环境保护、节能减排和社会公益事业，以自身发展影响和带动地方经济的振兴。

二、公司履行社会责任情况

在我国现有体制下，国有企业与民营企业肩负的社会责任有很大的不同。一般情况下，国有企业在运营过程中，摆在第一位的是环境保护、生产安全、企业的发展与稳定；第二位是企业的市场效益；第三位是企业的其他社会责任。2014年度，洛阳石化履行社会责任的情况突出表现在以下八个方面：

（一）加强环保监督与管理，切实履行环境保护职责

1. 积极推进"碧水蓝天"环保专项行动

2013年，中国石化启动实施了"碧水蓝天"环保专项行动，计划从2013年起到2015年投资228.7亿元，实施803个项目，围绕污染物减排与达标排放、改善作业场所及企业周边环境质量、环境风险防控、地下水污染防控、废渣处理、生态保护及固废处置中心建设等，开展环保专项整治。在本次"碧水蓝天"环保专项行动中，洛阳分公司也承担了较为繁重的任务。2013~2015年，洛阳石化投入7亿元，计划实施12个"碧水蓝天"项目，主要包括"1#催化裂化再生烟气脱硫脱硝"、"2#催化裂化再生烟气脱硫脱硝"、"热电站脱硫脱硝改造"等。截至2015年6月，动力生产管理部锅炉烟气脱硫脱硝、1#催化再生烟气脱硫脱硝、2#催化再生烟气脱硫脱硝、污水提标改造、购置应急监测车等7项已完成投运，外排烟气全部满足《火电厂大气污染物排放标准》（GB13223-2011）新标准要求，主要污染物二氧化硫和氮氧化物排放量实现大幅度下降。

2. 制订清洁生产计划

洛阳石化根据中国石化总公司的清洁生产工作要求，制订了清洁生产计划，在日常工作中按照污染全过程管理的原则，尽量减少"三废"的排放，努力实现了清洁的能源、清洁的生产过程和清洁的产品。在这个过程中，一是开展环保摸底调查。在全厂开展废水、废气、固体废物污染物全面摸底排查和雨污系统隐患排查，汇总分析，进一步摸清环保现状，查找环保管理薄弱环节、核实污染排放指标，结合总部要求于8月完成环保现状调查并形成报告，提出并实施相应优化措施，将"碧水蓝天"项目作为本轮清洁生产中高费方案，认真实施，进一步提高资源利用率、降低污染排放。二是组织开展"三废"资源综合利用工作。根据省市发改委统一安排，组织编制上报了硫磺回收"三废"资源综合利用项目再认证申报材料，于2014年1月获得认定证书，继续享受税务部门减免税的优惠政策。三是严格执行内部排污计费制度。每月对废水排放量进行统计，折算成排污

费，将污染治理费用和应缴纳的排污费用纳入污染物产生单位的成本中进行考核，促使各单位从源头上减少污染物的产生和排放，从而降低末端污染治理的费用和污染物排放总量。

（二）积极开展科技创新，努力实现节能减排

1. 积极推进"能效倍增"计划

2014 年 6 月 26 日，中国石化原董事长傅成玉代表中国石化在联合国第二届"生态文明　美丽家园"关注气候中国峰会上，宣布中国石化正式启动"能效倍增"计划，到 2025 年能效提高 100%，实现能效倍增。届时，中石化可累计节约标煤 4200 万吨，相当于植树 9 亿多棵；减少二氧化碳排放 8100 万吨，相当于2000 多万辆经济型轿车停开一年。作为中国石化旗下分公司，洛阳石化编制了《洛阳分公司"能效倍增"计划（2014~2016 年）》，涉及节能措施 72 项，其中管理节能措施 16 项、结构节能措施 7 项、技术节能措施 17 项、工程节能措施 15项、循环经济措施 2 项、合同能源管理措施 15 项，总节能量约 54218 吨标煤，总投资 31445 万元，年创效 11535 万元。洛阳石化在企业内部建立了循环经济机制，以资源化、减量化、无害化处置原则，对现有及检修期间产生的工业固体废物及危险废物实施分类，在合规情况下，立足内部综合利用。如污水场浮渣、废润滑油、废环丁砜送焦化回炼，废活性炭等送锅炉掺煤焚烧，对无法在厂内处理利用的危险废物实行外委处置。

2. 认真落实环境监测和 LDAR（泄露检测与修复）工作

洛阳石化认真落实了《2014 年环境监测计划》，共进行水质监测数据 18600项次，环境空气、环境噪声、烟气监测数据 630 项次。在完成监测计划的同时，根据环保管理完成对政府监督采样同步跟踪分析、临时加样分析、仪表对比分析、装置标定、环保竣工验收监测、环评监测等临时任务 729 项次。按照环保部门的要求，对动力部两台煤粉锅炉、CFB 锅炉烟气排口、污水总排口等重点废气废水排放口均配备自动监测设施，并实现与政府环保监控平台联网，硫磺回收尾气也安装了有线监测系统，目前尚未与政府环保部门联网，日常委托具有资质的第三方进行运行和维护管理，保证数据采集和传输符合国家有关技术规范要求。新建两套催化裂化再生烟气项目建成后，也配套安装在线监测设施，届时将根据政府要求进行实时联网。经过比对，现有在线监测设施与人工监测数据吻合，全部达到政府要求。在线监测设施的完善有效提高了环保监控能力，同时通过对外排污染物数据的实时了解，有效提高了自觉守法、确保达标的意识。

2014 年初，为有效减少 VOCS 排放，洛阳石化成立了 LDAR 检测中心，开展对大型机组、机泵法兰、设备及管阀件动静密封点等有机挥发气体泄漏检测工作。截至 11 月，已完成全厂各生产装置有机挥发性气体泄漏检测与处理工作，全年共实施密封点检测 56728 点，发现泄漏量≥500ppm 的泄漏点 1335 点，其中对具备处理条件的 1259 点泄漏点进行处理，处理后消除泄漏的密封点数为 811 点，其他没有处理及处理不合格的泄漏点待条件具备后再进行处理。

3. 节能减排取得显著成效

（1）工业废水：2014 年，洛阳石化工业污水排放量 275.2 万吨；吨油污水排放量 0.18 吨；COD 排放量 135.69 吨，年平均浓度为 48.43mg/L；氨氮排放量 2.7 吨，年平均浓度为 0.95mg/L。外排污水合格率 100%，达到国家污水综合排放一级标准。

（2）工业废气：2014 年，洛阳石化工业废气排放量为 1232724.4 万标立方米，其中燃烧废气排放量为 845265.18 万标立方米，工艺废气排放量为 387459.22 万标立方米；全年二氧化硫排放 2257.24 吨，氮氧化物排放 3764.45 吨。均达到国家规定标准。

（3）工业固体废弃物：2014 年，洛阳石化全厂工业固体废弃物产生量为 218557.13 吨。其中炼油工业碱渣 538.65 吨、热电站粉煤灰 133061.75 吨、热电站炉渣 77402.14 吨，污水处理场污泥 3903.55 吨、废催化剂及其他 2921.04 吨。以上固体废弃物均实现了综合利用和合规处置。

（4）厂界噪声：洛阳石化对东、西、南三侧厂界噪声执行《声环境质量标准》（GB3096-2008）3 类标准，北厂界临北环路，执行 4a 类标准。正常生产阶段，昼间、夜间的厂界噪声均达到国家规定标准。

（三）高度重视质量安全，始终坚持提供合格产品

洛阳石化为稳定地提供满足顾客和法律法规要求的产品，消除或降低在产品生产或使用过程中对环境的有害影响和职业健康安全风险，增强顾客和其他相关方的满意度，依据 GB/T 19001-2008《质量管理体系要求》、GB/T 24001-2004《环境管理体系 要求及使用指南》、GB/T 28001-2011《职业健康安全管理体系要求》、AQ3013-2008《危险化学品从业单位安全标准化通用规范》、《河南省危险化学品从业单位安全标准化通用实施指南》、Q/SHS 0001.1-2001《中国石油化工集团公司安全、环境与健康（HSE）管理体系》标准的要求，结合公司的实际，建立健全了质量、环境、职业健康安全整合型的管理体系（QHSE）。

中国石化洛阳分公司坚持守法诚信、安全生产、精细管理，依法严格按照QHSE管理体系认证程序和标准，对产品质量进行严格把关，坚持企业内部贯标与内审，持续改进提升，规范体系运行，顺利通过认证机构北京三星九千认证中心的评审认定，取得了《质量管理体系认证证书》、《环境管理体系认证证书》、《职业健康安全管理体系认证证书》和《健康安全环境管理体系评审证书》。依靠过硬的产品质量和良好的企业信誉，公司产品在用户中享有良好的信誉度和美誉度。

（四）建立积极有效的责任机制，强化企业责任管理

1. 加强环保监督与管理

首先，洛阳石化在生产过程中加大了环保现场监督检查力度，强化污染源头控制。每周开展现场能源环保检查，对查出的一般问题录入"红、黄"牌管理系统要求限期整改，重点问题实施"红、黄"挂牌督办，严重问题按"四不放过"原则进行原因分析，制定预防措施，并监督落实。同时，开展避免环保污染事件评比奖励活动，以提高全员参与环保管理的积极性。全年共查能源环保问题1062项，其中环保未遂事件337件（较大以上未遂事件7起，一般未遂事件12起，轻微未遂事件318起）。其次，洛阳石化对上游各污染源分级控制口的控制进行了全面监控。力图抓好对油品罐区脱水、PTA污水等重大污染源操作管理，开好电脱盐切水除油设施和原油罐二次切水等预处理设施，从源头上有效控制污染物的排放。狠抓排污申报制度的落实，对非正常排污严格落实排污申报制度，对分级控制口污染物超标情况进行原因分析，制定整改措施，并对外排超标单位进行考核，减少非正常生产造成的大量高浓度污水排放，从而使异常状态下的排污有序可控，杜绝污染事故的发生。

2. 积极开展建设项目环评和验收工作

洛阳石化在2014年的生产中严格按照环保"三同时"的要求，积极开展建设项目环评和验收各项工作。公司通过了油品质量升级改造项目及配套硫磺回收（二期）工程、14万吨/年聚丙烯和150万吨/年S-Zorb汽油吸附脱硫等项目的竣工环保验收，并按河南省环保厅要求，委托有资质的单位对14万吨/年聚丙烯和150万吨/年S-Zorb汽油吸附脱硫两个建设项目开展环境监理工作。动力部三台锅炉和两套催化脱硫脱硝项目按要求开展环评，顺利取得环评批复，项目完成后，及时向市环保局申请验收，目前锅炉脱硫脱硝项目已通过环保竣工验收，催化脱硫脱硝项目已完成现场验收监测。2014年12月10日，《中国石油化工股份有限公司洛阳分公司1800万吨/年炼油扩能改造工程环境影响报告书》获得国家

环保部正式批复。

3. 加强环境风险防范，有效应对突发事件

为提高环境风险防范能力，有效防止污染事件发生，洛阳石化开展了水体污染隐患排查、环境事件应急演练等活动。一是规范日常环境风险防范工作。在防范水体环境风险方面，根据重大环境隐患排查情况，多次修订完善《突发环境事件应急预案》，按规定在环保局备案。各生产车间制定车间级事故应急预案，出现异常情况时，依据事故状态的严重程度，启动不同级别的事故应急预案。不定期检查污水排放系统及雨水排放系统，应急系统做到常备不懈，做到应急快速有效。每年开展防止水体污染隐患排查整治专项活动，建有事故调节池及事故排洪沟、事故污水截流闸板 35 块，配备收油机、潜水泵、防化服等应急物资，成立专门应急队伍，组织应急演练，6 月在油气车间和水务中心等区域开展 233# 低压瓦斯管线突发安全环境污染事件专项应急演练，提高了异常情况下的环境应急处置能力，避免了污水进入外环境的可能，杜绝了污染黄河的风险。二是开展了夏季雨排系统防止水体污染隐患排查专项检查和大排洪沟风险控制点排查活动，对查出的问题督促整改，降低了夏季暴雨对污水处理场的冲击风险和对外环境的污染风险。

4. 企业获得社会责任奖励情况

长期以来，洛阳石化始终坚持"两手抓、两手硬"，努力实现物质文明、精神文明的协调发展。公司先后荣获"全国五一劳动奖状"、"全国先进基层党组织"、"全国思想政治工作优秀企业"、"全国模范职工之家"、"全国职业道德建设先进单位"、"全国五四红旗团委"、河南省"首批营业收入超 300 亿工业企业"等荣誉称号。同时，洛阳石化的各项管理工作不断加强，管理水平不断提升，企业的设备管理、环境绿化、档案管理等多项专业管理处于全国先进水平。1999年通过 ISO14001 环境管理体系认证，并取得 UKAS 国际证书，被中国石油化工集团公司确定为首批清洁生产示范企业；2003 年通过 ISO9001 质量管理体系认证；2006 年通过中国石油化工集团公司第一批清洁生产示范企业验收，并连续四年荣获中国石油化工集团公司"环境保护先进企业"荣誉称号；2008 年荣获"河南省五好基层党组织"和"河南省节能减排竞赛先进单位"等荣誉称号。洛阳石化已形成了质量、环境、职业安全健康整合型的管理体系，各项管理正在向标准化、制度化和科学化大步迈进。

（五）实施责任管理工程化，积极探索国有企业政治优势转化新途径

如何发挥国有企业政治优势，向核心竞争力转化？洛阳石化党委运用工程项

目化运作模式，构建实施了政治优势转化工程。工程突出顶层设计，按照系统谋划、一次规划、分步实施的原则，提出构筑先锋堡垒、示范带动、和谐共建、文化提升、典型培育、廉洁风险防控、员工关爱、青年成长等政治优势转化"八大工程"。为了落实"八大工程"，公司提出了"实融特效"四字工作要求。"实"是党建工作步骤措施考核抓实；"融"是党建与行政深度融合；"特"是突出特色和差异；"效"是要在中心工作上见成效。

2014年，洛阳石化把开发党群信息化平台这一目标作为党建工作的重点内容之一。该党群信息化平台系统构建了信息发布、资源共享、综合应用、党群业务等几大板块，集成了党群部门各项业务应用，各部门业务可实现在线操作。平台还具备了在线检查、评比考核、上下互动、资源共享四大功能，把党建工作自上而下的模式逐步转变为双向互动、多向交流的模式。该系统实现了党建工作的一体化、流程化、电子化管理，其中的业务融合集成和流程标准化等工作走在了集团公司前列。在中国石化集团公司党建工作2014年度检查考核中，洛阳石化党群信息化平台赢得了检查组的高度评价。

洛阳石化围绕中心工作，通过实施优势转化，推进党政深度融合，不断提升党建工作运行的科学化水平，有力地促进了企业生产经营、发展建设。2014年，面对异常严峻的生产经营形势，洛阳石化坚持以效益为中心，紧紧围绕提高发展质量和效益，扎实落实深化改革、转型发展、从严管理各项措施，通过优化运行模式，调整产品结构，提升经济效益，使生产经营整体保持了良好的势头，全年加工原料油707万吨，实现营业收入477.6亿元，上缴国家利税60亿元。不仅保持了自身持续健康发展，也为促进和带动河南省、洛阳市经济社会发展做出了应有的贡献。

（六）尊重员工权益，注重维护和谐劳动关系

企业是社会经济的有机组成部分，企业和谐是社会和谐的基础。在贯彻落实科学发展观、推动企业新一轮大发展进程中，洛阳石化充分发挥党组织的领导核心作用，把构建和谐企业摆在更加突出的位置，落实以人为本，实现和谐共赢。

1. 唱响共建共享主旋律，构建共建共享新格局

共同建设、共同享有和谐社会，是构建社会主义和谐社会重大战略思想的丰富和发展。共建是共享的前提，共享是共建的目的，二者统一于构建和谐社会、和谐企业的伟大实践。没有共建，共享就失去了根基和源泉；没有共享，共建就失去了意义和动力。洛阳石化把发展企业与贡献国家、回报股东、服务社会、造

福员工有机结合起来，在分公司党委统一领导下，唱响共建共享主旋律，构建共建共享新格局，推动企业全面、协调、可持续发展。尊重职工群众的主体地位和首创精神，最大限度地激发他们投身企业建设发展的热情和活力，让职工与企业共成长，让职工利益与企业利益共提高。公司始终坚持"离退休老同志是财富不是包袱、是资源不是闲员、是帮手不是对手"的价值定位，发挥他们在企业生产建设、稳定和谐中的积极作用，巩固和发展新老和谐、良性互动的大好局面。在工作实践中，公司认真贯彻落实中国石化与河南省、洛阳市签订的战略合作补充协议、会谈纪要和合作发展协议，发挥企业在资源、人才和技术方面的优势，创新地企合作模式，扩大地方收益，推进双方全方位、深层次的互利共赢，不仅为洛阳石化获得了良好的发展条件，也为推动中原经济区建设、带动地方经济社会发展做出了应有的贡献。

2. 持续改善民生，提高生活保障水平

不断改善职工的工作和生活条件，全面提高保障水平，是全面建设小康社会的基本要求，更是增强企业凝聚力、推动和谐企业建设的重要保证。洛阳石化把解决职工群众最关心、最直接、最现实的民生问题作为共建共享的基础工程，通过进一步完善职工收入分配体系、建立适合企业特点的收入增长机制、理顺分配关系、规范分配秩序、实现和维护公平等措施，让职工在构建和谐企业中得到实惠，在与企业共建共享中生活得更加体面。2014 年，公司坚持"我为企业负责、我替职工着想"的后勤工作理念，加快建设商品住房，并借助 1800 万吨/年扩能改造项目实施，进一步改善了职工居住环境和工作、生活条件。通过积极搞好供餐、医疗、通勤、物业、离退休和帮扶等各项服务，为企业大发展提供了一个现代便民的大后方、安全可靠的大后方、稳定和谐的大后方、保障大局的大后方。

3. 加强民主管理，让职工群众生活得更有尊严

和谐企业最大的特征是人的和谐。只有动员广大职工群众共同参与，并不断从中得到实惠，才能使和谐企业建设成为广大职工群众的自觉行动。洛阳石化坚持党全心全意依靠工人阶级的根本指导方针，不断加强民主管理和民主监督，切实保障广大职工的主人翁地位，保护、调动和发挥职工的积极性、创造性，把国有企业政治优势转化为企业核心竞争力。坚持和完善以职工代表大会为基本形式的企业民主管理制度，深化厂务公开，畅通民主管理渠道，保障职工参与企业重大决策的知情权、参与权和监督权，密切职工与企业的关系，使企业和职工做到共商共建共享大计，共解共建共享难题，共享共建共享快乐。继续坚持职代会提

案督办制度，对职工代表的提案高度重视，认真对待，逐件按期落实解决。严格遵守国家法律法规和地方政府有关规定，坚持平等协商签订集体合同制度，加强劳动规章制度落实，积极引导职工在遵守厂规厂纪的前提下维护合法权益，努力构建和谐的劳动关系。同时，通过健全完善矛盾疏导机制，综合运用行政、法律、经济等手段和教育、协商等方法，理顺情绪、化解矛盾，确保和谐劳动关系的建立。

4. 凝聚各方共识，建设幸福家园

推动和谐企业建设是实现洛阳石化新一轮大发展、造福全体职工群众的一项伟大事业，更是一项艰巨复杂的系统工程。洛阳石化瞄准共建和谐企业、共享发展成果的宏伟目标，凝聚共识，统筹兼顾，突出重点，积极推进，为构建和谐企业提供了坚强有力的政治保证。公司坚持发展为先，进一步完善内部管理，壮大企业规模，提高经济效益，奠定实现共建共享和谐企业的物质基础；坚持群众观念，把发展为了职工、发展依靠职工、发展成果让职工共享的理念落到实处，切实实现好、维护好、发展好广大职工群众的根本利益；坚持统筹兼顾，凝聚不同组织和群体的力量，激发他们积极参与和谐企业创建的热情，最大限度地增加和谐因素，形成促进和谐人人有责、和谐企业人人共享的生动局面。并借助发展企业文化，大力开展群众性精神文明创建活动，积极倡导文明新风，形成了尊老爱幼、文明礼貌、家庭和睦、邻里互助的和谐人际关系，大大提升职工群众的幸福指数。

（七）构建安全和谐社区，营造企业良性生态

洛阳石化社区是由企业自主管理的企业主导型社区，由开元社区、双苑社区、三和社区、河阳新村四个社区组成。社区占地面积 65.93 万平方米，总建筑面积 56.95 万平方米，建有住房 159 栋（含 8 栋高层），住户 7301 户，户均建筑面积约 78 平方米。常住人口 21261 人，其中在职员工 10335 人、离退休职工3198 人、在校学生 1688 人。水、电、气、暖等配套系统完善，幼儿园、学校、医院、餐饮点、老年活动中心、中心花园、健身文化广场等设施齐全。

洛阳石化始终坚持"发展依靠职工群众，发展成果由职工群众共享"的发展理念，公司社区管理部门按照"把景区管理的理念引入社区"的思路，以打造绿色、平安、和谐小区为目标，以"绿化、净化、亮化、美化"为核心，借助开展"打造两张名片、创建优美环境"活动，持续加强社区环境建设，努力打造整洁美观、舒适宜人、平安便利、和谐有序的社区环境和氛围。公司坚持全员参与，

齐抓共建安全社区，以"社区服务站"、"定点服务基地"、"社会法庭"、"共青绿地"、"心理援助中心"为平台，开展"一帮一"结对帮扶、EAP"心理援助"、"心理沙龙"等活动，在维护社区平安和谐方面发挥了重要作用。

1. 共建共管共享社区的理念得到落实

洛阳石化的核心价值观是"共建共享共赢、同心同向同行"。公司将其融入安全社区创建过程中，认真落实全员参与、资源共享、持续改进的理念，整合各方面资源，调动全员参与积极性，积极实施安全健康促进，不仅消除了安全监管盲区，改善了社区安全健康状况，而且增进了单位、部门之间的交流，促进了安全社区与日常工作的有机结合。

2. 社区安全文化逐步形成

通过 HSE 体系的构建和"从严管理年"主题活动的开展，逐步形成了具有洛阳石化特色的安全文化，并且得到了广大干部职工和社区居民的高度认可。一是形成了"我为企业负责，我替职工着想"、"干工作样样树标杆，做事情件件敢叫板"的责任文化。二是形成了"居安思危、言危思进、进则有备、有备无患"的预防文化。三是形成了"人人遵章守纪、全员照章办事、行为安全有序"的行为文化。四是形成了"珍惜工作岗位、珍惜家庭幸福、珍爱自己生命"的亲情文化。

3. 促进了企业安全发展

通过开展安全社区建设，不仅为职工群众的生产和生活提供了有力的安全保障，也为企业的科学、持续、有效发展营造了更加安全、和谐、稳定的内部环境。尤其是职工和居民安全意识和安全能力的提升，必将进一步巩固企业的安全发展局面，为洛阳石化实现大安全、推进 1800 万吨/年炼油扩能改造项目、进军炼化企业第一方阵创造良好的条件。

（八）持续开展慈善捐赠，有效助推公益事业

多年来，洛阳石化积极传播慈善理念和公益文化，组建扶贫工作组，在力所能及的范围内积极研究政策，制定措施，稳步推进，定点帮扶洛宁县小界乡苇山村。苇山村基础条件差，经济发展水平低，脱贫致富任务重。公司通过实地调研、入户走访、召开村"两委"班子会、群众座谈会等形式，逐步摸清了苇山村现状及存在的问题。公司工作组经过调查研究，明确了工作思路：先集中解决道路、饮用水等基础设施问题，为村民生产生活提供最基本的条件，在此基础上，再结合苇山村自然、人力、技术、资金等实际，选择发展项目，提高其发展经济的内力。

按照帮扶目标，在 2013 年解决苇山村饮水问题的基础上，2014 年洛阳石化重点落实了该村道路打通工程。2014 年 5 月 10 日，洛阳石化捐助 98 万元修筑的 3.35 公里主干道顺利通车，争取财政资金 86 万元铺筑的通组通户道路 5.4 公里，也于年底前完工，实现 90%群众门前通路；2014 年 6 月，按照公司领导要求，帮助苇山村完善村级组织，并组织实施苇山村贫困人口识别，开展建档立卡工作，识别申报贫困户 139 户、417 人，筛选出 6 名家境贫寒孩子，并招募志愿者结对援助帮扶。同时，公司又帮助苇山村规划和建设了水库、厕所等农田、卫生基础设施，帮助该村发展生态养殖、特色种植和生态旅游业。经过持续不断的帮扶，苇山村已经实现了脱贫致富的目标。公司扶贫工作的开展，得到了地方各级政府的认可，树立了洛阳石化良好的企业形象。

三、建议

1. 加强投资者关系管理，与投资者建立良好关系

尤其要注重对小股东权益的保护与救济，公司决策应最大程度地体现股东意志，确保股东的合理回报。

2. 注重对研发的投入，积极开展产品创新

新技术、新产品能够引导美好生活，推动社会进步。公司应大力拓展筹资渠道，积极开展产品创新，加大对研发的投入，并努力将研发成果积极转化为生产力，带动企业更加健康地发展。

3. 完善信息沟通和披露机制

公司应及时向利益相关方披露公司与运营相关的、对利益相关方的决策具有重要影响的信息，主动与利益相关方进行多种形式的沟通。

安阳钢铁股份有限公司2014年度企业社会责任报告

一、安阳钢铁股份有限公司概况

（一）安阳钢铁股份有限公司简介

安阳钢铁股份有限公司（以下简称安钢）前身为安阳钢铁厂，1958年建厂，是集采矿选矿、炼焦烧结、炼铁炼钢、冷热轧钢、运输建筑、科研开发、国际贸易等于一体的现代化钢铁联合企业，河南省优质精品钢生产基地。1993年11月18日，安钢成为全国百家现代企业制度试点单位，进行了股份制改造，成立安阳钢铁股份有限公司。2001年8月，安阳钢铁股份公司在上交所上市。

近年来，安阳钢铁股份有限公司适应国内外钢铁工业发展趋势，转变发展方式，加快结构调整，推进产业升级，相继建成了3#大高炉、500平方米烧结机、150吨转炉、炉卷轧机、1780毫米热连轧、1550毫米冷轧等一大批代表钢铁工业发展趋势，国内领先、国际先进的高端装备和高效生产线，实现了1000万吨级的工艺现代化布局、装备大型化升级和产品专业化生产。

安阳钢铁股份有限公司拥有国家级技术中心、博士后科研工作站、院士科研工作站等产学研一体的研发体系。主要产品有热轧板卷、炉卷板、中厚板、高速线材、型棒材、球墨铸铁管、铸造生铁等100多个品种、6000余个规格，品种钢、品种材比例均超过70%，产品结构持续优化。其高等级管线钢广泛应用于"西气东输"二线、中亚石油天然气管线等国家重点工程，船板钢通过了九家国际船级社认证。高等级建筑用钢应用于奥运鸟巢、上海101层大厦、北京南站、高速铁路等标志性工程，锅炉和压力用钢板、冷镦用盘条等15项产品被评为国家冶金产品实物质量"金杯奖"，板材产品形成了由厚到薄、由窄到宽覆盖面全的产品系列，球墨铸管规格涵盖80~1200毫米。产品广泛应用于国防、航天、交通、装备制造、船舶平台、石油、天然气、高层建筑等行业，远销德国、英国、日本、韩国、南非等 30 多个国家和地区，树立了安钢良好的品牌形象。

（二）安阳钢铁股份有限公司发展历程

第一阶段：创业期（1958~1979 年）。

1958~1979 年，安钢作为国家首批重点建设钢铁骨干企业，艰苦创业，建成了河南省第一个钢铁厂，于 1959 年 4 月 17 日炼出第一炉钢，结束了河南省缺铁少钢的历史。并先后投资近 2 亿元，上马了焦炉、高炉、顶吹转炉、无缝、薄板、中型轧机等 40 多个建设项目，初步形成了"四五六"中型钢铁联合企业的基本框架。1979 年前的 21 年，安钢累计建设投资 4.09 亿元，累计钢产量 37 万吨。

第二阶段：改革发展期（1980~2011 年）。

1980 年，安钢率先在全省乃至全国工业企业中实行承包经营，以此为标志，走上了发展振兴之路，实现了年产材 40 万吨、钢 50 万吨、铁 60 万吨的"四五六"规模。1989 年，在全国 58 家地方骨干钢铁企业中率先突破 100 万吨钢大关，成功地走出了一条"内涵挖潜、自我积累、科学投入、滚动发展"的集约经营之路。

1993 年 11 月 18 日，安钢成为全国百家现代企业制度试点单位，进行了股份制改造，成立安阳钢铁股份有限公司。1995 年 12 月 28 日，成立安阳钢铁集团有限责任公司。2001 年 8 月，安阳钢铁股份有限公司在上交所上市。"十五"以来，安钢坚持以科学发展观为指导，加快转变发展方式，总投资近 300 亿元，加快结构调整，推进产业升级，建成了一大批国内先进的工艺装备，成为年产钢能力超过 1000 万吨的现代化钢铁集团，以及河南省最大的精品板材和优质建材生产基地。

第三阶段：创新发展期（2012 年至今）。

钢铁工业是国民经济的基础产业，是技术、资金、资源、能源、劳动力密集产业，但同时是我国产能过剩最严重、影响最大的行业之一。随着世界经济前景看淡，以及我国宏观经济形势下行，钢铁市场需求严重下滑，市场价格也几乎腰斩。2012 年，安阳钢铁股份有限公司实现经营收入 209.51 亿元，同比下降 29.62%，归属于上市公司股东的净利润 -34.98 亿元，为上市以来首次亏损。

面对新的市场形势，安钢开始大力解放思想，转变观念，打破传统经营理念，对生产经营模式进行"颠覆性"的变革调整，加快由"生产型"向"市场型"转变，构建了以低成本战略为核心，以市场为导向，快速反应、灵活高效的生产经营新模式。在创新发展的推动下，2013年和2014年安钢基本实现"扭亏为盈"。

（三）安阳钢铁股份有限公司企业文化

1. 安钢企业宗旨

安钢以创造巨大财富，为国家、社会、员工带来发展、进步和幸福为宗旨。通过提供优质的钢铁产品和完美的服务，为国家创造和积累财富，为安钢集团的股东、员工创造财富，为顾客、供应商、社会公众创造财富。在创造社会财富的同时，以自己的产品和服务为国家繁荣富强、社会文明进步、人民生活更加幸福美满做出贡献。

2. 企业目标

安钢的企业目标是鼎立中原，争创一流，体现了安钢人超越自我、追求卓越的远大目标。安钢的近期目标是在加快发展步伐、扩大生产规模、增强企业实力的基础上，把安钢建设成为中原板材和建材基地。同时加快发展，开拓创新，努力跻身于世界钢铁强厂之林。

3. 安钢企业文化主体价值观

安钢职工以"同心"和"聚进"为共同的价值取向。安钢人忠诚和谐，团结一心，众志成城，共同前进。同时，安钢与顾客、股东以及政府等同心同德，团结协作，共同进步。只有"同心"和"聚进"才能聚集巨大的合力，才能缔造强盛的安钢、永续辉煌的安钢。"同心"是凝聚剂，只有凝聚才能团结、才能和谐。"聚进"是一种品格，是一种精神，是一种境界。

（四）安阳钢铁股份有限公司主要产品

1. 安阳钢铁股份有限公司高线产品市场状况

目前，安钢高线已形成了以钢绞线盘条（占35.53%）、冷镦钢盘条（占31.11%）两大系列为主，优碳盘条、胶管/钢帘线盘条、钢丝绳用盘条、弹簧钢盘条、圆环链盘条、高强焊丝盘条六个系列并存的局面。2014年高线机组发货量为572860.671吨，其中钢绞线盘条和冷镦钢盘条占比为66.64%，其他品种系列合计占比为33.36%。尤其是高效品种系列合金冷镦钢（占9.4%）、胶管与帘线盘条（占7.4%）、弹簧钢（占5.1%）、圆环链（占5.0%）、钢丝绳用钢（占5.3%）及高强焊丝（占0.4%）共占机组比例的32.6%。

2. 卷板产品市场状况

2014年，国内热轧卷板市场总体呈现出震荡下滑的走势，但产量约达到

1.83 亿吨，同比增长 11.1%。安钢热轧卷板的主要市场河南地区占销售总量的80%，湖北和山西地区是我们的次要市场，占有率分别为 6% 和 4.5%，其余也零星分布在河南周边。安钢热轧卷板以汽车用钢、管线钢、冷轧及硅钢、耐候耐酸钢等高效产品为主打。

3. 中厚板产品市场状况

2014 年，国内中厚板市场整体趋势处于弱势下跌状态，产量约 7300 万吨，同比增长约 9%，预计达到 10 年来的新高。板材受运距影响，河南地区占 85%，河南周边省份如陕西、湖北、山东、江苏、河北占有率约为 10%。由此可见，中厚板的主要优势区域在河南和运距较短的河南周边省份。安钢的中厚板产品依托河南市场，在整个河南地区的认可度非常高。

4. 型棒材市场状况

河南及周边市场对中小型材的需求在 150 万吨左右，建筑钢材的需求量庞大，省内的需求量就在 1000 万吨以上。安钢型棒材年产能 240 万吨，产品以HRB400 螺纹钢、HRB400E 螺纹钢、碳结国标角槽钢为主，以四级钢筋、锚杆钢筋、低合金角槽钢为辅。型棒材产品因为生产工艺简单、技术含量低，所以生产厂家众多，竞争激烈。虽然安钢产品质量稳定，具有品牌优势，但价格相对偏高，政策不够灵活。

（五）安阳钢铁股份有限公司组织架构

安钢坚持精简、高效原则，全面开展岗位分析和评价，推行定编定员。本着"统筹规划、上下结合、分层实施、突出实效"的原则，营造积极、务实的学习氛围，打造高素质的职工队伍和高效的教育培训机制。根据企业经营环境和业务构成，安钢建立了直线职能式的组织结构体系，保障公司的正常经营。首先是安阳钢铁股份有限公司决策层，其次是各个职能部门，最后是各个生产单位、业务支撑单位、分公司和子公司（见图 1）。

二、安阳钢铁股份有限公司履行社会责任情况

（一）法律道德方面

1. 严格遵守法律法规

作为国有控股的上市公司，安阳钢铁股份有限公司在河南省委、省政府、省国资委的领导下，在经营过程中，严格遵守国家各项法律法规，建立健全各项企业规章制度。

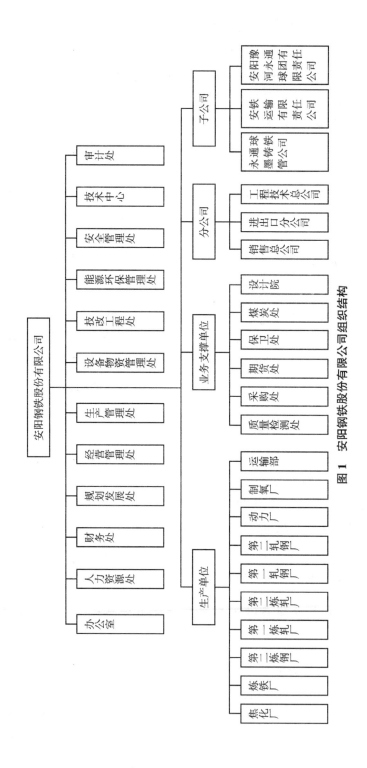

图1 安阳钢铁股份有限公司组织结构

（1）民主决策方面。根据《公司法》的要求，安钢主要决策机构有股东会、董事会和监事会。股东会是由全体股东组成的公司权力机构，是法定必设机关。根据股东会的选择，安钢的董事会是公司的决策机构，并对股东会负责。董事会依法对公司进行经营管理，对外代表公司进行业务活动，对内管理公司的生产和经营。监事会的职责是对董事会和经理的活动实施监督。此外，为了发挥职工在企业民主决策、民主管理、民主监督中的作用，安钢集团先后制定职工代表大会条例、职工代表巡视制度、职工民主诉求管理办法等各项规章制度，保障职工依法行使知情权、质询权、表决权、监督检查权，涉及职工切身利益的重大问题，必须经职代会全体职工代表审议通过后方能实施，并定期组织职工代表对"职工安全教育"、"重大危险源控制"、"厂务公开民主管理"、集体合同履行情况、职工权益保障落实情况、经济技术及职工代表提案处理情况等进行专项巡视和监督检查。

（2）安全生产方面。严格落实《中华人民共和国职业病防治法》等法律法规要求，坚持预防为主、防治结合的方针，先后制定了《安钢职业卫生工作管理规定》、《职业卫生与职业病防治管理程序》等五项规章制度，保护劳动者健康及其相关权益。

（3）环保方面。制定有较为完善的能源环保管理制度并严格执行，建立了较为完善的环保管理体系，并有长期生产建设发展形成的管理制度作为支撑。安钢环保管理体系实行总经理负责、副总经理主管的环保责任制度，无违反环境保护法律法规的现象。

2. 迎难而上，积极创造社会经济效益

2014 年，面对宏观经济的中速增长、国内钢铁需求进入负增长的"新常态"，安阳钢铁股份有限公司坚持以股东权益最大化为原则，以"适应市场、提高效益"为中心，解放思想，转变观念，全力推进板块加专题运作，推进生产经营模式创新和低成本运行，推进体制机制变革调整，推进管理模式创新，推进品种研发和市场拓展，推进项目建设和产业升级，生产经营整体呈现出企稳向好的态势，经营业绩有明显改善。从表1可以看出，近年来，面对严峻的国内外市场形势，钢材市场需求持续下滑，钢材价格持续下跌，安阳钢铁股份有限公司2012年亏损高达35亿元，2013年和2014年经营业绩基本实现扭亏，社会贡献明显增加。但是，由于企业经营业绩相对较低，每股收益仍然较少。

表1　安阳钢铁股份有限公司经营状况分析

	2011 年	2012 年	2013 年	2014 年
营业收入（亿元）	297.68	209.51	261.38	268.52
利润总额（亿元）	3.73	−34.96	0.47	0.40
净利润（亿元）	0.34	−35.01	0.40	0.33
上缴国家税费（万元）	74955.92	33179	57830	92439.78
支付职工薪酬（万元）	172462.52	168420	156768	164985.17
支付借款利息（万元）	60815.14	88952	111659	121121.75
每股收益（元）	0.02	−1.46	0.022	0.012
每股社会贡献（元）	1.30	−0.25	1.38	1.59
对外捐赠（万元）	1	—	—	1.1

资料来源：安阳钢铁股份有限公司 2011~2014 年年报。

（二）质量安全方面

1. 质量体系建设

安阳钢铁股份有限公司于 1997 年 4 月 30 日按 GB/T19002–ISO 9002：1994 标准首次建立实施了质量体系，并于 1997 年 11 月 28 日取得了认证证书。目前，安钢的质量管理体系已按照 GB/T19001–2008 标准进行了转换，并于 2010 年 10 月 9 日换发了 2008 版标准的认证证书。安阳钢铁股份有限公司坚持"质量第一"、"满足顾客需求"的方针，不断强化生产过程、最终产品及售后服务的质量控制，建立健全质量保证体系。安钢安全生产管理体系设有安全生产委员会，是安全生产的决策、协调机构，研究、部署、指导公司整体安全生产工作，组织较大生产安全事故的处理工作和完成政府交办的其他安全生产事项。

安阳钢铁股份有限公司各二级单位设置职能独立的安全管理部门，目前共配备有专兼职安全员 407 人，所有人员全部通过政府安全教育培训考核，持证上岗。坚持"安全第一、预防为主、综合治理"的安全方针，安钢建立了以安全生产责任制为核心的安全生产制度 37 项；建立了重大风险危险源预控体系，有 140 项重大风险危险源受控、在控；建立了危险作业安全管控体系，有 203 处 714 个有限空间安全检修；建立了相关方风险管控体系，依法依规签订安全管理协议。

2. 产品质量认证情况

2014 年，安阳钢铁股份有限公司完成了锅炉和压力容器用钢板、低温压力容器用低合金钢板、焊接气瓶用钢板等特种设备制造许可证换证工作。通过了欧盟 CE、新加坡 FPC、挪威船级社、韩国船级社年度换证审核，取得了新的证书。

在河南省质监局对热轧带肋钢筋的监督抽查中，安钢继续保持了省级以上抽查合格率100%的优良业绩。产品创新方面：①2014年，安阳钢铁股份有限公司锅炉和压力容器用钢板、AH60低合金高强板获得了"河南省名牌产品"荣誉称号；②2014年下半年又申报高碳钢盘条、热轧花纹钢板、汽车大梁用钢板、热轧软钢板及钢带、热轧型钢共五个产品参评"河南名牌"；③积极组织热轧花纹钢板、桥梁用结构钢、热轧带肋钢筋三个产品申报"金杯奖"，其中两个获奖；④桥梁用结构钢、汽车大梁用热轧钢板两个产品在中国质量协会举办的"品质卓越产品"评比中，全部获奖。

2014年全年，焦炭合格率为87.85%，铁水合格率为98.59%。连铸坯一次合格率为99.74%，比考核目标高0.74个百分点。钢材一次合格率为98.86%，比考核目标高0.86个百分点。质量损失3.15元/吨，继续保持较低水平；一级、二级质量事故为零，国家产品监督抽查合格率继续保持100%。

（三）科技创新方面

安钢按照"自主创新、重点跨越、支撑发展、引领未来"的技术创新发展基本思路，努力提升企业核心竞争力。加强原始创新、集成创新和引进消化吸收再创新，全面提升企业科技整体水平，建设高层次、高水平、多学科、多功能、开放型技术创新平台。大力调整产品结构，淘汰落后工艺装备，开发具有自主知识产权的高端产品和核心技术。

1. 建章立制，创造良好的企业创新氛围

安钢组建了技术中心，全面担负起新产品开发、产品质量改进、科技成果转化、对外技术合作、高层次科研人才培养和重大技术决策咨询等职能。经多年的优化调整，安钢技术中心逐步建立起一个开放型的"市场—科研—生产—销售"一体化的三级技术创新体系。第一个层次是以技术中心为主的技术开发核心管理机构。第二个层次是面向技术和市场，设立基础研究、应用研究和新产品开发等专业开发机构，与高等院校、研究机构建立合作伙伴关系，共同进行技术开发，主要从事前瞻性、共性、关键性技术开发研究。第三个层次是面向企业各生产线，开展新工艺、新技术和新材料的推广应用，组织技术攻关、产品市场推广和群众性合理化建议等革新活动。

2014年，针对产品研发与管理创新工作，安钢先后出台了《关于成立技术研发与工艺改进领导小组的通知》、《关于印发2014年技术研发与工艺改进工作安排意见的通知》、《关于印发〈科研项目管理办法〉（2014年修订）的通知》，在制

度上保证技术创新工作的开展。

2. 不断增加研发支出，增强科技创新能力

2014 年，安钢围绕公司主营业务以及市场需求，大力开展新产品研发工作（见表2）。2014 年，公司品种钢实际产量比上年同期增加 66.59 万吨，品种比完成 71.61%，比年计划高出 6.61%，比全年目标高出 4.67%，与上年同期相比提高 4.42%。2014 年，公司品种材实际产量比上年同期增加 92.22 万吨，品种比完成 79.15%，比年计划高出 10.15%，比全年目标高出 8.15%，与上年同期相比提高 5.71%。

2014 年，安钢执行科技活动研发项目共计 217 项，其中国家级项目 1 项、省部级项目 2 项。研发周期大于或等于三年的项目 32 项，对外合作项目 23 项，完成的新工艺、新技术和新产品开发项目 186 项，研发支出 7 亿多元。全年研发新产品 63 个，产品品种比在持续低迷的钢材市场环境下逆势大幅提升。

表2　近年来安阳钢铁股份有限公司研发支出分析

单位：亿元

年份	2011	2012	2013	2014
研发支出	6.37	5.496	5.93	7.35

资料来源：安阳钢铁股份有限公司 2011~2014 年年报及公司公布数据。

2014 年，全年工艺研究课题立项 115 项，预计结题 98 项，结题率为 85.22%。其中，A 级课题 19 项，结题 14 项，结题率为 73.68%；B 级课题 40 项，结题 35 项，结题率为 87.50%；C 级课题 56 项，结题 46 项，结题率为 82.10%。直接降低成本约 3198 万元，其中铁前约 2100 万元，钢后约 1032 万元。2014 年共申请专利 21 项，已受理 10 项发明、9 项实用新型。2014 年共授权专利 15 项，其中 2 项发明、13 项实用新型。

3. 通过创新优化企业产品结构

2012~2014 年，安钢积极进行产品结构调整，提高板卷产品比例，优化品种结构，其新品种研发主要围绕企业炉卷机组、1780 机组、2800 毫米中厚板机组三大板材线和高线机组进行，累计开发新品种共计 138 个牌号，实现市场推广 74.9 万吨，新产品研发为集团公司产品结构调整奠定了基础，实现产品直接创效上亿元。同时填补了省内多项品种研发空白，为国家桥梁、石油管线、重型机械、高层建筑等行业的基础设施建设做出了重要贡献。

4. 强化管理创新，激发企业经营活力

（1）安钢积极进行调整优化，充分发挥各部门管理职能。突出管理创新，大胆解放思想，转变观念，创新思维，敢于颠覆传统管理理念，勇于创新管理方式和管理方法，构建更加灵活高效、更加符合打赢生存保卫战要求的经营管理模式。

（2）加强财务管理工作。加强预算管理，强化预算的严肃性，确保预算目标实现。加强货款回收管理，强化刚性约束。努力提升融资能力，拓宽融资渠道，多方位筹集资金，确保资金链安全。提高资金利用效率，严控各类物资库存，减少资金占用，加快资金周转。

（3）优化人力资源配置。公司按照提高效率、增创效益的思路，把人力资源优化与减少外委结合起来，替代外委、替代劳务、替代外购，不断提高全员劳动效率。

（4）加强设备管理、安全管理。要强化设备运行管理，增强对设备隐患的预知、预防、预控能力，严格工艺纪律和操作规程，严控各类设备事故发生。

（四）诚实守信方面

1. 坚持高质量战略，切实保证公平交易

坚持质量领先、诚信经营，建立完善规范的客户服务体系，从组织、制度、监督、反馈、落实等各个环节持续改进服务水平。重视合同执行的严肃性，实行签订合同、发货、运输、结算联合办公的一站式服务。延伸服务链条，在"银企商"三方合作、配套营销等方面进行有益探索，提高整体营销服务水平。加强入库外发日常监督检查，避免在发货环节产生异议和顾客投诉。

2. 鼓励企业内部创新和发明，并依据有关规定进行奖励

安钢明确区分职务发明与非职务发明，在保证公司权益的同时不影响职工个人申报专利的积极性，职务发明的所有费用由公司承担。职务发明专利申请被受理后，公司对发明人所在单位在专业技术竞赛评比中予以加分，对发明人除按规定进行奖励之外，将其申请专利和获得专利授权情况，作为技术职称考核的主要依据之一。

3. 按照国家法律法规，积极保护知识产权

首先，公司技术中心充分利用专利信息，每月进行专利检索与国家专利公示等信息检索，组织专利评审委员会有关专家鉴别有损公司权益且不符合授予专利条件的他人专利，及时向中国专利局提出宣告无效请求，排除损害公司权益的他

人专利申请。其次，公司依法维护本公司的专利权益。发生专利侵权纠纷或专利权属纠纷时，应及时采取措施，必要时提交专利管理机关处理，或向人民法院起诉。公司尊重他人的专利权，并采取积极措施，避免侵犯他人专利权。最后，公司尊重职工的个人自由发明。职工不得将职务发明擅自以个人名义申请专利并持有该专利，否则公司将依法处理。

（五）消费者权益方面

1. 将顾客需求放在中心，发展服务型钢铁

安阳钢铁股份有限公司根据"您的需求就是我们的追求"，全面发展服务型钢铁，加快由钢铁生产商向综合服务商转变。安钢以市场为中心，以用户需求为中心，提供全方位的私人订制服务，共同建立研发平台，延伸产品链条，共同获得增值机会，拓展终端产品的应用空间。以提升用户满意度和忠诚度，为客户提供全员、全方位、全过程的增值服务为主线，具体采取的措施包括：

（1）实施订单生产——致力于服务转型与升级，优化订单承接和生产组织模式，努力满足用户需求。为客户提供个性化服务，同时可以和客户共同开发个性化新钢种，提供"私人订制"服务。

（2）实行顾问营销——提供"技术+服务"的系统解决方案，为客户提供技术支持、专业服务。打造由销售、生产、研发、质量组成的专业化客户服务团队，开展一对一贴心服务，对重点用户开展专人驻厂服务。

（3）产业链营销——推行产业链营销，同时搭建研—产—用联盟平台，开拓新产品，形成价值链条，实现共同进步。

（4）钢材加工配送——利用安钢附属企业公司、工程技术公司、汽运公司等优势资源，在河南省主要地市建立配送中心，为用户提供钢材深加工、仓储、配送一站式、点对点服务。

（5）互联网+现货——积极发展电子商务，拓宽安钢产品的网络销售渠道，实现安钢产品的"淘宝化"。成立郑州、成都、安阳现货市场，打造仓储、物流、金融、深加工一体化平台。

2. 以市场为导向，改善产品结构，不断满足顾客需求

安钢引入技术力量，融合技术营销理念，将顾客需求放在中心位置，各部门工作顺畅衔接。按照产线和产品类别成立市场推广和服务机构，对顾客开展售前、售中和售后全方位、全过程服务。成立管线钢、汽车用钢、高强板等产品室，重点跟踪顾客需求，及时抢抓高效订单。通过加强研、产、销各环节的协调，进一步提高产品交付的及时性和准确性。改善订单组织形式，尤其对于小批量订单或者用户急需订单，尽可能协同生产部门克服困难，实现整体接单。开展"量身定做"式服务，与下游相关企业共同开发胶管钢丝用盘条、高强度汽车用钢等新产品，满足顾客的潜在需求。钢材加工配送中心通过对钢材进行深加工，为顾客提供半成品，提高顾客的生产效率。

研究钢铁行业品种产能、区域分布及下游行业需求，公司分产线、分品种进行市场定位，确定立足河南、拓展中西部的区域营销策略。在考虑品种创效和结构增效的前提下，抓好品种和规格结构优化，确定做强板带材、做精型棒线的品种营销策略。

（1）中厚板产线。坚持以高强度钢板和锅炉容器板为主打品种，保持行业第一的市场占有率，努力树立全国性品牌。扩大风力发电板的销量，满足风力发电行业不断增长的需求。改善高级别管线用钢板、桥梁用钢板的产品品质，满足重点工程和大型企业需求，提升安钢板材的品牌形象。加大薄、厚、宽等极限规格产品的销售力度，满足下游顾客对特殊规格的需求。

（2）热卷产线。在稳定原有普通产品，如普碳钢、低碳钢、花纹钢、低合金钢，保障产销衔接平稳的基础上，努力开发新品种，重点打造电工钢、汽车用钢、管线钢等高附加值产品的市场知名度，着力满足机电、汽车、管线等行业需求。

（3）型棒产线。遵照国家政策，淘汰Ⅱ级钢筋，不断扩大Ⅲ级钢筋销量，积极推广Ⅳ级钢筋和抗震钢筋。深化与煤机行业的合作，满足该行业对高强度锚杆钢筋的需求。针对电网的差异化需求，稳固国家电网角钢、南方电网角钢销售。

（4）高速线材产线。针对该产品主要用于深加工的特点，在持续改善产品质量的前提下，主动压缩PC钢棒、硬线、82B盘条等档次较低、效益较差品种的产量，根据市场需求，积极开发替代和升级品种，尤其是C72DA/C78DB/C82DA、10B21、ML40Cr、SCM435、60SI2Mn/60SI2Cr、AGER60等高端高效品种。

3. 推行产品经理制

按照公司板块运作规划，营销系统遵循"适应市场，提高效益"的原则，2014年7月进行了机构整合，成立了销售总公司，将型材、棒材、板材、热轧卷板、高速线材销售业务进行了业务整合。新营销体系根据科室职能的规划形成了市场开发、业务支撑、综合管理三个模块，模块间进行了有效的工序衔接。

市场开发模块作为整个销售活动的最前沿，面对的是终端用户。从人员结构看，包含了公司级技术专家、产品工程师、营销工程师等，这是一支技术水平较高、营销业务精干的专业化团队。结合当前服务型钢铁战略的实施和客户个性化需求的日益提高，推行技术营销，根据产线和产品的系列化设立产品室营销团队，实行客户经理负责制。每个团队安排1~2名产品经理，负责整个团队的运作，同时在人员结构上保持一定的营销专业人员和技术人员的结构匹配。

4. 积极进行客户沟通，加强对市场的管控

着眼于长期稳定的合作，与战略合作伙伴实现双赢共存。从渠道、区域、级别等方面对顾客进行细分，区分不同顾客群体的特点，有针对性地满足不同顾客的需求。设立多种顾客沟通渠道，征集客户对安钢产品和服务的需求、建议、偏好及期望，为改进服务提供机会。热情受理顾客提出的异议，并将异议进行分类登记，24小时内转交异议处理部门，确保异议受理及时率达到100%。异议处理部门按照异议性质和顾客位置远近，及时到现场认定处理，充分保障顾客利益。

强化顾客服务的监督和反馈机制，通过检查、总结、考核，保证服务始终处于受控状态。通过发放《安钢钢材顾客满意度调查表》、《安钢销售公司销售服务检查记录》等收集顾客对安钢产品质量和服务质量的满意度信息，进行全方位征求意见。对征求来的意见和建议，责成有关单位改进和处理，并反馈给顾客，持续改进工作质量，实现管理闭环。

（六）维护股东权益方面

1. 努力挖潜，提高企业收益

作为上市公司，要维护股东权益首先就是降低成本，提高盈利水平。面对严峻的市场形势，2014年，安钢努力降低成本，节约开支，增加企业收益。在优化原料结构方面，坚持"经济料"方针。加大经济资源的寻找与采购力度，全年共采购经济矿512.9万吨，采购经济煤141.6万吨，节约成本超过4亿元。完善价效评定体系，系统做好价效比对，着力构建了稳定、经济、高效的资源采购体系。实施采购统管，在原物资供应处的基础上成立了采购部，打破了多头管理、分散管理的采购格局，实现了物资采购的专业化整合和管控，理顺了管理流程，提高了管理效率，最大限度地发挥了集团化采购的降本管控优势。

在进口矿采购方面，根据市场变化灵活调整采购策略。适当减少长协矿比例，加大现货矿采购；创新定价模式和定价区间，积极与国外矿山协调，由离岸定价改为到港定价，使采购成本与使用周期内的市场价格更为贴近，从而有效控制市场风险。在国内矿采购方面，首创国内矿挂钩普氏指数定价模式，彻底改变

了过去精矿价格由矿方确定的历史,不仅稳定了国内矿的供应,而且还降低了采购成本。

在煤炭采购方面,积极联合煤炭企业,主动与煤炭企业进行价格谈判,降低煤炭采购成本。生产组织部门根据订单制订排产计划,按照产线效益及贡献水平,优化产品结构,提高有限资源的利用率。

销售部门充分发挥体制机制改革优势,加强市场走势分析研判,灵活调整营销政策,强化产销对接,加大市场攻关,主动走访用户,深化战略合作,重点跟踪国家、省内重大项目和产业集聚区建设,2014 年直供比例达 22.25%。高强度中厚板和锅炉容器用钢继续保持国内市场占有率第一,同时创新营销手段,开展电子商务,推进期货运作。技术中心发挥整合优势,开展技术营销,加大新产品研发力度,全年共研发推广高强度箱体钢板、汽车大梁用卷板、耐候钢等新产品63 个,品种钢、品种材比例分别达到 72.16%、80.06%,薄、小、宽、厚极限规格产品产量达到 195 万吨。在降低产品成本、压缩各种费用方面,坚持"经济料"方针,打破多年来的"精料"思维,坚定不移地推进铁前一体化降成本,统筹抓好经济资源的采购与使用,加强工艺技术研究,强化实验室研究,提高高炉操作水平及应变能力,大幅降低配煤、配矿和炉料结构成本。坚持"低库存"运行,加强物流和库存管理,大幅缩短库存周期,控制经营风险。在产量大幅增长的情况下,企业整体库存资金占用较年初减少 8.5 亿元,降低财务费用 5100 万元,有效缓解了资金紧张的压力。

2. 适时发布公司经营信息,为股东提供真实有效的信息

首先是重大经营活动公示、公开。根据我国法律法规对上市公司信息公开的要求,安钢及时对重大经营活动内容进行发布和公开。其次是为了便于中小股东查询经营信息,公司设立了股东沟通咨询热线,设立专人回答股东的咨询。最后,按时召开股东大会,并就经营情况向股东进行通报。

(七)维护员工权益方面

1. 严格遵守职工权益保障的各项规章制度,维护员工权益

安阳钢铁股份有限公司认真贯彻《劳动合同法》,员工劳动合同签订率达100%,有效维护了员工的合法权益。作为国有控股上市公司,企业严格执行劳动法律法规,充分保障全体员工享受带薪年休假、探亲假等权益,定期组织员工职业健康体检、知识分子体检、女工健康体检等,切实关注职工身体健康。建立了覆盖全体员工的社会保障体系,坚持按时足额缴纳各项社会保险费用,员工按

规定能充分享受养老、医疗、失业、工伤、生育等各项社会保险以及住房公积金，各项权益得到切实保障和落实。

严格落实《中华人民共和国职业病防治法》等法律法规要求，坚持预防为主、防治结合的方针，先后制定了《安钢职业卫生工作管理规定》、《职业卫生与职业病防治管理程序》等五项规章制度，保护劳动者健康及其相关权益。积极开展职业病危害项目申报，通过了安钢750万吨钢规模发展建设项目控制效果评价和职业病防护设施竣工验收。为职工配备劳动防护用品，在作业场所设置警示标识和紧急救护设施。定期开展作业场所职业危害因素检测，开展岗前、在岗和离岗职业健康检查，建立了职工职业健康监护档案计算机管理信息系统，有效保障职工职业健康权益。

2. 加强员工技能培训，提高员工工作能力

围绕生产经营，积极开展培训工作，满足新形势对干部能力素质的新要求，组织举办了领导干部学习研讨班、科级干部岗位能力提升培训，开启了企业干部学习培训新模式。完善安钢职工培训管理制度，规范培训管理流程，提升管理效率，认真抓好特种作业安全资质取证、复审培训工作，全年举办各类培训班727个，培训人员30177人次。

3. 关注职工健康，认真开展医疗卫生工作

公司坚持"预防为主"的工作方针，完善疾病预防控制体系和卫生监督工作体系，提升突发公共卫生应急事件处理能力，加强食品卫生安全考核力度，保障公共卫生安全。及时关注疫情发展变化，做到对疫情的早发现、早报告、早控制，确保广大职工以及家属的身体健康，2014年新建卡儿童319人，共接种各类疫苗10800余针次。时刻关注食堂、公共场所、生活饮用水等的卫生状况，全年共体检、培训食品及公共场所从业人员210人，办理健康证210份，合格人员办证率100%。监测餐具535份，合格率94.2%，监督职工食堂125点次，监测生活饮用水46次。全年实现了食品安全事故为零，非法添加与滥用添加剂事件为零，突发公共卫生事件为零。

4. 采用多种形式丰富员工业余文化生活

遵循让员工愉快工作、舒心生活的人文理念，安钢组织了多种多样的活动丰富员工的业余生活。社区设有工人文化宫、影剧院、图书馆、离退休工人活动中心等活动场所。工会设立有音乐、美术、体育、文艺、书法等各类协会，满足了全体员工广泛的兴趣爱好，各种协会举办有丰富多彩的文化体育活动，从规模、

内容、形式上贴近员工，深受广大员工喜爱。

（八）能源环境方面

1. 发展循环经济，推进节能减排

作为大型钢铁上市公司，安钢依托科学发展，严格执行国家能源环保法律法规和产业政策，响应节能减排要求，加快结构调整步伐，走绿色转型、生态发展道路，做到全过程、全方位减少和控制污染物排放，使厂区及周围区域的环境质量日趋改善，排放污染物持续下降。安钢的节能环保工作得到了各级政府的高度认同，先后荣获全国环境保护先进企业、河南省环境保护先进企业、全国综合利用先进企业、河南省"污染减排十大领军企业"、河南省节能减排竞赛先进单位、安阳市节水型企业等荣誉称号，成为国家第一批"资源节约型、环境友好型"企业创建试点单位，以及河南省循环经济试点单位。

2012年被评为国家"十一五"节能减排先进集体。2013年荣获"2013年度钢铁工业环境保护统计工作先进单位"，被评为全国节能先进典型。2014年荣获"2014年度钢铁工业环境保护统计工作先进集体"。

2. 加强环保项目建设，努力打造绿色安钢

2014年，安钢继续加强环保项目建设，加大环保设施投资力度，做到专款专用、重点倾斜。加强已有环保设施的运行维护，重点围绕环保设备完好率、与主体设备的同步率，持续提高环保设施的运行质量。在环保管理方面，实现关口前移、重心下移，严格制定环保工艺参数和操作标准，坚决杜绝不达标排放。强化环境综合治理，抓好主要污染源点，特别是扬尘点的治理，最大限度减少粉尘、烟尘污染。加强环境保护工作监督力度，硬起手腕严考核，实行一票否决制，努力实现"蓝天工程"目标。

公司秉承绿色节约发展理念，全面抓好能源资源管理。编制节能整体规划方案，梳理节能存在的问题，列出项目清单，系统规划，分步实施。公司积极开展发电节电创效工作，充分发挥各机组的发电能力，提升煤气回收效率，提高自发电比例，通过发电、节电、错峰用电，降低外购电费。提高焦化产品、制氧副产品的回收率，以及固体废弃物综合利用水平，钢渣向有型做实、水渣向无型做细，打造循环经济创效线，全面提升循环经济和节能减排水平。

3. 严格执行政策法规，健全环境保护管理制度体系

在安钢组织体系中，设置了能源环保管理处，负责贯彻落实国家能源环保法律法规，保证公司生产经营合规合法，保证公司能源环保管理体系正常运行，并

进行公司工业污染防治和综合利用等工作。公司各生产单位设置有对口科室，并配备专职能源环保管理人员负责本单位的能源环保管理工作。为了保证环保工作有效开展，公司建立有较为完善的环保管理体系，并有长期生产建设发展形成的管理制度作为支撑。安钢环保管理体系实行经理负责、副经理主管的环保责任制度，设置有能源环保管理处负责综合监管公司全面环境管理工作，并在各厂、车间、班组设三级环保管理人员，形成公司完整的三级环境管理体系。

（九）和谐社区建设方面

2014 年，安钢与市政府签订责任目标，主动治理污染，当年完成焦化酚氰水综合利用和 1# 烧结机烟气脱硫治理，实现稳定达标运行，保证减排效果。2014 年，安钢没有环境违法和环境违规处罚，未发生应披露而未披露的重大环境事件。安钢制定的"以人为本，和谐发展；诚信守法，满足需求；持续改进，创造完美"管理方针，体现了"以人为本，和谐发展"的可持续发展思想，涵盖了安全发展、清洁发展、节约发展的科学发展观，满足了环境保护工作的需要，符合创建资源节约型、环境友好型企业的要求。2014 年度实现了环境污染事故为零；生产经营符合国家法律法规要求，全年无环境违法事件；污染物排放达到国家和地方排放标准，主要污染物排放量满足政府节能减排要求和总量控制指标；冶金渣、含铁尘泥等工业固体废弃物综合利用率达 100%。

（十）责任管理方面

1. 以企业文化建设促进企业发展

通过企业文化建设，有效地提升了企业经营管理水平和企业市场竞争力。具体来说：

（1）提升了战略目标的凝聚力。坚持用先进理念及安钢精神、愿景目标凝聚职工，增强信心，鼓舞斗志，把培育人、塑造人、发展人作为企业发展的重要依托，依靠职工办企业，坚持让职工共享发展成果，促进了企业和谐，增强了企业凝聚力。

（2）提升了经营管理水平。增强文化管理自觉，促进各级管理人员用"大钢意识"和先进文化审视、反思管理工作，推进制度管理与文化管理相结合，有力提升了企业管理水平。

（3）提升了职工的精神风貌。坚持以人为本、文化育人，丰富了职工的精神世界，增强了广大干部职工对企业的使命、愿景和价值理念的认同感，把个人发展与企业发展有机结合起来，有效地激发了职工发展安钢、奉献安钢的良好精神状态。

（4）提升了安钢的品牌形象。在"优良立品、诚信树牌"、"创精品、树品牌"的理念指引下，安钢的品种质量不断提高，形成了一批代表安钢形象的拳头产品，并成功应用在"神舟六号"、"嫦娥一号"飞船、西气东输工程以及奥运建筑等国内重点工程。

2. 突发事故应对情况

安阳钢铁股份有限公司应急管理工作按照"以人为本，安全第一；统一领导，属地为主；科学施救，规范管理；预防为主，平战结合"的原则，坚持事故应急与事故预防相结合，做好事故预防、预测、预警和预报工作。

（1）建立了由综合应急预案、主要风险专项应急预案和重点现场应急处置方案组成的事故应急救援预案体系。

（2）建立了由公司领导、各职能部门和所属各单位安全生产事故应急救援组织机构、指挥机构、应急支持保障队伍、救援队伍和基层生产单位构成，以应急救援领导组办公室、抢险救灾组、警戒保卫组、医疗救护组、环境监测组、后勤供应组、善后处置组、技术组为保障的应急救援组织体系。

（3）安钢保卫部门是公司专业应急救援组织，有专业应急救援人员 48 人，配备有消防车 5 部，应急通信设备 8 台，大型救援装备 7 台，人员防护装备 45 件等，能够处置火灾、煤气泄漏等生产安全事故，各单位设有兼职应急救援组织。安钢职工总医院是公司专职应急医疗机构，是三级甲等医院，配备救护车 3 台，应急医疗人员 300 余人，可以有效医治各类人身伤害，并派驻各单位保健站配合处置和医治各类伤害。

三、安阳钢铁股份有限公司增强 CSR 的对策建议

（一）进一步挖掘企业潜力，增加企业收益，提高股东收益

降低成本已经成为安钢企业经营的重要组成部分，2014 年，安钢积极推进低成本战略，以降本创效为主线，深化体制机制改革，严格质量监督和过程控制。强化质量管理考核，稳定产品实物质量。2014 年，铁矿石价格整体保持下跌走势，是钢铁企业成本降低的重要组成部分。随着铁矿石价格的触底，降低成本必须从内挖潜力的角度深入进行。面对目前"滞涨"的新形势，钢铁企业包括物流成本、环保成本、资金成本、人力成本在内的其他附加成本都呈刚性上涨的态势。因此，企业要从这些方面下功夫，通过市场手段和精细化管理，切实降低

企业运输费用、财务费用等经营性非常用支出。

（二）加大技术创新投入，提高企业能源利用效率

加快实施一机两拖、烧结发电补汽等项目，早投运，早见效。结合整体规划，搞好项目论证，如燃煤气高温超高压锅炉+汽轮发电机组、转炉煤气回收、高炉煤气柜、采暖改造等项目，力争尽快立项，解决富余煤气放散、余热余能利用水平低等问题。加快能源中心建设，切实做好水、电、风、气等能源动力介质的调配与平衡，促进一次能源节约减量和二次能源回收利用。

（三）协调利用社会资源，加强"安钢品牌"的建设和保护

安钢正在努力打造" 安钢 "、" A "、"YA"等若干具有安钢特色的钢铁和服务品牌。在这个过程中，一是既要建设品牌，又要加强品牌管理。在品牌建设的过程中，要通过各种质量认证，提高企业产品质量的社会认可度，拿到进入市场的通行证。如完成了锅炉和压力容器用钢板、低温压力容器用低合金钢板、焊接气瓶用钢板等特种设备制造许可证换证工作；通过了欧盟 CE、新加坡 FPC、挪威船级社、韩国船级社等的年度换证审核，取得了新的证书。二是积极参与产业内各种评比活动，提高产业认知度。三是要加大品牌保护力度。2014 年公司启动了"YA"全国驰名商标申创工作，10 月已获国家商标局受理。要运用法律手段进行品牌保护。四是要运用各种社会资源维护产品和品牌。作为国家大型钢铁企业，安钢牌钢铁受到广泛的市场认可，但假冒伪劣产品也随之而来。在某些市场上，假冒"安钢"牌钢铁的销售量甚至超过了公司自己的销售量，既扰乱了公司的市场秩序，也埋下了市场安全隐患。企业在协同配合公安、质监等执法部门开展产品专项打假工作和专项行动的同时，可以采用"大市场营销"的思想，通过行政权力，推行优质化工程。例如，在建设领域，通过优质化工程检查或建设，倒逼建设企业不再购买假冒"安钢"牌钢材。

（四）积极进行产品创新，提升产品质量水平

第一，要大力开拓高强焊丝（AGER60/69）市场，目前特别要做好产业链销售，以争取更大的市场份额和更好的效益。第二，弹簧钢系列重点开发铁路扣件钢材，加大力度开发汽车悬架弹簧，争取更大的市场份额和更好的效益。第三，重点做好胶管、帘线钢的配套研发和质量稳定工作，在稳定 C72DA/C78DB 质量的前提下，抓紧开发配套品种 LX70A 和 C82DA，争取更大的市场份额和更好的效益。第四，合金冷镦钢系列重点开发高级别的合金冷镦钢市场。第五，圆环链系列重点开发 AG70L/AG90L/AG100L 等高效品种，以质量稳定为前提，以效益最大化为目的。

（五）构建企业客户管理体系，加强顾客关系管理

面对市场环境的严重挑战，安阳钢铁股份有限公司尝试实施"订单式生产"、"顾问营销"，努力开展"量身定做"式服务，为客户提供个性化服务。这两者对客户信息有较高的要求，此外，安钢的客户多为企业或者经营单位，企业营销属于组织间营销，要求及时进行客户沟通。因此，安钢可以尝试建立客户管理体系，一方面，积累客户信息，并对客户进行分类，针对不同类型客户采用不同的营销策略；另一方面，派出专门客服人员，及时与客户进行沟通，了解客户需求。

（六）贯彻节能减排规章制度，推进"绿色转型、生态发展"

2014 年，尽管安钢努力进行节能减排，但是仍然对所在地的生活环境造成了较大的影响，受到了环保部第 16 督导组的批评。安钢要严格按照上级政府要求，举一反三，积极致力于环境治理，努力提高和改善大气环境质量。安钢要坚持创新、主动、担当的指导思想，牢固树立"环保优先、清洁生产"的理念，向污染宣战，坚决做到不环保不生产，全面提升安钢环保水平，打造绿色企业。要强化环保设施运行管理、以设计参数为运行标准，以环保设施的运行工况条件为依据，控制生产操作行为，规范标准化作业，确保达标排放。要多措并举、源头控制，遏制烟粉尘污染。

（七）在提高企业效益的同时，适时增加企业社会慈善支出

慈善是企业社会责任的一部分，企业做慈善不分体制和大小，践行社会责任、开展社会公益慈善活动应成为企业家的一种习惯和常态。"一个企业就是一个放大的个人，我们每个人对社会的责任就是修德，以善德回报。"具体包括：一是合法经营，二是善待员工，三是慈善义举。安阳钢铁股份有限公司严格遵守国家法律法规，维护职工合法权益，但是近几年慈善公益支出一直较少，2014年仅有 1.1 万元。企业应在盈利水平好转的过程中，不断加大公益支出，尽力参与慈善和公益活动。

河南神火煤电股份有限公司 2014 年度企业社会责任报告

一、企业概况

河南神火煤电股份有限公司（以下简称"公司"或"神火股份"）一直坚持"为股东创造价值、为员工提供平台、与合作者互利双赢、为社会承担责任"的共赢理念，认真贯彻落实科学发展观，努力实现企业与社会、环境的全面协调可持续发展。公司在提升自身竞争力、追求经济效益的同时，诚信对待和保护其他利益相关者，尤其是股东、债权人、员工、客户等的合法权益，注重企业社会责任的履行以及企业社会价值的实现，不断提高产品质量和服务效率，努力推进环境保护、资源节约建设，积极参与社会公益事业，以自身发展影响和带动地方经济的振兴。

神火股份是经河南省人民政府豫股批字〔1998〕第 28 号文件批准，由河南神火集团有限公司等五家企业共同发起设立，于 1998 年 8 月 31 日在河南省工商行政管理局依法登记注册的股份有限公司。经中国证券监督管理委员会证监发行字〔1999〕78 号文件批准，公司于 1999 年 8 月公开发行人民币普通股 7000 万股股票并在深圳证券交易所上市。

神火股份自成立以来，始终做到依法经营，积极履行社会责任，使企业获得了无形而有力的竞争资源和品牌优势，公司规模得以快速扩张。目前，公司已由成立之初单一的煤炭业务发展成为煤电铝材贸一体化经营的综合性公司，控股子公司由上市之初的 1 家增加到目前的 77 家，总资产由上市之初的 10.33 亿元增加到 2014 年底的 511.36 亿元，年均增长 29.71%。公司逐步建立和完善了产权清晰、权责明确、政企分开、管理科学的现代企业制度，在规范运作、安全生产、经营管理、诚信建设等方面都取得了长足的进步。

二、公司履行社会责任情况

（一）法律道德

2014 年度，公司认真遵守国家法律法规，依法经营，无违法乱纪现象。公司的发展战略考虑了应尽的社会责任。

1. 公司发展战略

积极推进产业资源整合和战略重组，重点发展煤炭，做强做大铝电，培育和完善铝的精深加工，大力发展氧化铝产业，打造完整的煤电铝材产业链条；积极实施产业战略西移，优化产业区域布局，提高产业竞争力；紧紧围绕煤电铝材主业发展相关产业，加大能源、金属、非金属等优质矿产资源储备开发力度，调整产业布局，优化产品结构，提升产品附加值，增强企业竞争力。为保证经营战略符合有关法律法规要求，并能够得到有效执行，公司根据外部经营环境的变化合理进行战略规划的调整。

2. 积极预防腐败

为保证公司长期、健康、有序发展，公司设立有监察部门，形成了良好的监督控制环境，反舞弊机制健全，以防止舞弊现象发生。

3. 大力发展循环经济

公司正在积极打造煤电铝材一体化产业链，大力发展循环经济，在形成协同效应的同时，实现资源节约，减少环境污染。

4. 税收贡献

公司秉承诚信经营与稳健发展并行的理念，积极履行依法纳税的责任和义务。连续多年被评为诚信纳税大户，为河南省特别是商丘市、永城市、许昌市的经济发展做出了较大贡献。

本年度受宏观经济因素影响，诸多行业都面临中高速、优结构、多挑战的"新常态"考验，尤其是公司的主营产业煤炭及电解铝，产能严重过剩，市场持续低迷，产品售价下降速度和幅度超出公司预期。尽管如此，2014 年公司上缴各类税费达 15.71 亿元，比 2013 年的 12.68 亿元增长 23.90%。

（二）质量安全

公司重视产品质量和生产安全管理，建立有相应制度，始终坚持提供合格产品。

1. 重视产品的质量

在激烈的市场竞争中，公司始终按照 ISO9001 质量标准对产品质量进行严格把关。依靠过硬的产品质量和良好的企业信誉，公司煤炭产品和铝产品在用户中保持了良好的信誉度和美誉度，巩固了公司的"永成"和"如固"品牌。对售后发现存在质量缺陷的产品，公司及时进行召回。

2. 严抓安全生产

2014 年度未出现过严重的产品质量事件和安全事故。本年度公司上下牢固树立了"红线"意识和"底线"思维，全力做好安全生产工作，始终把安全生产当作第一要务，常怀戒惧之心和忧患意识，时刻对安全生产保持高度警觉。按照"零容忍、全覆盖、严排查、重实效"的要求，按季度组织开展安全大检查活动，深入开展"安全生产活动月"活动，全面做好"雨季"三防工作，按照"五定"原则落实隐患整改，对共性隐患进行综合治理，对突出问题予以重点解决。狠抓经营困难时期的安全管理，及时疏导员工情绪，杜绝员工有情绪、带病上岗作业。大力推广"手指口述"、"岗位描述"、"设备点检"、"三三整理"等先进的管理方法，有效开展"零三违"班组创建活动，充分发挥安全生产第一道防线和班组长"兵头将尾"的作用，进一步夯实安全管理基础，确保全公司安全生产大局稳定。突出瓦斯治理，严格落实"双四位一体"措施，下属的梁北煤矿瓦斯治理经验得到国家安监总局的肯定。2014 年，公司下属煤炭板块新庄煤矿、刘河煤矿、薛湖煤矿、梁北煤矿、泉店煤矿荣获 2013 年度国家"一级安全质量标准化煤矿"称号，葛店煤矿荣获国家级"安康杯"竞赛优胜单位十连冠。

3. 通过了相关的产品质量认证

公司主要产业的生产经营管理均通过了 ISO9001 质量管理体系认证。

4. 明确了安全生产事故（险情）处理的程序与责任人

公司立足科学发展、安全发展，坚持"零容忍、零工亡"的安全理念，为应对突发事故或险情，根据《安全生产法》、《安全生产许可条例》等法律法规的有关规定，编制有《安全生产事故（险情）应急救援预案》，加强安全生产事故（险情）应急救援工作，并成立了以董事长为组长的安全生产事故（险情）应急救援工作领导组。

（三）科技创新

1. 重视安全开采技术研究与应用

2014 年，公司继续坚持科技兴企战略，走产、学、研相结合的道路，强力推进技术创新与成果转化，形成了一批行业领先、国内一流的重大科技成果和核心技术，有力推动了企业可持续发展。公司下属煤炭板块完成了《深井厚煤层柔模泵注混凝土沿空留巷安全开采技术应用研究》、《松脆围岩炮采工作面新型高水材料巷旁填沿空留巷技术研究与应用》、《选煤厂提效降耗关键技术研究》、《瓦斯与应力耦合动力灾害预防技术研究》、《浮选精煤浓缩脱水技术开发及应用》等项目的鉴定工作，部分项目荣获省、市科技进步奖；公司下属铝电板块申请了《推拉式石墨搅拌装置》、《铝合金生产自动加硅装置》等实用新型专利。

2. 专利申请及拥有情况

2014 年，公司下属铝电板块申请了《推拉式石墨搅拌装置》、《铝合金生产自动加硅装置》实用新型专利。公司现有专利如表 1 所示：

表 1　公司现有专利情况

序号	专利名称	专利号	拥有单位
1	自动精炼装置	ZL 2011 2 0240639.9	河南神火铝材有限公司
2	铝合金铸轧机用铸嘴	ZL 2011 2 0421946.7	河南神火铝材有限公司
3	铸轧生产铝液双级自动控流装置	ZL 2012 2 0745069.3	商丘阳光铝材有限公司
4	人工助卷器	ZL 2012 2 0745349.4	商丘阳光铝材有限公司
5	冷轧机换辊小车传动装置	ZL 2012 2 0745307.0	商丘阳光铝材有限公司
6	测氢仪便携保管箱	ZL 2012 2 0744800.0	商丘阳光铝材有限公司
7	一种新型搅拌叶	ZL 2012 2 0662148.8	河南神火新材料有限公司
8	一种氢氧化铝生产用碳分蒸发母液化碱装置	ZL 2012 20655869.6	河南神火新材料有限公司
9	斜板式块煤入仓防破碎装置	ZL 2012 1 0000303.4	河南神火煤电股份有限公司
10	粗煤泥分选溢流矿浆高效精确脱泥工艺方法	ZL 2012 1 0111222	河南神火煤电股份有限公司

3. 公司重视将先进研发成果积极转化为生产力

公司和中国矿业大学共同研究完成的项目《极松软大倾角厚煤层综放开采关键技术》研究成果在泉店煤矿综放开采中得到成功应用，提高了煤炭回收率，节省了大量人力、物力、财力，取得了显著的技术经济效益。该项目的研究和实施，有效地解决了极松软大倾角厚煤层综放开采的设备配套、顶煤放出率低与稳定性控制及工作面端面顶煤和煤帮控制等一系列关键技术，保障了极松软大倾角厚煤层综放开采工作面的安全高效生产，可为我国河南、淮北、淮南等类似条件煤层的安全高效开采提供借鉴，并将产生显著的经济社会效益及投入产出效果，具有重要的理论价值和广阔的推广应用前景。

（四）诚实守信

1. 认真履行信息披露义务

公司具有完善的信息沟通和披露机制。能够及时向利益相关方披露与公司运营相关的、对利益相关方的决策具有重要影响的信息，并主动与利益相关方进行多种形式的沟通。

首先，公司一贯坚持公开、公平、公正的披露原则和高质量信息披露理念，严格按照有关法律法规，积极履行信息披露义务，确保信息披露的真实性、准确性、完整性、及时性和公平性，不断提高信息披露标准和质量。公司认真按照深圳证券交易所的要求和有关法律法规，对应该披露的重大事项及时发布临时公告，使广大投资者能够及时、准确地获得重要信息，从而降低投资风险。为加强公司内幕信息管理工作，保证信息披露公平，避免出现内幕交易行为，根据《国务院办公厅转发证监会等部委关于依法打击和防控资本市场内幕交易的意见的通知》文件精神，公司于 2011 年 1 月制定了《公司关于加强内幕信息防控的工作方案》。根据中国证监会《关于上市公司建立内幕信息知情人登记管理制度的规定》（中国证监会公告〔2011〕30 号），并为积极贯彻落实《关于落实〈关于上市公司建立内幕信息知情人登记管理制度的规定〉有关工作的通知》（豫证监发〔2011〕336 号），公司按照文件要求精神，对原有《内幕信息知情人登记管理制度》进行了修订，并经 2011 年 11 月 24 日召开的董事会第五届九次会议审议通过。《河南神火煤电股份有限公司内幕信息知情人登记管理制度》（修订稿）已在公司指定媒体披露。该制度对内幕信息及内幕信息知情人进行了明确界定，对知悉内幕信息的相关人员如何登记备案进行了完善，并明确了违反保密规定的责任和内部处理措施，在公司内控治理上做到了有法有章可依。报告期内，公司未发生内幕信息知情人涉嫌内幕交易和违规交易本公司股票的情况。近年来，在深交所对上市公司信息披露合法性、准确性、完整性、及时性的综合考核中，公司均获"良好"和"优秀"评级，树立了公司规范发展、遵纪守法、对投资者负责的良好形象。

其次，除正常的信息披露外，公司采取多种形式主动与利益相关者沟通，使投资者等利益相关者更全面地了解公司经营状况，从而提升了公司透明度，加深了利益相关者和潜在投资者对公司的了解和认同，维护了公司良好的市场形象。例如，2014 年 10 月 23 日，公司组织参加了"诚信公约阳光行——走进平煤股份、郑州煤电、豫能控股、神火股份和安阳钢铁活动"。

最后，2014 年公司严格按照相关要求编制并在《中国证券报》、《证券时报》、《上海证券报》、《证券日报》、巨潮资讯网（http://www.cninfo.com.cn）等媒体上详细披露了 2013 年度报告、2014 年第一季度报告、半年度报告和第三季度报告等定期报告及其他临时公告，全年共发布公告 55 次，涉及定期报告、"三会"决议、对外担保等重大事项，充分保障了社会公众和大中小股东的知情权。

2. 坚持诚信经营与公平交易

公司自成立以来，一直秉承诚信经营与稳健发展并行的理念，在商业活动中坚持公平交易，坚决抵制欺诈行为。

3. 尊重和保护知识产权

公司注重知识产权管理和保护，与公司员工签订有《保密协议》，采取有效措施加强企业商业秘密、专利等知识产权的管理和保护。

4. 主动签署诚信公约

公司以身作则，主动签署河南上市公司协会倡导的诚信公约，并积极参加每年的诚信公约阳光行活动，为社会诚信经营环境的构建而不断努力。

5. 倡导健康的商业道德价值并提供公平交易机会

公司自成立以来，一直秉承诚信经营与稳健发展并行的理念，能够在供应链中倡导健康的商业道德价值，为供应链的上下游企业提供公平交易机会。

（五）消费者权益

1. 始终坚持为消费者提供优质、合格的产品

公司在生产经营过程中，始终坚持质量第一、用户满意第一的宗旨，从严从细制定产品质量管理制度，建立了完善的质量管理体系，并狠抓制度的落实，将质量意识化为全体员工的自觉行动。

公司本部生产的煤炭属于特低硫、特低磷、中低灰分、高发热量的优质无烟煤，是冶金、电力、化工的首选洁净燃料。禹州地区梁北煤矿生产的贫瘦煤黏结指数比较高，可以作为主焦煤的配煤使用，具有良好的市场需求。公司"永成"牌无烟煤市场销售旺盛，是国内冶金企业高炉喷吹用精煤的主要供应商之一。近年来公司注重调整煤炭产品结构，延长产品结构链条，实现产品的不断升级，提高产品的附加值。公司利用自产洗精煤生产的铸造型焦可取代铸造行业广泛应用的冶金焦炭，能提高炉温 200~300℃，增加了铁水流畅性，减少了铸件的残次率，提高了铸件质量，具有巨大的市场潜力。公司铝锭/铝液产品质量较好，纯度达 99.7% 以上，产品合格率一直保持在 100%。2003 年公司"如固"牌铝锭在伦敦

金属交易所（LME）注册成功。优良的产品质量和品牌影响力为公司产品保持市场竞争地位奠定了基础。

2. 坚持公平营销和积极履行合同义务

公司制定有《合同管理规定》，规定公司订立经济合同，必须遵守国家法律法规，贯彻平等互利、协商一致、等价有偿原则。

3. 建立完善的售后服务体系，加强与客户的合作伙伴关系

公司主要产品煤炭、电解铝为大宗商品，属于基础原材料产业，消费者主要为大型工业加工企业。公司与客户发生业务往来时，均按照销售合同约定及时交付产品或支付款项，未发生过违约行为。当客户对产品质量提出异议时，公司销售部门及时将客户投诉书传递至生产单位，生产单位质量管理人员根据客户提供资料加以判断，并以《业务联系单》形式对问题进行分析，提出整改措施，返回给销售部门，由销售人员与客户协商解决。

为提高客户服务质量，公司销售部门定期以电话、信函、传真等方式对客户开展满意度调查，出具《客户服务调查报告》。公司销售部门根据需要对客户进行回访，并形成回访记录，以了解产品使用情况，征求客户意见或建议，通过了解客户对公司产品和销售服务的要求，预测客户未来需求，加强与客户的合作伙伴关系建设。

（六）股东权益

1. 合法经营，确保股东的合理回报

公司在取得自身发展的同时，十分重视对投资者的合理回报，牢固树立了回报股东的理念，与投资者共享成长收益。上市以来，公司累计向股东派送现金股息 20.29 亿元，确保给予股东丰厚的回报。公司始终坚持的理念是：广大投资者看好企业，给予投资，支持了企业的快速发展；企业发展了，不忘投资者，给投资者回报是企业责无旁贷的义务和责任。只有实实在在地回报股东，才能得到股东的再投资，把企业做优做强。

同时，注重对小股东权益的保护与救济。公司是深圳证券交易所第一家采取网络投票与现场投票相结合方式召开股东大会的上市公司，此后的历次股东大会均采取了网络投票与现场投票相结合的方式。公司坚持从股东角度出发，严格按照相关规定，选择合适的时间、地点召开股东大会，并按照相关规定要求及时通知股东，切实有效地保护中小股东的合法权益。2014 年公司以现场会议投票与网络投票相结合的方式召开了 2013 年度股东大会、2014 年第一次临

时股东大会。

2. 健全科学的治理结构，提升公司治理水平

为加强公司内控制度建设，完善和优化内部控制，健全统一、规范、有效运行的内部控制体系，促进公司各项业务协调、持续、快速发展，全面提升公司经营管理水平和风险防控能力，根据财政部、证监会、审计署、银监会、保监会五部门发布的《企业内部控制应用指引》的要求，作为参加内控试点的第一批上市公司，在天健光华（北京）咨询有限公司的协助下，公司编制了《内部控制管理手册》，已经于 2011 年 11 月 15 日召开的公司董事会第五届八次会议审议通过，公司控股子公司及分公司也已经制定了《内控管理分册》，基本形成了较为完整和清晰的内部控制框架。

按照《公司法》、《证券法》及中国证监会等证券监管部门的相关要求，结合公司实际，不断完善公司治理结构，提升公司治理水平。公司建立了符合现代企业制度要求的治理结构，建立健全了各项规章制度，明确了股东大会、董事会、监事会和经理层在决策、执行、监督等各个方面的职责权限、程序以及应履行的义务，形成了权力机构、决策机构、监督机构和经营机构科学分工、各司其职、有效制衡的治理结构，确保充分履行各自职责，有效地发挥作用，保证了公司治理的合法和高效运行，有利于保障股东和利益相关者的合法权益。

3. 加强投资者关系管理

公司一贯重视投资者关系管理工作，为促进投资者和潜在投资者对公司的了解，公司董事会秘书、证券事务代表和董事会办公室工作人员除日常接听投资者电话咨询外，还通过深交所互动易平台在线实时解答投资者咨询 107 次，接待机构投资者实地来访调研 3 人次，并于 2014 年 6 月 5 日通过深圳证券信息有限公司提供的网上平台，采取网络远程的方式举行了 2013 年度业绩说明会。通过以上措施，使投资者更全面地了解公司经营状况，加深了投资者对公司的了解和认同。

（七）员工权益

1. 严格遵守国家劳动法律和制度，保护员工权益

公司按照《劳动法》、《劳动合同法》等法律法规，依法保护员工的合法权益，建立了完善的员工权益保障体系，保障员工各方面的合法权益。公司坚持按劳分配原则，实行就业机会平等和同工同酬制度，对性别、年龄、疾病、种族、宗教信仰等没有歧视政策。员工依法享有带薪年休假、探亲假、婚丧假、产假等假

期，员工加班和假期工资待遇按照国家有关政策和公司制度执行。公司与所有在册员工均签署了劳动合同书，各分公司、子公司在员工培训、劳动保护、请假、休假等方面均制定有适合其自身实际的管理办法。2014年度，公司不存在拖欠、克扣工资等损害员工权益的现象。

2. 积极开展工会活动，实施员工素质教育工程

公司依托各级工会，始终将维护员工合法权益作为重点工作，积极完善服务手段，创造有利条件，想职工所想，帮职工所需，解职工所难，关心、爱护、体贴职工的冷暖，真心实意为员工办好事。工会围绕企业发展主题，继续开展"创建学习型企业，争当知识型职工"、"四争二创"、"五小创新"等活动，鼓励职工读书自学、岗位成才。通过技术比武、首席员工评选活动，激发广大员工学技练兵的积极性。2014年举办了第二届职工技能运动会，共设10个赛区，比赛工种项目达28个，参赛人员达1860人次，共评选出80名技能冠军、技能亚军和技能骨干。公司选手还在全省煤炭系统职业技能大赛中获得团体第二名的优异成绩。公司下属煤炭板块工会积极引导职工开展小发明小创新活动，在460余项推选项目中，评选产生了100项优秀"五小创新"成果、5项专利发明，并进行了表彰奖励。

3. 加大员工培训力度，提高员工队伍的整体素质

为提高员工队伍的整体素质，公司培训中心在充分调查研究的基础上，科学制订了员工培训计划，切实增强了培训工作的针对性、前瞻性和实效性。2014年，组织各级管理人员、技术人员和职工参加政治理论、管理知识、专项技术、特种作业安全资质及岗位知识与操作技能培训等，不断提高公司的安全技术管理水平和职工的工作技能；邀请著名经济学专家沈骥如、睢国余等10多位专家来公司为职工做专题报告，拓宽了职工的知识领域；公司对职工的培训工作为实现公司的安全生产和提高工作效率打下了坚实的基础，为公司的发展壮大提供了良好的人才储备保障。

4. 注重保护员工的职业健康和安全，积极实施福利工程

首先，公司注重保护员工的职业健康和安全，主要产业的生产经营管理通过了OHSMS18001职业安全健康管理体系认证。

其次，关爱职工，积极实施福利工程。公司贯彻落实发展为了职工、发展依靠职工、发展成果由职工共享的理念，为职工办实事、做好事。例如，2014年公司为职工全员进行了健康体检和职业病检查等。针对夏季高温的特点，公司及

时给职工发放防暑降温福利，各厂矿积极开展送矿泉水、饮料、西瓜等多种形式的防暑降温工作。公司严格执行《女职工劳动保护特别规定》等有关女职工劳动保护管理办法的各项条款，关心爱护女职工身心健康，积极开展"三八"国际劳动妇女节活动，丰富女职工的文化生活。公司还为全体员工投保了人身伤害意外险。为丰富职工生活，公司借元宵节、中秋节以及"五一"、"十一"等各种重大节日的契机举办了棋牌友谊赛、自行车环湖越野赛、趣味运动会、青年厨艺大赛、网络书画摄影展等一系列小型化、常态化、形式新、参与广的文体活动，吸引了职工的广泛参与。

最后，公司对困难职工实行建档动态管理，确保困难职工能够得到及时救助。2014年春节期间，工会对工伤及困难职工进行慰问，扎实开展了"扶贫济困送温暖"活动，救助困难职工51名，为他们送去了米、面、油等生活用品，发放慰问金10余万元。

5. 注重维护和谐劳动关系

公司注重维护和谐劳动关系，不存在各种形式的强迫劳动、童工劳动现象。

6. 积极创造就业机会

公司主营业务为煤炭、发电（自发自用）、氧化铝、铝产品的生产、加工和销售。作为劳动密集型行业，公司积极创造就业机会，截至2014年底，公司在职员工的人数为30999人。其中，大学本科及以上学历2918人，占公司员工总数的9.41%；中级专业技术以上职称人员1009人，占公司员工总数的3.25%。

（八）能源环境

1. 环境保护

2014年，公司在生产经营中，严格执行国家环境保护法律法规，不断强化环境保护宣传和教育，依法经营，未发生环保方面的违法、违规行为，未发生环境损害责任事故，未受到环境保护损害责任行政处罚。同时，公司深入持续开展清洁生产和循环经济工作，扎实推进生产经营活动的绿色低碳和可持续发展，认真履行企业的社会责任，积极主动减少废物排放，从生产源头狠抓污染预防和控制。公司所属各分公司、子公司环保设施运行情况良好，按要求有计划地完成了公司废水、废气及噪声的环境保护监测工作。污染物达标排放，无非法排污现象。公司引进高效节能环保的设备和生产线，坚持使用清洁的能源和洁净的原辅材料，"绿色生产，绿色营销，倡导绿色消费"成为发展的主线。

（1）制定有环境保护的具体措施，并切实履行环境保护职责。为了在环境污染事故发生后能及时予以控制，预防事故蔓延，有效地组织抢险和救助，公司建立了环境应急工作组，制定了环境污染事故应急预案，通过对突发环境事件及其预警、应急响应进行分级，制定了应急程序、应急处置措施和后期处置措施。

（2）积极培养和倡导员工的环境保护意识。公司积极对员工进行环保法律法规教育和宣传，提高员工的环保意识，加强对环保设施的管理和维护，保证环保设施的正常运转，并做好环保设施操作人员的业务培训工作。

（3）致力于生产环保型产品或服务。公司正在积极打造煤电铝材贸运一体化产业链，大力发展循环经济，积极开发利用可再生资源，实现清洁生产，使公司经济活动尽量减少对周围环境的污染。

2. 节能减排

（1）注重节能降耗减排，积极发展循环经济。为了使能源管理工作具有科学性、经常性及可操作性，根据国家有关能源政策法规和公司实际用能情况，通过精巧的制度设计，完善企业各项管理制度，制定了节能降耗目标和指标制度管理体系，完善了企业经济运行考核制度，增加了资源存量、资源能源消耗量、单位资源产出率、清洁生产水平等考核指标，把节能降耗纳入干部政绩考核体系；完善了企业科技管理制度和科技创新奖励制度，把开展节能降耗核心技术研究放在了优先位置，鼓励进行节能、节水、节电技术和装备研究，形成了有利于发展节能降耗的激励机制；还进一步完善了能源管理规章制度，主要包括能源计量管理实施细则、计量检查制度、计量记录制度、设备的管理和检修制度、能源统计报表制度、能源管理岗位责任制及考核评比与奖惩制度等。

（2）积极采取措施提高资源利用率。公司各分公司、子公司积极采取措施提高资源利用率，加大超标废水的治理力度，安装废水处理系统，使污水达标排放。矿井水根据使用功能进行处理并加以利用，使之资源化；洗煤厂用水实现闭路循环；使用环保节能型锅炉，利用余热采暖，减少二氧化硫排量；使用和配置高效除尘设备，加强炉渣回收利用率，回收的炉渣供给砖厂再利用。

（3）提升全员的节能减排和环保意识。公司通过举办节能宣传周和节能政策专题会、悬挂标语、组织观看节能知识专题片等活动，大力开展节能减排宣传，深入贯彻节能减排法律、法规、政策以及上级相关文件的精神，紧紧围绕企业节能减排的重点、难点，广泛开展群众性的节能减排合理化建议活动，提高了全体员工的能源忧患意识、节约意识和环境意识，调动了全体员工参与节能减排工作的积极性、主动性，增强了建设资源节约型和环境友好型企业的责任感、紧迫感、使命感，在全公司范围内营造了浓厚的节能减排氛围。例如，在 2014 年 6 月中旬，恰逢第 25 届全国节能宣传周，煤业公司围绕"建设绿色矿井，创美好工作环境"活动主题，积极引导广大干部职工从点滴着手、从小事做起、从自己做起，立足岗位开展找差距、提建议、搞革新等群众性节能减排活动，促进了矿井节能降耗工作的深入推进。在全国低碳日期间，发起了"向污染宣战"为主题的倡议书，号召广大干部职工无论是工作还是生活方面都要做到节能减排。

（4）重视对节能减排的投入。公司所属各单位根据年度节能技术升级改造情况，安排了专门资金用于节能技术进步工作。全公司完成 260 余项科技创新项目，其中包括《新庄选煤厂电容补偿改造》、《薛湖矿空压机余热利用》、《优化控制，降低电耗》、《增加二次吸氟，降低氟盐消耗》、《石油焦配比优化炉体改造》、《堆垛行车提升系统变频改造》、《焙烧燃烧系统燃料油替换》等 12 项重点项目等。

公司每年定期组织对科技创新项目的评审，并对评出项目按照规定进行奖励。同时鼓励进行节能技术研发，组织人员进行科技攻关。2014 年节能措施累计创效 5000 余万元。主要措施及成果有：

节能照明替代项目。通过损坏检修方式，逐步将原高功率照明更换为高效节能照明。煤业公司将井下部分区域 28 瓦的照明灯更换为 7~9 瓦（电源为 127 伏）的节能灯，全年更换节能灯 6000 盏，年节约电力 110 万度，铝业电力公司将原厂房内使用的 200 瓦白炽灯替换为更节能的 LED 灯，功率仅为白炽灯的 1/10，寿命能达到 10 万小时，年节电 90 万度。

节能高效电机应用。主要用能耗低、效率高的 HJN 系列电机逐步更换所有在用的 Y2 系列的高耗能电机 125 台，合计功率 3523 千瓦，设备安全系数大大提高，比实施前节能 20% 以上，全年节电 320 万度。

铝电解高效节能技术改造。对 69 台电解槽阴极材料进行优化，并对槽控机控制程序进行升级，对铝电解槽工艺技术参数予以优化，已完成改造 30 台，吨铝电耗降低 50 度。

发电厂锅炉密封保温节能项目。在机组停机期间对炉顶密封泄漏采用新技术进行改造，各种工艺技术条件实现优化，煤耗降低了 6 克。

锅炉余热利用项目。煤业公司在 5 台燃煤锅炉安装余热回收装置，主要用于职工采暖及洗浴，大大减少了锅炉用煤量，年节约原煤 1000 吨。

3. 可持续发展

制定了公司发展战略，形成了较强的可持续发展意识。公司在战略的可持续、生产的可持续、盈利的可持续及环保的可持续等方面表现如下：

（1）积极参与行业兼并重组，整合优势资源，增强企业发展后劲。国家未来要进一步推动煤炭、电解铝等行业的兼并重组，对跨行业、跨地区兼并重组的企业，优先考虑能源供应和运力保障，并在项目核准、土地、信贷等方面予以支持。河南省政府明确神火集团为河南省重点支持发展的煤炭和铝加工企业集团，神火集团煤炭、铝加工业务均已注入公司，因此公司成为对外兼并重组的实施主体，具备对外兼并重组、快速发展壮大的平台。有关行业政策和宏观环境有利于公司参与国内煤炭、电解铝产业整合重组，增加了煤炭资源和铝土矿资源，迅速扩大了企业规模，增强了企业发展后劲。

（2）打造煤电铝材一体化产业链，形成协同效应。公司已初步形成煤电铝材业务一体化产业链：用低热值的混煤矸石及洗选出来的煤泥、洗中煤等劣质煤炭内供发电，把劣质煤炭资源转化为电能，并供给铝产业生产，再通过对电解铝的深加工生产铝硅钛合金等产品，可以有效降低主导产品的生产成本，形成协同效应。

（3）积极实施产业战略西移，优化产业区域布局。加快煤电铝产业战略西移步伐，积极推进新疆项目建设进度，充分利用新疆地区的能源优势，把公司的项目优势转换为经济优势、发展优势。

（4）在对环境和资源的利用上强调并实施可持续发展战略。公司致力于实现煤炭绿色开采和电力、冶金等低碳生产，为创建资源节约型、环境友好型社会做贡献；打造煤、电、铝、材一体化经营，产业特色鲜明、效益突出、国内一流的大型企业集团。

（九）和谐社区

1. 构建和谐社区

（1）同政府机构、行业协会保持良好关系。随着公司经营规模不断扩大，分公司、子公司分布在永城、商丘、许昌、郑州、鲁山、汝州、沁阳及新疆昌吉、吉木萨尔等地。作为地方国资控股的上市公司，公司与商丘市政府、企业所在地政府及监管部门、行业协会均保持着良好关系。

（2）公平竞争，自觉履行社会责任。公司在经营活动中牢固树立信用意识，能够自觉遵守诚实信用和公平竞争原则，塑造企业社会信誉，自觉履行社会责任。

（3）积极发挥辐射作用。作为上市公司和地方龙头企业，公司的一举一动备受市场各方和地方关注，公司以身作则，能够有效带动更多成员积极履行社会责任，发挥辐射作用。

2. 积极从事公益慈善活动

2014年度，各基层工会在春节开展了"走千家访百户，献爱心送温暖"活动，走访慰问820户贫困职工，送去爱心帮扶资金83万元；对患大病生活特别困难的职工采取多种措施，帮助他们解决困难，将66名患大病的困难职工情况上报商丘市总工会，将其加入商丘市患病困难职工救助数据库，为他们争取了15万元救助金。针对企业经营形势困难、职工收入下降的情况，公司工会先后开展了千人骨干员工帮扶和千人困难员工帮扶活动，合计发放帮扶资金404万元，受帮扶职工达2000余人；开展了"金秋助学"活动，发放助学资金65万元，受帮扶人员达325人。公司下属永城铝厂和神火发电开展了"扶贫帮困送温暖"活动，科级以上管理人员与210名困难职工结成了"亲戚"，及时对困难职工给予救助和帮扶。

3. 积极传播慈善理念和公益文化

公司在维护股东利益的同时，积极参加各类社会公益活动，如2014年，公司组织开展了"学雷锋、树新风"、"情暖三月、情系基层"青年志愿者服务、"我身边的雷锋"主题教育实践等活动，公司上下形成了学雷锋、做好事、讲奉献的浓厚氛围。3月5日，公司团委组织青年志愿者累计为社区职工维修电脑135台、空调128台、小型家电360余个，提供上门服务350余次，受到社会各界的好评。

4. 通过教育提升等方式改善职工和当地居民生活条件

公司在加强培训、提高职工技能，开展慈善捐赠、改善困难职工生活的同时，通过子公司河南神火光明房地产有限公司在永城本部开发建设神火城市花园、神火雅苑、神火城市春天项目，在商丘开发建设铭锦天下项目，在禹州开发建设新龙华庭项目，大力改善公司职工和当地居民生活条件。

（十）责任管理

1. 构建了具有社会责任感的企业文化

公司的企业文化理念包括企业精神、核心理念、管理理念、市场理念、质量理念、环境理念、安全理念等内容。

（1）企业精神：团结奋进、光大神火。

（2）核心理念：以人为本、持续发展。

（3）管理理念：诚信、卓越、严谨、创新。

（4）市场理念：抢抓机遇、占领市场。

（5）质量理念：质量是企业的生命。

（6）环境理念：创建好环境、生活在其中。

（7）安全理念：零容忍、零工亡。

2. 制定了针对突发事件的应对和改进机制

为加强突发事件应急管理，公司建立了快速反应和应急处置机制，最大限度降低突发事件造成的影响和损失，维护公司正常的生产经营秩序，保护投资者的合法权益，促进和谐企业建设。根据《中华人民共和国安全生产法》、《中华人民共和国公司法》、《国家安全生产事故灾难应急预案》、《生产经营单位安全生产事故应急预案编制导则》等有关法律法规规定，公司制定有《突发事件应急预案》。

3. 维护良好的公众形象

公司目前尚无社会责任缺失事件。

三、建议

虽然河南神火煤电股份有限公司在诸多方面都实现了长足的进步，但是仍存在一些尚待完善之处，主要包括以下几个方面：

第一，在责任管理方面存在不足。虽然公司的企业文化具有较强的社会责任感，但目前未独立设置社会责任管理机构，也没有专门人员具体负责企业社会责任的实施工作。

第二，公司虽然积极传播慈善理念和公益文化，但目前无社会责任项目，开展慈善捐赠活动的有关信息披露不足。

第三，公司信息透明度有待提高，如对节能减排措施的投入和研究创新资金年度投入及占比情况等信息外界难以知晓。

神马实业股份有限公司 2014 年度
企业社会责任报告

一、神马实业股份有限公司概况

神马实业股份有限公司（简称"神马股份"）成立于 1993 年，是原中国神马集团有限责任公司，前身为 1981 年成立的平顶山锦纶帘子布厂，是中国首家生产尼龙 66 工业丝、帘子布的现代化企业，主营业务是制造橡胶轮胎的优质骨架材料，主导产品为尼龙 66 工业丝、帘子布，其中，尼龙 66 工业丝为中国名牌产品。公司于 1994 年在上海证券交易所挂牌上市，是河南省首家在上交所挂牌交易的上市公司。神马实业股份有限公司下属包括三个子公司：平顶山神马帘子布发展有限公司、神马博列麦（平顶山）气囊丝制造有限公司以及平顶山神马工程塑料有限责任公司。①

神马股份始终秉持着"质量是企业的命根子"这一发展理念，致力于拥有一流的生产工艺、一流的质检和一流的实验设备。神马牌工业丝先后荣获"中国名牌"、"河南省出口名牌"称号，"神马"牌帘子布荣获全国"质量万里行荣誉奖牌"。公司先后获得国家一级企业、全国企业管理优秀奖（"金马奖"）、全国科技进步奖等 20 多项荣誉称号。与此同时，公司始终坚持科技创新和自主研发。为实现企业的可持续发展，提升企业的核心竞争力，公司先后建立了国家级技术中心、博士后科研工作站，并与国内著名的一流高校和科研院所建立战略合作关系，承担了国家"863"等重要研发项目 10 余项，并负责 6 项产品的国家、行业标准制定。其中，神马自主研发的尼龙 66 高强超低收缩中低旦丝填补了国内空白。在以在"质量"和"创新"为导向的发展战略下，神马

---

① 该组织架构参照神马实业股份有限公司 2014 年度报告中披露的关于公司报告期内主营业务及子公司变更情况。

尼龙 66 工业丝在全球同类产品中所占市场份额，以及在国内同类产品总供应量中所占比例，均处于行业领先水平。神马已成为世界轮胎巨头米其林、普利司通、固特异等公司的全球战略供应商，产品行销全球 30 多个国家和地区，并与 40 余家世界 500 强企业建立了合作、贸易关系，在世界相关行业中享有较高声誉。截至 2014 年底，公司是全球规模最大的尼龙 66 工业丝及帘子布生产厂家，占据了全球近 25%、国内 80% 的市场份额；公司拥有总资产约 79 亿元，净资产约 23 亿元，主营业务收入约 60 亿元，利润总额约 9264 万元，与上年同比增长 540 万元，净利润总额约 8610 万元，与上年同比增长 4552 万元，年纳税总额约 6538 万元。[①]

二、神马实业股份有限公司履行社会责任情况

改革开放以来，我国经济在实现平稳持续快速增长的同时，也面临着资源依赖、投资驱动、粗放增长等一系列弊端和局限。近年来，随着我国进入重化工业加速发展阶段，转变经济发展方式，走中国特色新型工业化道路，努力实现经济社会全面、协调和可持续发展，业已成为关系我国经济发展全局的战略抉择。企业作为社会发展的主体之一，必须通过透明的、有道德的行为对其决策及活动给社会、环境带来的影响承担起相应的责任，这包括与可持续发展和社会福祉相一致、考虑利益相关方的期望、符合相关法律并与国际行为准则相一致、融入整个社会组织活动。因此，履行社会责任是企业发展的应有之义。

神马股份作为行业骨干企业，始终秉持"忠诚事业、追求更好"的社会责任理念，将承担社会责任作为立身之本，长期致力于企业与社会的和谐发展，坚持创立一个企业、带动一方经济、服务一方人民、融入一种文化。2014 年，神马股份在进一步健全社会责任领导机构的基础上，紧紧围绕"实施节能减排"和"共建绿色家园"两个核心社会责任议题，大力发展循环经济和生态经济，努力建设资源节约型、环境友好型企业，促进经济效益、环境效益和社会效益的协调统一，积极构建符合行业特征且具有本企业特色的社会责任体系。

（一）法律道德

神马股份高度重视公司经营管理的合法合规性，在"遵纪守法、诚信经营"

---

① 神马实业股份有限公司 2014 年度报告 [EB/OL]. http://static.sse.com.cn/disclosure/listedinfo/announcement/c/2015-04-24/600810_2014_n.pdf.

的理念下，公司积极构建内部管理与外部监督有效互动的企业守法合规体系，致力于将公司的每一位员工都纳入企业守法合规的内部管控体系中。2014 年，公司在生产经营活动中严格依法经营，诚实守信，忠实履行合同，恪守商业信用，未发生己方原因造成的违约事件。

公司的核心经营战略也充分考虑了应尽的社会责任，并将社会责任纳入核心经营战略规划中：一是公司初步拟定自 2015 年起，逐步按照 ISO26000 社会责任指南，建立社会责任管理制度，旨在把社会责任议题与公司各项专业制度相融合，并通过责任讲解、数据收集、指标填报等培训，带动管理层和员工共同学习和理解企业社会责任的理念和要求，在实践中进一步完善和落实具体规划和管理办法。二是将社会责任工作融入企业发展战略和日常生产经营中，在下属子公司同时启动社会责任报告发布工作，通过宣传、教育、培训、考核等方式，培养下属子公司的社会责任意识，将神马股份的社会责任观普及到每一个子公司，并真正落实到每一个人。三是建立 CSR 管理指标体系，该体系涉及 3 级、6 项、124 个指标，其中包括 13 个具有本企业特色的指标、27 个具有行业特色的指标、84 个通用指标。该指标体系既是神马股份实施社会责任工作的初步成果，也是衡量社会责任实施进展的重要参数。通过对指标的采集、分类和分析，可以及时了解企业在履行社会责任方面的具体体现，为未来企业社会责任的规划和发展奠定基础。

此外，神马股份高度重视和倡导践行健康的商业价值伦理，确保公司的发展规划和行动始终与社会的主流方向保持一致。2014 年，公司认真贯彻落实中央纪委对国有企业领导人提出的廉洁自律要求，把反腐倡廉纳入公司党委学习、培训之中，多次开展领导人员廉洁从业教育，并设立公司综合处，全面负责对公司及分支机构的经营管理行为进行实时监控、风险评估和合规性检查；通过完善制度建设，坚持标本兼治，对特殊岗位、特殊人员的从业情况进行真实记录，设置预防商业贿赂工作举报箱，公布举报电话等具体措施，从源头和系统上加强预防和治理腐败，对在检查过程中发现的问题及时进行反馈和整改。

（二）质量安全

神马股份一直重视产品质量和产品质量管理体系的建设，致力于不断提高产品质量和管理水平。神马股份是我国帘子布行业第一家同时通过国际、国内双认证①的企业，目前已通过 ISO/TS16949 质量管理体系认证、ISO/IEC17025 实验室认可体系。2014 年，中国尼龙切片市场竞争激烈，在"国际大鳄"的冲击下，国内众多切片企业陷入生存危机。对此，神马股份深入分析产品质量与销售市场之间存在的问题，通过强化工艺技能和管理培训、开展群众性 QC 小组活动、召开质量分析和总结会、完善质量管理考核制度以及工艺事故分级追究制度等措施，不断提升产品质量，使公司在残酷的市场竞争中紧抓质量实现逆势崛起。2014 年 7 月 22 日，神马股份顺利通过 Oeko-Tex Standard 100 认证，②不仅使企业在供应商质量体系审核中获得了法国米其林、美国固特异、日本普利司通等战略客户的高度评价，而且进一步巩固和强化了神马在世界橡胶轮胎市场的地位。

神马股份通过设置和实施有系统的、严格的质量控制方法和流程，确保安全生产始终如一。具体表现为：

第一，强化安全生产体系建设。2014 年，公司运行的安全生产体系包括职业健康安全管理体系（GB/T28001-2011）和安全质量标准化体系等，其中，职业健康安全管理体系每年都要通过内部和外部审核，进行持续改进；安全质量标准化体系于 2012 年通过省安监局组织的验收评审，达到国家二级企业标准。目前，这两个体系均运行平稳，符合安全生产条件的要求。

第二，坚持制订和实施安全培训教育计划。常年对公司全体人员进行"三级"安全再教育；按照国家标准，每年对安全管理人员、特种作业人员进行专门安全教育培训；通过"安全生产管理月"、"安全宣传活动日"等活动，做好日常安全宣传和教育；对安全工作进行统一安排部署，与各单位签订安全生产责任状。2014 年，公司职工安全培训 3963 人次、技能培训 4658 人次、继续教育培训 579 人次、政治理论培训 946 人次。全年共开展各类培训班 369 个，职工培训率达到 97.5%，一线员工持证上岗率达 100%。③

第三，制定了《安全生产事故综合应急预案》，建立了包括应急指挥机构、预防和预警、应急响应、综合治理、培训演练在内的综合安全生产应急管理体

---

① 神马股份自 1993 年开始建立质量管理体系，1995 年通过法国 BYQI 权威机构和国家 CCIB 的 ISO9001 质量体系双认证。

② Oeko-Tex Standard 100 认证是 1992 年 OEKO-TEX 国际环保纺织协会制定的，主要任务是检测纺织品的有害物质以确定它们的安全性。

③ 神马实业股份有限公司 2014 年度报告 [EB/OL]. http://static.sse.com.cn/disclosure/listedinfo/announcement/c/2015-04-24/600810_2014_n.pdf.

系，完善了应急救援机制。在此基础上，公司按照国家标准，结合实际情况，制订了 2014 年度应急救援培训演练计划，并严格落实，确保应急体系的有效运转。

（三）科技创新

面对严峻的市场形势和日益激烈的竞争态势，神马股份从改善产品品质、提升竞争力入手，加快产品结构调整，努力打造高品质差异化产品，积极应对激烈的市场竞争。2014 年，公司的研发投入为 6089 万元，比 2013 年增长 5351 万元，研发支出总额占净资产的比例为 2.36%，保持了迅速增长趋势。[①] 与此同时，公司十分重视技术服务创新，先后下发了《关于印发〈神马股份所属及托管公司科研项目工资补助及考核办法〉的通知》、《关于发布工艺技术、装备和管理升级项目的通知》等文件，对科技创新工作做出具体部署，从制度上予以保障，并且每年都针对技术服务创新项目进行评级和奖励。2014 年，公司完成的研发项目包括：提高浸胶帘子布优等品率工艺技术攻关项目、自动配胶系统装备及工艺开发应用项目、特品丝工艺技术攻关项目。这些项目的顺利完成，大大提升了产品质量的稳定性，降低了原材料浪费率，改进了产品的性能。其中，提高浸胶帘子布优等品率工艺技术攻关项目使公司年新增帘子布近 800 吨，带来了直接的节能效益。

2014 年，在新产品开发、专利申请及拥有情况方面，公司根据客户需求，共开发高附加值特制新产品 30 个品种，其中 11 个品种已实现批量化生产，客户认可率达 100%；成功开发出尼龙 6 地毯丝，获得客户认可；通过改进机头布纱、低收缩缝纫线和缩水垫布，解决了布头收缩的历史性难题，去除或缩短了过渡布使用量，每年可节约成本 220 万元；进行了国产关键原材料开发应用；申报发明专利 3 项、实用新型专利 4 项，[②] 不仅增强了公司的核心竞争力，而且带动了行业水平的整体提升。

（四）诚实守信

神马股份注重建立和完善信息沟通和披露机制，除严格遵循《上市公司信息披露管理办法》及时发布定期报告和临时报告外，公司还结合本公司的实际情况，专门制定了《神马实业股份有限公司信息披露管理办法》，及时向利益相关方披露与公司运营相关的、对利益相关方的决策具有重要影响的信息，主动与利

---

①② 神马实业股份有限公司 2014 年度报告 [EB/OL]. http: //static.sse.com.cn/disclosure/listedinfo/announcement/c/2015-04-24/600810_2014_n.pdf.

益相关方进行多种形式的沟通。神马股份秉持诚信和道德的经营态度，对公司所有客户、供应商、竞争对手、员工及其他利益相关方，禁止采取任何形式的不诚信行为。公司制定了规范商业道德的行为准则，禁止回扣、贿赂、贪污、非法支付等行为，并成立了道德委员会，对市场营销的监督、监察实施透明化工作。

2014年11月6日，由河南证监局指导、河南上市公司协会主办的"诚信公约阳光行"活动在神马股份举行，机构投资者、个人投资者、新闻媒体、河南上市公司、河南上市公司协会等多方代表共同参与了此次活动，并诚信经营、诚信履约等问题展开了深入交流。对此，神马股份承诺，将始终坚持"以人为本、以诚为天"的经营理念，依法经营、诚实守信，真诚对待员工、客户、股东、债权人等相关各方，确保股东收益、员工成长、客户满意。[①]

此外，神马股份也十分重视对供应链进行社会责任评估和调查，具体表现在四个方面：一是供应链安全稳定性评价。对A类物资年度质量体系进行审核，实现供应链的安全稳定，排除政治因素、自然灾害、运输风险等原材料暴涨能力的影响，确保生产质量的连续稳定。二是对供应商进行年度资质评定时，在评定过程中对供应商施加影响，确保其在环境保护方面达到有效运行，敦促其建立ISO14001和OHSAS18001体系，并结合自身条件及能力认真执行。三是在供货合同的条款里，除对物资名称、规格型号、质量标准、质量纠纷、交货期等做明文规定外，还对其执行国家法律法规及安全环保方面进行明确规定，并且只与经过相关部门鉴定的有资质的供应商签订合同。四是在责任采购方面，神马股份分国产和进口两种采购途径：进口物资由国际贸易有限公司负责采购，国产物资由神马帘子布公司负责采购，其中，一般性物资（B、C类物资）严格按照《国内物资采购程序》（Q/ZSS.G12.001–2013）执行。

（五）消费者权益

长期以来，神马股份秉承以客户为中心的服务理念，把改善与客户的关系、提升客户满意度作为提高企业竞争力的出发点和落脚点。一方面，积极培育以客户为中心的经营行为，实施以客户为中心的服务流程，通过提高产品性能、建立客户数据库、加强客户服务、提升客户满意度，与客户建立起长期、稳定、相互信任的亲密关系；另一方面，采取经营管理业绩报告、公司网站、客户见面会、

---

① 2014年诚信公约阳光行走进神马股份等化工合成材料企业［EB/OL］. http://henan.hexun.com/2014–11–07/170166332.html.

客户满意度调查、客户投诉专线、客户走访等多种渠道，倾听客户需求，与客户沟通，对客户进行产品和服务知识的普及，做好售后服务。

为准确和充分掌握顾客的需求，特别是客户对产品满意程度的信息，神马股份建立并实施《顾客满意的测量、分析、评价程序》（Q/ZSS.G11.005-2013），严格依据程序进行调查，确定影响客户满意度的关键因素，测量顾客满意度水平，对存在的问题及时分析和解决。同时，进一步发掘客户的潜在需求，发现提升服务质量的机会，坚持为客户提供优质、合格的产品，提升客户满意度和忠诚度。2014年，公司的产品合格率达99%以上，且连续四年保持在这一水平。

在保护消费者权益方面，神马股份始终坚持公平营销，致力于为客户提供真正公正的信息和公平的合同行为。公司反对任何形式的不正当竞争，严格遵守国家反不正当竞争、反垄断相关法规和商业道德，鼓励公平竞争，自觉维护公平市场竞争环境，不采取掠夺性定价、不正当交叉补贴、诋毁同行业、倾销和垄断等经营策略，积极促进市场经济的健康发展。神马股份连续多年被评为AAA级信用单位，合同履约率一直保持在100%的水平上。

（六）股东权益

神马股份严格按照《公司法》、《证券法》、《上市公司治理准则》等有关法律法规的规定进行运作。公司制定了《股东大会议事规则》、《董事会议事规则》、《监事会议事规则》、《经营班子规则细则》等制度，"三会"运作比较规范。公司独立董事严格按照《关于在上市公司建立独立董事制度的指导意见》等有关规定，认真履行自己的职责。依据证监会"三分开、五独立"的要求，公司已实现了独立运作，并及时、准确、公平地披露公司经营业绩及其他相关信息，确保所有股东平等地获取信息，且决策最大程度地体现股东意志。

公司十分重视投资者关系管理工作。一方面，为保证投资者关系管理工作的规范化、程序化和科学化，公司专门制定了《神马实业股份有限公司投资者关系管理办法》，以确保公司投资者关系管理工作的开展有据可依。另一方面，为切实加强投资者关系管理工作，公司成立了证券与投资者关系管理部，任命董事会秘书为部门的主要负责人，董事长为第一责任人。公司委派专人通过电话咨询、信函回复、网上交流、券商基金机构实地调研等方式，与各类投资者进行沟通和交流，在严格遵守信息披露制度的前提下，与各类投资者保持良性互动，并积极处理来自监管部门、新闻媒体和广大股东对于公司的关注和质询，及时、客观地回复来自资本市场的问询，妥善处理公共关系。

公司根据《企业内部控制基本规范》和《企业内部控制配套指引》等相关要求，建立了一整套内部控制管理制度与风险组织管理体系，纵深开展风险评估工作。同时，根据外部环境变化及业务发展的需求，公司不断补充、修订并完善相关的内部控制制度，理顺并优化相关业务及管理流程。2014 年，公司严格按照企业内部控制规范体系和相关规定的要求，在所有重大方面保持了有效的财务报告内部控制。根据公司非财务报告内部控制重大缺陷认定情况，于内部控制评价报告基准日，公司不存在财务报告内部控制重大缺陷。

（七）员工权益

神马股份坚持"企业发展、职工富裕"的核心理念，积极提供就业岗位，承担起作为国企应尽的责任。2014 年，公司在职员工的数量合计为 6999 人。在用人方面，公司坚持平等雇用和"公开、公平、公正"的原则，严格按照国家法律法规，开展信息发布、人员甄选、录用审批、入职管理等工作。员工入职后，公司组织人力资源管理部门进行入职培训，宣讲《劳动合同法》、公司集体合同等的相关内容，并在"厂务公开栏"、"班组园地"等宣传阵地进行宣传，使广大员工对有关劳动法律获得深入全面的了解。同时，公司通过职工代表大会、员工恳谈会、员工调查表、定期例会、生产调度会、不定期座谈会、OA 系统等多种方式，为员工提供表达自己意见或建议的渠道，对于员工提出的劳动争议和建设性建议，予以认真处理和解决，对违反国家劳动法律法规的行为坚决予以纠正。

公司始终坚持将员工的利益放在第一位，严格按照《劳动合同法》、《带薪休假制度》等政策法规，为所有员工缴纳"五险一金"①，并结合公司实际情况，为员工办理其他补充保险，实施员工健康计划，提供工作餐、体检、劳保用品、带薪年休假等福利，并落实员工带薪休假制度。其中，累计工作满 1 年不满 10 年的员工，年休假 5 天；已满 10 年不满 20 年的，年休假 10 天；满 20 年以上的，年休假 15 天。在薪酬制度方面，公司通过薪酬制度问答、员工座谈会、满意度调查、内部刊物等形式，充分向员工讲解薪酬制定依据，构建"经济薪酬、非经济报酬和福利"相结合的薪酬模式，并结合当地经济发展水平，定期对薪酬做出调整。其中，员工的经济薪酬与工作表现、资历水平、工作技能、工作年限、工作量、岗位与职务等挂钩；非经济报酬包括为员工创造各种培训机会、提供职业发展生涯规划等，旨在提升员工的安全感和归属感；同时，结合员工个人需求，

---

① "五险一金"是指基本养老保险、基本医疗保险、失业保险、工伤保险、生育保险和住房公积金。

建立灵活多样的福利制度，在确保内部公平性的前提下，参照外部市场人才价值标准，按照多劳多得的原则，构建公平透明的薪酬制度。

与此同时，公司特别注重保护员工的职业健康和安全，具体做法有：一是提供安全的作业环境，保障作业人员人身安全；二是对岗位操作进行全程的安全督导，预防各种事故发生；三是严格配备劳动防护用品，全方位加强劳动防护；四是制定《职业病防治制度》和《职业病防治责任制》，每年向职代会报告企业职业病防治规划和落实情况，每季度召开一次职业卫生领导小组工作会议，研究和制定职业病防治规划和方案，落实职业病防治经费及各项防范措施；五是重视员工心理健康，设立员工心理辅导室，将人文关怀和心理疏导有机结合，对员工的压力水平进行即时性监控和干预。此外，公司还积极实施"员工支持计划"，如为员工解决住宿及子女就学等问题提供便利条件，以解决员工的后顾之忧；关心员工身体健康，对员工进行健康投资，采取定期体检、组织体育活动、购买商业保险等多项措施。

为保障员工人身自由，公司禁止且不支持任何形式的劳役或强迫性劳动，确保员工在自愿的基础上参加工作或劳动，并定期调查评估相关规定的实施成效。工会负责"强迫劳动事件"的调查处理工作，确保公司在生产经营过程中的每一个环节合法用工。公司按时、按月、足额支付员工工资，及时支付加班费及各种福利，并规定所有员工均有权利自由建立和解除（终止）劳动关系，保证双方在协商一致、平等自愿的基础上实施上述行为。2014年，公司的工会经费和职工教育经费约1749万元，比上年同比增长299万元。

为保护特殊人群，如孕妇、哺乳妇女等的合法权益，公司除保障女员工生育享受不少于180天的产假外，还积极采取其他措施保障女员工的合法权益。例如，发挥工会职能，依法维护女工经期、孕期、产期、哺乳期的合法权益；针对怀孕期女员工，优化工作条件，缩短工作时间；为孕期和哺乳期女员工提供休息室和哺乳室；每年为女员工提供一次妇科、乳腺病检查，对查出患有疾病的职工及时进行治疗；每年对已婚女员工进行二次孕情检查等。此外，公司工会还举行"金秋助学"活动，对困难职工子女发放助学金，并针对困难职工积极开展帮扶活动。

为切实保护员工个人隐私、维护员工信息的主体权益，公司遵循合法、正当、必要的原则，专门建立了员工信息安全管理系统，并制定了"三受限"的要求，即内部接触人员范围受限、保存期限受限、信息披露范围及目的受限，对员工信息进行分类管理，确保员工在受聘前、受聘中、解聘后个人信息的安全。

（八）能源环境

神马股份自 2003 年建立 ISO14001 环境管理体系以来，分别制定了《原辅材料供应商开发管理作业指导》、《供应商质量控制及评价作业指导》、《供方质量体系评审准则》等制度，旨在规范质量控制，强化绿色供应。公司要求供应商通过 ISO9001 质量体系认证、ISO14001 环保体系认证以及 OHSAS18001 职业健康安全认证，并优先选择绿色环保、安全节能的供应商；建立健全环境管理体系，进行内部环境审核计划和环境陈述，实施外部环境审核并将结果上报当地权威机构公开发布；最高管理层承担环境保护责任，设置绿色职位，负责实施企业绿色管理，创建绿色企业文化，培育绿色价值观，强化员工绿色意识，并在采购管理上以绿色产品为主。

公司每年都会制订相关的环保培训计划，并积极参加上级环保部门组织的各类培训，如辐射防护培训、环境管理体系培训、清洁生产知识培训、废水监测人员培训等，进而强化相关人员的理论水平和环保意识。公司也十分重视环保知识的宣传工作，通过公司内部刊物、宣传橱窗、报刊栏、悬挂横幅等方式，普及环保知识，倡导低碳生活、绿色消费。公司将环境保护纳入年度职工教育培训计划，针对不同的培训对象，采取外部培训、内部培训、会议和业余自学等多种形式，从而保证在岗员工环境保护教育培训率达到 100%。

由于公司的生产经营活动涉及化学危险品管理，对此，在生产、经营、使用有毒物质或化学危险品的场所，公司建立了应急救护方案，备有防护用具或设立救护站。对于化学危险品的采购、入库、领取、发放、使用等环节，严格遵守安全操作规程，员工全部佩戴防护用品用具，切实预防火灾、爆炸或泄漏事故的发生。

作为行业的领军企业，神马股份始终倡导"绿色、环保、低碳"的发展理念，注重节能降耗减排，积极发展循环经济。公司积极构建能源管理体系，并采取了一系列节约资源的政策措施：一是成立能源管理领导小组，制定《企业能源管理体系手册》及相关程序文件；二是建立生产单位能耗基准和标杆，完善企业能源因素识别、评价与控制体系，逐步开展企业内部审核及管理评审，实现全员参与，建立节能绩效管理与激励长效机制；三是实施能源目标责任制，抓好能源输入、能源转换、能源分配、能源使用、能源消耗等各个环节，定期开展能源审计工作；四是使用能源计量工具，提高能源动态测量检测能力；五是建立健全原始记录和统计台账，每月进行能源消耗统计，及时发现和处理能源消耗异常情况，积极制定并落实节能措施；六是依靠科学技术节约能源，逐步淘汰耗能大、型号旧的电机；七是加强对污水的综合治理，努力实现工业废水零排放；八是提高用电效率，减少热能、电能的输送损失，降低用电量，促进能源使用科学化；九是采用国家鼓励推荐的高新技术及节能环保材料设备。

多年来，公司始终高度重视环境污染的治理工作。为减缓并适应气候变化，公司在国内没有成熟的治理技术和国家标准的情况下，克服重重困难，先后实施完成了锅炉取缔、燃油改天然气、烧却炉改造、生化处理改扩建、中水回用项目、己二胺废气治理、纺丝油烟废气治理、生产噪声治理等环保技改和创新项目。其中，自 2010 年底建成中水回用系统以来，每天中水使用量约 1500 吨;[①]自 2010 年曝气生物滤池污水处理工艺实施以来，每年可减少 COD 排放量 164.25 吨、SS 排放量 114.97 吨、氨氮排放量 24063 吨，从而减轻了淮河流域内污染物排放量；自 2008 年己二胺回收及余热利用项目实施以来，余热利用每年可节省天然气费用约 1300 万元。

此外，神马股份还积极采取多种措施倡导绿色办公。具体包括：利用网络电子系统传发邮件，引进 OA 系统，推进无纸化办公；打印、复印时，纸张尽可能双面使用；夏天空调温度不低于 26℃；采用节能灯具照明，做到人走灯灭；办公垃圾科学分类；慎用一次性物品，提倡使用可循环利用的产品；推行视频会议，减少员工出行等。在倡导绿色办公之前，公司办公经费每年约 40 万元；自实施网络化及各种绿色办公措施以来，每年减少办公经费支出约 5 万元，节约了12.5%的经费支出。

（九）和谐社区

神马股份高度重视厂区附近社区居民的健康和安全，不仅在厂区内外大量种植各种绿色植物，稀释粉尘和气体排放量，而且与地方环保部门等第三方机构联合检测污染物的排放浓度，并将检测结果及时通过有效途径对外披露。同时，不定期邀请附近居民到厂区和生产车间参观，零距离感受公司的降污减排措施，消除居民担忧。公司连续多年实现环境污染零事故，废水、废气、废渣排放均符合达标要求。近年来，公司先后对小区投入 100 多万元，加大小区硬件设施建设力

---

① 神马实业股份有限公司每天的废水排放量约为 2800 吨，采用了中水回收系统后，达到了节约用水、提高废水利用率的目标。

度，不仅加强了小区的绿化、硬化、美化建设，而且成立了社区医疗服务中心。2014 年 7 月，神马社区三角区家属院被评为省级卫生居民小区。

作为地方龙头企业，神马股份充分发挥辐射作用，带动地方经济发展，积极履行企业社会责任。公司在实施人才多元化战略的前提下，规定招聘时应遵循属地化管理原则，实现当地用人需求优先考虑当地聘用。2014 年公司员工本地化雇用率达 100%。与此同时，公司还坚持执行本地化采购政策，从而营造地方良性生态，对地方经济发展起到辐射带动作用。

此外，公司还大力发展志愿者服务活动。对此，公司不仅制定了《青年志愿者管理制度》，而且重视对青年志愿者的培训和指导。2014 年，在公司工会和团委的共同组织下，公司的青年志愿者服务队发展到了 16 支、168 人，并成立了"爱心志愿者协会"。爱心志愿者协会除在学雷锋日、春节等节假日积极组织各项服务活动外，还注重日常活动的开展，如开展夏季"送清凉·嘱平安"志愿者服务，针对困难职工开展亲情陪伴志愿服务，走进孤儿寄养点、养老院、山区学校，开展扶老助残、帮困解难、便民利民等志愿服务活动。此外，爱心志愿者协会还坚持每周六开展"绿色使者·传递文明"活动，组织志愿者到公园、社区等公共场所 "捡拾垃圾"、"倡导绿色环保出行"，或在厂区举办"有奖安全知识问答"、"节约用水用电"等宣传活动。爱心志愿者协会旨在通过引导广大志愿者传播"感恩、善念、包容、快乐"的理念，带动神马股份的每一个人自觉遵守法律法规、倡导社会道德风尚，推动社会主义精神文明建设，提高广大职工的整体素质。

（十）责任管理

长期以来，神马股份注重开展责任治理。对此，公司成立了企业社会责任领导小组，由公司董事长担任组长，总经理担任副组长，公司各部门及子公司负责人担任小组成员。小组初步拟定每半年召开一次全体会议，对公司企业社会责任战略、目标、规划和相关重大事项进行审议与决策。小组下设综合办公室，负责横向协调公司各职能部门，纵向指导各子公司开展社会责任相关工作。与此同时，公司还成立了社会责任工作委员会，下设社会责任处，作为社会责任日常管理工作归口部门。公司各职能部门根据社会责任的职责分工，组织完成与部门职能相关的社会责任议题，开展与利益相关方的交流与合作，完成公司部署的重大社会责任安排，统计部门社会责任指标，制订部门社会责任计划，向社会责任处提交社会责任履行信息。

与此同时，公司高度重视责任沟通，积极就社会责任工作与利益相关方保持交流，进行信息双向传递、接收、分析和反馈。一方面，积极构建公司内部社会责任沟通机制，具体途径包括：在公司网站建立社会责任专栏；定期在公司内部发行《社会责任通讯》；开展社会责任知识交流大会等。另一方面，为了让利益相关方及时了解公司的经营状况和履责能力，同时也为了深入了解利益相关方的诉求，公司制定了外部社会责任沟通机制，主要途径包括：召开座谈会，邀请利益相关方参加，积极收集各方意见和建议；邀请利益相关方实地参观考察；公司针对重大项目，征集利益相关方的意见；围绕社会责任指标体系涵盖的内容，开展培训，加强利益相关方对社会责任的理解和落实；通过公司网站发布社会责任报告等。

三、未来改进建议

社会责任对于企业而言，既是一种竞争压力，同时也是一种创造竞争优势的手段。从短期看，企业承担和履行相应的社会责任，势必会增加企业的经营成本；但从长期看，企业将社会责任绩效纳入核心经营战略规划，将有助于全面提升企业整体价值。企业社会责任意识的增强，能够切实提升顾客的忠诚度，增强企业对人才的吸引力，提高企业美誉度，改善监管环境，并最终促进企业无形资本的积累。本部分针对神马股份 2014 年度企业社会责任的履行情况，尝试对其未来可改进的方面提出相关建议。

第一，进一步完善企业法人治理机构，建立健全企业社会责任自律机制，从企业内部约束企业行动，使其符合企业社会责任规范。有效的法人治理机构是企业实现社会责任分担的微观基础，在此基础上，政府才能运用宏观调控手段，制定相应的规则和制度，在确保企业利益的前提下引导企业主动承担相应的社会责任。企业承担社会责任势必要与企业利益、股东利益发生矛盾和冲突，因此，调整这些矛盾和冲突，协调各方利益并进行优化权衡，是完善企业治理结构的主要目标。企业治理结构的设计，不能仅以实现企业和股东的利益为目的，同时还要考虑企业社会责任的承担问题，并且企业董事会的构成在这方面应做适当的考虑。

第二，构建伦理型企业文化体系，将伦理价值作为核心要素，植根于企业文化之中。企业的伦理价值体系决定了企业文化的道德倾向，合乎道德的企业伦理价值体系必然会支持合乎道德的企业行为；合乎道德的企业文化的特征是充分考虑企业内部与外部各种利益相关者的需要，尤其是顾客、投资者及员工的利益。[①]与此同时，建立健全企业伦理决策机制，确保企业在决策过程中，能处理好社会利益与企业利益、长远利益与眼前利益之间的关系，使企业真正成为承担和履行社会责任的主体，致力于以企业长远发展作为最大的行为目标和行为准则，从而确保企业发展与社会发展的协调统一。

第三，健全有效的企业社会责任评估机制，进一步完善企业社会责任信息披露机制，从制度上保障企业对社会责任的履行能真正落到实处。通过企业社会责任信息披露机制，全方位对企业承担社会责任的情况进行评估，注重信息披露的平衡性，重视交代企业在管理责任、制度上如何处理与预防关系到社会公众利益的失责类信息，同时可考虑引入第三方评价，聘请独立的审验机构对企业社会责任报告进行第三方专业评价，促使利益相关者、政府和社会大众全面把握企业社会责任状况，从而有利于增强社会对企业的了解和评判，促进企业与社会的良性互动，树立良好的企业信誉。

第四，进一步加强企业的可持续发展战略观，通过科学合理有效的制度建设来强化和落实可持续发展战略，从而增强和提升企业战略的可持续性、生产的可持续性、盈利的可持续性、研发的可持续性以及环保的可持续性。例如，在保障员工权益方面，通过建立企业年金制度，发展企业年金作为职工的补充养老，来切实改善员工福利待遇，提高员工的工作积极性；在和谐社区方面，通过建立和完善慈善捐赠制度，积极参与公益事业和社会福利事业；等等。企业只有从整体主义视角出发，以社会公正、环境整合、经济效率作为发展目标，坚持以人为本，通过建立和完善各项制度性举措，促进企业的个人价值观、组织价值观与社会价值观之间实现辩证统一、和谐共生，才能真正实现可持续发展。

---

① 刘长喜. 企业社会责任与可持续发展研究：基于利益相关者和社会契约的视角 [M]. 上海：上海财经大学出版社，2009.

河南汉威电子股份有限公司 2014 年度企业社会责任报告

一、公司概况

河南汉威电子股份有限公司创立于 1998 年，位于国家郑州高新技术产业开发区，2009 年在深圳证券交易所创业板上市，是国家火炬计划重点高新技术企业、河南省百家高成长民营企业、信息化示范企业。该公司拥有占地 50 亩的汉威工业园，研发、生产场地 2500 平方米，下设炜盛电子、创威煤安、沈阳汉威、智威宇讯、中威天安、哈尔滨盈江、沈阳金建、上海英森、鞍山易兴、嘉园环保十家子公司。截至 2014 年 12 月 31 日，公司员工人数达到（含子公司）1060 人。

公司的经营范围为：研究、开发、生产、销售电子传感器；电子监控技术开发；研究、开发、生产、销售检测仪器及控制系统、机械电器设备、防爆电气系列产品、个体防护装备系列产品、警用装备系列产品；智能交通和安防监控系统的研发、设计、施工和销售；提供技术转让、技术服务、技术咨询；计算机软件开发与销售；计算机网络工程施工；防爆设备安装工程施工（以上凭资质证经营）；经营本企业自产产品的出口业务和本企业所需的机械设备、零配件、原辅材料的进口业务，但国家限定公司经营或禁止进出口的商品除外（上述范围涉及法律法规规定的应经审批方可经营的项目，应凭有效许可证核定的范围经营，未获审批前不得经营）。

公司营运覆盖地区：公司所提供的产品和解决方案已应用于全球近数十个国家，公司在北京、上海、南京、济南、广州、哈尔滨、长春、沈阳、重庆、乌鲁木齐、库尔勒等设立营销服务中心，为民用及个人安全防护、工业控制、安全生产、交通监管提供产品、服务和解决方案。

2014 年河南汉威电子股份有限公司已经逐步形成了"智慧市政+工业安全+

环境监治+健康家居"四大业务领域，实施了发展历史上第一次重大资产重组，产业布局得到快速完善，领先的物联网（IOT）平台构建取得进展。报告期内，公司实现营业收入 39930.68 万元，比上年同期增长 32.01%；公司实现营业利润 3309.08 万元，比上年同期增长 13.39%；实现利润总额 6645.53 万元，比上年同期增长 21.40%；实现归属于上市公司普通股股东的净利润 5734.18 万元，比上年同期增长 44.18%。

二、公司履行企业社会责任状况

（一）法律道德责任

河南汉威电子股份有限公司严格按照《公司法》、《证券法》、《上市公司治理准则》、《深圳证券交易所创业板股票上市规则》、《创业板上市公司规范运作指引》和其他有关法律法规的要求，不断完善公司法人治理结构，建立健全公司内部管理和控制制度，努力做好信息披露工作及投资者关系管理。截至 2014 年 12 月 31 日，公司治理结构的实际情况符合中国证监会发布的有关上市公司治理的规范性文件的要求。为保证企业经营管理合法合规，河南汉威电子股份有限公司根据《企业内部控制基本规范》，出台了公司内部控制制度和评价办法。河南汉威电子股份有限公司 2015 年 3 月发布的《2014 年度内部控制自我评价报告》显示，该公司不存在财务报告内部控制重大缺陷及非财务报告内部控制重大缺陷，且不存在对投资决策产生重大影响的未披露内部控制信息。

河南汉威电子股份有限公司强调创造安全、环保、健康、智慧的工作和生活环境，把企业的社会责任纳入企业的核心经营战略，将广大客户、合作伙伴投资者、员工及其家人、公司所在社区作为企业长期履行社会责任的核心对象，在为客户提供产品和服务的同时，积极履行对利益相关者、环境和社会的责任，自 2012 年起持续发布企业社会责任报告，推动企业自身在可持续发展领域取得更大进展。

河南汉威电子股份有限公司遵守商业道德，将道德地开展业务互动作为企业管理的重要内容，将"义利兼顾、以义为先"、"诚实守信、廉洁经营"作为企业文化建设的重要内容，并联合多家上市公司发起"反对贿赂、公平竞争"倡议书，坚决反对商业贿赂，自觉接受社会监督，树立良好企业形象。2014 年河南汉威电子股份有限公司组织部分员工赴兰考焦裕禄纪念馆进行参观，学习焦裕禄的廉洁奉献精神。

河南汉威电子股份有限公司 2014 年度支付的各项税费为 42592784.42 元，较 2013 年度的 29674153.49 元有大幅增加（见表 1）。

表 1　河南汉威电子股份有限公司近三年支付的各项税费

支付的各项税费（元）	2014 年度	2013 年度	2012 年度
	42592784.42	29674153.49	34669534.99

资料来源：河南汉威电子股份有限公司 2012 年度、2013 年度、2014 年度报告。

（二）质量安全责任

河南汉威电子股份有限公司重视产品质量工作，公司设有质控中心，按照检验标准及程序，对产品进行检测。公司已通过 ISO9001 质量管理体系、ISO14001 环境管理体系等认证。公司强调通过执行严格的质量标准，采取细致的质量控制措施，从生产原料采购质量、生产过程控制、销售环节控制、售后服务等各个环节加强质量控制，提升产品品质和服务质量，为客户提供安全产品。公司的气体探测产品均已获得了消防产品型式认可、计量器具制造许可证和防爆合格证，数十个产品获得了 CE、TUV 等国际认证。2014 年 5 月，河南省质监局质量处处长李凯军、副处长杨建国、市质监局局长何增涛、副局长尚建国带领的创建全国北斗产业知名品牌示范区调研组莅临公司参观指导。

河南汉威电子股份有限公司承诺坚持"优质、诚信、创新、高效"的质量方针，强调其严谨的工作流程，先进、专业的生产、检验设备和训练有素的专业人才为客户提供从需求诊断、方案设计，到产品制造、安装等一系列服务。

河南汉威电子股份有限公司制定了《突发事件危机处理应急制度》，设置危机处理的快速反应和应急管理机制，成立突发事件处置工作领导小组，明确公司各部门责任人作为突发事件的预警、预防工作第一负责人，对突发事件按性质进行分类，完善预警信息的传递程序和应急事件的处置策略。

河南汉威电子股份有限公司按照《国家应急平台体系技术要求》和《安全生产应急智慧平台体系建设要求》，建立企业安全生产综合监管信息平台，有助于相关企业加强日常安全监管监察工作，提高防范和应对安全生产事故的能力。该公司曾参与修订《危险化学品重大危险源安全监控通用技术规范》（AQ3035-2010），推动了行业内部的安全生产与管理。

（三）科技创新责任

河南汉威电子股份有限公司崇尚创新和研发，公司设立了汉威研究院，整合了河南汉威电子股份有限公司及各个子公司的研发资源。截至 2014 年 12 月 31 日，汉威研究院共有 229 名专业技术研究人员，占公司员工总数的 21.6%；研发投入金额连续三年来稳步增加（见表 2）。

表 2　河南汉威电子股份有限公司近三年研发投入金额

	2014 年度	2013 年度	2012 年度
研发投入金额（元）	36795231.27	27798980.37	26913188.77
研发投入占营业收入比例（%）	9.21	9.19	10.18

资料来源：河南汉威电子股份有限公司 2012 年度、2013 年度、2014 年度报告。

汉威研究院积极开展新技术、新产品的研发工作。下设传感器技术研发中心、气体检测仪器技术研发中心、矿用安全技术研发中心和系统工程技术研发中心，中心下面又设立多个技术研究室，配有大量基础及高端研发设备。汉威研究院还经省发改委、省科技厅以及人社部等主管部门批准建立了省级企业技术中心、河南省物联网工程研究中心、河南省微量气体检测技术及仪表工程技术研究中心、河南省气敏功能材料与气体传感器工程技术研究中心、光电器件及气体探测技术院士工作站、博士后科研工作分站。

河南汉威电子股份有限公司研发工作取得了多项成果。截至 2014 年 12 月 31 日，汉威电子股份有限公司及子公司拥有专利 293 项，其中发明专利 50 项、实用新型专利 194 项、外观设计专利 49 项，计算机软件著作权 100 项，商标 53 项。2014 年度公司及子公司新增专利证书 41 项，其中发明专利 19 项、实用新型专利 18 项、外观设计专利 4 项；新增商标 2 项；新增计算机软件著作权 11 项。公司以"物联网（IOT）整体解决方案"的思维开展研发创新，在传感器领域研发出高端"激光 PM2.5 粉尘传感器"、经济型"PM2.5 粉尘与异味二合一传感器 ZPH01"、"甲醛传感器 ME2-CH2O"，具有低功耗、高精度、高灵敏度的特点，突破了国外公司的垄断局面；在居家健康领域发布了威果智能家居产品空气电台，该产品核心器件气体传感器采用了自主产权的高端激光粉尘传感器、世界上最小的红外二氧化碳传感器等先进的气体传感器，融合了先进的无线通信和移动互联技术；在整体解决方案方面开发的智慧燃气 PWK 全国服务平台、"车载激光甲烷巡检仪"等系统解决方案的领先优势显著。

（四）诚实守信责任

河南汉威电子股份有限公司具有完善的信息沟通和披露机制。为维护上市公司信息披露的公开、公平、公正原则，河南汉威电子股份有限公司加强规范公司内幕信息管理、保密以及信息披露工作。在信息保密方面，公司依据《公司法》、《证券法》、《上市公司信息披露管理办法》、《深圳证券交易所创业板股票上市规则》、《深圳证券交易所创业板上市公司规范运作指引》及其他相关法律法规和规定，结合公司实际情况，在公司第一届董事会第十一次会议上审议制定《内幕信息知情人登记制度》，对内幕信息及内幕信息知情人的定义及认定标准，内幕信息的保密义务及违规处罚、内幕信息的传递、审核及披露以及内幕信息知情人的登记备案工作程序等内容做出了明确规定。根据公司2014年度内幕信息知情人涉嫌内幕交易自查情况，以及监管部门的查处和整改情况，报告期内，公司董事、监事及高级管理人员和其他相关知情人严格遵守了内幕信息知情人管理制度，未发现有内幕信息知情人利用内幕信息买卖本公司股份的情况，公司也未发生因涉嫌内幕交易而受到监管部门查处和整改的情形。

在信息披露方面，公司根据《深圳证券交易所创业板股票上市规则》、《上市公司信息披露管理办法》、《公司章程》以及公司《信息披露基本制度》等相关法规制度的规定，认真履行信息披露义务。公司指定董事会秘书负责信息披露工作，并负责投资者关系管理，确保公司所有股东能够以平等的机会获得信息。深圳证券交易所发布的对406家创业板公司2014年度信息披露的考核结果显示，河南汉威电子股份有限公司和其他85家公司获得A评级，获得A评级的企业共占参加考核的上市公司总数的21.18%。

河南汉威电子股份有限公司重视知识产权的创造、管理、运营、保护，2007年被郑州市知识产权工作领导小组、郑州市知识产权局评定为"郑州市专利工作示范单位"。2012年，河南汉威电子股份有限公司签署《河南上市公司诚信公约》，努力营造企业重信誉、守承诺，员工重协作、诚实守信的文化氛围。

河南汉威电子股份有限公司建立了公平诚信的采购供应体系，实现和供应商合作关系的稳定和发展。通过建立健全相关制度，加强资金管理和财务风险控制，保障资产和资金安全，从而切实保障供应商的合法权益，保持良好合作关系，实现风险共担、合作"双赢"的目标。

（五）消费者权益责任

河南汉威电子股份有限公司提出"为客户求价值"的使命，为客户提供优质产品和服务。2014年9月，河南汉威电子股份有限公司生产的威果品牌智能家居系列产品空气电台获得由工业和信息化部、发改委、科学技术部、中国科学院、新华通讯社、江苏省人民政府联合主办的第五届中国国际物联网（传感网）博览会物联网十大优秀应用案例之首，并获得物联网大会专家组的一致好评，获得博览会金奖。

河南汉威电子股份有限公司遵循"规模化+个性定制"模式，向不同的客户提供满足其差异化需求的物联网解决方案，通过与客户进行充分的沟通和交流，深度挖掘和掌握客户的特定需求和潜在需求，以需求为导向进行产品的研发和生产。报告期内，公司已经在全国30余个城市设立客户服务中心，实现了技术服务本地化，能够为客户提供24小时咨询服务以及主动上门为客户进行产品检测维修和售后服务指导、现场培训，为客户解决生产管理中的实际难题提供专业的技术支持。2014年5月，河南汉威电子股份有限公司组织筹办了"第一届汉威安全生产技术交流会"，为客户提供技术支持，改善客户服务体验。2014年3月，河南汉威电子股份有限公司及时发布《关于网销销售渠道的声明》、《关于销售渠道的郑重声明》，避免消费者遭受欺诈，努力维护客户的权益。

（六）股东权益责任

河南汉威电子股份有限公司业务发展势头良好，投资并购进展顺利，全体股东分享公司成长的经营成果。报告期内，河南汉威电子股份有限公司完成了一系列投资并购工作，旗下成员规模快速壮大。公司投资苏州能斯达、上海英森，全资收购沈阳金建，并购嘉园环保，投资鞍山易兴，合资设立郑州汉威公用事业公司，设立北京威果，有序构建产业生态体系，上市公司与各子公司之间形成了产业集团军，产业链条实现了有效的拓展延伸。

根据《公司法》和《公司章程》的规定，2015年3月26日，河南汉威电子股份有限公司第三届董事会第十次会议审议通过2014年度权益分派方案，公司以2015年3月26日非公开发行完成后的总股本146511403股为基数，向全体股东每10股派发现金红利0.5元（含税），合计派发现金7325570.15元。公司近三年现金分红情况如表3所示。

表3　河南汉威电子股份有限公司近三年现金分红情况

分红年度	现金分红金额（元）	分红年度合并报表中归属于上市公司普通股股东的净利润（元）	占归属于上市公司普通股股东的净利润比率（%）
2014	7325570.15	57341790.34	12.78
2013	5900000.00	39770218.64	14.84
2012	5900000.00	47339574.86	12.46

资料来源：河南汉威电子股份有限公司2012年度、2013年度、2014年度报告。

河南汉威电子股份有限公司加强公司的规范治理，决策能够体现股东意志。河南汉威电子股份有限公司以《公司章程》为基础，以《股东大会议事规则》、《董事会议事规则》、《监事会议事规则》等为主要架构的规章体系，形成了股东大会、董事会和监事会协调运行的治理体系，以及与公司管理层之间权责分明、各司其职、有效制衡的法人治理结构，切实保障了全体股东和债权人的合法权益。2014年，河南汉威电子股份有限公司共召开 3 次股东大会、8 次董事会和 6 次监事会，独立董事先后对公司 14 项事项发表了独立意见。各个机构认真履行职责，切实起到了规范公司治理的作用。公司董事会下设的审计委员会、薪酬与考核委员会、提名委员会、战略委员会 4 个专门委员会，能够确保董事会职能的充分实现，为董事会的决策提供了科学和专业的意见和参考。监事会认真履行自己的职责，对公司重大事项、财务状况以及董事、高管人员履行职责的合法合规性进行监督，切实保护了公司股东的利益。独立董事独立、客观、公正地履行职责，对董事会议案进行认真审核，为公司经营和发展提出合理化的意见和建议。河南汉威电子股份有限公司设立了独立的内部审计部门，按照《内部审计制度》进行内部审计工作，建立了内部控制管理体系，内部控制活动已涵盖经营管理环节的各个方面，包括但不限于资金活动、采购业务、资产管理、销售业务、财务报告与信息披露、信息系统、合同管理、人力资源管理等业务流程。以上各项制度均得到有效的贯彻执行，对公司的经营起到持续指导、规范、控制和监督作用。

河南汉威电子股份有限公司注重小股东权益的保护与救济。公司严格按照《公司法》、《证券法》、《深圳证券交易所创业板股票上市规则》等法律法规及公司《信息披露管理制度》、《投资者关系管理制度》、《重大信息内部报告制度》等规章制度的要求，切实履行信息披露义务。河南汉威电子股份有限公司严格执行信息披露和内部信息传递的相关管理制度，规范信息披露工作程序，确保公司信息披露的真实、准确、完整，公平对待所有投资者，不存在选择性信息披露的问题。公司高度重视加强与中国证监会河南监管局、深圳证券交易所等监管部门的沟通，对各类信息的披露均做到了及时、准确、完整、公平和公开。2015 年 8 月，在深圳证券交易所创业板上市公司 2014 年度信息披露考核中，公司获得 A 评级，并且公司自 2011 年以来已连续五次获得信息披露考核 A 评级。2014 年 4 月22 日，该公司召开 2013 年度股东大会，与会股东对各项议案审议表决并形成决议，本次股东大会除了现场投票表决方式外，同时采用了网络投票表决的方式，充分保证中小投资者参与公司治理的权力。

根据《企业内部控制基本规范》及其配套指引的规定和其他内部控制监管要求，河南汉威电子股份有限公司建立了内部监控综合框架，在此框架内，管理层对公司开展内部控制日常监督和专项监督，财务诚信是其关注的重点之一，相关行政人员定期审核财务报表的准确性和完整性，确保其遵守内部监控规定。根据河南汉威电子股份有限公司《2014年度内部控制自我评价报告》，于内部控制评价报告基准日，公司不存在财务报告内部控制重大缺陷及非财务报告内部控制重大缺陷，且不存在对投资决策产生重大影响的未披露内部控制信息。

2011年河南汉威电子股份有限公司通过了《河南汉威电子股份有限公司股票期权激励计划》，但是鉴于国内证券市场环境发生较大变化，公司股票二级市场价格持续处于低位，以及2012年度业绩未达到规定可行权条件，为更好地保护股东权益，公司董事会决定终止正在实施的股票期权激励计划，河南汉威电子股份有限公司第二届董事会第二十三次会议和第二届监事会第十七次会议审议通过了《关于终止实施的议案》和《关于注销已授予股票期权的议案》，并于2014年3月发布了《关于终止股票期权激励计划的公告》。

河南汉威电子股份有限公司增进投资者关系建设，与投资者建立了良好关系。公司证券投资部负责投资者来访接待工作，包括积极做好投资者关系管理工作档案的建立和保管；每天及时接听投资者的电话，及时关注投资者来信并回复有效邮件；合理、妥善地安排个人投资者、机构投资者、行业分析师等相关人员到公司进行调研，并切实做好相关信息的保密工作。2014年，该公司共接待九次投资者调研，调研记录均刊登在投资者关系互动平台。2014年7月，由河南证监局指导、河南上市公司协会主办的"诚信公约阳光行"活动走进汉威电子，监管机构、机构投资者和个人投资者、新闻媒体及其他上市公司代表等80余人出席了活动，与广大投资者进行了积极的互动。2014年4月9日，河南汉威电子股份有限公司通过投资者关系互动平台举行了2013年度报告网上业绩说明会，公司董事长任红军先生，总经理徐克先生，董事会秘书、财务负责人刘瑞玲女士，独立董事李颖江先生参加了网上说明会，与广大投资者进行坦诚的沟通和交流；2014年6月5日，河南汉威电子股份有限公司参加河南省上市公司2013年度集体业绩说明会，公司董事会秘书、副总经理通过投资者关系互动平台，与投资者就公司治理、发展战略、经营状况、可持续发展等问题进行了深度沟通。通过以上制度和活动，公司建立了与投资者有效沟通的渠道，保护了中小投资者的合法权益，促进公司与投资者之间形成了良性的沟通关系。

（七）员工权益责任

河南汉威电子股份有限公司遵守国家劳动法律制度，员工社会保障、保险齐全。公司严格遵循《中华人民共和国劳动法》、《中华人民共和国劳动合同法》等法律法规的要求，与员工签订合同，明确双方的权利与义务，依法为员工办理各项社会保险，维护员工的合法权益，尊重员工的个性，加强对员工的人文关怀，为员工创造"安全、健康、快乐"的工作和生活环境，最大程度提供发挥员工潜能的便利条件。2014 年，公司在人力资源管理以及雇主品牌建设方面成绩显著，荣获"2014 年度中原最佳雇主及最佳企业文化雇主奖"。

河南汉威电子股份有限公司步推进各项薪酬、福利和社会保险制度的改革，不断完善薪酬福利体系和绩效考核体系，为员工提供全面的、有竞争力的薪酬福利，让每一位职工的价值最大程度地得到回报，增加员工对企业的认同感和归属感。在薪酬激励方面，河南汉威电子股份有限公司提供具有外部竞争力和内部公平性的薪酬激励，建立了工作绩效评价体系，使员工的收入与工作绩效挂钩；高级管理人员的聘任能够做到公开、透明，符合法律法规的规定；经理人员的薪酬与公司业绩和个人业绩相挂钩，突出岗位价值、工作业绩，以短期、中期和长期激励组合实现个人价值和企业价值的统一，并通过人单合一机制实现企业与员工的"双赢"。表 4 为公司近三年发放的员工现金薪酬总额。

表 4　河南汉威电子股份有限公司近三年发放的员工现金薪酬总额

年度	员工现金薪酬总额（元）
2014	81692194.46
2013	64542863.84
2012	56123630.25

资料来源：河南汉威电子股份有限公司 2012 年度、2013 年度、2014 年度报告。

在完善福利方面，汉威电子提供由五项保险和住房公积金构成的法定福利，除此之外，汉威电子还为员工提供丰富的企业福利和弹性福利，诸如为丰富员工业余生活开设特色"快乐活动"项目，面向新员工和在职员工提供员工关怀服务，同时设立了生活平衡计划，为员工提供带薪休假、与职业生涯相关的各种培训。

河南汉威电子股份有限公司积极开展员工培训，培养公司的技术及管理人才。公司提出"培养加锻炼，人人可成才"的人才观，制定了《后备人才管理办法》用以推动公司"在工作中学习，在学习中成长"、"量才适用，人尽其能"的人才理念，建立了符合公司战略和人力资源发展方向的培训体系，保障员工的能力提升和职业发展，推动公司与员工共同成长。在员工教育、培训制度的执行方面，公司设计了四步流程，即确定培训需求、制订培训计划、组织实施培训、培训效果评价，要求公司各部门、子公司负责人填写《员工个人培训需求调查表》，人力资源部通过年度《部门年度培训需求调查表》，结合培训需求和绩效考核结果，根据公司及年度经营计划，制订年度培训计划并开展三级培训网络，组织实施各层次、各类别培训，并通过培训目标管理、企业内部培训师的培养、培训考核与激励机制等，促进教师、学员的积极性，保证有效实施培训，最终的有效性评估则按照分阶段培训评估模型实施（见图1）。

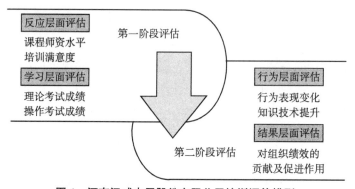

图1　河南汉威电子股份有限公司培训评估模型
资料来源：河南汉威电子股份有限公司官网。

河南汉威电子股份有限公司为员工提供多通道的职业发展空间，促进员工成长和自我价值的实现（见图2）。通过对营销、管理、技术和技能四大序列通道的建设，为每一序列的员工提供横向和纵向的晋升机会，并辅之以相应的培训计划，选拔、任用及淘汰机制，薪酬激励和绩效评价机制。

河南汉威电子股份有限公司努力营造安全健康的工作环境，保护员工的身心健康。在日常生产经营中，全面推行安全生产管理，强化专项检查考核，优先选用安全先进的工艺及设备，加大安全生产隐患排查，提高事故预防水平，促进安全生产水平的提高，创造企业安全的工作环境。公司依据《中华人民共和国安全生产法》等有关法律法规，建立了职业健康安全管理体系，并举行不定期的医疗

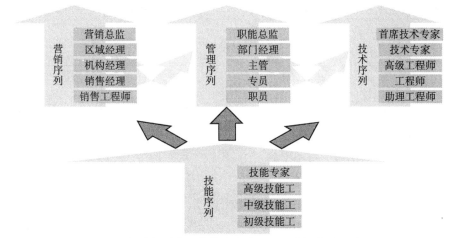

图2 河南汉威电子股份有限公司职业生涯发展通道
资料来源：河南汉威电子股份有限公司官网。

健康活动。公司持续开展文体活动，举办了歌唱比赛、篮球赛、冬季长跑活动等一系列集体活动，丰富了员工的业余生活。

（八）能源环境责任

河南汉威电子股份有限公司把生产和推广环保产品、发展循环经济作为公司的重大发展战略。2014年6月，公司收购了目前国内领先的废气治理系统、垃圾渗滤液等废水污水处理系统整体解决方案提供商嘉园环保，符合公司提升资源综合利用、促进节能减排和发展循环经济的发展战略。

河南汉威电子股份有限公司致力于生产环保产品与服务。公司以核心感知技术为基础，叠加信息通信和互联网云平台，聚焦"智慧市政+工业安全+环境监治+健康家居"四大业务领域，开发出一系列的环保产品与服务（见图3）。

河南汉威电子股份有限公司在日常的生产和经营活动中，高度重视节能降耗及环境保护工作，倡导低碳环保的理念。公司通过了GB/T24001环境管理体系认证和GB/T28001职业健康安全管理体系认证及CE认证，并按照体系标准持续改进。在日常经营活动中，公司重视环境保护和节能降耗，提倡绿色办公，统筹安排空调系统资源，呼吁广大员工一起行动，合理健康使用空调，及时关闭不使用的电脑、灯具，充分利用二手纸，外出时尽可能乘坐公共交通等。2014年11月《河南省节能减排与低碳技术成果转化推广目录》技术成果报告显示，河南汉威产业园三期积极引入集中空调节能自控信息系统，系统节能在30%以上。

河南汉威电子股份有限公司制定了《河南汉威电子股份有限公司突发事件危

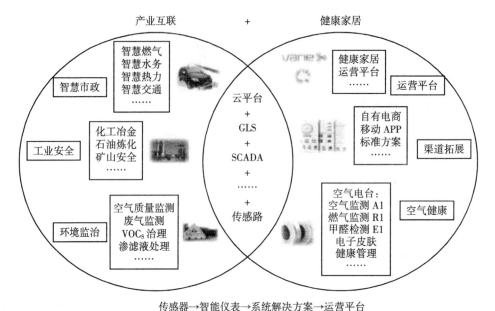

传感器→智能仪表→系统解决方案→运营平台

图3 河南汉威电子股份有限公司环保产品与服务

资料来源：河南汉威电子股份有限公司官网。

机处理应急制度》，明确把自然环境与灾害的应急处置作为重要内容并制定了具体的处置措施。2014年9月，汉威电子携旗下10家子公司参加第七届中国国际安全生产及职业健康展览会，展示和推广公司个体防护、安全生产设备、应急救援、职业健康技术装备等一系列产品和服务方案。

（九）和谐社区责任

河南汉威电子股份有限公司在学术、技术领域开展对外交流与合作，推动行业健康发展。汉威研究院是全国气湿敏专业委员会团体会员、副主任委员单位、全国敏感元器件行业协会会员、中电元协敏感元件与传感器分会副理事长单位、中国仪器仪表行业协会理事单位、全国信息技术标准化技术委员会传感器网络工作组成员单位、河南省物联网产业联盟常务理事单位、河南省物联网行业协会常务理事单位。汉威研究院还与清华大学、西安交通大学、中国科技大学、北京航空航天大学、吉林大学、中科院长春应用化学研究所、中科院上海硅酸盐研究所、上海大学、中国矿业大学、郑州大学等科研院所建立了长期广泛的合作，包括技术交流，科研项目研究，产学研合作，建立实习、实训、实践创新基地等。

河南汉威电子股份有限公司持续参与人文教育活动，设立"汉威创新基金"、"研究生创新实践基地"、"卓越工程师教育培养计划"，开展中小学校外教育基地建设、支持中国大学生物联网创新创业大赛等活动，推动公司所在社区内外的教育文化发展及技术开发，服务社区生活。公司积极维护校企合作关系，2014年公司部分场地作为参观实习基地对外开放，累计接待郑州大学、郑州航空工业管理学院、华北水利水电大学等大学生参观实习团队500多人次。同时，公司积极履行相关法律要求，如《残疾人就业法》，积极落实残疾人就业安排。

（十）责任管理责任

河南汉威电子股份有限公司将社会责任理念融入企业经营理念、发展战略、企业文化、责任管理，努力建构企业与政府、投资者、用户、合作伙伴、员工、社区及环境的和谐关系，为利益相关方创造价值，实现企业和社会的可持续发展。公司的使命是：创造安全、环保、健康、智慧的工作、生活环境，为客户求价值，为员工求富足，为企业求长远，为股东求回报，为企业求长远，为社会求和谐，为民族求复兴。公司以"以传感器为核心，做中国领先的物联网企业"为愿景，努力塑造"尽责、创新、快乐"的企业价值观。

河南汉威电子股份有限公司注重企业文化建设，将企业价值观、经营理念潜移默化地传递给员工，为企业的发展提供了源源不断的动力。2014年9月，河南汉威电子股份有限公司为了继续弘扬汉威人尽责、创新、快乐的核心价值观，加快编纂《汉威企业文化案例集》，并开展了"汉威手机摄影秀"、"我与汉威共成长"征文活动以及以"无'威'不'致'相伴每天"为主题的汉威电子卡通形象设计大赛等一系列企业文化活动。2015年1月，河南汉威电子股份有限公司荣获2014年度中原最佳企业文化雇主奖。

河南汉威电子股份有限公司出台了《河南汉威电子股份有限公司突发事件危机处理应急制度》，建立了针对突发事件的应对机制和策略，按照社会危害程度、影响范围等因素将公司需要应对的突发事件分为治理类、经营类、环境类、信息类四大类别，构建了突发事件处置组织领导体系，完善了突发事件的预警和预防机制和具体的应急处置策略以及应急保障措施，明确了突发事件处理的奖惩机制，保证了企业能够有效预警和处置突发事件。

三、建议

（一）把社会责任报告纳入常态的、重要的日常管理

河南汉威电子股份有限公司应建立落实社会责任管理的高层机制，如社会责任委员会、社会责任领导小组等，明确具体职责和工作机制。企业每年度应该编

篆和对外发布社会责任报告，将其纳入发展规划和日常经营管理，并据此来规范企业管理，优化企业业务结构，塑造企业品牌，最终提升企业的市场竞争力。河南汉威电子股份有限公司应制定3~5年的适合本企业业务发展和管理需要的社会责任发展规划，确定本企业的愿景、使命、价值观和社会责任目标，制订具体的行动计划和实施路线，为社会责任管理和报告编制提供基本的行动方向。

（二）规范社会责任报告的信息披露和考核管理

河南汉威电子股份有限公司应秉持国际标准和开放视角，立足长远，不断提升研究能力，科学、系统地进行企业社会责任报告的编篡和信息披露工作，逐步满足主要投资人、消费者、供应商、合作伙伴等利益相关者的关注点，以社会责任带动内部管理提升，以社会责任塑造良好的行业品牌和外部形象。同时，企业应制定和完善社会责任管理与考核制度建设，完善管理及考核内容，明确考核办法，强化对各部门和岗位的考核，严格落实每年度的社会责任考核评估制度。建议每年由社会责任主管部门牵头，组织对本企业进行社会责任的年度考评，及时发现问题和不足，持续改进社会责任。

（三）强化社会责任的企业文化建设，带动社会责任的贯彻落实

企业文化的核心内容是价值观，也就是河南汉威电子股份有限公司的社会责任感。企业的高层管理者应该充分发挥企业家精神及高度的社会责任感，将社会责任融入企业文化建设，建立健全有助于贯彻企业社会责任的企业文化管理体系，引导和培养有责任感的员工，通过员工来积极、全面、深入履行企业关注客户、关注社区、关注民生的社会责任，落实企业的社会责任和发展目标，为构建和谐社会、履行社会承诺做出积极的贡献。

华兰生物工程股份有限公司 2014 年度 企业社会责任报告

一、华兰生物基本情况介绍

华兰生物是华兰生物工程股份有限公司的简称，其前身是华兰生物工程有限公司，成立于 1992 年，位于新乡市，是专门从事血液制品研发和生产的国家级重点高新技术企业，注册资本 58130.48 万元，员工 1200 多人，拥有 30 家全资控股子公司，总市值超过 280 亿元。作为国家定点大型生物制品生产企业，华兰生物拥有雄厚的技术开发实力、领先的技术水平、一流的生产检测设备、科学规范的经营管理和完善的质量保证体系，在全国同行业企业中处于领先地位。该企业承担了多项国家、省、市级科技攻关项目，其中外科用冻干人纤维蛋白胶被列入国家 "863" 项目，成立了华兰博士后科研工作站和河南省生物医药工程技术中心，为企业的高成长性和核心竞争力奠定了坚实的基础。目前，华兰生物是国内拥有产品品种最多、规格最全的血液制品生产企业，血浆处理能力居国内乃至亚洲前列，这标志着公司已成为亚洲大型血液制品生产企业。

二、华兰生物企业社会责任内容

关于企业社会责任的主要内容，世界各国学者以及组织机构分别提出了各自的观点。如卡罗尔在其提出的企业社会责任金字塔模型中指出，企业社会责任自下而上应包括四个方面，即经济责任、法律责任、伦理道德责任和慈善责任。[①]卢代富认为，所谓企业社会责任，是指企业在谋求股东利润最大化之外所负有的维护和增进社会利益的义务，其内容包括：对雇员的责任、对消费者的责任、对债权人的责任、对环境和资源的保护与合理利用的责任、对所在社区经济社会发

[①] 沈四宝，程华儿. 经济全球化与我国企业社会责任制度的构建 [J]. 法学杂志，2008 (3).

展的责任以及对社会福利和社会公益事业的责任。① 刘连煜认为，公司的社会责任可以分为三个层面：遵守法令的责任、实践公司之伦理的责任、自行裁量责任（Discretionary Responsibility，如慈善捐助）。② 尽管学者们对企业社会责任的内容界定不尽一致、说法不完全统一，如有的在宏观层面进行了概括，有的则是通过纵向、横向维度进行了划分，但其核心要义基本是趋同的。如"法律责任"与"遵守法令的责任"、"伦理道德责任"与"社会公益责任"、"实践公司道义的责任"、"经济责任"与"对经济社会的责任"等的内涵具有极大的相似性和重叠性。

华兰生物作为血液制品研发和生产的国家重点高新技术龙头企业，其履行社会责任的宗旨是"用良好的业绩回馈广大股东，用优质的生物制品回馈社会，为员工创造美好生活"，实现公司经济效益、社会效益相统一，公司的发展与社会的发展相和谐，以良好的业绩回报股东、回报社会，为人类健康保驾护航。华兰生物一直致力于公司和社会的和谐发展，把社会责任融入公司的发展战略和经营管理中，热心参与公益事业，在重视经济发展的同时，将企业、社会、环境的发展和谐统一，坚持可持续发展战略，坚持以人为本的理念，履行社会责任，为创建和谐社会贡献自己的力量。华兰生物履行企业社会责任主要包括以下几个方面：

一是对员工的责任。企业和员工之间是契约关系，除了相互间有支付报酬和付出劳动的法律关系外，企业还负有为员工提供安全的工作环境、职业教育等保障员工利益的责任，对员工的责任是企业社会责任内容中的首要责任。具体包括：①按时足额发放劳动报酬，并根据社会发展逐步提高工资水平。②提供安全健康的工作环境，加强劳动保护，实现安全生产，积极预防职业病。③建立公司职工的职业教育和岗位培训制度，不断提高职工的素质和能力。④完善工会、职工董事和职工监事制度，培育良好的企业文化。

二是对债权人的责任。债权人是与企业密切联系的重要利益相关者，主要包括银行等金融机构、民间金融公司，以及与企业进行交易的相对人。企业应依据合同的约定以及法律的规定对债权人承担相应的义务，保障债权人的合法权益。这种义务既是公司的民事义务，也可视为公司所承担的社会责任。公司对债权人

---

① 卢代富. 企业社会责任的经济学与法学分析 [M]. 北京：法律出版社，2002.
② 刘连煜. 公司治理与公司社会责任 [M]. 北京：中国政法大学出版社，2001.

承担的社会责任主要有：①按照法律法规和公司章程的规定，真实、准确、完整、及时地披露公司信息。②诚实信用，不滥用公司人格。③积极主动偿还债务，不无故拖欠。④确保交易安全。

三是对消费者的责任。所谓消费者，是指为生活消费需要购买、使用商品或者接受服务的公民个人和单位。公司的价值和利润能否实现，很大程度上取决于消费者的选择。为了实现企业的利润和价值、增进消费者利益，企业必须真诚地向消费者承担社会责任。企业对消费者承担的社会责任主要表现为：①确保产品货真价实，保障消费安全。②诚实守信，提供正确的商品信息，确保消费者的知情权。③提供完善的售后服务，及时为消费者排忧解难。服务与产品质量是一体的，服务是企业继产品质量后的第二次竞争。企业提供优质的售后服务，一方面可以在客户当中树立良好的口碑，夯实自身品牌形象；另一方面也可以为社会创造更多的财富。

四是对社会公益的责任。企业对社会公益的责任就是要求企业承担扶贫济困和发展慈善事业的责任，表现为企业对不确定的社会群体（尤指弱势群体）进行帮助。捐赠是其最主要的表现形式，受捐赠的对象主要有社会福利院、医疗服务机构、教育事业、贫困地区、特殊困难人群等。此外，还包括招聘残疾人、生活困难的人、缺乏就业竞争力的人到企业工作，以及举办与公司营业范围有关的各种公益性的社会教育宣传活动等。每一个企业都处于社区之中，搞好企业与社区的关系有利于提升企业的形象、促进企业的长期发展，进而实现社区经济繁荣。但企业也可能使社区成为企业污染的受害者。因此，企业应该关心社区的建设，协调好自身与社区内各方面的关系，实现企业与社区的和谐发展、共同发展。

五是对环境和资源的责任。企业对环境和资源的社会责任可以概括为两大方面：一方面是承担可持续发展与节约资源的责任；另一方面是承担保护环境和维护自然和谐的责任。环境保护是关系到所有人利益的事业，是关系到全人类可持续发展的大事，企业要坚持走新型工业化道路，建设资源节约型、环境友好型企业，使企业的生产经营与自然生态系统和谐统一，以最小的环境代价换取企业的长久发展。

此外，企业还有义务和责任遵从政府的管理、接受政府的监督。政府依法对企业进行宏观管理与指导，为企业的运作提供必要的制度保障和社会公共服务。因此，企业要在政府的指引下合法经营、自觉履行法律规定的义务，同时尽可能地为政府献计献策、分担社会压力、支持政府的各项事业。

三、华兰生物企业社会责任履行状况

近年来不断披露的重大食品药品安全问题、农民工欠薪问题、环境破坏与污染问题等涉及企业社会责任的重大事件，使社会各界对我国企业社会责任的关注空前高涨。尤其是党的十八届三中全会对不同所有制企业提出了一个共同的要求，就是要承担社会责任，企业社会责任问题已经上升到国家战略的高度和层面。此外，哥伦比亚大学教授从利益相关者理论出发，认为要求企业承担社会责任具有正当性；哈佛大学教授也提出企业社会责任是企业的竞争力的观点。无论是社会现实需求层面，还是国家战略和理论层面，企业承担社会责任是一种必然。近年来，华兰生物不断强化社会责任意识，认真践行可持续发展理念，建立健全内控体系，强化药品质量安全意识，切实保障股东权益，坚决维护员工利益，努力实现企业与股东、债权人、员工的和谐发展，促进企业与社会的和谐进步。《中国企业社会责任评价标准》所倡导的法律道德、质量安全、科技创新、诚实守信、消费者权益、股东权益、员工权益、能源环境、和谐社区、责任管理10个一级指标，分别从不同的方面对企业履行社会责任的内容进行了界定，现以此对华兰生物企业社会责任履行状况进行对照，依据其实际情况进行如下概述：

（一）对员工权益的责任履行状况

华兰生物一向重视员工权益维护与保障，注重员工培训与企业团队建设，把维护全体员工的利益作为工作重点，切实提升员工的自身价值，培养员工的凝聚力和团队精神，使员工的个人梦想和企业的愿景有机统一；致力于营造和谐的企业文化，实现用感情凝聚员工、用事业激励员工，规范人力资源管理体系，并不断完善薪酬及激励机制。

1. 尊重员工权利，保障员工福利

在保障员工权利方面，公司遵循男女同工同酬原则，建立健全有竞争力的薪酬体系，公司根据企业所在地工资水平变化，对工资方案和标准、奖金方案和标准等进行重新设计和优化，实现员工的薪酬调整与公司发展同步。公司严格遵照国家有关法律法规，与全部在职员工签订劳动合同，为全体员工办理医疗、养老、失业、生育、工伤各项社会保险，同时为员工办理意外伤害险和足额缴纳住房公积金，切实保障公司和员工的合法权益。公司还积极倡导合理化建议，聆听员工心声，既有利于推动企业发展，也能够切实保障员工权利。在保障员工福利

方面，切实保障员工年休假、婚假、产假，以及其他国家法定节假日等各种带薪休假的权利。此外，公司为员工提供健康体检、生日代金券、降温取暖费、午餐补助、工龄补贴、节假日福利券、劳保用品、员工班车等各项福利，增强员工的归属感。

2. 强化职业健康管理，关注员工健康

公司重视员工职业健康安全防护工作，本着"安全是效益，员工是财富"的思路，深入开展违章行为综合治理，狠抓基层安全管理，致力于不断完善职业健康安全管理体系建设，努力为员工创造良好的工作环境和条件。公司注重源头管理，重视宣传教育，通过采取完善制度建设、为员工配备符合国家安全标准或行业标准的劳动工具及劳动防护用品、开展职业健康岗位培训、强化监督检查等措施，调动了员工在预防和整治职业危害中的主观能动性，形成了正确使用劳保用品的习惯，切实提高了员工的劳动保护技能和自我保护意识。公司定期对噪声、毒物等危害职业健康安全的因素进行监测，为职业危害评价和治理提供依据。公司建立了员工职业健康档案，为特殊工种员工接种相应疫苗，每年免费为全体员工提供健康体检，有效降低了员工职业健康安全风险。

3. 多途径加大培训工作的投入力度，强化人才培养

公司注重提升员工个人专业知识、操作技能等综合素质。2014年，公司通过明确员工年度内训课时要求、聘请外部优秀专家进入企业培训、鼓励员工走出去参加外部专业培训等多种途径，继续加大在培训方面的投入。公司全年共开展内训、外训达50余次。例如，组织管理人员参加办公自动化、财务知识、质量管理等方面的培训；邀请疾控中心、档案局、安监局等领域专家到公司开展生物实验室安全防护、健康知识、档案管理、安全生产等方面的培训；外派员工参加政府等专业培训机构举办的诸如企业首席质量官、安全输血研讨会、药物临床试验监查员技能等培训。

4. 营造和谐环境，平衡员工生活与工作

公司通过积极开展各种文体活动，为员工创造轻松愉快的工作生活环境。2014年，公司举办了拓展训练、文艺晚会等各项活动，加强员工的团结协助；员工图书室定期更新各类的期刊书籍，丰富了员工的业余生活；工会开展献爱心和送温暖活动，积极关心员工疾苦，解决员工的后顾之忧。公司努力营造和谐环境，促进员工工作生活平衡，提升员工的生活质量和幸福感，实现快乐工作、幸福生活。

5. 学习贯彻新《安全生产法》，牢筑安全根基

2014年，国家修订、实施的新《安全生产法》较原法有较大变化，相对更具体、更关注"以人为本"。公司及时利用宣传栏、海报等途径开展宣传教育，并外聘专家为公司管理层开展安全生产相关的培训。通过在2014年继续实施安全生产目标责任制、层层签订安全生产目标责任书、每月开展生产安全隐患排查、每日安全巡检等措施，对新《安全生产法》"安全第一、预防为主、综合治理"的方针予以实施。通过组织开展的各类宣传教育、专题培训、隐患排查及治理活动，各级员工的安全生产意识明显提高，公司全年未发生重大安全生产事故，安全生产工作取得了显著成效。

（二）对股东和债权人权益的责任履行状况

1. 完善公司治理结构，保护股东和债权人权益

公司根据《公司法》、《证券法》等有关法律法规规定，建立健全了法人治理结构，建立了股东大会、董事会、监事会和经理层组织，分别行使权力机构、决策机构、监督机构、执行机构的应有职能。股东大会、董事会、监事会、经理层之间形成权责明确、相互依存、相互协调、相互制衡、相辅相成、各司其职、各负其责的关系，构建一种相互配合、各展其能的现代企业管理体制，确保公司规范发展，切实保障股东和债权人的合法权益。2014年，公司制定了《重大事项内部报告制度》，进一步完善了公司治理，加强了规范运作。公司建立了较为完善的治理结构，形成了完整的内控制度，在机制上保证了对所有股东的公平、公开、公正，使其充分享有法律、法规、规章所规定的各项合法权益。公司在《公司章程》中明确规定股东大会召开地址尽量为公司所在地，并按照信息披露的有关规定通知股东大会召开的时间、地点和方式；重大事项采取网络投票的方式，以使广大股东享受到应有的投票权利；聘请律师出席见证，确保所有股东尤其是中小股东的合法权益不受到侵害。2014年度，公司召开股东大会1次、董事会会议9次、监事会会议9次，公司"三会"的召集、通知、召开、审议事项、表决程序、决议公告均符合相关制度规定。

2. 公司信息披露及时有效

面对多层次监管体系，公司不断加强投资者关系管理工作的规范化，严格履行公司的信息披露义务。公司严格依照法律法规、《公司章程》、《华兰生物工程股份有限公司信息披露管理制度》等的规定，自愿自觉履行信息披露义务，真实、准确、完整、及时地披露所有可能影响投资者决策的信息，确保所有的投资者全

面地了解公司财务状况、经营业绩以及公司重大事项的进展情况。报告期内，公司本着公平对待所有投资者的原则，未出现选择性信息披露等不公平信息披露的情况，不存在重大会计差错、业绩预告更正等情况，保证了信息披露的质量和透明度。公司严格按照相关要求编制并披露了 2013 年度报告及 2014 年第一季度报告、半年度报告和第三季度报告等定期报告，并主动、及时地披露可能对股东和其他利益相关者决策产生实质性影响的信息。2014 年度，公司在深圳证券交易所披露的临时公告和定期报告共计 51 份，对公司重大信息及时、准确、完整地进行了披露，充分保障了社会公众和大中小股东的信息知情权。

3. 注重股东收益回报

公司在经营业绩持续稳步增长的同时，重视对投资者的合理回报，上市以来，本着为股东创造价值的核心理念，公司每年均进行现金分红或资本公积金转增股本，给投资者带来了丰厚的价值回报。公司完善了《公司章程》中对现金分红的要求，落实了分红回报股东的理念，推动公司建立了科学、持续、稳定的分红机制，从制度上保障了股东的良好收益。公司分别于 2012 年 8 月 7 日和 2012 年 8 月 29 日召开了"四届"第十四次董事会和 2012 年临时股东大会，制定了《利润分配管理制度》和《未来三年（2012~2014 年）分红回报规划》。2014 年 3 月 24 日，公司第五届董事会第八次会议审议通过了 2013 年度利润分配预案，以 2013 年 12 月 31 日公司总股本 58091.48 万股为基数，向全体股东每 10 股派发现金股利 4 元（含税）。2014 年 4 月 28 日，公司股东大会批准了这一方案；2014 年 6 月 3 日，公司在《证券时报》及巨潮信息网上刊登了《2013 年度权益分配实施公告》；2014 年 6 月 20 日，公司的分红款派送至全体股东。

4. 投资者关系管理不断加强

公司建立了多渠道、多样化的投资者沟通模式，保持与投资者，特别是中小投资者的沟通交流。通过公告、股东大会、投资者热线电话、网上说明会、深圳证券交易所互动易平台、现场参观等多元化渠道，搭建与投资者沟通交流的平台，及时向投资者反馈公司动态，详细解答投资者对于公司经营管理提出的问题，对可以公开的信息做到不回避、不隐瞒，同时认真听取投资者的建议和意见，加深了投资者对公司的了解和认同，保持了投资者与企业的良性互动，巩固了公司与投资者之间长期、稳定的良好关系。2014 年 4 月 4 日，公司举行了 2013 年度报告网上说明会，就广大投资者关心的问题与投资者进行了充分的沟通。公司把投资者关系管理作为一项长期、持续的工作来开展，不断学习先进的投资者关系管理经验，以更好的方式和途径使广大投资者能够平等地获取公司经营管理、未来发展等情况，力求维护与投资者的良好互动关系，踏实地进行投资者关系管理工作，树立公司在资本市场的良好形象。

（三）对消费者等利益相关者权益的责任履行状况

公司作为社会经济发展大圈子的一员，始终坚持与供应商、客户精诚合作、相互信任、互惠互利、共同发展的原则，充分尊重并保护供应商、客户和消费者的合法权益，做到让供应商满意，让客户满意，让消费者满意，建设一个诚信的上市公司，推动公司持续、稳定、健康发展。公司通过为社会持续提供优质的产品和良好的服务，在市场中进行公平的价值交换，承担纳税和公益等社会责任，从而和利益相关者建立相互信任、相互支持的良好关系。主要包括以下几项具体工作：

（1）加强预算管理，认真做好资金安排和资金的使用计划，及时支付供应商货款，没有发生因资金支付不到位而引起的供应商投诉情况。

（2）与供应商互利共赢，不断完善采购流程，建立公正、公平的采购体系，为供应商创造良好的竞争环境；建立了供应商档案，与供应商、客户签订合同或协议，能够在约定的时间和条款生效后积极履行合同，保证了供应商和客户的利益；不断完善供应商评估体系，对供应商有着严格的质量标准，建立了有效的采购流程，对供应商诚实守信，牢固树立"互惠互利、合作共赢"的理念；要求供应商遵守商业道德和社会公德，所提供产品必须符合国家相关法律法规要求；定期对供应商进行合格供应商业绩评价，并与供应商保持良好沟通，做到互惠互利。

（3）由医学部专门解决客户对血液制品和疫苗产品相关问题的咨询，做好公司产品的售后服务；建立24小时响应制度，设立免费咨询电话800-883-2008，确保第一时间接受客户咨询，做好销售市场的开拓和维护工作。

（四）能源环境：履行环境保护责任，促进可持续发展

2014年，国家新《环保法》修订完成，公司根据新法要求，不断提高环保意识和水平，加大投入致力于"三废"治理，加快推进清洁生产，做到循环利用、安全处置，对主要污染物排放进行有效治理，达到国家规定的排放标准，并不断提高工业固废和危险废物安全处置率。公司对投资项目实行环境保护一票否决制，对外投资的项目必须符合环保要求，项目可行性报告充分考虑环境设计和环保投入，项目实施必须"三同时"，项目竣工必须通过环保验收。公司在日常经营管理中始终宣传贯彻环境保护政策，提高员工的环保意识，采取一系列措施有效实现环境保护与可持续发展。公司倡导绿色办公、低碳生活，全体员工认真贯彻实施公司节能降耗措施，节约每一度电、每一张纸、每一滴水；公司使用节能照明，并将责任落实到人，做到人走灯灭，办公室内倡导合理使用电脑、打印机、空调等电器设备，提倡节约用纸；公司积极组织员工参加植树造林活动，改善厂区生态环境。通过公司多年的努力，全公司每一个员工都自觉地提高了节约能源意识，杜绝浪费、提高效益的观念已经融入公司企业文化中。

（五）和谐社区：积极参与公益事业，承担社会慈善责任

公司重视与社会各方建立良好的公共关系，坚持以人为本、和谐共赢、可持续发展的原则，以"创新发展、服务社会"为己任，在不断拓宽自身发展道路的过程中，以高度的社会责任感回报社会、服务社会，积极参与社会公益事业，为推进和谐社会建设贡献自己的力量。公司在力所能及的范围内，在地方教育、科学、文化、卫生、扶贫济困等方面奉献热情与力量，切实履行作为社会一员义不容辞的责任。公司生产的冻干人凝血因子Ⅷ、冻干人凝血酶原复合物、外用冻干人凝血酶、人血白蛋白等产品主要用于危重病人的急救，但由于近几年来血浆原料供应持续紧张，导致生产能力不足，造成了血液制品市场供不应求，特别是专门用于血友病人治疗的凝血因子类产品一直紧缺。2014年公司通过技术改进，进一步提高了血浆综合利用率，用于治疗血友病的凝血因子类产品产量稳步提升。公司本着"一切为了人类健康"的宗旨，开通了凝血因子类产品紧急求助电话800-883-2008，解决血友病"危重急"患者用药，一如既往地承担着企业应尽的社会责任，得到了广大血友病患者的一致认可和好评。公司感恩献浆员为救死扶伤做出的贡献，心系献浆员家庭，从2007年起持续对考上大学的献浆员子女捐赠1000元或2000元的助学补助金，2014年各单采血浆子公司共捐赠38.5万元，资助360余名考上大学的献浆员子女。

（六）质量管理责任履行状况

为严格控制产品质量和安全、做好产品的售后服务工作，公司建立了严格的质量保证体系，严格按照《血液制品管理条例》的规定进行原料血浆的采集，有效保证了原料血浆的安全性。血液制品和疫苗产品的其他原辅材料也均需通过供应商评估、投产前检验等多步严格管理措施保证其安全；公司血液制品和疫苗产品的生产全过程严格按照《中国药典》和GMP的要求进行生产和质量管理；公司血液制品和疫苗产品每批均经过国家食品药品监督管理局指定的药品检定机构检验，检验合格后方出厂销售；公司产品投放市场后，在使用中进一步观察制品的有效性和安全性；血液制品和疫苗产品均采用电子监管码制度，建立了完善的售后质量管理体系，每一瓶制品都有完整的可溯性。如果产品在投放市场后接到用户来电来函的产品投诉，公司会迅速启动该产品的质量调查程序。如确定属于产品质量问题或者潜在的质量风险，可立即启动"产品回收程序"对制品进行召回；如不属于产品质量或者潜在的风险问题，公司会根据具体情况予以全方位的售后服务。公司通过建立完善的管理制度如"来信来函及用户访问制度"、"质量投诉和药品不良反应处理制度"、"产品投诉管理程序"、"产品召回制度"、"产品退货处理制度"，来保证公司产品临床使用的安全性、有效性、可靠性以及产品售后服务的及时性和规范性。

四、进一步加强社会责任的措施

作为企业公民，华兰生物将承担和履行企业社会责任视作一项应尽的职责和义务，在股东和债权人权益保护、职工权益保障、供应商和消费者权益保护、参与社会公益事业及环境保护等方面积极履行了社会责任，也取得了一定的成绩，但社会责任履行状况与《深圳证券交易所上市公司社会责任指引》、《中国企业社会责任评价标准》的相关规定仍存在一定的差距，现就华兰生物社会责任报告中未专门单列的方面做一些补充和建议。

一是在法律道德遵守和履行方面，尽管企业在保障员工权益、维护债权人权益、保护环境等社会责任的履行过程中，处处以法律为准绳和底线，严格做到了依法经营和生产，但作为高科技生物技术行业，企业应在法律道德履行和责任坚守方面做出专门规定和承诺，并将法律道德责任履行状况进行单列。

二是争做科技创新的排头兵，创新是企业发展的原动力，对于高科技生物企业，创新能力决定了企业发展的动力。华兰生物根据社会发展和行业前景需要不断对产品和技术进行更新和研发，虽然目前对技术人员的引进和培养力度都很大，极大地满足了社会对生物制剂的需求，但在同行业竞争和对比中，我们发现这仍可能是企业后期发展的重中之重，是立于不败之地的法宝，应得到更多、更大的重视。

三是在责任管理和诚实守信方面，我们有充分理由相信华兰生物做了大量工作，公司也建立了完善的责任管理机制，建议单列责任管理履行情况的事项，并对企业诚信经营状况进行全面具体补充。

　　在以后的社会责任履行过程中，华兰生物还应继续加强对社会公益事业的支持，加大投入，完善企业社会责任管理机制，认真参照企业社会责任评价标准的要求，把履行企业社会责任贯穿于企业经营和管理的各个环节，自觉接受政府和社会公众的监督，并进一步增强与国际企业的交流和接触，提高社会服务的水平和履行社会责任的效果。

河南羚锐制药股份有限公司 2014 年度企业社会责任报告

一、公司概况

河南羚锐制药股份有限公司（以下简称"羚锐制药"或"公司"）始创于 1992 年 6 月，由河南省信阳羚羊山制药厂和香港锐星公司合资组建而成，是一家以制药为主业，涉及保健品、健康食品、中药材种植、养殖等行业的国家火炬计划重点高新技术企业。公司于 2000 年 10 月在上海证券交易所成功上市（股票代码：600285），从而成为鄂豫皖革命老区和全国橡胶膏剂药业中的首家上市公司，并逐步成长为国内知名制药企业。下面将从企业规模、产品类型、生产管理和所获荣誉四个方面对羚锐制药做简单介绍。

羚锐制药历经 20 余年的发展，在北京、郑州、信阳、常州等地控股、参股 10 余家企业，拥有多个科研、生产基地。其中，位于新县羚锐生态工业园的贴膏剂事业部生产厂区为国内最大的外用药生产基地；羚锐信阳健康产业园为国内先进的大型口服药生产基地；羚锐北京药物研究院和国家级企业技术中心为企业的科技研发基地。公司拥有橡胶膏剂、片剂、胶囊剂、颗粒剂、酊剂等十大剂型、百余种产品，主导产品如通络祛痛膏（骨质增生一贴灵）、培元通脑胶囊、丹鹿通督片、胃疼宁片等拥有独家知识产权，属于国家中药保护品种、国家医保药品和国家基本药物目录产品。

羚锐制药着力构筑国际化的制药人才队伍，打造一流的人才管理体系。公司主管生产质量的管理人员均具有药学背景，并精通国际制剂的生产流程与质量控制。迄今为止，公司所有药品剂型均通过国家 GMP 认证，质量标准实现了与国际接轨。

作为全国橡胶膏剂药业中的首家上市企业，羚锐制药资产总额逾 20 亿元，年创利税近 2 亿元，先后被评为"全国中药 50 强企业"、"全国中药系统先进集体"、"全国医药优秀企业"、"国家火炬计划重点高新技术企业"、"全国精神文明建设工作先进单位"、"河南省'十一五'重点扶持成长型高新技术企业"等。"羚锐"商标被国家工商行政管理总局认定为"中国驰名商标",这也是国内橡胶膏剂药业中的首个驰名商标。

二、羚锐制药 2014 年企业社会责任履行情况

中国正处在一个快速崛起的伟大时代,企业则是实现经济繁荣、国家富强的重要推动力。成功和良性的企业不仅应是一个健康的经济实体,同时也应该是能够承担一定社会责任的民族脊梁。古典经济学理论认为,企业的首要责任就是为股东创造最大化的利润。然而,在现代经济生活中,人们逐渐认识到,公司不仅是为相关股东创造经济价值的企业法人,而且应该是能够承担一定社会责任的社会组织。尤其对中国来说,我国企业自身的素质不仅决定着当前中国经济的数量与质量,而且对整个社会的未来也会产生深远的影响。因而,企业社会责任的履行是衡量企业素质、决定企业未来发展方向的重要指标,对于展现产品优势、品牌价值、企业文化,在消费者群体中形成良好的口碑效应,扩大市场影响力,创造利润等都有着重要的价值和意义。换言之,企业社会责任是企业参与市场竞争的一种道德资本和软实力。

一般意义上的企业社会责任(Corporate Social Responsibility,CSR)是指,企业在创造利润、对股东负责的同时,还要承担起对员工、消费者、社区、环境等的责任与义务。下面,我们将依据中国企业评价协会、清华大学社会科学学院2014 年 6 月 17 日于中国北京钓鱼台国宾馆发布的《中国企业社会责任评价准则》,从法律道德、质量安全、科技创新、诚实守信、消费者权益、股东权益、员工权益、能源环境、和谐社区、责任管理十个方面来评估河南省上市公司之一——羚锐制药 2014 年度企业社会责任的履行情况。

(一)法律道德

在企业社会责任所要求的法律道德的遵守与实施方面,羚锐制药做到了认真遵守国家制定的各项法律法规,严格按照相关规定进行生产经营活动。在报告期内,公司严格按照《公司法》、《证券法》、《上市公司治理准则》、《上市规则》等法律法规的要求,不断完善公司法人治理结构,加强信息披露,规范公司运作。公司的股东大会、董事会、监事会、经营管理层依法履行各自的职责,对关联交易、募集资金使用事项及时进行信息披露。

羚锐制药除了依法规范自己的经济活动外，还依据相关的法律法规维护自身的合法权益。例如，京裕投资及银高投资未能及时遵照之前所签订的契约——《附条件生效的股份认购协议》按时支付认缴股款，根据《股份认购协议》第 11 条第 2 款的约定，京裕投资及银高投资应向羚锐制药支付应认缴股款总额 15%的违约金。然而，京裕投资及银高投资却迟迟未能履行协议。基于此，2013 年 9 月 18 日，羚锐制药作为原告，通过诉讼代理人北京金台（武汉）律师事务所对违约方银高投资、京裕投资及其普通合伙人京富融源，向河南省信阳市中级人民法院提起民事诉讼，请求法律裁决，以维护公司的合法权益。

在遵守国家法律法规进行生产经营活动的同时，羚锐制药作为国内贴膏剂行业的引领者和一家富有社会责任感的企业，也一直致力于中国公益事业，尤其关注中国教育事业的发展。公司先后在北京大学光华管理学院、郑州大学药学院、河南大学药学院、河南中医药大学等高等院校设立"羚锐奖学金"，资助品学兼优的学子更好地完成学业。除此之外，在每年高考期间，公司为了帮助考生，除了在河南省信阳市信阳高中新校区、新县高中设立两个主服务活动站外，还在全国近 200 个大中城市组织销售人员集中开展志愿者服务活动，倾心关注高考学子。据初步统计，在 2014 年全国高考期间，公司捐赠羚锐小羚羊退热贴、羚锐通络祛痛膏及矿泉水、桶装水、清凉油、风油精等药品及防暑降温用品，价值总额近 300 万元。

此外，公司还经常开展其他社会公益活动。例如，2014 年 5 月 1 日，公司在新县潢河北路环卫工人爱心食堂举行"关注环卫·爱心羚锐"环卫服装捐赠仪式，向新县环卫工人捐赠 560 套工作服。在 2014 年"六一"儿童节前夕，河南省羚锐老区扶贫帮困基金会关注孤贫儿童的生活问题，为 60 余名孤贫儿童准备了儿童节礼物，并资助了 3.6 万元，还带领他们参观了贴膏剂、芬太尼贴剂等生产基地。

公司在合法经营的基础上，热心参与社会公益慈善事业，不仅给企业带来了良好的声誉，提升了公司形象，而且在一定程度上促进了企业的持续发展。近年来，羚锐制药主要经济指标保持年均 20%以上的增长速度，居全国外用贴膏药业前列。目前，公司已发展成为国内知名的公众上市企业和鄂豫皖革命老区信阳新县的支柱企业，为当地社会经济发展做出了突出贡献。

面对 2014 年复杂严峻的经济形势和行业趋势，公司按照发展战略规划，紧紧围绕年初制定的工作任务和经营目标，主动适应经济发展的新常态，稳步推进，市场规模和效益水平不断提升，公司经营继续保持了较好的运行态势。根据《羚锐制药 2014 年年报》，公司年营业收入为 826274117.92 元，同比增长 20.28%；净利润 68675877.40 元，同比增长 28.23%。

作为一家依靠扶贫贷款起家，在社会各界的支持与帮助下取得良好业绩的企业，羚锐制药饮水思源，公司上下自始至终都将践行社会责任融入企业发展的过程中，积极参加各种社会公益活动，履行企业应尽的社会义务与责任。

（二）质量安全

在企业社会责任所要求的质量安全问题上，羚锐制药能够做到高度重视产品质量和生产安全管理。公司所生产的全部药品自上市以来，一直坚持优于国家标准的企业内控质量标准，建立相应制度，确保药品的疗效和产品的优秀品质，积极履行社会责任。

在药品生产方面，羚锐制药所有厂房均严格按照产品生产质量管理规范（Good Manufacturing Practice，GMP）标准建设，严格控制产品质量。公司严格遵照 GMP 标准，强化生产过程中的质量安全；依据岗位 SOP 规范，严格组织生产和管理。需要说明的是，GMP 是优良制造标准，特别注重在生产过程中实施对产品质量与卫生安全的管理，也是为了把不合格产品的概率降为最小而订立的一种体系。GMP 准则对厂房、地面、设备、物料、卫生、生产、人员培训等方面都有具体明确的规定，涉及企业从建成投入到生产过程方方面面的要求。SOP 是 Standard Operation Procedure 的缩写，中文意思是标准作业程序，指的是将某一事件的标准操作步骤和要求以统一的格式描述出来，用来指导和规范日常的工作。换句话说，所谓 SOP 标准，是最优化的概念，是经过不断实践总结出来的在当前条件下可以实现的最优化的操作程序设计，是企业不可或缺的重要部分。SOP 的精髓就是把一个岗位应该做的工作进行流程化和精细化，从而保障企业所生产与销售产品的质量安全。

公司自成立以来始终严格按照 GMP 和 SOP 进行规范化的管理与生产，有系统地控制产品生产流程与产品质量。公司生产车间全部采用国内外先进的技术和生产设备，采用自动化提取浓缩、高效喷雾干燥、真空带式干燥、超微粉碎等先进工艺，从技术环节保障了产品质量，确保了安全。公司质量部设有检测中心，不仅拥有美国安捷伦公司 1260 型、日本岛津 LC-20AT 型等多台高效液相色谱仪，还拥有瑞士梅特勒—托利多 AG135 型和 MS304 型电子分析天平、北京普析通用的原子吸收分光光度计、红外光谱仪、紫外分光光度计、阿贝折光仪、激光尘埃粒子计数器、浮游菌采样器、真空恒温干燥箱等国内外先进的仪器设备。公司配备有经验丰富、技术精通的检测人员，对药品从生产所用的原料到半成品，再到成品都严格检测，以保证检验数据和结果的准确性，确保产品质量的均一与稳定。另外，公司将质量控制延伸到研发、项目建设、供应、生产、销售等各个环节，每个环节都建立了规范的事前把关机制，强调每一个生产过程、每一个细节的质量控制，从物料采购、仓储验收的质量控制标准到前处理、提取车间、制剂车间和成品出厂检验，再到市场销售、信息反馈等都进行全面的质量控制，对不合格产品实行一票否决。除此之外，公司还建立了完善的质量检验、质量曝光、质量赔偿、质量投诉评估、产品召回等涉及产品质量安全事故的报告制度，真正做到零容忍。

公司所采取的规范化生产措施保障了药品的质量与安全。公司生产的通络祛痛膏（骨质增生一贴灵）自上市以来，一直深受广大消费者的青睐与好评，从2008年至2014年连年入选"健康中国·中国药品品牌榜"，成为行业强势品牌产品。需要说明的是，"健康中国·中国药品品牌榜"评选活动是我国第一个由专业的研究机构、权威的行业专家共同参与的针对药品品牌相关的产品力、品牌力、市场力及传播力等多个方面数十项具体指标进行专业评价和评分的药品品牌评选活动。2013年，羚锐牌通络祛痛膏又荣获"2013年中国药店推荐率最高品牌"和"2013年百姓放心药"大奖。由此，羚锐牌通络祛痛膏成为行业中为数不多的年销售额近3亿元的贴膏剂产品，并被入选国家基本药物目录和国家医保目录。

近年来，国内连续发生涉及食品药品质量安全问题的恶性事件，并在消费者群体中造成了极其负面的影响。鉴于此，羚锐制药总经理熊伟明确表示："质量是企业的生命，质量是企业的定海神针；没有质量就没有市场，没有质量就没有效益，没有质量就没有发展。"羚锐制药始终把"药品质量关系患者生命，产品质量关系企业生命"作为工作的核心，将质量管理作为日常工作的第一要务，在确保药品安全、有效、均一、稳定的同时，保障药品使用人群的用药安全。到目前为止，羚锐制药及其下属企业没有一家出现过重大的产品质量事件与安全事故。

（三）科技创新

在企业社会责任所要求的科技创新方面，羚锐制药在保持原有明星产品质量的基础上，非常注重对研发的投入，增加科研资金，强化"科技兴企"战略。依据《羚锐制药2014年年报》，公司在报告期内共支出研发资金2978.26万元，占净资产的比例为 1.91%，占营业收入的比例为 3.60%，与上年同期相比增长 4.71%。

公司自成立以来一直以市场、消费者的需求为导向，积极开展产品创新、管理创新等活动。在 2003 年 12 月，羚锐制药成立企业博士后科研工作站，以广阔的视野招揽各类高端专业人才加盟其中，认真贯彻上级部门的有关精神和要求，积极探索工作站建设和管理方法，加强对在站博士后的综合管理。通过企业博士后工作站，公司在聚集人才、培养人才和提高科研创新能力等方面取得了非常大的实效。公司博士后科研工作站因此也荣获"2013 年度河南省博士后工作优秀单位"称号。之后，羚锐制药在 2014 年申报的"河南省羚锐经皮给药院士工作站"通过了现场考察和专家评审，也通过了河南省科技厅的审批。此外，公司还加强与北京高博医药化学技术中心和北京红惠医药生物技术研究所的合作，增强与各高等院校、科研机构及国内外优秀企业的交流学习，通过建立新型研发体系，共同致力于科技创新工作。公司目前所开展的研发项目主要围绕公司主业进行，以进一步培育公司新的增长点，支撑公司未来的发展。

通过以上的科研队伍建设，公司从实际需求出发，以项目为依托，坚持产、学、研紧密结合，借助科研团队，深入推动企业科技创新，实现可持续发展。在加大人才引进、科研投入和联合研发的基础上，首创橡胶膏剂 CO_2 激光超微切孔技术和含膏量在线检测技术，使膏药生产技术达到国内领先水平，形成了规模生产能力。羚锐芬太尼（骨架型）透皮贴剂作为公司科技研发的新产品也成功上市。芬太尼透皮贴剂为人工合成的强效麻醉镇痛药，其镇痛效力为吗啡的 80~100 倍，被誉为癌症止痛的一个划时代产品。骨架型芬太尼贴剂采用透皮给药高新技术，与同类镇痛药相比具有疗效可靠、安全性更好、副作用小、半衰期长、携带方便等明显优势。中国科学院院士、中国疼痛医学的创始人韩济生教授充分肯定了芬太尼透皮贴剂在癌痛治疗方面的优势，他认为羚锐制药的芬太尼透皮贴剂产品在癌痛治疗领域将大有作为。公司还就羚锐芬太尼透皮贴剂产品上市举行了上市发布会和癌痛患者人文关怀研讨会，与相关领导和本领域内的专家就羚锐芬太尼透皮贴剂产品上市及相关的癌痛治疗问题进行了深入的研讨，认真听取了专家学者的建议。非药字号产品——羚锐驱蚊贴也已投放市场。目前，公司已形成了产、学、研一体化的产业链条，实现了科研成果持续投入、迅速转化、创造效益的良性循环发展模式。不断增强的科技创新能力，大大拓宽了羚锐制药的经营范围，也成为保证公司未来高速发展的新动力。

除了推进科技创新之外，公司也努力加强管理创新、营销创新，把握市场机遇，发挥市场优势和品牌优势，进一步提高企业自身的核心竞争力。例如，自 2013 年以来，为了更有效地推动市场营销服务，羚锐制药除了强化以央视为核心的平台传播外，还主动探索品牌建设的新途径。公司密切关注国内最有影响力的农村题材电视剧的拍摄制作，强化与合润传媒、本山传媒集团的合作，并于 2014 年春节期间在热播的电视剧《乡村爱情·爱情圆舞曲》中成功地植入羚锐公司的品牌广告。在热播剧中，公司的羚锐通络祛痛膏、小羚羊退热贴等系列贴膏产品得到了充分展示。其极高的收视率、网络点击率有力地推动了羚锐品牌的传播，强化了羚锐的品牌印象，进一步提升了公司的知名度、美誉度，为产品走进千家万户开拓了崭新的渠道。同时，羚锐制药也因在本山传媒年度经典大剧《乡村爱情 7》中成功植入品牌而受到业界的肯定，并荣获中国内容营销年度金奖——"中国内容营销年度最佳电视剧植入营销案例金奖"。

综上，近年来羚锐制药积极加强人才引进、科研合作、科技创新、管理创新等方面的工作，已拥有众多专利和中药保护品种，自主创新能力位居国内同行前列。公司积极拓展传统贴膏剂市场，全力加强新产品的研发，提高产品科技含量及市场竞争力，不断地将先进的研发成果转换为新的生产力，优化了企业产品结构，开发出了科技含量高、深受消费者喜爱的新产品，进一步奠定了国内贴膏剂医药企业领导者的地位。

（四）诚实守信

在企业社会责任所要求的诚实守信方面，羚锐制药一直坚持"诚信立业，造福人类"的企业理念，在一切经营活动中，始终遵循市场交易诚实守信的基本原则，靠诚信打造品牌，以诚信成就事业。

首先，公司具有完善的信息沟通和披露机制，定期、及时向利益相关者发布公司重大决策、机构调整等方面的信息。公司还主动与内外界进行多种形式的沟通与交流，公司的季度、年度报告均可以通过羚锐制药的公司官网、《中国证券报》、《证券日报》及上海证券交易所网站及其他渠道获得。所有公开发布的报告都对公司报告期内的生产经营活动、利润来源、重大变动及公司各类融资、重大资产重组实施进度等方面做了详细的说明。例如，从《河南羚锐制药股份有限公司 2014 年半年度报告》中可以得知，公司对股东权益变动做了非常详细的阐释。报告显示，公司于 2013 年 1 月 6 日向羚锐发展、上海证券、百瑞信托三家特定对象非公开发行 28337939 股股份，发行价格为 7.67 元/股，募集资金净额 208173654.19 元，公司已于 2013 年 1 月 21 日在中国证券登记结算有限责任公司上海分公司办理完毕登记托管手续。

除此之外，公司把诚实守信作为一项基本的企业道德准则来教育员工，使企业员工时刻以诚信美德来约束、规范自身的行为。例如，员工的品行教育，如"爱国爱岗，敬业奉献；遵纪守法，明礼诚信；团结互助，和谐友善；勤俭自强，艰苦奋斗；善于学习，勇于创新；知行合一，追求卓越"，其中就体现出了诚实守信的美德。此外，公司还制定出作为羚锐人应该倡导和铭记于心的"八荣八耻"，即"以奉献社会为荣，以损害企业为耻；以遵纪守法为荣，以违法违规为耻；以爱岗敬业为荣，为玩忽职守为耻；以开拓创新为荣，以不思进取为耻；以勤俭节约为荣，以铺张浪费为耻；以团结协作为荣，以推诿扯皮为耻；以执行到位为荣，以敷衍塞责为耻；以廉洁自律为荣，以以权谋私为耻"，以此来勉励公司员工。

近年来，公司一直注重以高科技、高附加值、高质量的产品来赢得客户和消费者的信任，在生产经营活动中，始终以诚信为准则，开展公平交易，尊重和保护知识产权。因而，羚锐制药在 2002 年被河南省"3·15"组委会评为"河南省诚信单位"，2005 年又被表彰为"河南省技术创新诚信企业百优单位"。之后，公司于 2013 年又荣获由中国中药协会发布的中药行业信用评价"AAA 级信用企业"。此外，在经营期间，公司也并未出现因知识产权问题而引发的法律纠纷。

（五）消费者权益

在企业社会责任所要求的消费者权益保护方面，羚锐制药自创立之初就非常重视维护消费者的权益。

俗话说，民以食为天，食以安为先。食品药品安全是人民群众最关心的大事，尤其是药品，它作为一种特殊的商品，其质量关系到服用者的身心健康，关乎百姓的生命安危，是最能直接体现消费者权益的现实商品。为了维护消费者的合法权益，羚锐制药一直把为消费者提供优质有效的药品视为企业的生命。为此，公司一直把使用地道药材作为保证药品质量的首要环节，坚持执行严格的供应商管理制度，并专门设立了由生产、采购、质量、财务及审计等多个部门组成的联合工作组，对药用原辅料的供应商从资质、规模等多个方面进行全方位的实地考察、核验，并建立药用原辅料的标样，实施严格的动态管理，不定期地进行检查，及时淘汰不合格的供应商。例如，根据公司的相关规定，药品原材料的采购人员必须根据公司制定的标准来选择供给商，建立供应商档案，对购入物料按规定进行全面检验，不定时地对供应商提供的物料随机抽样检测，定期进行质量评价，一旦发现质量问题立即给予退货处理，出现三次质量问题将取消供应商资格。

在药品的市场销售方面，销售部门始终坚持公平营销，确保向消费者提供真实可靠的商品信息和服务。不管是线上营销，还是线下的销售平台，顾客都能看到公司所生产药品标注有完备和明确的信息，如商品名称、商品规格、国药准字、生产厂家、通用名称、贮藏、有效期、功效与作用等内容。同时，羚锐制药还建立了完善的客户服务和药品使用者投诉处理机制，加强产品的售后服务，切实做好药品的售前、售中、售后等服务工作，积极追求止于至善的客户服务目标，并对涉及消费者权益的重大问题及时做出澄清和回应。除了对涉及消费者权益的产品质量安全问题及时做出调查、回应之外，公司还实施了产品召回制度，进一步保障消费者的合法权益。

（六）股东权益

在企业社会责任所要求的股东权益方面，羚锐制药严格按照相关的法律章程不断完善内部制度建设，确保公司持续稳健发展，为广大股东提供良好的投资回报，维护股东权益。

首先，公司严格按照《公司法》《上海证券交易所股票上市规则》等相关法律法规的要求，及时、真实、准确、完整地披露相关信息，并通过电话、传真、电子邮箱、投资者关系互动平台、网上业绩说明会等多种方式与投资者进行全方位的沟通与交流，提高公司的透明度，确保所有股东都能够平等地获得企业信息。例如，2012年2月28日，公司召开第五届董事会第九次会议，审议通过了《关于公司2012年非公开发行股票方案的议案》。2012年3月28日，公司召开2012年第三次临时股东大会，审议通过了《关于公司2012年非公开发行股票方案的议案》。2012年9月10日，经中国证监会发行审核委员会审核，公司2012年非公开发行股票申请获得通过。2012年11月1日，公司收到中国证监会核发的《关于核准河南羚锐制药股份有限公司非公开发行股票的批复》（证监许可〔2012〕1398号），核准羚锐制药非公开发行不超过50352020股新股。公司于2013年1月6日向羚锐发展、上海证券、百瑞信托三家特定对象非公开发行28337939股股份，发行价格为7.67元/股，募集资金净额208173654.19元，公司已于2013年1月21日在中国证券登记结算有限责任公司上海分公司办理完毕登记托管手续。

其次，在保证股东获得真实、完整、有效信息的基础上，公司还通过《公司章程》对股东的投资进行合理的利润分配，构建与股东之间和谐、稳定的共赢关系。2014 年，公司持续深化营销改革，实现归属上市公司股东的扣除非经常性损益净利润 6867.59 万元，比上年同期增长 28.23%，保障了公司股东的合法权益。此外，公司除了做好自己的优势产业之外，还极力拓展其他有利于股东收益增加的业务。例如，因现代生态农业发展的前景广阔，信阳羚锐生态农业有限公司、公司控股股东河南羚锐集团有限公司及非关联自然人共同出资建立了河南兴锐农牧科技有限公司。新成立的公司决定充分利用新县良好的生态环境及绿色资源来发展生态农业、养殖业，开发无公害绿色食品，扩大公司规模，增加公司利润和股东收益。另外，羚锐制药还充分利用闲置资金，经董事会授权，通过持股其他上市公司，如投资武汉健民、江苏亚邦等公司，确保公司利润的最大化，最大限度地维护股东的投资回报。

最后，除了维护公司大股东的利益外，公司还非常注重对小股东权益的保护。2014 年 6 月 30 日，公司召开第六届董事会第二次会议，审议通过了《关于首次授予的限制性股票第一期解锁的议案》，根据《激励计划》的相关规定，公司首次授予的限制性股票第一期解锁条件已全部达成，98 名激励对象可申请第一期解锁。首期授予的限制性股票第一期解锁部分于 2014 年 7 月 10 日上市流通。公司通过股东大会对重要的决策进行讨论，最大程度地体现了所有股东的意志。

羚锐制药在保持企业良好、持续经营的基础上，不断扩展新的投资渠道，完善投资回报、利润分配等方面的制度建设，最大限度地确保了全体股东的合法利益与权利。

（七）员工权益

在企业社会责任所要求的员工权益方面，羚锐制药严格遵守《劳动法》、《劳动合同法》、《妇女权益保护法》等法律法规，秉承"以人为本，尊重人才，创造机遇，共同发展，得人心者得天下，得人才者得未来"的人力资源理念，尊重和维护员工的个人权益，切实关注员工的人身健康安全和工作满意度，严格做到尊重人权。

第一，羚锐制药通过依法签订劳动合同等方式最大限度地保证员工所享有的基本权利。在维护员工合法权益方面，公司一直积极主动地抓好"两个合同"的签订工作，第一个合同是员工与企业签订的劳动合同，第二个合同是公司工会代表全体员工与企业签订的集体合同。在第一个合同中，公司明确规定了员工的劳动时间、保护措施、保护用品以及员工生病住院、生育休假等所应享有的待遇。

例如，公司为每名员工投办养老保险、医疗保险、失业保险等"五险一金"。在第二个合同中，公司工会积极监督公司为员工缴纳足额的医疗保险、养老保险、失业保险、工伤保险、生育保险和住房公积金，以解决员工的后顾之忧。

第二，公司广泛吸纳人才。羚锐制药除了严格遵守国家劳动法律法规，保障企业员工的基本权利之外，还在员工的选聘、管理、培训方面，积极拓宽人才引进渠道，广泛吸纳成熟型人才、成长型人才。例如，羚锐制药通过面向全国的外部招聘，招收优秀应届大中专毕业生，高薪聘请高级专业技术人才、管理人才。通过对本单位员工的内部培养、定向培育等方式，进行各类专业知识与实践方面的教育，为公司的进一步发展储备可持续发展的人力资源，使每一位员工都能达到自己所处岗位的工作要求。

第三，公司对企业员工进行综合素质方面的培训。人力资源部门会根据GMP的要求制订年度培训计划，邀请国内外生产管理、质量控制专家对公司员工进行全方位的培训。例如，选派公司高管参加北京大学光华管理学院、上海交通大学安泰学院、华中科技大学经管学院和郑州大学商学院等高校EMBA班学习；与河南中医学院等高校联合举办药学研究生班；对生产、科研一线的员工每年按岗位、按单位进行GMP知识、安全生产、消防知识、岗位操作技能等方面的培训；每年进行不少于60课时的岗位专业技能培训和企业文化知识培训。另外，公司还通过组建羚锐制药营销人未来星俱乐部、羚锐营销人终端商学院，强化对营销人员的专题培训。

第四，羚锐制药充分发挥工会的桥梁、纽带作用，积极开展工会活动以丰富员工的社会生活。羚锐制药工会下设工会委员会、劳动监督检查委员会、劳动争议调解委员会、女职工委员会，拥有工会会员1300多人，专职工会干部2人。每逢"五一"、中秋、国庆、元旦和春节来临之际，为了进一步营造和谐温暖的企业氛围，让员工度过一个欢乐、祥和的节日，公司会推选出来自生产、销售、基层管理岗位的优秀员工进行慰问、表彰，并送上真挚的节日祝福，让员工获得一份归属感。近年来，公司工会还先后协调解决了员工的工资调整、住房困难等一系列涉及员工切身利益的热点、难点问题，密切了员工与企业之间的和谐关系，促进了企业健康、稳定发展。此外，公司工会组织开展了多姿多彩的文艺活动，丰富了员工的业余生活，营造了良性的工作和生活环境，促进员工多方位的发展与自我实现。例如，工会组建羚锐青年歌唱团和文体协会，文体协会又下设篮球协会、钓鱼协会、羽毛球协会、登山协会和文学协会等多个群众性组织，并组织开展了丰富多彩的文化活动。公司的青年歌唱团经常组织歌咏赛事活动，并进行文化宣传。此外，公司创办了《羚锐人》报纸、《羚锐》杂志期刊，编印了《大别山药物志》和羚锐管理文集——《羚之锐》、《羚之美》，以此加强员工之间的交流，提高管理水平，活跃企业文化氛围。为解决公司青年的婚姻问题，公司工会通过与新县职业高中、新县宏桥小学、新县群星小学和新县文学协会等单位联合举办文学笔会和青年联谊会，为大龄青年当红娘。上述一系列的群团活动，不仅使公司员工增强了对企业价值理念和企业精神的认同，而且也使企业员工得到了自我实现。

第五，公司积极保障员工的职业健康安全。为了保护员工的人身安全，公司严格执行劳动安全卫生法律法规，采取相关措施，不断改善员工的生产条件。如公司通过安全生产教育、特殊工种安全培训、安全技术措施等建立安全生产检查和工会劳动保护监督制度，努力保障员工的职业健康安全。公司在职业病的防治上也不惜投入巨大的人力、财力，使各项指标均达到 ISO14001：2004、ISO9001：2008 和 GB/T28001-2011 的规范与要求。公司通过了质量、环境和职业健康安全三标一体化的认证，切实保障了企业职工的人身健康安全。此外，公司还定期组织员工进行年度健康体检，尤其对于年轻女工来说，公司举办了一系列关于妇女知识的专题讲座，督促女员工定期进行妇科专项体检，对发现问题的患者及时给予提醒并督促治疗。

第六，公司注重维护和谐的劳动关系。公司在不断发展壮大、经济效益显著提高的同时，依据员工的心声，每年按一定比例增加职工的工资收入，坚持按劳分配与按生产要素分配相结合的原则，建立职工工资的增长机制。如因工期原因而要求员工延长工作时间的情况下，公司通过完善的劳动加班薪酬管理制度，尊重员工劳动，确保员工权益。除了保障员工的基本权利外，公司也注重提升企业员工的福利水平。例如，公司为员工建立了两栋住宅楼，并把它作为困难员工的周转房；建立了职工俱乐部、图书室和羚锐培训中心；购置了健身器材、乒乓球台、台球等丰富员工的业余生活，增强员工体魄，促进员工的身心健康。此外，公司员工上下班均有通勤车接送；每天享有免费午餐；员工生日都会收到公司赠送的精美礼物。另外，公司还建立了"员工互助基金"，成立职工帮扶中心，建立健全困难职工档案，救济遭遇困难的职工。例如，公司工会开展的"金秋助学"、"金秋圆梦"活动，其目的就是帮助贫困员工子女和社会贫困家庭子女顺利步入大学校园。每年春节前，公司工会都会派人带上慰问物品到贫困职工家中走访。近年来，工会先后慰问贫困员工近百人，送去价值数十万元的慰问金和慰问品。公司依据自身条件提升企业员工福利水平的方法和措施，进一步稳定了企业与员工之间和谐的关系，大大增强了员工的归属感和荣誉感。

基于此，羚锐制药工会先后被中华全国总工会授予"模范职工之家"、"职工模范小家"，被河南省总工会授予"河南省劳动关系和谐模范企业"、"河南省推进集体合同、劳动合同工作先进单位"等荣誉称号。

（八）能源环境

在企业社会责任所要求的能源环境保护方面，羚锐制药多年来自觉遵守国家关于环境保护的法律法规，一方面通过一系列技术创新、管理创新来促进企业节能减排目标的实现，另一方面通过采取有关环境保护的具体措施，切实履行保护生态的责任。

首先，公司非常重视节能减排，始终秉持企业与环境可持续发展的思想与理念，并制定了相关制度以促进节能减排目标的实现。羚锐制药以持续推进清洁生产思想为指导，以降耗、减污、节能、增效为目标，成立了以总经理为组长的清洁生产审核小组，总体负责清洁生产的筹划、组织与实施。同时，公司聘请专业机构和人员按照边审核边实施的原则，遵循"筹划与组织—预评估—评估—方案产生与筛选—可行性分析—方案实施—持续清洁生产"七个阶段制订清洁生产审核计划，推进清洁生产审核工作。确定节能目标后，羚锐制药积极组织相关的人力、物力、财力，通过管理、生产、技改等各个生产环节和部门之间的联合协作，确保节能减排目标的实现。通过上述清洁生产审核的实施，公司真正使产品原辅料、能源消耗、水资源消耗达到甚至领先于国内同行业的标准要求，切实保证了降耗、减污、节能、增效目标的实现。为巩固节能工作成果，公司还建立了节能降耗长效机制，将节能减排工作的持续开展当作一项重要的任务来看待，先后制定了《节约管理标准》、《固废物管理制度》等，把节能工作纳入企业的日常管理。

其次，公司投入巨资进行环境建设。羚锐制药在进行项目建设与环保设施建设时坚持"三同时"原则，即在进行新建、改建和扩建工程时，防治污染和其他防治公害的设施必须与主体工程同时设计、同时施工、同时投入使用。遵循此原则，在新开工的羚锐信阳健康产业园的筹建过程中，企业在建筑施工时，配套了污水、烟尘、废气、废渣、噪声等方面的处理设施，实现了"三废"达标排放和清洁生产。因此，羚锐制药通过了国家环保机构核查，并被河南省环保部门评为

"环境友好型企业"和"绿色企业"。

再次,公司坚持可持续发展战略。公司一直以来都非常关注生产、盈利、研发及环保的可持续性,因而,羚锐制药加大科技创新方面的研究,努力把各项新技术、新方法应用到实际的生产过程中。由此,在降低公司成本的同时,降低了对能源的消耗,减少了环境污染,促进了企业、社会、环境的可持续发展。

最后,公司还十分注重积极培养员工的环保意识。羚锐制药节能减排、清洁生产的理念与实践,使公司员工在组织生产、技术改造、产品研发时,非常注重节约资源、保护环境。公司通过制度化的环境保护措施和奖励机制,充分调动了全体员工参与节能、环保工作的热情。此外,公司还制定了环境安全突发事故应急救援预案,并在信阳市环境保护局登记备案,编号为4115002014C20018。

依据《羚锐制药2014年年报》,在报告期内,企业高度重视环境保护工作,提高节能减排的效能,确保污染物稳定达标排放。在倡导清洁生产的同时,加大环保投入,保护企业及周边的环境状况;注重环境保护管理体系的建设和完善,对各生产成员企业的环境保护状况进行管理控制和检查,督导各生产成员企业做好环境保护工作,确保不发生重大的环境污染事件。尤为值得注意的是,2014年,羚锐制药及下属子公司没有一家企业被列入环保部门公布的污染严重企业名单。

(九)和谐社区

在企业社会责任所要求的和谐社区建设方面,羚锐制药自成立以来,就非常重视企业与社区之间和谐共荣的关系,通过开展一系列活动,加强与企业所在地政府、企业行会、民众等之间的联系,共同建构和谐社区。

首先,公司一直同政府机构、行业协会保持良好的关系,羚锐制药能发展到今天的规模,与各级党委、政府和各职能部门的关怀和支持是分不开的。信阳市历届党政领导都对羚锐制药的发展关爱有加,主要领导经常莅临企业调研指导,帮助解决发展中的问题,给予了大力扶持。信阳市政协副主席王勇曾在讲话中提到,羚锐制药作为鄂豫皖革命老区首家上市公司,在提升老区形象和促进区域经济发展方面功不可没。中共新县县委书记杨明忠也充分肯定了羚锐制药近年来通过强化科技创新和生产技改、不断优化产业结构、增强县域工业竞争力、提升规模效益而对新县县域经济所做出的突出贡献。他同时也表示,新县县委县政府通过大力支持羚锐生态工业园区建设,帮助羚锐制药扩大其产业规模,使公司获得了进一步发展与壮大所需要的基础条件,也为羚锐制药的进一步壮大营造了优质高效的政务服务和发展环境。此外，在营造和谐政企关系的同时，羚锐制药也非常注重与其他企业之间的公平竞争关系。

其次，羚锐制药加强与所在地居民之间的关系。作为一家根植于大别山革命老区、靠着扶贫贷款起家，并逐步发展壮大的民营企业，羚锐的发展离不开家乡父老乡亲的大力支持和呵护。因此，公司始终认为，诚信经营、持续盈利，让职工在企业发展中受益只是第一步，更重要的是在公司发展壮大之后懂得回馈社会。因而，公司在加强自身发展的同时，通过整合企业内外资源，注重发挥企业在地方经济发展中的带动作用，引导企业利用当地资源拉长产业链条，有效地带动了所在地民众经济收益的增加。例如，公司立足于大别山特有的药材资源，如山楂、银杏、丹参、颠茄、元胡等，采取"公司+合作社+基地+农户"的模式，组建了河南绿达山茶油股份有限公司、信阳羚锐生态农业有限公司等企业，带动了大批农户脱贫致富，先后安置近万名高校毕业生、复员军人和下岗职工再就业。公司的这些举措大大地促进了当地的城建、邮政、电信、旅游、种植、餐饮等相关行业的发展，为企业所在地的社区居民创造了可观的经济效益。

最后，羚锐制药热心扶助教育事业的发展。由于多种因素影响，羚锐制药总部所在地——河南省新县一直是国家扶贫开发工作的重点县，而该县的周河乡地处大别山深山区，教育基础条件相当落后，因此，地方教育事业的发展一直让羚锐人挂念在心。2001年，公司及员工捐助110多万元在周河乡建成羚锐希望小学，后又与上海复星医药集团联合捐建复羚未来星小学。这两所学校设施完备，设计水平、建筑质量已属于新县一流。除此之外，公司的创始人熊维政还在该校设立了10万元的"维政奖学基金"，公司党委、工会和团委与羚锐希望小学建立了长期的联系，并制订了明确的资助计划。虽然学生们已经享受了国家的特困补贴，减免了学杂费，但仍然有学生因欠缺学习用品和生活费用而不得不辍学。鉴于此，公司每年定期组织员工深入学校了解教学情况，为孩子们送去学习用品，为品学兼优的学生颁发奖学金，并不定期地组织公司员工以青年志愿者身份辅导学生学习。

多年来，公司一直积极参与社会慈善活动，促进慈善理念及公益文化的传播。自2014年春节以来，一则由羚锐制药制作的广告——《感恩父母·经常陪伴》一经播出，就引起了巨大的社会反响，并引发了广大观众的共鸣。据悉，《感恩父母·经常陪伴》讲述的是在外工作的女儿回到父母身边，解除双亲思念之痛的故事。机场惜别、睹物思人、童年回忆、全家团聚，一幕幕平凡却真挚的场景体现出真实而动人的情感，父母牵挂子女的痛、子女陪伴父母的喜都展现得淋漓尽致。不少观众评价这部广告让人鼻尖发酸、泪盈于睫，看完之后就想拎包回家守望父母。在中国，每年有 2 亿多人背井离乡，为了更好地生活，常年在外打拼，与亲人相隔千里，无法陪在父母身边尽孝；而在本地工作的人，也因为工作忙，常常忽略对父母的陪伴。因此，父母对子女的牵挂深埋心底，变成了一种说不出的痛。父母对儿女的要求其实并不多，只要子女能够多花一点时间陪伴其左右，就是他们最大的幸福与满足。从这一公益广告可以看出，羚锐制药实质上向人们传递出一种比药品更具疗效的药方，即陪伴。换言之，陪伴就是治愈的良方。羚锐制药以公益广告的形式倡导人们爱老、敬老、孝老，衷心希望能够通过自己的行动和努力，让子女对父母的关心和陪伴能够形成一种常态，让"有关爱，没疼痛"的愿望成为现实。羚锐制药制作的这则公益广告对于引导他人向善、改善社会风气具有重要的示范作用。近年来，公司在支持慈善事业、关爱弱势群体的行动中共累计捐资、捐物达数千万元，羚锐制药因其在慈善事业方面的突出贡献而被授予 2014 年"金葵企业公民奖"。

企业与所在地政府、行业协会以及社区居民之间和谐的睦邻关系，既是其存在的自然基础，也是公司发展的社会根基。换言之，社区是企业生存与发展的基石，没有一个良好、和谐的社区环境，企业终将难以幸存。羚锐制药参与构建和谐社区的一系列活动，拉近了与政府、社区居民之间的距离，造就了和谐的社区关系，这也为企业的进一步发展提供了良好的社会基础和人力保障。

（十）责任管理

在企业社会责任所要求的责任管理方面，羚锐制药以振兴民族药业为己任，通过建立有着自身特点的价值体系和企业文化来加强责任管理，明确奋斗目标，整合资源，促进发展。

作为一家老区企业，面对激烈的市场竞争，羚锐制药深知企业的技术、产品、管理制度、服务可以复制，但是企业文化却是不可以抄袭和照搬的，它应该拥有展现公司优势的个性和特点。因而，羚锐制药从创立的第一天起，就把企业文化作为公司的一种软实力加以培育与积累。与其他公司相比，羚锐制药有着自己个性鲜明的企业理念，即"诚信立业，造福人类"。诚信立业指的是始终以诚信为准则，靠诚信打造品牌，以诚信奠定事业；造福人类指的是奉呵护人类健康为天职，视报效社会为福祉。此外，公司还倡导"团结、进取、创新、奉献"的企业精神和"实实在在做人，踏踏实实做事，认认真真经营，真真切切奉献"的为人处世作风，坚持"创造顾客、股东价值最大化"的服务理念，把"立足河南、走向全国、面向世界，打造中国卓越的医药企业"作为企业发展的战略目标。这些系统的企业文化战略建设使羚锐制药形成了自己个性鲜明的文化软实力。从中也可以剖析出羚锐制药凝聚人心的核心价值观念，即强调质量、诚信经营、服务创新。公司还积极把企业文化融入世界范围内的竞争中，让世人都能感受到"羚锐制药"不仅是民族的，同时也是世界的。公司不仅有着关于企业社会责任的理念和精神，而且配备了专门的关于社会责任管理的机构，负责审核、管理社会责任项目，保证实施的系统性与持续性。2008 年 1 月，公司在河南省成立了首家以企业名义发起的慈善机构——河南省羚锐老区扶贫帮困基金会，作为一个工作平台，专门负责企业的社会公益项目和慈善活动。2014 年度，公司进一步明确由党群工作部负责企业文化和企业社会责任管理方面的具体工作。

羚锐制药自成立以来，不断解放思想，转变观念，发展先进的企业文化，以目标鲜明的团队文化、不断超越的创新文化、充满情感的人本文化和求真务实的奉献文化夯实企业品牌，大力促进企业的可持续发展。公司也因良好地履行社会责任而获得多项荣誉和表彰。早在 1999 年和 2005 年，羚锐制药就先后两度荣获"全国精神文明建设工作先进单位"称号；2006 年，又入选"中国企业社会责任调查 50 家优秀企业"；2008 年 8 月，被国务院扶贫办授予"国家扶贫龙头企业"荣誉称号；2009 年 9 月，公司董事长熊维政获评"全国扶贫开发典型人物"；2011 年 11 月，被国务院扶贫办授予"全国扶贫开发先进集体"；2012 年 5 月，被河南省敬老助老总会授予"敬老助老爱心企业"。在 2014 年羚锐制药公布的年度报告内，公司一直维护良好的公众形象，无任何社会责任缺失事件的发生。

三、未来改进建议

通过上述对羚锐制药企业社会责任的分析，可以得知，在 2014 年内，公司积极履行了企业关于法律道德、质量安全、科技创新、诚实守信、消费者权益、股东权益、员工权益、能源环境、和谐社区、责任管理十个项目中的大部分责任，承担起了企业公民应尽的义务，是践行企业社会责任的优秀代表。

然而，羚锐制药在履行企业社会责任的过程中，也出现了一些责任缺失和不到位的情况，主要表现在以下几个方面：首先，从羚锐制药履行企业社会责任所披露的一系列项目和活动来看，公司已经初步将企业社会责任纳入公司的战略计划之中。但是，这并没有明确显示公司已将企业社会责任作为公司核心的经营战略计划来实施。其次，公司大力加强科技创新、促进节能减排，主要是基于控制成本、增加利润的考虑。虽然客观地说，这些措施在一定程度上节约了资源、保护了环境，但是，公司仍需在主观上加强阐释可持续发展的理念。最后，在和谐社区建设方面，公司积极开展慈善活动，但由于近几年国内自然灾害较前些年有所减少，因此，公司大额慈善捐款支出与同期相比有小幅下降。

综上，通过对羚锐制药企业社会责任履行过程中存在问题的分析，我们对其未来可能改进的方面提出以下两项主要建议。

建议之一：率先垂范，进一步彰显企业经营活动中尊重基本人权的价值理念，并成为优秀的践行者。中国正经历着从以义务为本位的传统社会向以权利为本位的现代社会的巨大转型。在现代社会，人权已成为最基本的行为准则和价值诉求，每一位个体的权利必须得到切实的尊重。这是一项基本的原则，不仅对于国家是如此，对于个人是如此，而且对于企业也是如此。企业社会责任涉及众多的利益相关者，如股东、员工、消费者、社区民众等。这些利益相关者对于企业来说，都拥有着最基本的权利诉求。当今中国经济活动领域中出现的一些严重危害消费者权益的事件、企业与员工之间的劳资纠纷、涉及未来人类生存与发展的社会环境问题，从根源上来看，是因为企业没有尊重人们所拥有的基本人权。因而，我们可以预测，如果一个企业尊重人权，它就更好地顺应了社会的期待，并最终会赢得无可估量的商业利益。或许很多企业会有这样的担忧，严格遵循人权价值的要求会增加公司的运营成本，严重削弱自身在市场上的竞争力。然而，通过国外众多的实证调查分析可以得知，这种担心是多余的和毫无根据的。因为，人权理念体现了人最基本的需求，同时也是人际交往、国际交往最根本的行为准则。一个尊重人权的国家，能够赢得世界的赞誉；一位尊重他人人权的个体，也会获得别人的感念。同样，一个企业尊重人权，它也就更好地顺应了社会的期待。

如果企业尊重人权，那么员工在企业中的人身安全、平等机会、私人数据、最低工资、劳动合同、休息时间、医疗、失业、养老保险等就会得到应有的保障。这样的企业才能吸引员工、留住人才，并使其员工的工作积极性得到充分的调动。如果企业尊重人权，则消费者的权益就会成为企业的重要考量，因此企业就会注重产品的安全与环保问题，并获得其独特的品牌形象。同时，企业通过捐助等方式投身于社会公益事业，其声誉也会得到巨大的提升。如果企业尊重人权，在遇到权益冲突之时，它就会诉诸一套解决矛盾的透明程序，搭建一个平台让利益相关方聚集在一起进行平等对话。如果企业尊重人权，它就能够与政府和商业伙伴保持一种良好的关系，获得稳定的经营许可、贷款机会、供货与销售渠道，降低经营风险，从而最终形成强大的竞争力。

总而言之，企业对人的基本权益、人的尊严的尊重，不仅能够给企业带来更多的经济效益，而且能够进一步促进企业的可持续发展。一句话，企业不能仅仅着眼于短期利益的增长，而必须在保障基本人权价值的基础之上致力于保证所有相关方的利益与权利。企业也只有尊重人权所体现的基本价值准则，才能维护其自身的利益和可持续发展。羚锐制药在这方面已经做出许多有益的探索，我们期待其更加优秀。

建议之二：加强对履行企业社会责任的信息披露，以自身的理念和实践传递更多的正能量。在企业发展中，应根据国家颁布的《中国企业社会责任评价准则》来规范自身的生产经营与管理活动，通过配置专业的部门和技术人员来监督企业社会责任的实施情况，初步建立并逐步规范本企业社会责任履行的评价体系和企业社会责任披露制度。企业社会责任评价是促进企业社会责任发展的重要因素。用一套逻辑一致的指标体系对企业的社会责任发展状况进行评价，不仅有助于企业从内部监督企业社会责任的履行情况，而且有利于外部组织、社会民众辨识不同的企业在社会责任发展水平上的差距。

此外，我们也要看到，企业社会责任的履行很容易受到国家政府机构及公共政策的引导。因此，政府可以通过税收、宣传等方式引导、鼓励企业努力承担一定的社会责任。如在引导企业自愿参与慈善事业方面，政府机关可以责无旁贷地担负起社会公益活动"引导人"的角色，通过建立统一规范的部门组织，为企业承担社会责任构筑一个稳定的平台，积极促进企业间的联合，强化社会责任建设。

三全食品股份有限公司2014年度企业社会责任报告

一、三全食品公司概况

三全食品股份有限公司（以下简称"三全食品"）的前身是郑州三全食品厂，始创于1992年，2001年整体变更注册成立为三全食品股份有限公司，是一家中外合资的民营企业，于2008年在深圳证券交易所上市。截至2014年底，公司注册资本8.5亿元，公司总资产达35.4亿元，在册员工5695人。三全食品是中国速冻食品行业的开创者和领导者，是全国最大的速冻食品生产企业，其市场占有率连续多年位居行业首位。

三全食品总部位于河南省郑州市，拥有位于沈阳、成都的2个分公司和河南全惠、郑州全新、成都三全等30多个全资子公司，在郑州、成都、天津、太仓、佛山等地建有生产基地，拥有现代化先进的厂房设施，生产能力和装备水平均处于国内领先地位。三全食品主要从事速冻食品、方便快餐食品、罐头食品、糕点及其他食品的生产与销售，主导产品是速冻汤圆、速冻水饺、速冻粽子以及速冻面点等。近年来，三全食品把市场占有率作为战略发展方向，通过完善和深化渠道网络、推进品牌战略、调整产品结构、加大新产品研发推广力度等手段，进一步提升市场占有率和市场竞争力，2014年营业收入约40.9亿元，进一步稳固了行业龙头地位，经营发展整体态势良好，经营业绩保持稳定。

三全食品以"弘扬中华美食，志创产业先锋，成就百年基业"作为使命，以"客户至上，服务创造价值；坚韧不拔，竞争攀登巅峰；人本创新，团队成就事业"作为核心价值观，以"餐桌美食供应商的领导者"作为企业愿景。

三全食品近年来取得如下荣誉：

- 多年入选"中国500最具价值品牌"；
- "中国驰名商标"；

- "全国就业先进企业"；
- "全国质量管理先进企业"；
- "河南省省长质量奖"；
- "农业产业化国家重点龙头企业"；
- "中国私营企业纳税百强"；
- 全国 520 家重合同、守信用单位。

二、三全食品公司履行社会责任现状评析

三全食品注重履行企业社会责任，通过与利益相关方的紧密合作，将经济、社会与环境责任融入企业战略与经营活动，在有效管理自身社会影响的同时，最大限度地与利益相关方分享价值，从而促进企业与利益相关方在经济、社会与环境方面共同实现可持续发展。

三全食品从 2008 年开始到目前已连续七次对外发布社会责任报告，其社会责任报告真实、客观地反映了三全食品作为社会一员，在从事企业经营管理活动的过程中，积极承担与履行社会责任，遵守法律、行政法规，遵守社会公德、商业道德，诚实守信，接受政府和社会公众的监督。三全食品连续多年发布企业社会责任报告体现出该公司把社会责任融入企业的发展战略和经营管理，积极自觉参与构建社会主义和谐社会。

三全食品履行社会责任的概况如下：

（一）保护利益相关方权益，实现多方共赢

三全食品在对待股东、供应商及其他利益相关方时，主张相互信任、互惠互利、共同发展，努力协调与合作伙伴之间的友好关系，创造共赢局面。

1. 股东、债权人权益保护

股东是企业生存的根本，股东的认可和支持是促进企业良性发展的动力，保障股东权益、公平对待所有股东是公司的义务和职责。

（1）三全食品一贯注重现代企业制度的建设，自上市以来，股东大会、董事会、监事会"三会"运作不断规范，各项制度不断健全完善，形成了一整套相互制衡、行之有效的内部管理和控制体系，切实保障了全体股东和债权人的合法权益。

（2）三全食品严格按照《上市公司股东大会规则》和《公司章程》的规定和要求，确保所有股东特别是中小股东享有平等地位，都能充分行使自己的权力。公

司严格按照中国证监会的有关要求召集、召开股东大会，并请律师出席见证，确保了所有股东尤其是中小股东的合法权益不受侵害。

（3）三全食品注重与投资者沟通交流，制定了《投资者关系管理制度》，开通了投资者电话专线，认真接受各种咨询。公司还通过网上说明会、接待投资者来访等方式，加强与投资者的沟通。公司董事会秘书负责信息披露、接待投资者来访和咨询工作。《证券时报》、《中国证券报》、《上海证券报》、《证券日报》和巨潮资讯网为公司指定信息披露媒体。公司严格按照有关法律法规及公司制定的《信息披露管理制度》的要求，客观、真实、准确、完整、及时地披露有关信息，并确保所有股东有平等的机会获得信息。2014年，公司按相关规定披露了定期报告和临时公告共49份，使投资者全面了解了公司财务和经营状况。在2013年年度报告对外公告后，公司还举行了年报业绩网上说明会，公司总经理、财务负责人、董事会秘书、独立董事参加了此次活动。在说明会上，公司董事和高管向投资者报告了公司运营情况和成果，并就投资者提出的各项问题进行了详细解答。

（4）三全食品制定了明确的利润分配政策，按《公司章程》有关规定，在经济效益稳定增长的同时，公司重视对投资者的合理回报，积极构建与股东的和谐关系，在保证公司持续健康发展的前提下，坚持相对稳定的利润分配政策和分红方案，积极回报股东。2014年，公司按2013年年末总股本402108766股为基数，向全体股东每10股派发现金红利0.5元人民币（含税），合计派发现金股利20105438.30元。公司自2008年上市以来，已连续六年向广大股东进行现金分红，累计达173921753.20元。

（5）三全食品在注重对股东权益保护的同时，也高度重视对债权人合法权益的保护，严格按照与债权人签订的合同履行债务，及时通报与其相关的重大信息，保障债权人的合法权益。因公司信用程度良好，被国家工商行政管理总局评定为"全国520家重合同、守信用单位"，并连续多年被金融系统评为"AAA"信用等级企业。

2. 供应商、客户权益保护

三全食品始终坚持诚信为本，忠实履行服务承诺，与供应商和客户建立了战略合作伙伴关系，充分尊重并保护供应商和客户的合法权益，从不侵犯供应商及客户的商标权、专利权等知识产权。公司崇尚诚信服务的经营理念和行为准则，对于供应商和客户，公司均能以提供最佳服务的态度开展工作。公司还设立了完善的售后服务措施，配备了服务部门和专业人员，对客户提供优质服务，确保客户满意，努力打造和谐的客户关系。

3. 消费者权益保护

三全食品通过执行严格的质量标准，采取细致入微的质量控制措施，提升产品品质和服务质量，为广大消费者提供了安全的产品和优质的服务。公司还设立了完善的售后服务措施，努力打造和谐的客户关系。公司将一如既往地严格按照速冻食品行业国家标准、行业标准、企业标准进行生产经营，生产让消费者放心的食品，做让社会放心的企业。

（二）坚持以人为本，保障员工权益

三全食品视员工为公司最宝贵的资源，让公司成为员工梦想成真之平台、自我实现之空间、从优秀到卓越之路径。公司坚持德能并重、有为有位、激发潜能、共同成长的用人理念，始终坚持以人为本，营造一个共同参与、团队合作、诚实守信、相互尊重、高效沟通的工作环境，激发每一个人的工作热情和创造力，为员工提供可持续发展的机会和空间。

1. 严格遵守法律法规，依法保护职工合法权益

三全食品的用工制度符合《劳动法》、《劳动合同法》等法律法规的要求，在劳动安全卫生制度、社会保障等方面严格执行了国家规定和标准。与所有员工签订了劳动合同，办理了养老保险、医疗保险、失业保险、工伤保险等各种社会保险，并实行带薪年休假等福利。

三全食品依据《公司法》和公司章程等的规定，建立了职工监事选任制度，确保职工在公司治理中享有充分的权力，通过监事会的运作实现对公司的监督。

2. 重视劳动安全保护

三全食品注重对员工的劳动安全保护，注重对员工的安全教育与培训，针对不同岗位每年定期为员工配备必要的劳动防护用品及保护设施，不定期地对公司生产安全进行全面排查，并组织员工参加安全知识培训，开展多种形式的安全演练活动，有效提高员工的安全生产意识和自我保护能力。员工身体健康也是公司的关注点，所有新入厂员工必须体检合格，之后定期组织员工参加体检，发现问题及时复检、就诊，以确保员工的身体健康。

3. 定期组织员工培训，助力员工职业发展

三全食品十分注重员工培训与职业规划，积极开展新员工入职培训，不定期开展各项业务技能培训，安排公司中高层管理者进行研修学习，并针对公司两大系统——销售系统和工业系统开展梯队人才建设项目。通过梯队建设这个平台，

员工学到了很多专业实用的课程，满足了公司不断发展的人才需求。

公司整个 2014 年度累计学习 25200 课时，其中销售系统累计学习 13220 课时，工业系统累计学习 11980 课时，中高层管理者累计学习 1465 课时。以员工入职资格、岗位任职资格培训为起点，公司对员工的职业生涯发展有一系列的"伴随式"培训规划，通过对员工在公司期间的系统培训，提升其专业技能及综合素质。在基层管理人员培训方面，公司通过聘请内部讲师或知名行业专家，对各部门管理人员进行有针对性、系统化的培训，提升其核心专业技术能力及职业化素养，从而打造高素质、高水准的人才队伍。在中高层人员培训方面，公司给予了更高的重视，中高层人员培训是公司整体培训体系的高端部分，公司每年都要送出中高层管理人员参加相关培训学习，同时将参加外出学习的公司高管纳入公司内部中高层培训师队伍，从而充分分享最新培训课程。此外，还组建了经理人训练营，又称"管理精神特训营"，此类活动参加对象主要是公司中高层管理人员及部分优秀的基层管理人员。通过此类活动，加强了各部门之间的交流及沟通。

三全食品采用多样的培训形式和渠道对员工进行培训。①利用社会培训资源开展高端人才培训及先进管理思想、理念、方法培训等。②组织协调各部门，对专业技术管理和生产操作人员进行专业性较强的技能培训、现场培训。③发挥公司培训师资力量和资源，集中开展通用素质、各专业岗位技能、职业资格及特种作业等能力提升培训。④通过公司 EKP 系统，进行远程培训，实现培训工作在公司内的全范围覆盖。

三全食品依据公司的战略指导方针、岗位职责以及部门岗位需求制订年度培训计划，并秉持"利用内部资源、采取多种手段、注重实用技能、提升综合素质"的原则落实实施，坚持以人为本，激发员工工作热情和创造力。2014 年，公司共组织开展高、中、基层员工培训 180 余场，覆盖公司 96.1%的在职员工（见图 1）。

4. 完善与员工沟通交流的渠道

三全食品非常注重加强与员工的沟通和交流，创办了内部刊物《三全人》，开通了公司网站和 OA 自动化办公系统，搭建了公司和员工沟通的桥梁，使之成为公司内部交流经验、通报信息、展示成就、表彰先进、鼓舞士气的重要平台，也为员工提供了发挥特长、展示自己的舞台。

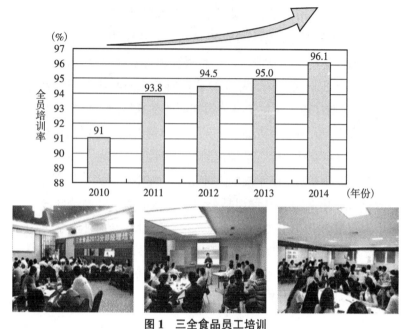

图1　三全食品员工培训

资料来源：三全食品官方网站。

5. 丰富员工业余文娱活动，构建和谐企业

三全食品积极开展各项文化娱乐活动，丰富员工的业余文化生活。公司成立了足球队和篮球队，经常和其他单位切磋球技，还与健身机构签订合同，免费为员工提供健身场所。文化娱乐活动不仅丰富了员工的业余文化生活，而且增强了其凝聚力、团队合作意识和集体荣誉感。

文艺活动：三全公司很注重员工的文艺娱乐活动，每年举办很多的文艺汇演，给员工提供了一个展示文艺才能的大舞台，让员工尽情秀出自己不同于平常的另一面。

体育活动：公司足球队、篮球队是公司企业文化活动的重要组成部分，同时也是公司广大此类运动爱好者的理想运动组织，公司还设有专门的训练场地。目前，公司有男子足球队一支，男子、女子篮球队各一支。公司每年还会举办运动会，给员工提供了一个展现自我的舞台，使员工的飒爽英姿尽情地体现在运动场上。

丽人俱乐部：丽人俱乐部是公司企业文化活动的重要组成部分，同时也是公司半边天——女同事们展示风采的重要舞台。丽人俱乐部开展的主要活动有各类健身操及展示公司广大女性良好精神风貌的各项活动，从而塑造出职场靓丽女性。

拓展训练：团结合作才能成就单靠个人所无法达到的高度。三全公司组织员工进行拓展训练，促使员工在实际的工作中能够发扬责任补位、团队服务、顾大局的高尚风格，铸就一支协同互补、行动一致的员工队伍，为实现更高的跨越而携手共进。

亲子活动：三全食品开展了丰富多样的亲子活动，一方面体现了公司对员工的关爱，提升了员工的归属感、满意度；另一方面也向员工家人介绍了企业的发展和文化，让员工家人对三全食品有更多的了解，对员工今后的工作给予更大的支持。

6. 推进党群组织建设，发挥桥梁纽带作用

三全食品重视党群建设，公司通过建立党支部、工会和共青团组织机构，发挥党群组织联系职工群众的桥梁和纽带作用，积极帮助职工解决困难和问题，搞好沟通协调，认真收集和听取职工关于企业发展的合理化建议，充分调动职工群众投身企业发展的积极性和创造性。

（三）坚持科技创新，保障质量安全

1. 完善技术创新体系，推动行业关键核心技术攻关

三全食品构建了市场、技术、产品三位一体的技术创新体系，突破速冻行业共性技术难题数十项。公司拥有行业中最早的"国家级企业技术中心"以及行业中唯一的"博士后科研工作站"（见图2）。

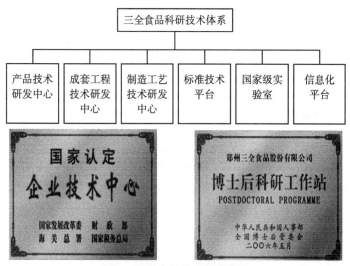

图2　三全食品技术创新体系

资料来源：三全食品官方网站。

三全食品先后承担了"十一五"、"十二五"国家科技支撑计划重点项目，与总后军需装备研究所共同承担了第五代军用野战食品项目，形成了产、学、研一体的研发体系和强大的新产品研发能力。

2. 产品质量和安全控制体系

三全食品始终坚持"客户至上，以质量求生存、以质量创新求发展"的经营理念，将"安全、美味、营养、健康"作为产品质量的核心要素。为此，公司建立了符合国际标准的食品安全质量管理体系，切实保证了原材料采购、生产加工、运输分销、终端销售等整个供应链环节的质量和安全，打造了一条从"农田"到"餐桌"的新型供应链（见图3）。

图 3　三全食品质量管理体系

资料来源：三全食品官方网站。

三全食品目前建立了完善的产品溯源机制，通过包装袋打印码可以追溯到生产日期、车间、班次、生产时间，同时上游追溯到生产过程质量控制、使用原材料名称、原材料批号、原材料验收记录、测试记录、订单号、供应商、采购日期等，同时下游追溯到成品留样、发货车辆、发货时间、发货人、发货数量、经销商、分公司、超市。

三全食品还建立了完善的应急预案机制，即预警通报、应急处理和追溯召回三位一体的责任体系。食品安全的应急管理过程由事故发生前、发生中和发生后三阶段组成，在每一个阶段都需要建立相应的应急管理机制。为最大限度地保证消费者的健康，公司主动承担起不合格产品的召回责任。

（四）创新节能工艺，实现节能减排

三全食品将环境保护作为企业可持续发展战略的重要环节，注重履行企业环境保护的职责，严格贯彻执行《中华人民共和国环境保护法》的有关规定。

（1）在废气处理上，公司的天然气锅炉属于清洁能源，只产生少量的废气，SO_2、NO_x、烟尘排放浓度远小于《锅炉大气污染物排放标准》（GB13271–2001）Ⅱ时段标准中 SO_2、NO_x、烟尘的最高允许排放浓度，对周围大气环境无影响。

（2）在废水处理上，公司废水主要来自加工车间的食品原料清洗废水。根据废水特点及处理出水要求，公司建设有污水站，处理后的废水达到国家排放标准，对环境无影响。

（3）在固体废物处理上，公司固体废物主要是废菜渣、废动植物油及厂内污水处理站处理后的污泥和生活垃圾，均由当地环卫部门清运处理，上述固体废物经处理后对周围环境无影响。

（4）在噪声处理上，公司使用的冷机组、风机、空压机等设备会产生一定强度的噪声，公司采取了相应的降噪、隔音措施，达到国家标准，对附近居民无不良影响。

（5）在绿化上，厂区栽种了一定量树木、花卉和草坪，绿化与美化厂区，净化空气，阻止噪声传播，调节温度，改善厂区小气候。

三全食品自成立以来，历年均能严格执行国家有关环境保护的法律法规，制定了严格的环境作业规范，在生产绿色无污染食品的同时营造了花园式生产基地。公司积极推行节能减排，降低消耗，倡导全体员工节约每一度电、每一张纸、每一滴水，最大程度节约资源。公司还建立了一整套电子化、网络化办公模式，充分利用现代信息技术手段，大大降低了办公对纸张、墨盒等消耗品的依赖性。公司积极发挥科技先导作用，采用变频制冷装置等节能新设备，利用节能新技术、新工艺和新流程，有效实现了节能减排（见图4）。

（五）热心投身公益，竭力回报社会

企业发展源于社会，回报社会是企业应尽的责任。三全食品在努力追求企业利润、创造股东财富的同时，积极承担社会责任、创造社会财富，以企业自身的发展为振兴当地经济做出贡献。2014年度，公司捐款累计196.23万元，积极担负起了一个企业应尽的社会义务。

1. 积极参与光彩事业

三全食品一贯热心光彩事业和公益慈善事业，从捐建希望小学到设立大学奖学金，从支持医疗卫生事业到推动农业发展，从华东抗洪、"非典"肆虐到卢氏县水灾、四川大地震、玉树地震、雅安地震，从印度洋海啸到孤残儿童救助，每当社会需要的时候，都会留下三全食品无私奉献的身影。三全食品积极参与

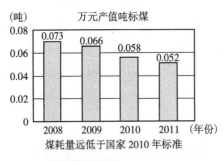
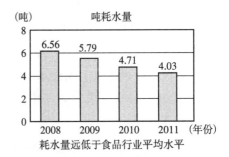

煤耗量远低于国家2010年标准　　　　耗水量远低于食品行业平均水平

变频制冷机　　　　　　　　　全自动化速冻食品立体冷库

图4　三全食品实现节能减排

资料来源：三全食品官方网站。

光彩事业和慈善事业，以企业的爱心真诚回报社会，目前已累计捐款捐物5000余万元。

2. 惠农支农，带动农民增收致富

三全食品不断加大原料基地建设力度，迅速形成无公害蔬菜基地、优质小麦基地、花生和芝麻基地、家禽养殖基地以及糯米粉加工基地等专业基地，对发挥地区农业资源优势、促进农产品转化增值产生了良好的推动作用，带动了上下游产业40万农户增收。公司的发展对种植业、养殖业、油脂加工业、肉加工业、制糖业、包装业等近20个相关产业产生了巨大的带动作用。

3. 促进就业，引领农村劳动力转移

就业是民生之本。三全食品的发展提供了上万个就业岗位，推动了农村劳动力向城市非农产业转移。公司积极向有工作意愿的残疾人提供就业机会，目前公司已安排1000余名残疾人士，并在他们中间建立了党支部、团委以及残疾人工会。同时，公司根据他们的身体情况安排相应的工种，尽量创造有利于他们开展工作的环境。

三、三全食品企业社会责任建设中存在的问题及原因分析

(一) 问题

三全食品有限公司在履行经济责任、社会责任、环境责任方面做了大量工作，取得了明显成绩。但是，在责任管理以及社区共建方面还存在一些不足。

1. 责任管理方面的问题

企业社会责任管理部门不明确，未披露具体由公司什么部门承担社会责任和可持续发展的责任治理、责任推进、责任沟通事项。因此，应明确公司社会责任的管理体系、具体的领导机构和责任部门。

2. 社会参与方面的问题

主要是社会捐赠没有固定的方针和制度，没有持续性。

3. 责任报告编制质量方面的问题

三全食品虽然在社会责任方面做了大量工作，但其公开披露的社会责任报告质量不高。主要表现在以下几个方面：

（1）三全食品的企业社会责任报告包括了基本的经济责任、社会责任、环境责任履行情况，但缺少报告前言，未说明公司在编制企业社会责任报告时所参考的规范或标准，未描述企业简介和关键指标。

（2）缺少责任管理方面的内容，未体现企业的社会责任领导机构、企业社会责任工作的责任部门、企业社会责任体系的建设情况等。

（3）没有在社会责任报告中说明利益相关者的期望及企业对其合理期望的回应。

（4）在指标披露方面，经济、社会、环境方面披露的指标较少，指标可对比性不高。

（5）缺少对社会责任报告的可信性评价。

(二) 原因分析

三全食品公司主要追求企业的可持续发展和企业效益，对影响企业可持续发展和企业效益的方面比较关注，但对企业社会责任的重视程度不高。该公司虽然连续发布了七年社会责任报告，但仅仅是为了满足深圳证券交易所对上市公司的硬性要求。

没有统一的责任管理体系和科学的责任报告参考标准，是当前三全食品社会责任建设方面出现问题的原因。

四、对三全食品履行企业社会责任的建议

（一）内部建设方面

1. 责任管理制度建设

建立健全企业社会责任管理制度，明确领导机构和责任部门，专门负责社会责任的治理、推进和信息沟通。

企业内部领导机构是指由企业高层领导直接负责的、处于企业委员会最高层面的决策、领导、推进机构，如社会责任委员会、可持续发展委员会。

责任部门负责企业内部社会责任推进和企业外部社会责任推进两个方面。内部推进负责推动社会责任工作的制度及措施、内部推动社会责任工作取得的成效；外部推进主要描述企业对利益相关方履行社会责任的倡议和制度规定。

责任部门在企业社会责任推进工作中，应负责企业社会责任规划工作（包括企业社会责任工作的核心议题及社会责任工作要达到的总体目标及保障措施），负责社会责任培训，包括社会责任理论宣讲、国际国内先进企业社会责任运动介绍以及如何把社会责任融入经营等。

责任部门在企业社会责任信息沟通工作中，应注意企业内部社会责任沟通和企业外部社会责任沟通两个方面。内部社会责任沟通主要负责社会责任信息在企业内部的传播机制，外部社会责任沟通主要负责企业对外部利益相关方的信息披露机制及企业领导参与的责任沟通交流活动，具体包括：①识别出企业的内外部利益相关方，如股东、监管者、政府、客户、供应商、员工、合作伙伴、社区、环境、媒体等；②对利益相关方的需求及期望进行调查；③阐述各利益相关方对企业的期望以及企业对利益相关方期望进行回应的措施。

2. 社会责任管理体系建设

社会责任包括政府责任、员工责任、安全生产和社区参与四个方面。三全食品在政府责任、安全生产方面已经进行了很好的建设，取得了明显的成效，能够积极响应政府政策、依法纳税、带动就业。

在员工责任方面，可采取措施提高员工满意度，降低员工流失率，并建立员工意见或建议传达到高层的渠道，明确员工职业发展通道，提高体检和健康档案覆盖率，提供有竞争力的薪酬和带薪休假制度。

在社区参与方面，应采取措施促进当地经济发展，如实现本地化采购、雇佣政策。在社会捐赠方面，应制定企业捐赠方针或捐赠制度，持续性地进行社会捐赠。

3. 积极参加企业社会责任组织

积极参加企业社会责任组织，包括国内外社会责任组织，如联合国全球契约（Global Compact）、世界可持续发展工商理事会（WBCSD）、中国可持续发展工商理事会、社会责任联盟等。另外，参考这些组织制定的企业社会责任或可持续发展披露标准或规范，履行本企业的社会责任。

（二）外部建设方面

1. 推进食品企业社会责任的法制化建设

目前，我国法律对企业社会责任的规定较分散地见于《公司法》、《反不正当竞争法》、《消费者权益保护法》、《产品质量法》、《食品安全法》、《环境保护法》、《劳动法》、《劳动合同法》等法律之中。各法律规定之间缺乏有机联系，条款笼统，操作性不强，法律效力不够，仅停留在倡导性原则、概要性规定的层次。加强食品企业社会责任建设，需要建立系统完整配套的法律规范体系，以社会公共利益为本位，确立企业社会责任的强制性义务，对企业社会责任的概念、性质、内容及违反后应受的惩罚予以法制化规定。要进一步完善食品召回制度，规定企业召回责任，一旦出现风险立刻启动召回程序与应急机制，政府部门与社会公众可帮助企业快速完成食品召回。要加快建立食品追溯制与档案制，完善每一环节的记录制度，记录其详细信息，保存事故记录与纠纷信息档案，以便有效召回。要积极推动建立企业社会责任法定公开信息的披露机制和奖惩机制，对企业逐利性提出约束条件，促使企业在承担社会责任的前提下追求利润最大化，将社会责任作为企业价值目标，使企业逐利行为纳入自愿守法的轨道。

2. 积极构建政府监管与社会监督的现代监管体制

理顺监管部门职能关系，确定职能分工，突出全程监管。强化监管职责，实行行政问责制，防止包庇、渎职、懈怠执法。创新检测技术，加强队伍能力建设，提高监管效率和监管队伍的能力与技术水平，强化监管落实。确定法定信息披露制度，科学量化信息公开内容。建立广泛的社会监督机制，强化舆论监督，通过新闻媒体对好的典型进行公开褒奖，对出现食品安全重大事件的予以公开曝光。提高群众监督意识、食品安全意识，建立人人关心食品安全的社会氛围与监督体系。积极推动建立企业社会责任的内部监督机制，落实企业内部制度，主动跟踪内外部环境的变化，及时调整相关内控措施与手段，把食品风险消灭在萌芽状态，从源头上杜绝食品安全危害。

3. 构建食品企业社会责任评价体系

构建以政府评价为主导、吸收社会评价信息、促使企业内部自我评价的评价机制。建立食品企业社会责任评价标准体系，完善评价规章制度，细化评价内容，使评价内容全面覆盖遵纪守法、安全生产、质量管理、食品安全达标、质量检测、服务水平、环境污染检测、资源合理利用、科技创新、市场诚信、信誉形象、社会责任感、员工与消费者权益、公益事业、社会效益、企业影响力等，确保在运用评价体系时既有宏观指引，又有切实可遵循的量化细则。重视社会调查结果与食品产销使用的原始记录和相关材料、重要事件的影响后果、群众反映及有关举报等，以此作为评价依据，促使企业自觉遵守诚信的社会道德风尚并履行企业社会责任。

4. 强化企业商业道德与社会责任意识培育

注重企业社会责任感自主意识的培养，通过政策扶持、社会评价、奖励机制、减免税费等激励方式，调动企业履行社会责任的积极性，推动企业强化社会责任意识，将社会责任作为企业文化建设的重要内容，作为企业核心价值观塑造的关键，强化品牌价值内涵。引导企业从战略规划上把社会责任贯穿于企业整体经营之中，坚持诚信经营，重视商业道德与社会良知，以现代企业社会责任理论培育员工基本价值观与道德情操，加强对员工的商业伦理教育与培训。培育企业质量安全文化理念，实行全面质量管理，让员工自觉树立食品质量安全意识、道德与服务意识和社会责任意识，最终实现企业和社会"双赢"发展。

五、对三全公司未来履行社会责任的展望

三全食品有限公司自成立以来，始终坚持以积极、热心的态度履行社会责任。公司在股东权益、债权人权益、职工权益、供应商权益、客户和消费者权益、质量安全体系、环境保护和社会公益事业方面做了大量工作，取得了显著成绩。三全食品在企业文化建设中建立了完善的员工培训体系，开展了丰富的员工精神文化活动，构建了和谐的企业文化，进而促进了企业的长远发展，值得其他企业借鉴。未来若在企业社会责任管理体系建设、社会参与方面继续发展完善，则可为促进公司企业社会责任完善、企业繁荣壮大及可持续发展做出更大的贡献。

新天科技股份有限公司2014年度企业社会责任报告

一、公司简介

新天科技股份有限公司（以下简称"新天科技"）创建于2000年11月，前身为河南新天科技有限公司，于2010年6月8日整体变更为股份有限公司。新天科技是国内最早从事能源信息化产品及系统和行业应用解决方案的高新技术企业之一，同时也是A股首家涵盖智能水表、热量表、智能燃气表、智能电表四大产品及系统的上市公司。

公司主要产品包括非接触IC卡智能表及系统和物联网远传智能表及系统，产品被广泛应用于自来水公司、供热公司、燃气公司、电力公司、房地产公司、物业公司、大型工矿企业和全国各大院校等。产品销往国内30多个省、市、自治区，并出口印度、土耳其、南非、尼日利亚、马来西亚、波利尼西亚、莫桑比克、赞比亚、埃及、墨西哥等国家。2014年1月，《福布斯》中文版发布了2014年中国上市及非上市潜力企业100强榜单，新天科技连续三年来再一次荣登福布斯榜单，成为榜单上唯一一家连续上榜的智能能源计量仪表企业，获得了资本市场的肯定。

公司以"能力有多大，舞台就有多大"、"工作量化，绩效决定待遇"的管理理念，聚集了一批优秀的人才。公司现有员工760人，其中技术、研发人员200余人。新天科技一直注重对技术和研发人才的储备和培养，建立了博士后科研工作站，其研发中心被认定为"省级智能计量仪表工程技术研究中心"、"省级企业技术中心"。经过15年的探索和发展，新天科技在行业中享有较高的知名度，产品技术处于国内领先水平，获得了"省科技创新十佳单位"、"优秀创新型企业"、"物联网十强企业"、"全国质量和服务诚信优秀企业"等荣誉。2013年底，作为中国智慧能源行业开拓者的新天科技，在中国电子企业协会开展的第三届"全国电子信息行业优秀企业"评选表彰活动中，蝉联"全国电子信息行业标杆企业"的称号。在 E20 环境平台和清华大学环境学院共同主办的"2013~2014 年度环境产业优秀设备企业"评选活动中，新天科技凭借智能水表运行的稳定性、能耗低等特点，荣获"智能水表标杆企业"称号。

二、公司履行社会责任情况

有知责之心，具担责之能，成履责之行。企业既是一个经济细胞，又是一个社会细胞，企业与社会利益高度一致、不可分割。诺贝尔经济学奖得主罗纳德科斯认为，企业一经成立即与社会达成默契，其实是一种契约。新天科技自成立之日起，一直将"用科技实现能源计量与管理的智能化，促进能源节约，创造轻松生活"作为公司的梦想，将"成为世界智能表行业的领导者"作为公司的使命，真诚履行社会责任，竭力创造经济、社会综合价值。

2014 年度，新天科技秉持"厚德载物、回报股东、成就员工、惠泽客户、造福社会、珍爱环境"这一宗旨，在优秀企业公民的道路上坚实迈进。在创造利润、对股东承担责任的同时，公司积极承担对员工、消费者、供应商和环境的责任。新天人相信，只有与利益相关方共赢，才能为企业的可持续发展提供动力。应该以不断增长的业绩来保障股东资产的增值，用高科技的产品和稳定的产品质量来满足客户的需求，以"有多大能力，就提供多大舞台"来帮助员工实现个人价值。

（一）维护利益相关方权益，实现利益共赢

清华大学会计研究所副所长杜胜利先生提出："只有满足所有利益相关者需求，才能实现企业的永生。"如果企业紧盯自身利益，不顾相关者的权益，则最终会走向没落。只有维护利益相关方权益的企业才能有持续的发展，新天科技用行动践行着这一理念。

1. 股东及债权人权益保护

公司是股东共同利益的有机载体，只有中小股东权益得到了保障，公司整体利益和大股东的利益才能最终得到实现。保护投资者特别是中小投资者的合法权益是资本市场稳定发展的前提。中小股东权益的保护水平不仅是检验一个公司能否规范运作的试金石，而且是一个国家的资本市场是否发达、公司法制是否健全的标志。同时股东和债权人的信任和支持是公司赖以生存和发展的基础，新天科技始终致力于认真落实发展战略规划，持续完善公司治理结构，加强全面风险管

理，不断提升业绩，持续、稳定地回报股东，保护股东和债权人权益，实现与利益相关者的和谐共赢。

（1）完善公司治理结构，保障股东权益。公司非常重视现代企业制度建设，上市以来，严格按照《公司法》、《证券法》、《上市公司治理准则》、《深圳证券交易所创业板股票上市规则》、《深圳证券交易所创业板上市公司规范运作指引》等有关法律法规、规范性文件的要求，积极推进内控建设，并聘请专业的法律咨询机构，不断完善公司法人治理结构，建立、健全公司内部控制制度，通过一系列制度的建设工作搭建了公司法人治理结构的制度平台，从制度上明确了股东大会、董事会、监事会及经营管理层各自应履行的职责和议事规程，从而为公司的规范运作提供了强有力的制度保障，有效地增强了决策的公正性和科学性。同时，加强了与投资者的沟通渠道，规范了投资者关系管理工作，促进公司与投资者之间形成了长期、稳定的良性互动关系，实现了公司价值和股东利益最大化。

（2）积极搭建与投资者沟通的桥梁，维护中小股东利益。股东是企业发展的基石，维护股东特别是中小股东的合法利益、提升投资者对公司的信心，是企业健康发展的必备条件。公司非常重视投资者关系管理工作，本着真实、准确、完整、及时、公平的原则履行信息披露义务，增强资本市场正能量，塑造公司在资本市场的诚信形象。同时，采用多渠道、多形式的投资者关系管理方式，通过公司网站、热线电话、电子信箱、互动易平台等与投资者加强日常沟通，保证投资者与公司信息交流渠道的畅通，并妥善安排机构投资者、新闻媒体等到公司调研、座谈、参观。此外，公司管理层还通过年度报告网上业绩说明会、举办投资者走进上市公司等活动，与投资者进行互动交流，使广大投资者能够及时、全面地了解公司经营情况、财务状况、重大事项进展情况等，保障投资者的知情权。

（3）确保股东享有各项合法权益，积极回报投资者。公司能够按照有关法律法规和公司章程的规定公平对待所有股东，确保股东充分享有法律、法规、规章所规定的各项合法权益。在召集、召开股东大会时，公司严格按照《公司法》、《公司章程》等法律法规及规范性文件的规定进行，保障了中小股东的参会和表决权。

新天科技在获得长足发展的同时，也不忘对投资者进行回报，公司上市以来，每年都进行了现金分红。为了进一步规范公司利润分配及现金分红有关事项，推动公司建立科学、持续、透明的分红政策和决策机制，更好地维护投资者的利益，根据证监会鼓励企业现金分红，给予投资者稳定、合理回报的指导意见，公司结合实际情况，并充分听取中小股东的意见，完善了公司利润分配政策，修改后的现金分红政策符合中国证监会的相关要求，分红标准和比例明确、清晰，相关的决策程序和机制完备。

自 2011 年上市以来，公司每年都按照证监会的相关要求，向社会公布公司总股本、每股分红金额、总分红金额、资本公积金转增股本情况。公司 2014 年股利分配情况如下：以截至 2014 年 12 月 31 日的公司总股本 272448000 股为基数，向全体股东每 10 股派发现金股利 1.0 元人民币（含税），合计派发现金股利 27244800 元人民币。同时，进行资本公积金转增股本，以 272448000 股为基数向全体股东每 10 股转增 7 股，共计转增 190713600 股，转增后公司总股本将增加至 463161600 股。

（4）建立内幕交易防控机制，杜绝内幕交易。为了加强公司内幕信息管理，做好内幕信息保密工作，维护信息披露的公平原则，保护广大投资者的合法权益，根据《证券法》、《公司法》、《上市公司信息披露管理办法》、《深圳证券交易所创业板股票上市规则》及《公司章程》、《信息披露事务管理制度》的规定，公司不断加强对信息披露工作的管理，并严格执行未公开信息的传递、审核、披露流程，有效落实内幕信息事务及知情人报备流程，从而防范内幕信息知情人和非法获取内幕信息的人员利用内幕信息从事证券交易活动，坚决杜绝内幕交易行为。2015 年 6 月，深圳证券交易所根据《上市公司信息披露工作考核办法》，以各创业板上市公司 2014 年度日常信息披露情况为基础，在上市公司自评的基础上，综合考虑公司信息披露的准确性、完整性、及时性和公平性，被处罚、处分及采取其他监管措施情况，与监管部门配合情况，信息披露事务管理情况以及投资者关系管理情况等，对深交所 406 家创业板上市公司进行了 2014 年度信息披露情况考核工作。考核结果显示，考核成绩为 A 类的上市公司所占比例仅为 21.18%，新天科技从创业板 406 家参加考核的上市公司中脱颖而出，成为 86 家考核结果为 A 类的上市公司之一。公司信息披露工作获得最高标准考评结果，足以彰显监管部门对公司规范的整体运作、高质量的信息披露工作的高度认可，有利于进一步塑造公司优质的资本品牌形象。

为了防范内幕交易，公司积极组织董事、监事及高级管理人员参加交易所、证监局、上市公司协会等监管部门组织的培训学习活动。同时，针对内幕信息知情人，公司也经常组织内部的学习、交流活动，通过实际案例的学习、敏感期的温馨提示等方式，进一步提高董事、监事和高级管理人员及其他相关内幕信息知情人的自律意识和工作的规范性，不断促进公司董事、监事和高级管理人员忠实、勤勉、尽责地履行职责。

（5）保护债权人的合法权益。公司在注重对股东权益保护的同时，也高度重视对债权人合法权益的保护，公司奉行稳健、诚信的经营策略，有效控制自身经营风险。在公司的经营决策过程中，严格遵守相关合同及制度，充分考虑债权人的合法权益，及时向债权人通报与债权人权益相关的重大信息。债权人为维护自身利益需要了解公司有关财务、经营和管理等情况时，公司全力予以配合和支持。多年来，公司与债权人建立了良好的合作关系，赢得了债权人的信赖和支持，公司信用等级为 AAA 级，公司良好的信誉为公司的长远发展提供了必要的条件。

2. 供应商和客户权益保护

公司本着平等、友好、互利的商业原则与供应商、客户建立长期稳定的合作伙伴关系，努力维护供应商、客户的权益。

公司秉承诚实守信、与客户共赢的营销理念，与客户建立了稳定、更为密切的战略合作关系。通过定期开展客户满意度调查和运行 CRM 系统收集客户反馈信息，及时了解客户需求和感受，并及时对客户的反馈予以响应，倾心服务客户，实施全方位的顾客满意战略，保护客户的合法权益。

（二）关爱员工，保障员工权益

1. 健全的劳动保障体系

在保障员工合法权益方面，公司严格遵守《劳动法》、《劳动合同法》、《工会法》等法律法规的要求，建立了一系列劳动管理制度，依法与员工签订劳动合同，并按照国家和地方法律法规为员工办理了医疗、养老、失业、工伤、生育等社会保险，并为员工缴纳住房公积金，认真执行员工法定假期、婚假、丧假、产假、工伤假等制度，为员工提供健康、安全的生产和工作环境。

公司尊重和维护员工的个人权益，重视人才培养，切实关注员工健康、安全和满意度，实现员工与企业的共同成长，不断将企业的发展成果惠及全体员工。对工资、福利、劳动安全卫生、社会保险等涉及员工切身利益的事项，公司积极听取员工的意见和建议，以各种途径和方式树立员工的企业责任感和主人翁意识，维护了员工的合法权益，构建了和谐稳定的劳资关系。

为了保障职工在公司治理中享有充分的权力，公司依据《公司法》、《公司章程》的规定，成立了职工代表大会，由公司职工代表大会民主选举产生一名职工代表监事进入公司监事会，代表职工监督公司财务、董事会、管理层的履职情况，切实保障职工对企业重大事项的知情权和参与权。

2. 合理的薪酬福利体系

公司建立了合理的薪酬福利体系和科学完善的绩效考核体系，将绩效考核结果作为员工奖惩、晋升的依据，并根据员工的工作表现和业绩实行年度两次调薪，共同达到劳资双方的和谐与共赢。

尊重、关爱员工成长是公司的用人态度。公司竭尽所能为员工提供更加丰富的利益，如对孕哺期的女职工在薪酬待遇、劳动时间、劳动保护等方面给予特殊照顾。

公司平时为员工提供免费午餐、劳保用品等，每逢重要节日发放过节津贴。为了方便员工上下班乘车，公司为员工配备专车负责接送员工，大大减少了员工出行的困难。

3. 有力的职业健康安全保障

公司始终关注员工的健康与安全，在日常生产经营中全面推行安全生产管理，强化专项检查考核，加大安全生产隐患排查，促进安全生产水平的提高，创造企业安全的工作环境和生活环境。公司依据《安全生产法》与国家有关法律法规，建立了 OHSAS18001 职业健康安全管理体系，取得了中国质量认证中心颁发的"职业健康安全管理体系认证证书"，为员工的职业健康安全提供了有力保障。

同时，为了把对员工的关心落到实处，实实在在体现公司对员工的关爱，公司每年定期对员工进行一次免费体检，并建立了职工健康档案。

4. 完善的职业培训机制

公司十分重视员工培训与职业规划，重视人才梯队建设。制定了《培训管理制度》，建立了系统的培训体系，创设了管理技能培训、职业技能培训、销售技能培训及专业技能培训等，鼓励职工开展多种方式的学习，帮助员工提高自身素质和综合能力，为员工的发展提供广阔的舞台和更多的机会，实现了员工与企业的共同成长。针对新员工，公司实行"先培训、后上岗"制度，新入职的员工必须根据岗位规范的要求，得到全面的岗位职责和岗位操作规程培训后方可上岗。对老员工采取不定期举办专题讲座、组织参观学习和职工自主培训等多种方式，为职工提供全员、全程、全方位和有针对性的培训学习，有效促进了各专业人员之间的交流，提升了培训人员的业务能力、领导能力和管理水平，为公司的持续健康发展打下了良好的人力资源基础。

5. 丰富的文化生活

公司非常重视人文关怀，积极与员工建立良好的沟通、交流平台，同时积极开展各项文化娱乐活动，促进员工之间的了解与情感交流，构建了和谐稳定的员工关系。为鼓励和倡导员工健康生活、快乐工作，公司已连续多年举办了年度文体活动和文艺晚会，通过各种活动来丰富员工的生活，释放工作压力，使员工身心得到了健康发展，增强了团队的凝聚力和向心力。

（三）节能减排，注重环境保护

公司严格按照国家相关法规的要求，积极开展环境保护的相关工作，坚持发展经济与预防污染并重的发展理念，高度重视环境保护和节能减排，大力发展循环经济，不断提高资源综合利用水平，切实推进企业与环境的可持续、和谐发展；重视对节能减排产品的研究创新，并积极将各项新技术产品应用于实际生产生活过程中。

在日常工作中，公司积极推行节能减排，倡导全体员工节约每一度电、每一张纸、每一滴水，最大程度节约能源，减少空调、电脑等用电设备的待机能耗，提高纸张的二次利用率，积极推动办公自动化，建立了一整套电子化、网络化办公模式，充分利用现代信息技术手段，推进节约型社会建设。在公司车辆购置和使用时，根据工作用途购买合适排量的车辆，同时，降低较大排量汽车的使用频率。为了增强节能减排意识，公司水龙头、电源开关旁都设有"节约用水"、"节约用电"的小贴士，增强每位员工节约用水、节约用电的意识。公司积极做好园区的环境绿化工作，每年植树节组织员工植树，优美的绿化环境为员工提供了温馨的工作场所。

公司在"遵守法规、节能降耗、清洁生产、持续改进"的环境方针的指引下，成功导入 ISO14001 环境管理体系，遵循 ISO14001：2004 环境管理体系要求，关注环保社会责任，促进企业持续、健康、稳定发展。

为了贯彻党的十八大、十八届三中、十八届四中全会精神，顺应实行最严格水资源管理制度和加快节水型社会建设的新形势、新任务、新要求，公司扎实推进工业节水、生活节水、生态节水，最大限度地提升水资源的利用效率和综合效益，保障国家水资源的可持续利用；同时，为了积极响应国家大气污染治理及节能减排号召，报告期内，公司研发了以下几大新产品，以助推我国节水型社会及环境友好型社会的建设：

（1）智慧水务管理系统。公司加大了城市水资源管网的软件研发工作，该系统通过数采仪，无线网络，水质、水压、水量等在线监测设备可实时感知城市供水系统的运行状态，并采用可视化的方式有机整合水务管理部门与供水设施，形成"城市水务物联网"，并可将海量水务信息进行及时分析与处理，帮助自来水企业提高供水收益率，让供水企业的管控更轻松、更智慧。目前，该系统已研发完成，后期将向市场推广。

（2）智慧农业节水管理系统。目前我国用水大户是农业用水，约占70%，而农业用水的90%是灌溉用水，但是灌溉用水的有效利用率仅为30%~40%，而世界发达国家已达到70%~90%的水平，我国农业灌溉用水量大、灌溉效率低下和用水浪费的问题普遍存在。我国政府出台的《全国节水灌溉发展"十二五"规划》和《大型灌区续建配套和节水改造"十二五"规划》提出，到2015年，力争全国新增高效节水灌溉面积达1亿亩，全国70%大型灌区和50%中型灌区完成配套续建和节水改造任务。为了响应国家号召，为公司提供新的利润增长点，并鉴于智慧农业节水系统具有广阔的市场空间，报告期内，公司对原有产品机井灌溉系统进行了升级、优化，优化后的智慧农业节水管理系统由采集器、控制器、墒情监测器、阀门控制器、智能水表和主站软件组成。可利用气象监测系统采集土壤墒情、温度、湿度和雨量等数据，通过泵房自动化系统供水，由太阳能节水灌溉系统实现自动灌溉、按需灌溉和节约灌溉，并且可利用农田自动化施肥喷药系统根据实际情况自动施肥喷药。同时可由GIS地图信息化管理系统直观形象地展示灌区气象和土壤墒情信息以及设备分布与运行情况。目前，公司已成立了智慧节水事业部，后期公司将加大智慧农业节水管理系统的市场推广。

（3）智能眼识别无线互联直读抄表系统。目前水表的智能化率较低，根据国家统计局数据，全国自来水家庭用户超过3.45亿户，而智能水表普及率不足15%，市场迫切需要一种先进、可靠的代替人工进行抄表收费的工具。为此，新天科技研发了智能眼识别无线互联直读抄表系统，可以做到在不改变供水管网的情况下，实现自动抄表，对传统供水系统进行自动化改造，有效激活目前现有存量机械水表改造成智能表，实现阶梯收费、远程抄表的目的。目前，该系统已完成样机研发。

（4）电子式智能水表。纵观电能表、流量计、热量表的发展过程就能发现，电子化、数字化取代传统机械式表是仪表发展的必然趋势，远程水表抄表技术也同样会向智能化、数字化、网络化方向发展。为此，新天科技特研发出第三代电子式智能水表。电子式智能水表的优点有：①传动机构少，阻力小，启动灵敏度比传统机械表小近一倍，计量精度高，避免水司因误差而造成的水流失；②不存在机电转换误差和传输误差，抄表准确率高；③采用一种先进的无磁非接触传感技术——数码侦听传感技术进行采样，能有效防止偷水问题；④电子式智能水表周期轮检十分方便，通过下载参数进行检定，只需通过通信线或红外输入修正系数即可进行误差调校，可节约大量人力、物力和财力；⑤材质采用无毒无污染的节能环保材料，符合环保政策。目前，该产品已研发完成，后期将向市场推广。

（5）智慧热力通断时间面积法热计量系统。为了达到供热管网热力平衡、节能降耗的目的，积极响应国家关于大气污染治理及节能减排号召，针对北方地区气候环境和供热环境存在室温不均、垂直失调和供热水质等实际问题，公司研发了智慧热力通断时间面积法热计量系统。该系统用户可根据所需温度情况分时段自由调节温度，系统会根据用户设定的温度和室内温度情况自动调节阀门供热量大小，并通过自动化控制系统智能调节供热管网供热量，以充分利用自由热，达到节能减排的效果。

（四）注重科技创新，提高产品质量

1. 注重科技创新，引领技术革命

公司多年来专注于智能计量仪表及其控制系统产品的开发，始终以"掌握核心技术，不断创新"作为核心竞争力，以"先进的技术是我们的荣誉"作为公司研发人员的信念。

新天科技于 2012 年 11 月 26 日获批设立博士后工作站，依托联合培养院校的科研力量，紧密结合博士后科研工作服务公司发展的目标，在博士后管理和工作站自身建设方面进行了积极、有效的探索，不断加强、完善组织机构建设。设站以来，公司更加重视技术研发方面的投入、研发队伍的建设、人才的培养、新产品的研发、技术的积累等。公司无论是在激励机制、制度的建设方面还是在资金方面，都有力地支撑并确保工作站新技术研发的顺利进行。2011~2013 年各年度，公司研发投入均超过年度销售收入的 3%以上，再辅以各类政府资金支持，保证了工作站科技发展规划和年度计划的完成。

公司专注于能源计量信息化管理产品及行业应用解决方案的研发，多年来一直坚持自主创新，始终瞄准行业前沿技术，积极将前沿技术运用于技术与产品开发中，不断研发出能满足用户需求的新产品，保持较强的自主创新能力，实现产品的快速技术更新，使公司技术与产品始终处于行业领先地位。在非接触卡方

面、远传方面、功耗方面、控制可靠性方面等研发了多项技术，目前公司拥有300 余项国家专利、计算机软件著作权，其中专利 205 项、计算机软件著作权167 项。

2014 年度，公司继续加大研发资金的投入，加强研发队伍的建设，并不断进行技术创新。报告期内，公司新增专利 33 项，新增计算机软件著作权 37 项。为了最大限度地提升水资源的利用效率和综合效益，保障国家水资源的可持续利用，报告期内，公司研发了智慧水务管理系统、智慧农业节水管理系统、智能眼识别无线互联直读抄表系统、电子式智能水表、智慧热力通断时间面积法热计量系统等几大新产品，以助推我国节水型社会及环境友好型社会的建设，其中自主研发生产的智能水表顺利通过评审，列入 2014 年"全国建设行业科技成果推广项目"。

未来，新天科技将依托公司现有的研发、供应、生产、发货 ERP 网络管理系统，CRM 客户关系管理系统，CMMI 研发管理体系，IPD 研发管理平台，PLM产品生产周期管理系统等，实现信息化与自动化技术的高度集成，进而打造工业4.0 级的智能工厂。同时，新天科技也将进一步优化公司管理团队，提高经营管理水平，增强公司技术研发和创新能力，在诚信规范经营的基础上，努力创造更佳业绩，为建设节能减排的节约型社会、实现城市智能化管理贡献力量，进而为城市居民创造更加美好的生活。

2. 质量赢得口碑，品质塑造信誉

企业界有一种说法，即一流企业做"标准"，二流企业做"品牌"，三流企业做"产品"。意思是说，能够成为其他企业的参照，并以自身标准为基础，承担国内国际标准拟定任务并通过审定和颁布实施的企业，才是最优秀、最值得信赖的企业。作为智能仪表行业的领跑者，新天科技挑起重担，牵头担当起草行业标准的工作。2014 年，公司参与了 CJ/T449-2014《切断型膜式燃气表》标准的编写工作，成为该标准的起草单位之一，被住房和城乡建设部燃气标准化技术委员会秘书处授予了《标准编写证书》。2013 年，新天科技召集来自中石油昆仑燃气有限公司、中国燃气控股有限公司等的 40 余名业内专家、学者召开了《无线远传膜式燃气表》标准技术研讨会，广泛征集意见。2014 年 9 月 4 日，《无线远传膜式燃气表》行业标准的制定项目获得住建部标准定额司正式立项，2014 年 12 月，正式列入《2015 年住房和城乡建设部归口工业产品行业标准制订、修订计划》。该标准由新天科技主编，中石油昆仑燃气有限公司、重庆燃气集团股份有限公司、河南省计量科学研究院和中国市政工程华北设计研究总院共同起草。按照计划，该标准将于 2016 年 12 月完成编制工作。这是新天科技践行成为"世界智能表行业的领导者"和履行社会责任的有力证明。公司参与该标准的起草彰显了新天科技在燃气表领域的技术影响力和企业的综合实力。

公司高度重视产品质量，严格按照国家标准、行业标准以及企业标准进行质量评估，设有质量部，按照 ISO9001 质量管理体系的要求负责质量控制相关工作。始终坚持"没有稳定的质量，就没有新天的一切"的质量理念，根据智能表产品使用环境的特殊性，以"精益求精，追求零缺陷"作为质量管控的指导思想。近年来，公司不断加大新产品开发力度，持续改进和提升产品质量，努力推进公司实现持续、快速、健康发展。产品质量水平不断提高，多年稳居行业前列。2014 年 3 月，中国质量检验协会组织开展了以"建设质量强国，让消费者质量和服务同享；引导质量消费，切实维护消费者合法权益"为主题的国际消费者权益日全国优秀企业"质量和服务诚信承诺"活动，新天科技被授予"全国质量和服务诚信优秀企业"荣誉称号。在 E20 环境平台和清华大学环境学院共同主办的"2013~2014 年度环境产业优秀设备企业"评选活动中，新天科技凭借智能水表运行的稳定性、能耗低等特点，荣获"智能水表标杆企业"称号。2014 年12 月，新天科技高效节水的智能水表系列产品取得了由中国质量认证中心授予的"中国节水产品认证"证书。

公司从成立之日起，一直专注于智能表行业，深谙产品的环境特点和质量难点，对质量问题高度敏感、不断总结、谨慎改进。公司认为，产品等于人品，品质塑造信誉。在市场细分的时代，以规模决定制造商实力的历史正悄然逝去，一个以品质为核心竞争力的时代已经到来。因此，公司要求生产和品管机制必须在传承中不断走向成熟，依靠过硬的产品质量和优质的服务赢得广大客户的认同和良好的口碑。

（五）发挥社会价值，积极回报社会

企业发展源于社会，回报社会是企业应尽的责任。公司注重企业的社会价值体现，把为社会创造繁荣作为企业应承担的一种社会责任，以自身发展影响和带动地方经济振兴，积极回报社会。

1. 推动地方经济发展，履行纳税人义务

公司始终坚持以发展经济为己任，着力发展战略性新兴产业，大力推动区域经济发展。公司依法按时缴纳税款，纳税额逐年稳步上升；依法进行税务登记、账簿设置、凭证保管、纳税申报；如实向税务机关反映公司的生产经营情况和财务制度的执行情况，并按有关规定提供报表和资料。作为纳税大户，公司为国家财政税收及地方的社会经济发展做出了较大的贡献。公司近三年来上缴各项税费总额如表1所示：

表1　近年来公司上缴各项税费总额

项目 \ 年度	2012	2013	2014
缴税（万元）	4301.72	4254.19	5015.24

2. 构建和谐公共关系，充分发挥社会价值

公司高度重视加强与政府部门和监管机关的联系，主动配合政府部门和监管机构的监督和检查，涉及公司规范运作的相关事项特别是重大事项都及时向监管机构汇报和咨询，认真听取监管机构的意见。同时，作为社会公众上市公司，公司在生产经营活动中遵循自愿、公平、诚实信用的原则，遵守社会公德、商业道德，主动接受政府部门和监管机构的监督和检查，高度重视社会公众及新闻媒体对公司的评论，赢得了社会各界的认同。

作为社会的组成部分，公司积极履行社会责任，将追求利润和承担社会责任有机地融合在一起，与整个社会的发展和谐同步，用爱心回馈社会，弘扬"一方有难、八方支援"的互助精神和"团结、博爱、奉献、自愿"的精神，积极参与赈灾、慈善等公益事业，先后为汶川、玉树、永吉等灾区举行捐助活动，为灾区重建贡献一份绵薄之力。同时大力支持社会就业，为在校大学生提供了见习、实习机会，缓解了社会就业压力。

三、2015年社会责任展望

一个伟大的企业不仅能够为社会提供优秀的产品和服务，还竭尽全力使整个世界变得更加美好。2014年，面对可持续发展的挑战和机遇，公司在努力提高经营业绩的同时，积极落实社会中长期发展规划，强化社会责任管理，推进社会责任试点，着力提高可持续发展能力，与各利益相关方共同推进人类社会的发展与进步。

2015年，新天科技将在以下方面改进工作，提高履责能力：

股东：贯彻落实国家宏观调控措施，提高公司可持续发展能力，全面完成年度生产经营目标，努力提高经营业绩，为股东带来更多收益。

员工：加强员工培训教育，提高员工职业技能，增强员工综合素质，完善劳动保障体系和薪酬体系，丰富员工业余文化生活。

客户：进一步加强公司产品的监督检查工作，持续提高产品的质量，强化质量管理体系的运行，不断满足客户对产品多功能的需求。

社区：公司继续加强与社区及居民的沟通联系，积极支持社区的经济、文化、教育和公益事业。

未来，新天科技仍以"用科技实现能源计量与管理的智能化，促进能源节约，创造轻松生活"为愿景，以"培养一流人才，研发一流产品，提供一流服务，创办一流企业"为目标，以"成为世界智能表行业的领导者"为使命，以"自主研发，不断创新"为根本，运用先进的信息技术，实现居民用水、用气、用暖、用电等的智能化、自动化管理，为建设节能减排的节约型社会、实现城市智能化管理贡献力量，进而为城市居民创造更加美好的生活。公司将不断提升业绩、发展壮大，同时也在积极履行社会责任的道路上坚定前行，以实际行动为和谐社会增砖加瓦，为经济、社会、环境协调可持续发展做出更大贡献。公司将继续努力实现员工与企业共成长，将"为员工建设幸福家园"作为公司的动力源泉，让幸福的员工撑起共同的事业。同时积极投身社会公益事业，为股东、客户、员工及其他利益相关方创造更多社会价值，实现自身与全社会的协调发展。

河南森源集团有限公司 2014 年度企业社会责任报告

一、河南森源集团有限公司发展概况

（一）河南森源集团有限公司概况

河南森源集团有限公司（以下简称"森源集团"）创建于 1992 年，其前身是长葛开关厂。该公司多年来始终坚持"依靠机制创新引进高素质人才，依靠高素质人才开发高科技产品，依靠高科技产品抢占市场制高点"的发展战略，持续进行科技创新、管理创新和制度创新，现已发展成为集科研、制造、贸易、投资为一体的集团性公司，是一家跨区域、高科技、国际化、多元化的大型现代化企业集团。

森源集团总部位于郑州国家经济技术开发区，拥有电气、车辆、新能源建设和投资物贸四大板块，下属河南森源电气股份有限公司（SZ. 002358）、河南森源重工有限公司、河南奔马股份有限公司、郑州森源新能源科技有限公司、森源国际发展有限公司（简称"森源国际"）等 19 家子公司，公司在河南省郑州市国家经济开发区和许昌中原电气谷拥有占地面积 2000 余亩的现代化森源工业园。公司现有员工 8600 余人，资产总值达 160 亿元。森源集团十分重视人才引进和培养，已形成由 6 位享受国务院特殊津贴专家（其中国家级电力装备领域专家 3 位）、60 多位博士和海外归来的学者等组成的庞大的研发队伍、业务团队、销售团队，拥有全球领先的现代化生产线、一个国家级博士后科研工作站、两个省级企业技术中心和四个省级工程技术研究中心，授权专利近千项，并与瑞士 ABB、德国西门子、美国奥特易（ALTe）等国际知名企业合资、合作。

近年来，森源集团连年被评为"中国电子信息百强企业"，并相继荣获"国家重点高新技术企业"、"国家级知识产权优势企业"、"全国大中型工业企业自主创新能力连续二年行业十强"、"全国民营企业 500 强"、"河南省百强企业"、

"河南省创新型示范企业"、"河南省优秀民营企业"等多项殊荣。2014年，森源集团以优异的成绩荣获2013年度河南省省长质量奖。

（二）森源集团下属主要子公司概况

1. 河南森源电气股份有限公司

河南森源电气股份有限公司（股票名称：森源电气；股票代码：002358）创建于1992年，于2010年在深交所成功上市，主要生产智能型高、中低压输配电装置。森源电气是中国电器工业协会高压开关分会副理事长单位、电力电子分会副理事长单位、国家重点高新技术企业、全国电力电子百强企业，拥有国家级博士后科研工作站，河南省中压输配电装置、风力发电、电能质量装备三个省级工程技术研究中心和一个省级企业技术中心。1998年以来先后通过ISO9001（质量）、ISO14001（环境）、OHSAS18001（安全）国际标准认证，2000年以来先后承担国家重大电力装备自主化专项、国家新型电力电子器件产业化专项、国家战略型新兴产业专项、国家能源装备技改专项、国家智能装备制造专项、国家火炬计划项目、河南省重大科技攻关项目等重点项目。

目前，该公司共获得460多项专利授权。公司吸引了来自上海、西安等地的多名行业技术专家，构建了优秀的技术研发团队，拥有多名国家标委会及行业标委会委员，参与了近30项国家标准和行业标准的制定，并与清华大学、西安交通大学、上海交通大学、大连理工大学等国内外科研院所进行产学研合作，共同建设高、低压配电和电力自动化领域的高科技产品研发平台。森源电气正逐步从单一的电气设备供应商向电气设备总包商转变，产品相继装备了国家电网、长江三峡、黄河小浪底、西气东输、南水北调、郑州地铁等国家重点工程，并远销美洲、中亚、东南亚等30多个国家和地区。

2. 河南森源重工有限公司

河南森源重工有限公司是河南森源集团车辆制造板块领导企业，是河南省专用汽车产品生产资质最多、产品种类最全的专用汽车生产企业。拥有一个省级企业技术中心、一个河南省混凝土泵车工程技术研究中心、一个新能源汽车综合检测中心、四个专业制造公司、30多条专业化生产线，取得了国家专用货车、专用作业车、客厢车、通用货车挂车、其他挂车、特种作业车六大类专用汽车整车生产资质、特种作业车底盘生产资质以及纯电动专用车整车及底盘生产资质。

公司主要产品有四大类：以混凝土搅拌运输车、混凝土高压泵车为代表的工程系列；以洗扫车、垃圾清运车和沼气工程服务车为代表的环卫系列；以汽车起重机、高空作业车为代表的起重举升系列；以移动警务室、行政执法车以及通过国家安全碰撞实验的电动乘用车为代表的新能源纯电动系列。

公司先后获得"河南省名牌产品"、"全国消费者使用可靠产品"、"中国机械工业名牌产品"、"中国著名品牌"称号。公司也相继荣获"全国大中型工业企业自主创新能力连续二年行业十强"、"中国工业行业排头兵企业"、"全国质量过硬信誉好企业"、"全国重质量讲诚信企业"、"中国新能源产业最具影响力企业"、"中国机械工业先进集体"等荣誉称号。

3. 河南奔马股份有限公司

河南奔马股份有限公司系河南森源集团下属的汽车制造企业主体，是国家二级企业、国家首批目录内定点生产农用运输车骨干企业、中国农机协会理事单位、中国消防协会会员单位、河南省汽车工业协会副理事长单位、中国城市环境卫生协会团体会员单位。公司 2008 年开始投资建设新厂区，2010 年底整体搬迁至新厂区，新厂区占地面积 600 亩，建筑面积 30 万平方米。公司资产总额 27.4 亿元，员工 2800 多名，中高级技术人员 800 多名。拥有一个省级企业技术中心、一个河南省混凝土泵车工程技术研究中心、一个许昌市低速汽车工程技术研究中心、30 多条专业化生产线，通过了 ISO9001 国际质量体系认证、ISO14001 环境管理体系认证、OHSAS18001 职业健康安全管理体系认证，具有年产专用汽车、电动汽车、低速汽车、中/轻型卡车 30 万辆的生产能力。

4. 郑州森源新能源科技有限公司

郑州森源新能源科技有限公司是河南森源电气股份有限公司控股子公司，是集研发、生产、销售于一体的现代化企业。该公司积极响应国家节能降耗的要求，凭借自身雄厚实力研发出一大批具有国际领先水平的节能产品。2011 年，公司斥巨资从德国、美国、日本、意大利、新加坡引进具有国际品质的数控激光焊割设备、数控折弯机、全自动分光机、影像导航固晶机等，组建了国内一流的半导体固态照明设备生产线，凭借自身雄厚实力研发出一大批具有国际领先水平的节能产品。例如，SYF 风光互补照明装置、LED 大功率照明产品拥有国家专利 17 项；SYF-400 智能离网型风光互补发电系统填补国内多项空白；集成大功率产品光效突破 120 lm/W、单颗大功率产品光效突破 135 lm/W 以上，寿命长达 10 万小时，属于国内领先。新能源公司共获得各项国家专利授权及知识产权 324 项。公司的节能产品被广泛地应用于河南各地的市政、道路、厂矿、景区等场所，并远销河北、山东、内蒙古、新疆、甘肃等地，河南"森源"牌节能产品以卓越的性能、可靠的质量、完善的服务深受用户称赞。

该公司是河南省照明学会第五届理事会副理事长单位，先后获得"河南省节能减排科技创新优秀企业"、"中国绿色照明优质产品定点生产企业"、"2010 年度城市照明优秀照明供应商"等荣誉称号，集团董事长楚金甫获得中国工程建设行业协会颁发的"中国绿色照明行业优秀企业家"荣誉证书。

5. 森源国际发展有限公司

森源国际发展有限公司是河南森源集团有限公司的全资子公司。公司成立于 2014 年，总部位于北京市海淀区清华科技园。作为森源集团打造"国际化森源"和全面开拓全球业务的总平台，森源国际主要开展森源集团旗下自主品牌工程车辆、电力装备成套产品出口及国际输变电工程开发与建设，国际先进技术、设备进口，境外投资及国际合作等业务。

二、河南森源集团有限公司履行社会责任现状评析

森源集团董事长楚金甫认为，企业发展一般要经历三个阶段，每个阶段都要承担不同的社会责任。第一阶段是创业阶段，企业承担的责任相对较少，主要致力于自身生存和发展；第二阶段是发展阶段，企业完成了一定的积累，有一定的机遇与风险，企业应承当的责任逐渐显现；第三阶段是企业发展相对成熟的阶段，企业应承担更多的社会责任，应为社会而不仅仅是为自身而存在。目前，森源集团已经进入第三阶段，承担更多的社会责任是企业义不容辞的义务。多年来，森源集团坚持"服务于社会，贡献于国家"的企业理念，把自主创新和品牌战略作为企业发展的根本，积极履行企业的社会责任，取得了显著成效，并于 2012 年获得"河南省十佳最具社会责任感民营企业"称号。

（一）法律道德责任

作为国家重点高新技术企业，森源集团坚持"依靠机制创新引进高素质人才，依靠高素质人才开发高科技产品，依靠高科技产品抢占市场制高点"的发展战略，将经济新常态下企业的社会责任纳入公司核心经营战略，始终把创新、节能、环保放在首位，不仅适应经济发展新常态，而且期望能够起到引领作用。

在公司的产业布局及发展战略上，森源集团始终紧跟国家经济的发展步伐，将高科技、新能源和生态农业作为公司发展重点，并跟随国家的"一带一路"战略走出去，扩大出口，加快公司的国际化进程。为提振企业发展，森源集团新设立了"两部"、"两院"，即国际业务发展部和战略投资部、核电设备研究院和电

动汽车技术研究院。国际业务发展部的任务是加快森源集团的国际化进程，要变被动出口为主动出口，努力把出口比例由现在的 10%提升到 30%左右。战略投资部的主要任务是负责森源集团在国内外的战略投资。森源集团在国内主要是选择与自己行业接近的、有发展前景的企业进行投资，从而实现共赢。

核电设备研究院的设立目的是加强核电力装备的研发，加强自主产权。虽然我国的核电力技术国际领先，但核电力装备落后，主要的核电力装备来自欧美。森源集团希望通过努力打破核电力装备落后的困境，为国家填补此方面的空白。电动汽车技术研究院与清华大学等高校合作，目前电动车技术在国内领先，远远超过了国家标准。森源集团自主研发生产的 7040Ev 森源电动乘用车凭借先进的技术、优良的性能，荣获由中国电动技术学会电动车辆专业委员会、中国汽车工程学会电动汽车分会评选的 2015 年度"电动车辆技术卓越奖"，成为全国电动乘用车行业唯一获此殊荣的企业。

森源集团自成立以来，十分重视在生产经营活动中认真遵守法律法规，将合法经营作为企业的立基之本，并制定了完善的管理制度作为保证。森源集团董事长楚金甫认为，森源集团的前身——长葛开关厂是在 1992 年邓小平"南方谈话"之后创办的，可以说没有国家的改革开放就没有森源集团，因此遵纪守法、依法纳税是企业应尽的基本义务。森源集团建立了道德行为监测体系，严格按照合同要求支付应付款项、按时缴纳税款、按期偿还贷款、按时发放工资。特别是依法纳税，成为森源集团内部管理的三道红线（安全生产、环卫环保和依法纳税）之一。森源集团制定了严格的财务管理制度，责任到人，要求严格按照国家规定按时缴纳税款，谁出问题谁负责。森源集团还建立了独立的内部和外部审计制度，确保公司运营的合法性。森源集团始终把诚信纳税放在企业经营的第一位，连年被许昌市国税局和许昌市地税局联合评定为"许昌市纳税信用 A 级企业"，连年被工行河南省分行评为 M+信用等级。作为当地的龙头企业，森源集团起到了良好的示范作用。

（二）质量安全责任

森源集团高度重视产品质量和生产安全管理，有严格、系统的质量控制方法和流程，定期召开各级安全工作会议。公司制定了《安全生产管理办法》，设立安全委员会，由公司领导和各单位负责人组成，每年与各单位签订安全生产目标管理责任书，明确责任。针对工作场所可能发生的火灾、断电等紧急状态和危险情况，公司制定了《安全生产事故应急预案》，每年组织两次消防演练，按期更换灭火药粉，定期检查消防器材，确保消防设备安全有效。厂内各车间均设有紧急情况应急小组，以处理突发事件，保证生产连续性。在电气设备的管理方面，生产部负责对电器设备的监督检查。

安全生产是森源集团内部管理的三道红线（安全生产、环卫环保和依法纳税）之一。在森源集团，"以人为本"始终是内部管理的重要原则，因此职工的安全是安全生产的重要内容。除了生产环节的安全把控外，森源集团对职工生活安全也有严格的把控，甚至饮用水等都要经过化验，以杜绝安全隐患。安全生产在森源被看作各级领导的职责，直接与其收入挂钩。

森源集团坚持"以安全铸造企业生命，靠环保体现社会责任，以质量赢得顾客满意，靠品牌创造企业价值"的质量方针。1998年以来，森源集团先后通过ISO9001（质量）、ISO14001（环境）、OHSAS18001（安全）国际标准认证。森源电气获得安全生产标准化二级企业认证，奔马公司获得"2013年河南省质量诚信AAA级工业企业"称号。

2014年，森源集团荣获"2013年度河南省省长质量奖"荣誉称号。河南省省长质量奖是河南省政府设立的最高质量荣誉奖，主要授予在河南省登记注册、有广泛的社会知名度与影响力、实施卓越绩效管理模式、质量管理水平和自主创新能力在国内同行业处于领先地位、取得显著经济效益和社会效益的单位。河南省省长质量奖自2009年设立以来，共有36家企业获奖。森源集团能够获得省长质量奖，充分说明其在质量安全方面取得的成就。

（三）科技创新责任

当前我国经济进入"新常态"，其主要特点就是从要素驱动、投资驱动转向创新驱动，创新成为企业发展的根本动力。森源集团从1992年初创期的10万元起家，经过20多年即快速发展成为资产总值达160亿元的集团，与其始终将创新作为企业发展的根本是分不开的，科技创新也是森源集团在履行社会责任上最为突出的方面之一。在2015年度许昌市的科技创新大会上，森源集团董事局主席楚金甫荣膺"许昌市第七届最高科技成就奖"，获得奖励资金60万元；森源电气荣获"河南省创新型科技团队"和"高新技术企业"，分别获得奖励资金10万元和5万元；森源集团有一项科技成果获2015年度"许昌市科学技术进步奖"特等奖，有六项科技成果获2015年度"许昌市科学技术进步奖"一等奖。

森源集团自创建以来就对科技创新工作高度重视，森源集团电气制造、车辆制造、新能源建设和投资物贸四大产业的每一步发展都离不开创新的引领和驱动，技术创新助推了森源电气的快速发展和奔马公司的转型升级，管理创新成为森源集团有序、严谨、高效运营和不断发展的动力，制度创新为森源集团集聚人才、不断创新奠定了基础。

1. 制度创新

长期以来，森源集团坚持"三依靠"的发展战略，即"依靠机制创新引进高素质人才，依靠高素质人才开发高科技产品，依靠高科技产品抢占市场制高点"。其中，制度创新是森源集团发展的根本。森源集团始终坚持人才是核心，不断加强科技人才队伍建设，组建一流的科研团队。公司制定了一系列的优惠政策吸引和培养优秀人才，搭建合理的创新人才梯队。目前，在森源集团的近万名员工中，只有30%左右的本地员工，其余70%均来自全国各地。

森源集团自创建以来，一直坚持以技术创新为己任，依靠技术进步及现代化管理手段全面营造有利于技术创新、管理创新和制度创新的环境。制定了《合理化建议和技术改进奖励办法》、《工程项目主设人员管理与奖励办法》、《新产品研发奖励办法》、《专利管理办法》，每年对工程技术人员、开发人员和授权专利进行奖励。自2013年起，森源集团每年都会召开科技创新表彰大会，重奖在科技创新、管理创新等方面的领军人物。在2012年度森源集团首届科技创新表彰大会上，6名受表彰的员工每人获得10万元奖金。在2015年度科技创新奖励大会上，森源集团共拿出68万元奖金重奖15位科技创新功臣。其中，"科技创新最高成就奖"2人，奖励现金各10万元；"科技创新卓越奖"7人，每项奖励5万元；"科技创新优秀奖"6人，每人奖励3万元。

在人才引进和培养方面，森源集团在2014年引进高级人才156人，目前有硕士以上学历人才300多人。2014~2015年，公司投资500多万元与清华大学联合举办综合管理、市场营销、财务管理培训班，培训达3000多人次，使全公司的人才素质明显提升。

2. 管理创新

管理创新是森源集团持续快速发展的支撑，森源集团积极探索和大胆尝试新的管理模式和商业模式。依靠管理创新，森源集团正在实现从"数字森源"向"智慧森源"的跨越。森源集团的管理创新不是孤立的，而是积极进行制造装备和产品的智能化升级，引进美国、德国、意大利等国家目前最高端的生产制造装备，通过采用信息技术、管理技术和制造技术相结合的集成创新模式进行二次创新，打造出国际一流水平的柔性生产制造系统，努力实现"智能装备制造、制造智能装备"和"森源装备、装备世界"的发展目标。

以森源集团的支柱企业之一森源电气为例，森源电气构建了 ERP 信息化平台和 PDM 数据库系统，并将世界最先进的柔性制造、智能物流仓储、机器人技术进行集成创新，形成了由 20 多条智能装配线组成的行业最先进的数字化工厂，使森源电气成为国际一流、产能最大的现代化输配电设备研发和制造基地。

森源电气在 2014 年完成了兰考县 200 兆瓦地面光伏电站的主体工程建设，并利用公司各类产品之间的相关性和协同性，通过易货贸易的商业模式，拉动了森源电气输配电、电能质量治理等其他产品的增长，进一步提升了公司核心竞争力，降低产品成本，有力地支撑产品定位于高端市场。

3. 技术创新

科技创新最终要落实到产品创新，不断研发出占领市场制高点的高科技产品是森源集团能够持续、快速发展的秘诀。森源集团遵循"使用一代、研发一代、储备一代"的研发思路，每年投入巨额的研发费用，坚持将不低于销售收入 5% 的费用投入研发，确保能不断有引领市场的高科技新产品问世。森源集团非常重视专利的申请和使用，目前共拥有授权专利近千项，连续五年专利申报百项以上。仅 2014 年，就申报专利 166 项，是河南省申报专利最多的企业。

以森源电气为例。森源电气 2014 年研发投入超过 6500 万元，为该公司的发展提供了有力的支撑。森源电气主要产品为智能型高、中、低压成套开关设备，变压器及其元器件，以 SAPF、SVG、TWLB 为主的电能质量治理装置，以智能逆变器、箱式变电站为主的光伏、风力发电设备，和以风光互补路灯、LED 灯具为主的市政、工矿、景观照明系统。公司制造的 KYN 系列成套开关设备、SAPF 有源滤波成套装置和风光互补路灯等七类产品入选河南省名牌产品。其中，KYN80 系列高压开关成套设备在电气绝缘和机械寿命两方面填补了国内空白，是国内最早满足《国家电网公司十八项电网重大反事故措施》要求的系列产品；SAPF 有源滤波成套设备是国家节能减排重点推荐产品，也是唯一获得国家发改委重大专项资金扶持的电力谐波治理专利产品。

2014 年，森源电气坚持"创新驱动"和"产业驱动"，不断拓展产业链条，在发展输配电、电能质量治理系列产品的同时，加大光伏发电等新能源系列产品的开发，取得了良好的成绩。2014 年，募投项目建设主体工程已经完工，部分已经投入使用。募投项目全部完成后，将建成规模大、智能化水平高的现代化电气产业基地；同时，该公司积极拓展光伏发电领域市场，分别与兰考县政府、洛阳市政府签订战略合作协议，在两地建设光伏电站，从而在光伏发电领域迈出了重要一步。

（四）诚实守信责任

森源集团有较完善的信息沟通和披露机制，坚持诚信经营、公平交易，尊重和保护知识产权。在物资采购方面，组织制定《物资招标采购实施办法》、《采购结算管理制度》等，对大宗物资实行招标采购；对一般物资按审批程序采购，控制采购成本。公司与代理商签署代理协议，使用经法律事务部审核通过的格式化合同范本，并对其经营活动过程进行全程考核，确保诚信经营。在付款方面，依据招标情况对供应商进行分类管理，按照供应商分类制订严格的采购付款计划。

森源集团把文化交流作为对外交流的重要内容，潜移默化地影响着合作伙伴。公司建立了供应商、销售商评价制度，每年根据其诚信记录和供货情况进行评定，对不诚信者予以警告和淘汰。特别是作为上市公司的森源电气，能够按照要求及时公布相关信息，与利益相关方保持畅通的沟通。森源电气被评为河南省信用建设示范单位，以及2013年度《河南上市公司诚信公约》履约先进单位。

（五）消费者权益责任

森源集团投入大量资金和人力进行产品研发，严把质量关，坚持为客户提供优质、合格的产品，并建立了完善的售后服务体系，及时解决客户的投诉和要求。森源集团十分重视产品的质量和售后服务工作，建立了畅通的信息渠道及质量、投诉、生产等方面的应急预案，充分开展跨部门协作，通过ERP系统，保证客户订单信息第一时间传递到公司生产、采购等部门。公司设立了完善的销售服务管理体系、组织结构、服务网络，在销售公司下设售后服务处，负责市场质量投诉及应急事件接收处理；在各销售区域设立服务中心，负责区域内用户服务投诉及故障处理；在经销网点派驻三包人员，负责网点产品售前、售中、售后服务；在公司门户网站设立客服信息平台，24小时处理客户诉求。

森源集团成立了以销售公司售后服务处为中心，包括全国各地区业务助理在内的售后服务网络，保证售后服务全方位服务于用户。森源集团从技术、生产、质管等部门抽调精干力量进行专业培训，组建"产、学、研"一体的专门售后服务队伍，配备各种服务车辆，在全国设立了200多个服务网点，随时响应用户服务与投诉要求。森源集团要求售后服务人员省内8小时赶到、省外（通飞机处）24小时赶到，并对处理效果进行回访、跟踪，保证市场应急事件得到及时处理。

森源集团在售后服务中将客户群进行细分，能够迅速为客户提供有针对性的服务，并将信息及时反馈给集团其他相关部门，提高产品质量和服务水平，并由总工办和质管部监督执行。根据战略规划与发展方向及内外部环境的变化，公司确定了四种定期倾听和了解客户要求及期望的方法，即分片区组织开展项目分析会议、月度营销工作会议、新产品推介会、高层定期走访，并进行系统的评价和改进。公司每年对了解客户需求和期望的方法进行定期评价，并不断改进了解客户需求的方法。例如，公司每半年根据顾客满意度调查的结果，对了解客户的方法进行改进。

（六）股东权益责任

森源集团实施积极的利润分配办法，重视对投资者的合理投资回报。森源集团下属的森源电气是上市公司，能够按照相关法律法规要求，开展正当健康经营，确保股东的合理回报。

（七）员工权益责任

森源集团在内部管理中坚持"以人为本"的原则，将员工权益纳入公司发展战略中。森源集团严格遵守国家劳动法律和制度，员工社会保障、保险齐全。森源集团积极维护员工的健康权益，落实职业病防治计划和实施方案，定期对存在职业危害因素的作业场所进行监测，为员工配备符合标准要求的劳动防护用品，每年对员工进行职业病检查和健康检查，为员工办理工伤保险和意外保险。执行带薪休假制度，保障员工的权益。实行多层次的激励机制，营造事业留人、待遇留人、文化留人的氛围。通过员工生日时送蛋糕及鲜花、员工结婚时赠送礼品和礼金等措施，增强员工的企业归属感。公司内部设有贫困救助基金，仅春节的慰问金就上万元，真正做到对困难职工进行救助，不让任何一个职工因突发事件而陷入贫困。

森源集团十分重视员工的培训和职业成长。公司高层领导积极倡导建设学习型企业，提倡"终身学习"和"人人受培训，人人培训人"，每年制订年度培训计划并实施。加大培训投入，按员工年工资总额的1.5%预算培训经费。建立完善的多层次培训体系，从高层到基层，从管理知识到实际操作技能，覆盖全公司。每年选送2~3名人员到名牌大学读MBA，每两年与高校联合举办研究生课程班，并开展外聘专家内训项目，为员工提供充分的学习资源。公司投资500多万元与清华大学联合举办综合管理、市场营销、财务管理培训班，培训达3000多人次。森源集团鼓励员工积极进取，公司的很多管理干部都是从一线员工成长起来的。

森源集团为员工提供优厚的待遇，人均年收入 6 万元，远高于当地的平均工资水平，并且保持每年的工资增速都在 10% 以上。在企业纷纷将后勤管理社会化的趋势下，森源集团反其道而行之，进一步增进职工福利。公司修建了浴池，职工可在食堂就餐，并建造了所有职工都能入住的三星级标准职工公寓，采取公寓式管理；公司提供高品质的劳保用品；节日提供米、面、水果、进口食品等福利，森源集团希望自己的员工能够享受到高水平的福利待遇。通过关爱员工的这些制度措施，增加了森源集团的凝聚力，增强了员工的安全感和作为"森源人"的荣誉感。

　　森源集团强调员工之间的平等，上至集团董事局主席，下至刚入职的一线工人，在厂区内全部身穿一模一样的工装。森源集团也十分关注员工的健康和安全。森源集团的生产线全部采用数字化管理，生产车间环境干净卫生，安装有空调，一线工人也能够享受"白领"的工作环境。

　　森源集团设有职工代表大会，按时召开年度职代会、工代会，讨论并审议通过《年度工作报告》、《工会工作报告》、《上年度集体合同落实情况的报告》等系列文件。公司每年与员工签订劳动合同，为了确保劳动合同的有效实施，公司每半年进行一次监督检查，使劳动合同落到实处。

　　森源集团十分重视员工对公司的认可和满意度。对员工关心的发展前景、薪酬待遇、生活福利、医疗保险、安全生产等问题，进行综合评估和分析，确定影响员工满意度的因素，包括企业发展前景、工作环境、生活福利、劳动保护、业务培训、职务晋升以及上级管理能力等，并定期进行员工满意度调查，分析并提升其满意度。根据不同员工的需要，为员工提供有针对性的、个性化的支持。通过职代会对当年职工提案进行分析研究，提出改进措施，由工会进行跟踪落实检查，维护职工权益，提高员工满意度。2011 年 9 月 26 日，森源集团董事长楚金甫作为关爱员工的优秀企业代表，受到中央政治局委员、十一届全国人大常委会副委员长、党组书记、中华全国总工会主席王兆国接见。

（八）能源环境责任

　　能源环境责任是森源集团在履行社会责任中比较突出的方面之一。作为国家重点高新技术企业，森源集团在其产业布局和发展战略上充分考虑到了环境保护、节能减排和可持续发展。

　　在产业布局上，森源集团逐渐拓展在新能源领域的投入，大力发展光伏发电。光伏发电是利用半导体界面的光生伏特效应而将光能直接转变为电能的一种技术。20 世纪 70 年代后，随着现代工业的发展，全球能源危机和大气污染问题日益突出，太阳能这种可再生能源成为人们重视的焦点。20 世纪 90 年代后，光伏发电在国际上快速发展，也是我国要大力发展的方向。

森源集团领导高度重视产品、服务和运营对环境的影响，要求严格贯彻执行国家环保法规，按照国家相关法律法规的要求进行工业废水、噪声和固体废弃物等的处理，要求达到或超过国家和地方相应标准。公司的工业废物实现 100% 回收利用，生活垃圾委托市政工程处进行处置，危险废弃物委托有处置资质的单位进行处置；废切削液集中回收后交由有资质的厂家处理，生活污水经化粪池进入城市排污管网，由市污水处理厂处理；噪声源采用隔声降噪措施。所有新上项目和改、扩建项目必须按规定进行环评，严格执行"三同时"制度（即与主体工程同时施工、同时投入生产和使用），并自觉接受环保部门的监督检查，使公司环保工作得到持续改进。

森源集团在环境保护方面投入巨大。在采用全自动生产线后，公司的厂房环境干净卫生，通风良好，夏天使用空调。同时，公司投入近 3000 万元购买先进的环保设备进行空气净化，坚持"不排出一粒粉尘"，排放出的空气达到国家规定标准。公司有两个污水处理系统，对废水进行重金属处理，达到"零排放"，水可以循环使用，废渣则交给相关部门回收。

在节能减排方面，森源集团成立了节能领导小组，建立了节能管理体系，按照《中华人民共和国节约能源法》和《中华人民共和国可再生能源法》的相关规定，将能耗控制在行业平均水平以下，并根据行业先进水平制定年度能耗控制标准。森源集团除了在企业内部大力推行节能减排措施外，还积极研发节能减排的新产品，如森源电气的 SAPF 有源滤波成套设备是国家节能减排重点推荐产品，也是唯一获得国家发改委重大专项资金扶持的电力谐波治理专利产品。

（九）和谐社区责任

森源坚持"服务于社会，贡献于国家"的经营理念，把自主创新和品牌战略作为履行社会责任的根本，在公司发展的同时，积极为政府分忧，并努力回馈社会。公司先后累计出资 7000 多万元，用于建设希望学校、安置残疾人就业、抗震救灾、扶贫济困、送戏下乡、建设美丽乡村等公益事业，设立了河南省希望工程森源基金、河南省光彩事业森源基金、河南大学教育基金、长葛市森源助学基金等，并于 2012 年 5 月 19 日为清华大学经管学院新楼建设捐资 1000 万元，获得社会各界的称赞。森源集团相继资助贫困大学生 600 多名，安置残疾人就业

100 多人次，公司曾多次受到国家、省、市履行社会责任、积极参与社会公益活动的表彰，被团省委、青少年发展基金会授予"爱心单位"荣誉称号，董事长楚金甫也获得了"中国百名杰出经济人物"、"中国优秀民营企业家"、"中央统战部光彩事业奖章"、"河南省第二届年度经济人物"、"河南省希望工程十大公益典范"、"河南省最受尊敬的民营企业家"等殊荣。

1. 重组奔马集团

2002 年，河南老字号知名品牌奔马集团由于经营管理不善，企业濒临破产，3600 名员工面临下岗危机，长葛市政府在多方面考虑之后希望森源集团能够重组奔马集团。为承担社会责任，森源高管层下决心"重组奔马"，并公开做出承诺，"品牌不倒，一名员工不下岗"。森源集团成功重组奔马，不仅盘活了 2 亿多元沉淀资金，解决了 2000 多名下岗职工的就业问题，而且通过大力实施产品差异化战略，使奔马迅速走出低谷，并实现了从农用车制造到专用汽车、电动汽车和重型设备制造的成功转型，重新跃居全国同行业前列。奔马重组一年后，就实现扭亏为盈，使具有 50 年历史的老国企重新焕发生机，成为中国民营企业兼并国企的经典案例。

2. 捐资助学

2007 年，森源集团投资 560 万元、长葛市政府配套投资 50 万元建设榆林森源希望小学，学校占地面积 1.8 万平方米，建筑面积 3600 平方米，可容纳超过 500 名学生和教师。森源集团之所以投资数百万元建立希望学校，是期望让人们通过学校看到希望，把森源希望小学建成"学校的希望"。

2008 年，河南森源集团榆林森源希望学校基金会成立。基金会资金主要用于对榆林森源希望学校优秀老师、优秀在校生进行奖励；对在本校毕业后，经过中学阶段深造，最终考入一本、二本、国家统招大专等高校的大学新生进行奖励；对在本校或本校毕业后在各类学校学习，家中陡降灾难的特困学生进行救助。

森源集团 2005 年设立长葛森源助学基金，每年拿出一笔数额可观的资金资助贫困大学生圆大学梦。仅捐资助学一项，几年来森源集团公司捐资总额就累计近百万元。2007 年起，公司在内部每年开展贫困助学活动，资助考入大学的贫困职工家庭子女完成学业。

3. 抗震救灾

2008 年 5 月 12 日四川汶川发生地震后，森源集团第一时间做出反应，积极组织企业员工捐款捐物，先后三次捐款达 130 万元人民币。青海玉树、四川雅安发生地震以后，公司也积极号召和组织员工捐款，向灾区人民伸出援手。

（十）责任管理

多年来，森源集团非常重视企业文化建设，在经历了孕育、发展、成形和提升阶段后，逐步形成了独具特色的企业文化体系，并得到企业职工的认同。森源集团先后制定了《企业文化建设实施规划》和《加强企业文化建设的意见》等文件，成立了"企业文化建设领导小组"，编写了《森源企业文化手册》，并通过组织员工学习知名企业文化案例、召开"企业文化"研讨会等多种途径确定企业文化定位。而后又经过问卷调查、总结提炼、意见反馈、补充完善等一系列程序，最终确立了以创新为导向、以强化团队实力为基点、与时俱进的企业文化体系。

从公司层面来看，森源集团的经营理念是"服务于社会，贡献于国家"，企业精神是"开拓、进取、务实、高效"，企业使命是"为社会创造财富，为客户创造价值，为员工创造机会"，企业愿景是"高起点、大跨步，建成现代企业；做精品、创一流，实现产业报国"，发展战略是"依靠机制创新引进高素质人才，依靠高素质人才开发高科技产品，依靠高科技产品抢占市场制高点"。

从员工层面来看，森源集团对员工素质的要求包括："敬业：忠于职守，乐于奉献；真诚：以真诚之心对待公司、同事、客户；忠实：对公司保持忠诚，把自己的本职工作当作对公司的一种责任；博学：虚心好学，处处留心，事事留意，才能具备方寸的知识和健全的知识结构以适应公司发展；热情：对本职工作充满热情，坦诚友善，心胸开阔，积极乐观；礼貌：以礼待人，创造良好的人际关系，形成和谐的工作氛围；进取心：对自己的工作成绩永不感到满足，时刻以高标准激励自己，争取做出更大的成绩；勇气：取胜的信念，战胜困难的乐观和自信。"森源集团的厂房里随处可见体现企业文化的宣传板、宣传画，同时公司组织各种活动，潜移默化地将企业文化融入生产过程和职工生活中，使企业文化成为森源人创业进取的精神诉求和动力源泉。

三、河南森源集团有限公司履行社会责任的建议

虽然森源集团已经认识到社会责任的重要性，多年来也取得了显著的成效，但对于企业社会责任的认识尚不够全面，建议在以下方面进一步加强。

（一）将企业社会责任提高到企业战略发展高度，制定社会责任发展战略

在经济全球化的大背景下，企业社会责任已成为全球企业提升竞争力和企业

品质的核心要素，是企业在经济社会发展的新常态下，实现企业自身创新与可持续发展、优化产业机构、实现转型升级的必然要求。社会责任作为企业战略的重要组成部分，能够将企业的价值和社会价值相结合，把企业的经济和社会功能整合为一。社会责任将为企业提供创新的机会、打开新的市场、提高企业声誉、获得竞争优势。

随着经济社会的发展，社会责任的内涵也在不断扩大，从最初的参加公益慈善活动，拓展到了企业对全社会的责任。在国际标准化组织（ISO）于 2010 年正式发布的 ISO26000《社会责任指南》中，社会责任（Social Responsibility）被定义为"通过透明和道德行为，组织为其决策和活动给社会和环境带来的影响承担的责任。这些透明和道德行为有助于可持续发展，包括健康和社会福祉，考虑到利益相关方的期望，符合适用法律并与国际行为规范一致，融入整个组织并践行于其各种关系之中"。一般认为，企业社会责任是指企业在生产经营、创造利润、对股东承担法律责任的同时，还要承担对员工、消费者、商业伙伴、社区和环境的责任，包括遵守商业道德、维护生产安全、保障职业健康、保护劳动者的合法权益、节约资源等。

我国党和政府十分重视企业社会责任的履行。2015 年 6 月 2 日，国家质量监督检验检疫总局、国家标准化管理委员会正式批准发布社会责任三项国家标准——《社会责任指南》（GB/T 36000–2015）、《社会责任报告编写指南》（GB/T 36001–2015）和《社会责任绩效分类指引》（GB/T 36002–2015），并于 2016 年 1 月 1 日实施。在我国新常态下，企业作为经济社会的主体之一，有促进经济社会均衡发展的责任。同时，企业也只有在健康有序发展的经济社会中才能够获得自身更好的发展。

因此，企业社会责任理应被提高到企业战略发展高度。企业要充分发挥履行社会责任的主体性，制定社会责任发展战略，将社会责任绩效纳入核心经营战略规划，把社会责任的理念延伸到企业所有活动之中。

（二）建立企业内部社会责任管理制度，构建内部管理体系

森源集团可以参照国际标准化组织的社会责任国际标准（ISO26000）和我国社会责任国家标准，编制《河南森源集团有限公司履行社会责任指南》（以下简称指南），建立企业社会责任管理体系。

指南是公司履行社会责任的纲领性文件，应该成为其后编写企业社会责任报告遵循的标准。指南主要包括以下几个方面：公司履行社会责任的具体含义、公司履行社会责任的重要意义、公司承担的主要社会责任、公司履行社会责任的总体要求、公司履行社会责任的基本原则和公司履行社会责任的管理体系等。

建立公司履行社会责任的管理体系是社会责任履行的关键。企业社会责任管理体系主要包括：公司社会责任组织管理体系、公司社会责任日常管理体系、公司利益相关者参与机制、公司社会责任信息披露机制、公司社会责任能力建设体系、公司社会责任绩效考评体系和公司社会责任指标体系。[①]

公司要将社会责任绩效纳入核心经营战略规划，探索建立公司社会责任绩效考评制度，把履行社会责任的要求落实到各部门、各单位、各岗位，全面融入日常生产经营活动中，全面、全员、全过程、全方位履行社会责任从而在履行社会责任的同时更好地促进公司健康可持续发展。

（三）发布年度企业社会责任报告，主动接受社会监督

企业社会责任报告（简称 CSR 报告）是指企业将其履行社会责任的理念、战略、方式方法，其经营活动对经济、环境、社会等领域造成的直接和间接影响，取得的成绩及不足等信息，进行系统的梳理和总结，并向利益相关方进行披露的方式。企业社会责任报告是企业非财务信息披露的重要载体，是企业与利益相关方沟通的重要桥梁，也是企业对其自身发展充满自信、愿意主动接受社会监督的表现。

对企业自身来说，编制企业社会责任报告实际上是站在社会责任的高度重新审视企业的内部管理，是一个建立预警机制的过程，能够使企业发现其在生产经营过程中存在的风险和问题，从而防患于未然，更好地促进企业健康发展。因此，企业应该从战略发展的高度来看待社会责任报告，而不仅仅把它当作一个"面子工程"。每年及时发布企业年度社会责任报告，可以帮助企业重新审视、反思一年的工作，改善企业社会形象，提升企业社会影响力。

（四）加强企业社会责任风险评估和控制

企业社会责任风险是指企业忽视社会责任所承担的损失，如声誉损失、法律制裁、交易成本增加、消费者抵制、人才流失、再融资困难以及经营停顿等。企业的社会责任风险将影响企业自身的可持续发展，同时也会造成巨大的社会成本，影响整个经济社会的和谐发展。[②]

---

① 国家电网公司.国家电网公司履行社会责任指南［M］.北京：中国电力出版社，2007.
② 张兆国.企业社会责任与企业社会风险控制［J］.财务与会计（理财版），2010（10）.

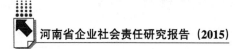

　　因此，企业应加强对社会责任风险的防范与控制。从企业内部来说，要增强社会责任意识，提高承担社会责任的自觉性，把合理履行社会责任纳入企业战略管理。企业应从"股东至上"转变为基于企业社会责任的战略管理，积极承担社会责任，与各利益相关者建立良好的关系，使企业能够从各利益相关者处获得各种资源和支持，从而降低和规避其社会风险，提高社会责任收益。此外，企业还应积极披露社会责任信息，改善与利益相关者的关系，获得更多利益相关者的理解和支持。①

---

① 郑晓青. 企业社会责任与风险管理——基于社会风险视角的分析 [J]. 商业会计，2012（1）.

风神轮胎股份有限公司 2014 年度 企业社会责任报告

一、企业概况

(一) 企业简介

风神轮胎股份有限公司原名河南轮胎股份有限公司，是经河南省人民政府豫股批字〔1998〕49 号文批准，由河南轮胎集团有限责任公司联合中国神马集团有限责任公司、豫港（河南）开发有限公司、焦作市投资公司、焦作市锌品厂、江阴市创新气门嘴厂（现已更名为江阴市创新气门嘴有限公司）和河南省封丘县助剂厂共同发起设立的股份有限公司。公司于 1998 年 12 月 1 日在河南省工商行政管理局注册成立，初始注册资本 18000 万元。公司的母公司为中国化工橡胶总公司，实际控制人为中国化工集团公司。

经中国证券监督管理委员会（以下简称"中国证监会"）证监发行字〔2003〕119 号文件核准，公司于 2003 年 9 月 29 日公开发行人民币普通股（A）7500 万股，2003 年 10 月 21 日在上海证券交易所挂牌上市，股票代码为 600469。截至 2015 年 6 月 30 日，公司累计发行股本总数 374942148 股，全部为无限售条件流通股。公司注册资本 37494.2148 万元，企业法人营业执照注册号为 410000100002081，注册地及办公地为河南省焦作市焦东南路 48 号，法定代表人王锋。经营范围为经营本企业生产的轮胎及相关技术的出口业务；经营本企业生产所需原辅材料、机械设备、零配件、仪器仪表及相关技术的进口业务；开展对外合作生产、来料加工、来样加工、来件装配及补偿贸易业务；轮胎生产、销售；轮胎生产用原辅材料销售；汽车及工程机械零配件销售。公司所属行业为橡胶制造类。公司主要产品为全钢子午轮胎、斜交轮胎、半钢子午轮胎等。

(二) 企业所获荣誉

风神轮胎股份有限公司（以下简称"风神股份"）是中国最大的全钢载重子

午线轮胎重点生产企业之一和最大的工程机械轮胎生产企业，是国家高新技术企业、中国轮胎出口基地、中国轮胎行业首家获得出口免验资格的企业、海关保税工厂、国家海关总署 AA 类企业（中国海关最高信用等级）。风神股份是 2012~2014 年度中国橡胶工业协会轮胎分会理事长单位，被国家工信部评为轮胎行业唯一一家国家级资源节约型、环境友好型企业试点单位，以及"两化融合贯标试点单位"（行业仅两家）、"国家技术创新示范企业"、"全国工业企业质量标杆企业"，被中质协评为国内轮胎行业唯一一家精益六西格玛推进先进企业，荣获河南省省长质量奖和中国工业领域最高奖——中国工业大奖提名奖。公司董事长王锋先生还长期担任中国橡胶工业协会副会长，2014 年当选为中国橡胶工业协会企业执行主席。

风神股份被新华社评为"2014 年中国最受尊敬投资价值上市公司"，公司董事长王锋同时入选"2014 年中国最受尊敬上市公司领袖"。风神股份作为中国企业代表参加联合国第三届绿色工业大会，并做典型发言（中国企业仅两家），受到联合国层面的认可。风神股份连续 11 年入围"中国 500 最具价值品牌"，品牌价值突破百亿元，是中国轮胎行业唯一一家入围 2013 年第十九届"中国 100 最有价值品牌"排行榜的企业。目前公司员工 9000 余人，纳税总额连年位居焦作市生产型企业第一位。风神股份在全球轮胎市场也享有重要地位和影响力，出口创汇连年位居河南省生产型企业第一位。

● 公司是全球轮胎行业第一家实行国内外统一环保标准、实现子午胎系列产品绿色制造的企业。

● 风神股份拥有博士后科研工作站和国家级企业技术中心，主持、参与国家标准制定 39 项，有 50 多个规格品种填补过国内空白。"风神"商标是中国驰名商标，主导产品"风神"牌全钢载重子午胎蝉联中国名牌产品，产品畅销世界150 多个国家和地区。

● 风神品牌价值不断增值，国际权威品牌研究机构"世界品牌实验室"在京发布 2015 年"中国 500 最具价值品牌"排行榜，风神股份凭借 122.45 亿元的品牌价值上升至排行榜第 194 位，相较上年品牌价值增长 21.77 亿元，排名前移三名，是连续第十二年入围"中国 500 最具价值品牌"。

（三）企业社会责任理念

风神股份作为一名社会企业公民，始终坚持在自身科学发展的同时，积极承担相应的社会责任，始终把发展壮大民族轮胎产业，积极为客户、股东、员工谋求更多利益作为首要任务，致力于成为让客户满意、股东满意、员工满意，同时让社会满意的合格企业公民。

二、风神轮胎股份有限公司履行社会责任情况

近年来，风神股份每股社会贡献值连年增长（见表1和图1）。2014年，公司每股社会贡献值为3.38元，每股社会贡献值=每股收益+（上缴税收+支付员工工资+支付员工保险费用+利息支出）/期末总股本。2011年、2012年、2013年每股社会贡献值分别为3.35元、2.89元和3.21元。

表1　风神股份每股社会贡献值

年度	每股社会贡献值（元）
2014	3.38
2013	3.21
2012	2.89
2011	3.35

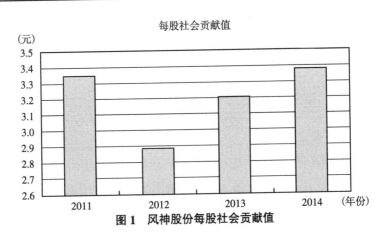

图1　风神股份每股社会贡献值

（一）以回报社会为责任，促进社会可持续发展

1. 公司盈利能力持续提升

2014年，在轮胎行业整体仍处于需求不足、产能结构性过剩、产品同质化严重、行业竞争日趋"白热化"的情况下，公司积极应对、克服困难，为股东带来了持续的价值回报。公司实现销售收入81.67亿元，实现出口创汇6.7亿美元，实现净利润3.32亿元，较上年增长5.98%，每股收益0.88元，盈利能力持续提升，继续保持行业领先水平。公司关键绩效数据如表2、图2所示。

表 2 关键绩效数据

绩效指标	2014 年	2013 年	2012 年	2011 年
营业收入（亿元）	81.67	85.38	89.06	102.19
利润总额（亿元）	4.05	3.75	3.26	2.82
每股收益（元）	0.88	0.84	0.73	0.65
资产负债率（%）	60.01	65.77	68.05	71.18
研发投入（亿元）	3.44	3.17	3.31	4.38

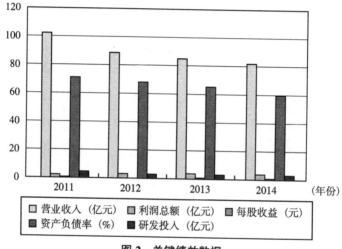

图 2 关键绩效数据

2. 品牌建设成效显著

风神股份是中国最大的全钢载重子午线轮胎重点生产企业之一和最大的工程机械轮胎生产企业，是国家高新技术企业、中国轮胎出口基地、中国轮胎行业首家获得出口免验资格的企业、海关保税工厂、国家海关总署 AA 类企业（中国海关最高信用等级）、中国企业社会责任 100 强、首届中国上市公司环境责任百佳企业。公司是全国轮胎行业第一家实行国内外统一环保标准、实现子午胎系列产品绿色制造的企业。公司荣获中国工业领域最高大奖——"中国工业大奖"提名奖。

公司积极推进品牌国际化建设：助力国家"一带一路"战略，郑欧班列"风神号"专列于 2013 年 11 月 23 日在郑州成功开行（首次以企业命名），得到了中央电视台、新华每日电讯、河南电视台等重要官方媒体的普遍关注和重点报道；2014 年 8 月 31 日，公司再次联手国际顶尖 A 级赛事——中国越野拉力赛

(CGR)，正式成为 2014 年第二届中国越野拉力赛官方战略合作伙伴；2014 年
10 月 3 日，公司携手"东风号"扬帆出征，挑战国际极限赛事——沃尔沃环球
帆船赛，2015 年 6 月 22 日，"东风队"获得沃尔沃环球帆船赛总赛段季军；
2014 年 11 月，公司与 NBA 多伦多猛龙队达成了战略合作协议，正式成为猛龙
队的官方赞助商；2015 年 6 月 28 日，公司"风力队"荣获欧洲卡车拉力赛德国
纽博格林赛段季军；2015 年 7 月 16 日，中央电视台针对《中国制造 2025》选定
风神股份对智能制造情况做了专题采访，高度评价公司在智能制造与"智慧工
厂"方面的做法。

风神品牌价值不断增值，国际权威品牌研究机构"世界品牌实验室"在京发
布 2015 年（第十二届）"中国 500 最具价值品牌"排行榜，风神股份凭借
122.45 亿元的品牌价值上升至排行榜第 194 位，相较去年品牌价值增长 21.77 亿
元，排名前移 3 名，是连续第十二年入围"中国 500 最具价值品牌"。

3. 规范运作，保护股东和债权人权益

公司严格按照《公司法》、《证券法》等相关法律法规以及相关监管部门的要
求，制定了《公司章程》、《股东大会议事规则》、《董事会议事规则》、《监事会议事
规则》、《总经理工作细则》等一系列法人治理制度，对股东大会、董事会、监事
会及经理层的职责权限进行了明确界定，形成权力机构、决策机构、监督机构和
经营机构之间各司其职、协调运转、有效制衡的治理机制。

2014 年，公司股东大会、董事会、监事会"三会"规范运作，不断提升公
司的治理水平，促进公司规范运作，有效控制公司财务风险、经营风险，保护了
股东和债权人的合法权益。健全的公司治理架构为公司的生产运营提供了保障。

4. 认真履行信息披露义务

2014 年，公司通过接待投资者现场调研、上证 e 互动、邮件、投资者服务
热线、举行网上业绩说明会等形式，与广大投资者进行探讨和沟通，认真回答投
资者提出的问题，介绍行业和公司的运行情况，使投资者全面真实地了解公司的
运营状况。公司按照中国证监会、上海证券交易所的有关规定，完成了 2013 年
年度报告等 4 份定期报告、36 次临时公告的信息披露工作，认真履行了上市公
司的信息披露义务。

5. 实行稳健分红政策回报股东

为积极回报投资者，实现对投资者的合理投资回报，并兼顾公司的可持续发
展，公司建立了持续、科学、稳定、透明的分红政策和决策机制，明确了公司分

红标准和分红比例。除特殊情况外，公司在当年盈利且累计未分配利润为正的情况下，采取现金方式分配股利，最近三年以现金方式累计分配的利润应不少于最近三年实现的年均可供分配利润的 30%。2008~2014 年，公司已连续六年实施现金分红。2011~2013 年累计分配现金红利 1.12 亿元，占这三年实现的年均可供分配利润的 41.05%（见表3）。

表3　公司 2008 年以来的现金分红情况

分红年度	现金分红的数额（含税，元）
2008	37494214.80
2009	37494214.80
2010	37494214.80
2011	37494214.80
2012	37494214.80
2013	37494214.80
2014	56241322.20
合计	281206611.00

6. 持续推进技术创新，保持行业领先

公司拥有博士后科研工作站和国家级企业技术中心，主持、参与国家标准制定 39 项，有 50 多个规格品种填补过国内空白。公司卡客车轮胎产品通过了美国环保署（EPA）SMARTWAY 验证，在欧盟标签法规测试中取得了 B/C 等级，噪声已经达到欧盟 2016 年限值要求。高性能乘用子午胎取得了欧盟标签法规测试双 B 等级，达到了国内同类产品的最高等级。公司 2015 年上半年共申报专利 26 项，目前共拥有专利 273 项。风神轮胎先后通过了 ISO9001 质量体系、TS16949 体系、ISO14001 环境管理体系、GB/T23331-2009 能源管理体系、ISO10012：2003 测量管理体系、OHSAS18001 职业健康与安全管理体系、ISO/IEC17025 实验室、E-MARK、美国 DOT、欧盟 ECE 等 16 项，是国内轮胎行业极少数通过以上认证的企业之一。

风神轮胎技术中心拥有国内先进水平的检测仪器和试验设备，所属实验室是河南省橡胶产品质量监督检验站和商检认可实验室，并与多个院校进行产学研联合，建立了多个科研机构，拥有博士后科研工作站和国家级企业技术中心。近几年，风神轮胎主持、参与国家标准制定 39 项，开发的 50 多个规格品种填补过国内空白，2 项成果被鉴定为国际先进水平，10 项成果被鉴定为国内领先水平，另有 10 余个项目成果被鉴定为国内先进水平，承担了数十项重要研发和管理项目。公司通过了国家级企业技术中心创新能力平台建设验收，并获得国家财政资金支持。

风神轮胎主要生产"风神"牌、"河南"牌等多个品牌 1000 多个规格品种的卡客车轮胎、工程机械轮胎和乘用车轮胎等多种轮胎。年产工程机械轮胎 80 多万套，稳居国内第一；年产卡客车轮胎 700 万套，位居国内第三，产品通过了美国 SMARTWAY 验证，在欧盟标签法规测试中取得了 B/C 等级，噪声已经达到欧盟 2016 年限值要求；高性能乘用子午胎于 2012 年 6 月投放市场，取得了欧盟标签法规测试双 B 等级，达到国内同类产品的最高等级，目前产能 500 万套，"十二五"期间将达到 1500 万套。

风神轮胎率先在中国自主品牌轮胎中成为世界 A 级汽车拉力赛——中国首届越野汽车拉力赛（CGR）唯一官方指定轮胎战略合作商，率先在国内轮胎行业举办了首届"公众开放日"活动，并应邀在联合国绿色工业大会、中国责任关怀促进大会等国内外论坛上介绍转型升级先进经验，李克强、吴邦国、李长春、贾庆林等党和国家领导人都曾莅临风神视察指导，并对风神轮胎的发展给予了充分肯定。

2014 年，公司确立带级项目 26 项，创造财务收益 1518 万元；确定管理课题 328 项，创造财务收益 9000 万元以上；全年持续改进项目实现财务收益 800 余万元，共计 1.13 亿元。其中，以李昭负责的《提高 12.00R20 短途重载产品的耐载性能》和杨艳萍负责的《降低 11R22.5 材料成本》为代表的七个六西格玛项目，被中质协评为 2014 年"全国优秀六西格玛项目"。

公司积极开展精益示范区的创建活动。2014 年，共开展 16 个示范区/推广区现场整治及改善活动，经过近一年的 5S 工具导入，基本形成了"三定"、"目视化"及标准化作业相结合推进的思路。在开展 TWI-JI（工作指导）/JM（工作技能）/SMED（快速切换）实操训练和应用中，共培养了精益改善能手 36 名，取得了明显的改善效果。其中，制造二部《开炼机自动导胶》项目实施后，每年可使员工少走 6412.3 公里，减少现场操作人员 18 名，预计实现收益 200 余万元。

公司持续开展创先争优擂台赛，全年竞赛项目 253 项，创新标杆 20 项，产生擂主 491 人。自 2014 年二季度以来，公司创新性地开展营销、研发、设备、职能部室专场擂台赛，截至目前，竞赛项目累计 33 项，产生擂主 120 人。全年共收到员工持续改进提案 20757 件（员工总数 7894 人），人均提案件数 2.63 件，员工参与率 65%，极大地鼓舞了风神人干事创业的热情，为风神迈入新的台阶做出了重要贡献。公司开展了以 AWCM/CI 季度擂台赛为载体的创先争优活动，更加激发了一批不甘平庸、追求卓越、勇争第一的风神人。成型工毋天乐作为其中的代表，2013 年被评为焦作市劳动模范，并被推荐为中央企业劳动模范，他所在的机台先后获得了"党员红旗机台"、"成型单机产能冠军"称号。

7. 推进营销模式转型升级，积极开展电商业务

内销方面：一是不断加大渠道开拓力度；二是公司成立营销呼叫中心，为客户提供售前、售中、售后一站式服务，从电话呼入到问题解决，呼叫中心实施全过程跟踪服务，形成了 2 小时响应机制与 72 小时办结回访机制。全年外聘专家培训 20 余场，近千人次，覆盖国内三大产品带销售人员，开通"业务云管家"系统，开展国内市场周电话例会。加强市场服务，指导客户正确使用产品，使整体退赔率得到下降。

外销方面：全年实现出口 6.7 亿美元，创历史新高，同比增长 17%，远高于同期国内轮胎行业-4.2%的平均发展速度，出口增幅稳居行业第一，出口额继续位居河南省生产型企业首位。

公司影响力及品牌建设不断提升，有以下几个里程碑事件：公司荣获中国工业领域最高奖——第三届"中国工业大奖"提名奖，董事长王锋作为唯一一家提名奖获奖企业的代表在人民大会堂做典型发言。公司携手东风汽车，挑战国际极限赛事——被誉为"航海界的珠穆朗玛峰"的沃尔沃帆船赛；与 NBA 多伦多猛龙队达成战略合作协议，成为官方赞助商；成为中国越野拉力赛（CGR）官方战略合作伙伴。

● 公司连续十四年荣获东风商用车公司"最佳供应商"，成功升级为东风商用车唯一一家 B 级轮胎供应商。风神轮胎标配东风高端重卡登陆汉诺威，向世界展示"华系"汽车配套体系。

● 风神高性能乘用轮胎配套海马汽车、众泰汽车，风神客车专用轮胎进入韩国公交客车市场，风神工程机械轮胎与柳工、厦工、龙工、徐工配套。工程子午胎通过了沃尔沃官方室内和野外测试。

● 风神轮胎作为东风商用车公司的战略合作伙伴，携手"东风号"扬帆出征，挑战国际极限赛事。

● 发布"爱路驰"售后服务品牌，致力于发展综合一站式服务模式，加快布局汽车后市场服务力。"爱路驰"是英文 AEOLUS 的中文谐音，中英文发音高

度一致，含义是"爱在马路上奔驰"，具有很大的价值提升空间。

电商工作方面：2014年风神积极开展电商平台建设工作，先后在天猫、阿里巴巴等六家知名网站搭建了电商销售平台。同时风神电子订单系统正式上线启用，上线产品涵盖了TBR、OTR和PCR三大产品带共35个产品，实现了从无到有的新突破。

8. 依法纳税，为经济社会发展做贡献

公司切实履行依法纳税责任，为增加国家和地方财政收入做出贡献。"风神"商标是中国驰名商标，主导产品"风神"牌全钢载重子午胎蝉联中国名牌产品。风神轮胎在国内外市场上具有较强的影响力，是柳工、龙工、厦工等国内工程机械车辆生产巨头的战略供应商，是东风商用车公司首选轮胎战略供应商。公司产品畅销全球140多个国家和地区，出口创汇连年位居河南省前列，在海外市场尤其是欧美高端市场产品售价、市场占有率均居第一位，是中国本土企业卡客车轮胎第一品牌和领军者。2014年，公司按照国家有关规定，合计缴纳税收2.63亿元。2000年以来，公司累计上缴国家税金38亿元，为经济社会发展做出了积极贡献。

9. 创造就业岗位，促进社会就业

公司在持续健康稳定的发展中，积极吸纳大中专毕业生、退伍军人、农村剩余劳动力就业。2014年，为社会直接提供就业岗位1000余个，招聘本科及以上毕业生100余人。2000年以来，累计为社会直接提供就业岗位超过9200个，为促进社会就业做出了重要贡献。

10. 参与社会公益事业，回报社会

公司在持续健康稳定发展的同时，积极参与社会公益事业。2014年，共发放救助款10万余元，持续开展"金秋助学"，共救助近20名职工的孩子，被河南省总工会、河南省教育厅评为"金秋助学"先进单位；关爱智障儿童，为焦作市福康学校送去钢琴，助力智障儿童提升康复训练效果；为焦作市博爱后桥村小学捐赠校服，让学生体会风神的关爱；积极组织公司员工捐衣捐物，为甘肃贫困地区送去过冬物资；参加焦作市团市委"呵护雏鹰，助力圆梦"公益活动，为困难中小学生送去棉衣，让"小雏鹰"们感到冬天不再寒冷；在雷锋日当天慰问焦作市社会救助管理站，向孤寡老人及救助人员奉献爱心，传递温暖；免费为焦作车主提供轮胎检测服务，让市民感受到风神带来的生活便利；开展"绿色发展，风神在行动"的植树活动，用实际行动诠释风神"绿色风神 全球共享"的发展

251

理念，为保护环境、绿化家园贡献力量。

（二）维护职工权益，促进公司可持续发展

1. 积极维护员工权益

公司严格遵守《劳动法》、《劳动合同法》和《工会法》，与员工签订劳动合同，依法明确了职工的合法权益和义务。公司尊重和保护员工的各项合法权益，奉行平等、非歧视的用工政策，实行男女同工同酬，公平和公正地对待不同民族、性别、宗教信仰和文化背景的职工。建立了比较完善的用工管理制度体系，包括劳动合同管理制度、工资保险与福利制度、业绩考核制度、奖惩制度、职业培训制度。

努力构建和谐稳定的劳动关系，保证员工享受养老、医疗、工伤、生育、失业等保险，同时公司为员工办理补充养老保险——企业年金，由员工自愿选择是否参加，充分保障员工选择的自主性，公司按员工工资总额的5%缴纳，员工按本人上年度月平均工资收入的1.25%缴纳，自2014年1月以来，在员工自愿基础上累计有5000多人参加企业年金。2014年全年做到了劳动合同签订率100%，社会保险足额缴费率100%，为员工支付各项社会保险1.49亿元，劳动报酬足额及时发放率100%。

2. 认真落实职工代表提案

公司坚持职工代表常态化，强化职工代表的责任意识，充分发挥职代会的作用，让职工参与企业民主管理工作。2014年年初组织召开公司第五届第二次职工代表大会，会上提出150项提案，经提案管理小组进行整理后交职能部门落实。同时按照"河南省工资集体协商"的规定，组织召开职工代表组长联席会议，选举产生工资集体协商职工方代表7名，聘请有关专家对他们进行培训，坚持沟通、协商、签约、审核、监督五个程序，在第五届第二次职代会上签订了2014年公司工资集体协商合同书，为提高职工满意度奠定了基础。2014年，共提提案267条，已落实212条。

3. 加大人才引进与培育，提升人才队伍综合素质

公司技术中心是国家级企业技术中心，并设有博士后科研工作站。中心一直坚持以科学发展观为指导思想，贯彻"科学、民主、团队、领先"的理念，通过自主创新和"产、学、研"相结合等多种研发方式，不断完善研发体系和提升科研手段，加强科研队伍建设，加大产品研发力度，抢占市场制高点。中心拥有教授级高级工程师6人、高级职称30人、中级职称149人、初级职称100余人。

另有 5 名政府特殊津贴享受者、1 名教育部长江学者（外设科研机构）、6 名博士生导师（外设科研机构）。

按照集团公司引智战略，积极引进职业经理人（CXO）10 名，引进各类高校毕业生 122 人，其中博士研究生 1 名、硕士研究生 9 名、本科生 112 名；通过内部选拔和培养，全年共任用中干 13 名，有效支撑了公司营销、研发、品质、人力资源等各项关键业务的开展。

通过人机工程项目的开展，提高设备自动化水平，改善工艺流程，实现了减员增效，全年共实现减员 169 人。

2014 年，公司共组织 112 人参加了第五期班组长远程培训，所有人员均顺利通过考试；组织"风神大讲堂"系列培训 280 余场，累计培训人员达 3000 余人次。

4. 关爱员工成长

2014 年，公司除了举办丰富多彩的文体活动外，还为员工搭建多种成长成才通道。其中，第二届青年员工"赛马会"活动，响应人数高达上千名，在青年团体中掀起了一阵"赛马"热潮。经过初赛、半决赛、决赛的层层选拔，员工在赛场上相互学习、展示才华，涌现出一批以李娟为代表的优秀杰出青年。

值得一提的是，90 后新进员工顾路达在 2014 年橡胶公司新员工评选活动中，以 4397 的高票夺得整个橡胶系统的冠军，以他的话说："我在风神的舞台上成长，风神成就了我的梦想。"

"我的风神梦，青春勇担当"的大学生才艺展示、"青工技能比武"、"诗歌朗诵比赛"等活动，更是激发了员工的工作热情，激励员工成为"中国梦、风神梦、我的梦"的造梦者和圆梦人。

"第六届职工运动会"、"迎春文艺晚会"、"欢歌劲舞闹元宵"、"中秋节日送温暖"、"缘聚七夕、相约青天河"青年交友会等活动，让员工体会到家的温馨，营造了和谐的工作、生活环境，增强了员工的归属感。

5. 升级企业文化

为了进一步凝练公司企业文化，满足公司目前的发展要求，2014 年公司借助华夏基石咨询团队开展了企业文化变革升级项目，企业文化升级是在传承风神优秀传统的基础上系统思考、达成共识、整体最大的一个过程，是风神人转变自身角色定位和行为、形成组织合力的一个深化。目前，公司核心文化理念体系已经形成，核心部分包括使命、远景、发展理念、核心价值观和经营原则。通过该项目的实施和落地，凝聚了人心，统一了思想，提升了公司软实力。

（三）倡导绿色制造，促进环境与生态可持续发展

1. 推进绿色发展，得到联合国层面的认可

自 2011 年 5 月起，公司全面推出无毒无害、低碳节油、可翻新的绿色轮胎，对上下游产业和同行业具有重要的引领和示范作用。公司是全球轮胎行业第一家实行国内外统一环保标准、实现子午胎系列产品绿色制造的企业。

2. 推进持续改进，实现节能降耗

近年来，风神股份坚持科学发展观，积极创建资源节约型、环境友好型企业，先后筹资 3 亿多元用于节能减排、环境改造，实现了企业规模扩大、效益提高与环境治理的同步发展。在具体做法上，一是主动拆除了全部八台锅炉，用最先进的环保设施建成了热能综合利用项目，使二氧化硫和烟尘排放总量分别下降了 30.16% 和 31.5%，公司提前两年完成了国家"十一五"期间提出的单位 GDP 能耗下降 20% 的约束性指标。二是关闭了用于生产的八口水井，用处理部分城市生活污水和生产用水循环利用的思路建成了水资源综合利用项目，在全国轮胎行业率先实现了污水"零排放"。三是持续加大科技创新力度和投入，导入六西格玛设计理念（DFSS），推动研发重点向提高产品性能转移，在国家没有要求的情况下，不惜投入巨额资金，自 2011 年 5 月起，主动、全面推出无毒无害、低碳节油、可翻新的绿色轮胎，是全球第一家 100% 全面推行绿色节油子午线轮胎的制造企业。四是公司主动接受社会监督，2012 年在行业率先举办了"公众开放日"活动，邀请行业协会、同行代表、政府机构、周边相关方、新闻媒体代表数百人来公司参观指导，让社会各界看到了一个百亿的风神、科技的风神、绿色的风神、人文的风神。

2013 年，公司荣获中国上市公司环境责任百佳企业奖。2014 年，公司万元产值综合能耗同比降低 5%。2014 年，公司被中国石油和化学工业联合会评为"2013 年度能效领跑者标杆企业"。

3. 严格遵守环境保护法规，确保达标排放

公司严格遵守环境保护法规，认真贯彻实施各项环保制度和规定，坚持企业发展与环境保护并重，建立了从公司领导到全体员工、从专职的环保部门到所有组织单元齐抓共管环保的管理体系。继续推进"资源节约型，环境友好型"企业的创建工作，切实履行社会责任。

三、风神轮胎股份有限公司加强履行社会责任的对策建议

（一）进一步提升技术研发实力

近年来，世界经济下行趋势明显，实体经济受到较大冲击，国内轮胎行业难以独善其身。2014年，国内轮胎行业出口增长为-4.2%，风神轮胎虽然实现了17%的增长速度，远超国内同行业水平，但不可低估所面对的严峻形势。在此背景下，要求企业自身进一步提升技术研发实力，真正实现在世界范围内的过硬的产品质量优势，通过优异的产品质量去获取更大、更稳定的价值回报。

（二）进一步增强"风神"系列品牌的世界影响力

在企业自身的长远发展中，风神轮胎应该更加着眼于品牌知名度的塑造，尤其是在产业报国和树立"中国制造"国家形象方面应大有作为。第一，牢牢把握"一带一路"国家战略的新机遇，充分发挥促进中国与世界贸易往来和保障国家经济战略安全方面的重要作用；第二，继续广泛、深入地赞助世界重要体育赛事，向全世界展示中国制造业企业的长足发展和品牌影响力。

（三）进一步加大参与社会公益事业的力度

多年来，风神轮胎股份有限公司在持续健康稳定发展的同时，积极参与社会公益事业，在建设和谐社会领域贡献了自身力量。在企业自身快速发展的同时，可以考虑在更广领域、更大范围、更大力度上参与社会公益事业，在实现"中国梦"的伟大进程中发挥更大、更加积极的作用。

我们相信，风神股份将继续在"三个满意"（客户满意、股东满意、员工满意）的引领下，围绕"变革、升级、从自身做起"的年度工作主题，实施差异化竞争策略，不断提升公司的产品品质、运营质量和品牌影响力，打造竞争优势，坚持以质取胜，做中国本土企业"质"的领导者。

中信重工机械股份有限公司 2014 年度企业社会责任报告

一、公司概况

(一) 企业简介

中信重工机械股份有限公司 (CITIC Heavy Industries Co., Ltd, 英文缩写 "CITIC.HIC", 中文简称 "中信重工") 原名洛阳矿山机器厂, 是国家 "一五" 期间兴建的 156 项重点工程之一。1993 年并入中国中信集团公司, 更名为中信重型机械公司。2008 年 1 月, 改制成立中信重工机械股份有限公司。2012 年 7 月, 公司 A 股股票在上海证券交易所成功挂牌并上市交易。

历经 60 年的建设与发展, 中信重工已成为国家级创新型企业和高新技术企业、世界最大的矿业装备和水泥装备制造商、中国最大的重型机械制造企业之一、中国低速重载齿轮加工基地、中国大型铸锻和热处理中心。公司拥有 "洛矿" 牌大型球磨机、大型减速机、大型辊压机、大型水泥回转窑四项中国名牌产品, 可为全球客户提供矿山、冶金、有色、建材、电力、节能环保、电气传动和自动化、关键基础件等产业和领域的商品、工程与服务, 被誉为 "中国工业的脊梁, 重大装备的摇篮"。

中信重工拥有国家首批认定的国家级企业技术中心, 位列全国 887 家国家级技术中心前 10 位, 荣获国家技术中心成就奖, 所属的洛阳矿山机械工程设计研究院, 是国内最大的矿山机械综合性技术开发研究机构, 具有甲级机械工程设计和工程总承包资质, 专业从事国家基础工业技术装备、成套工艺流程的基础研究和开发设计。公司拥有国家重点实验室——矿山重型装备实验室, 博士后工作站建成运行, 成立了院士专家顾问委员会, 形成了一支由业内各领域科学泰斗组成的高层次专家团队。中信重工是国家首批确定的 50 家国际化经营企业之一, 着眼全球化战略布局, 着力打造全球化的营销与服务网络。公司全资收购西班牙

GANDARA 公司，设立澳大利亚公司、巴西公司、智利公司、南非公司、印度及东南亚公司、俄罗斯办事处等；独家买断 SMCC100% 的知识产权，成为全球最先进的选矿工艺技术的拥有者。中信重工始终以客户需求为中心，以客户满意为目标，致力于为客户提供工业项目最优解决方案和"交钥匙"工程；依托先进的新型客户服务平台，为客户提供全方位、全过程、全天候的保姆式服务。

公司的建设与发展备受党和国家领导人关注。近年来，习近平、李克强、张德江、俞正声、刘云山、胡锦涛、吴邦国、温家宝、李长春、贺国强等党和国家领导人视察了中信重工并寄予了殷切希望，为企业发展注入了新的动力。

（二）企业文化

中信重工着眼于长期、可持续发展，深入挖掘企业 60 年艰苦创业历史实践凝结的文化底蕴，融汇中信集团"诚信、创新、凝聚、融合、奉献、卓越"的企业文化精髓，凝练出依托于"创新"这一核心发展理念，以打造百年基业为目标，以"诚信"为核心，以经营理念为基础，以"焦裕禄精神"为精髓，以岗位诚信体系为特色的诚信文化体系，为企业持续发展凝聚了强大的精神动力和智力支持。公司被中国企业文化研究会授予"全国企业文化建设示范基地"称号，成为河南省首家获此殊荣的企业。

（1）企业使命：为客户创造价值，以诚信铸就基业。

（2）企业愿景：国内领先，国际知名。

（3）核心价值观：诚信。

（4）企业精神：焦裕禄精神。

（5）企业理念：主要由经营理念、战略理念、人才理念、质量理念以及服务理念构成。其中，经营理念是诚信为本、客户至上、变革创新、精致管理；战略理念是以高端战略赢取"云层之上"的竞争优势；人才理念是以人为本，员工与企业共同成长；质量理念要求第一次就把事情做对；服务理念则是追求客户满意。

（三）战略转型及盈利能力

2014 年，公司继续致力于"三个转型"，即由制造型企业向高新技术企业转型、由主机制造商向成套服务商转型、由本土化企业向国际化企业转型，以战略转型构筑和巩固新的竞争优势，并取得明显成效。2014 年，公司新产品贡献率达到 75.44%，累计在手订单中成套产业占比 58.65%，海外市场占比 33.29%。变频技术和产品研发、市场均取得一定突破，公司的变频产品已得到市场和用户的广泛认可。2014 年，在全球经济增长动力不足、中国经济增速放缓的新常态下，公司上下认真贯彻"转型、创新、发展"六字方针，以战略转型推进战略升级，以创新驱动引领持续发展，经受住了市场的冲击，在全行业增速大幅下滑和大面积亏损的情况下跑赢了大市，保持了稳定运行和适度的盈利规模。2014 年，公司实现营业收入 52.86 亿元，同比增长 4.00%；实现利润总额 4.54 亿元，同比下降 20.00%；实现净利润 4.08 亿元，同比下降 17.01%，其中，归属于母公司的净利润 4.07 亿元，同比下降 16.94%。

二、公司履行社会责任情况

依照中国企业评价协会、清华大学社会科学学院提出的《中国企业社会责任评价准则》，可以客观地分析公司在经济责任、环境责任、安全责任、员工责任等方面的活动及表现，真实地记录公司报告期内履行社会责任方面的重要信息。该评价准则的"评价内容"包括法律道德、质量安全、科技创新、诚实守信、消费者权益、股东权益、员工权益、能源环境、和谐社区、责任管理 10 个一级指标。

（一）法律道德

公司在生产经营过程中认真遵守法律法规，无违法乱纪行为。为了防范舞弊，加强公司治理和内部控制，降低公司运营风险，规范经营行为，维护公司合法权益，实现反舞弊工作制度化、规范化，根据国家相关法律法规、《公司章程》及有关规定，制定下发了《公司反舞弊管理制度》。该制度进一步规范了公司董事、监事、高级管理人员、中层管理人员和所有员工的职业行为，督促相关人员严格遵守法律法规、行业准则、职业道德及公司规章制度，树立廉洁、勤勉的良好风气，防止发生损害公司及股东利益的行为。

反对腐败，倡导并践行了健康的商业价值伦理。2014 年，公司以参加党的群众路线教育实践活动为契机，扎实推进党风廉政教育和效能监察等工作。印发《公司关于进一步贯彻落实中央八项规定的通知》，坚决纠正"四风"，开展违规发放年货节礼和公车使用情况的专项监督检查。落实党风廉政建设监督责任，明确"一岗双责"的要求，加强监督检查，全年共签订廉洁协议 10932 份。开展党风廉政宣传教育月活动，组织各单位开展廉洁过"双节"、书记授课和读书思廉活动。组织观看警示教育片《四风之害》、《卡住公款送礼》，党员观看人数达 2934 人。

（二）质量安全

公司高度重视产品质量和生产安全管理，自上而下建立了一整套安全生产管理体系和制度，主要包括《安全生产责任制度》、《重大事故应急救援预案》、《安全操作规程》、《安全生产考核办法》、《外来施工单位安全生产管理制度》、《危险化学品安全管理规定》等。公司各个层级均设有专人负责安全生产工作，并实行了分级管理，有效防控了各类较大安全事故的发生。公司连续两年荣获"洛阳市安全生产先进基层单位"称号。

2014 年，公司继续坚持"以人为本，安全生产"理念，以"一岗双责"安全生产责任制为抓手，建立健全公司、直属厂、车间、班组四级安全管理网络；强力推行班前会制度，把安全生产的第一道防线建立在班组；依托企业文化体系建设，将安全生产融入企业文化之中，以文化的力量规范员工的安全生产行为。

（1）工伤事故控制情况。公司 2013 年、2014 年连续两年创造性地推行安全工资制度，对全年未发生安全事故的直属单位（分厂）进行专项奖励，增强公司全体员工共创共建安全生产环境的积极性。同时实施行政一把手及主管安全中层领导安全专项考核，安全工作取得了显著成效。2014 年公司安全生产形势平稳运行。

（2）公司有系统严格的质量控制方法和流程，始终提供合格产品。公司从2013 年起，逐步从"控制事故"向"控制未遂事件和控制事故隐患"转变，关口进一步前移，下大力气抓事故预防，根除事故根源。

（3）隐患排查治理情况。2014 年，公司坚决落实隐患排查治理制度，全年日常检查中排查治理隐患 336 项、四大节日检查排查治理隐患 36 项、各种安全生产专项检查排查治理隐患 165 项、体系内审整改不符合项 60 项、标准化自评整改各类隐患 145 项。

（4）安全培训情况。2014 年，公司实施安全培训 11984 人次，其中，特种作业人员培训 348 人，三级教育培训 308 人，职业健康教育培训 2228 人，体系培训 8403 人，中层及以上干部培训 134 人，安全管理人员培训 163 人，安全员专项培训 8 次合计 400 人次。

（5）国家安全生产标准化二级企业自评情况。2014 年，公司按照国家安监总局文件规定，结合公司安全生产实际，实施了 2014 年安全生产标准化自评工作。共检查 33 个部门、分厂，查阅有关安全资料 151 卷宗，抽查设备设施、危化库房等共 849 台（套）次，发现、整改各类问题隐患 145 项。

（6）安全生产专项合理化建议情况。2014 年，共收到 16 个单位 367 名职工提出的安全生产合理化建议 471 条，广大职工围绕安全生产积极建言献策，营造了浓厚的安全生产氛围。2014 年，公司荣获"全国安康杯竞赛优胜单位"荣誉称号。

（三）科技创新

中信重工以技术创新为核心战略，开发拥有"年产千万吨级超深矿建井及提升装备设计及制造技术"、"年产千万吨级移动和半移动破碎站设计及制造技术"、"日产 5000~12000 吨新型干法水泥生产线成套装备设计及制造技术"、"低温介质余热发电成套工艺及装备技术"、"利用水泥生产线无害化处置生活垃圾技术"等 20 多项核心技术，形成了大型化、集成化、成套化、低碳化绿色产业新格局。公司拥有自主知识产权的产品占到了 95%，形成了国内外不可替代的核心竞争优势，成为重型装备制造业前沿技术的引领者，众多科研成果填补国内空白，达到国际先进水平。公司依托工程设计优势、产品设计优势和制造工艺优势，形成了三位一体的技术研发体系，2012~2014 年连续三年新产品贡献率均超过 70%。

2014 年，公司"超深井大型提升装备设计制造及安全运行的基础研究"列入国家重大基础研究项目，公司成为国内首家牵头承担"973"项目的工业企业；公司"矿山提升设备安全准入分析验证实验室建设"获国家发改委批复立项并已正式开工建设；公司获得授权专利 56 项，其中发明专利 44 项；公司荣获"第三届中国工业大奖表彰奖"和"中国航天优秀供应商"称号。2013~2014 年，公司新获政府批准立项 13 项，其中国家"973"计划 1 项、国家科技支撑计划 1 项、国家战略性创新产品 2 项；公司共获国家科技进步二等奖 1 项，获省部级以上科技进步奖 12 项，其中特等奖 1 项，一等奖 4 项。

2014 年是公司变频产业开启破冰之旅、取得显著成效的一年，变频技术研发和变频市场营销取得了全面突破，市场和客户对中信重工变频技术和产品有了全面了解和认可。CHIC1000、CHIC2000 系列工业专用变频器成功打入国际、国内低速、重载、大功率变频市场，被评为"国家级创新型产品"。公司 CHIC 系列变频器产品应用行业覆盖了煤炭、矿山、节能环保、水泥建材和冶金等，正在向石油化工、电力等行业拓展，并成功出口到澳大利亚、伊朗等国家。公司首个募投项目伊滨新区高端电液基地实现陆续投产，形成了规模化的生产能力。

近年来，公司始终坚持创新引领、创新驱动，全方位、深层次开展商业模式创新、技术创新、管理创新，不断强化企业核心竞争力，被国家树立为"企业转型升级的典范"和"大企业双创的样本"。2014 年 12 月 10 日晚，中央电视台以"中国经济从要素驱动转向创新驱动"为题，报道了公司以创新驱动研发核心技术、引领支撑企业持续发展的良好势头。同日的早间，则以"创新驱动成经济新常态最大引擎"为题，报道了公司从机械制造成功跨界电力电子，研发高端变频传动技术和产品，使公司保持了在重机行业效益普遍下滑的情况下靠创新驱动支撑企业发展的良好态势。

公司走"以众智，促创新"的双创之路。2013 年，中信重工启动"金蓝领"工程，为技术工人设立了最高等级为"大工匠"的 11 个阶梯式技能等级，当年便聘请 5 个大工匠并成立以他们名字命名的工作室；同时还建立了 16 个金牌首席员工创新工作站和 1 个劳模工作室。以 22 个创新工作室为代表的工人创客群，涵盖了从冶炼、热处理、锻造到机加工的 12 个主要技术工种，直接参与者超过 500 人，并影响、带动 4400 名一线工人成长成才，为企业科技创新、经济转型提供了强大支撑，创出了中国制造的"金字招牌"。

（四）诚实守信

公司具有完善的信息沟通和披露机制，及时向利益相关方披露公司与运营相关的、对利益相关方的决策具有重要影响的信息。2014 年，公司根据《上海证券交易所股票上市规则》、《公司信息披露管理制度》等相关规定，以投资者需求为导向，依托上交所信息披露直通车业务平台，在指定信息披露网站、报纸，真实、准确、完整、及时地披露公司相关信息，增强信息披露的有效性和针对性，切实履行自律监管职责，更好地服务、回应投资者，得到了投资者的广泛认可。报告期内，公司共发布临时公告 45 次、定期报告 4 次。

公司在运营活动中能够诚实经营、公平交易，在商业活动中未出现欺诈行为，始终为利益相关方提供真实合法的产品和信息。公司注重保护客户知识产权，全方位为客户服务，确保客户利益。多年来，公司模范遵守法律法规、社会公德、商业道德以及行业规则，及时足额纳税，维护投资者和债权人的权益，保护知识产权，忠实履行合同，恪守商业信用，反对不正当竞争，未发生诚信缺失和违法违规行为。2014 年，公司获评成套工程领域信用等级 AAA 级企业。

（五）消费者权益

1. 始终坚持为消费者提供优质的产品和服务

客户是企业生存和发展的基础。公司构建了以"核心制造+变频传动+智能控制+成套服务"为核心的新型商业模式，致力于为客户提供工业项目的最优解决方案和"交钥匙"工程，更好地满足行业客户的需求。公司密切关注行业技术发展趋势和国家产业政策，不断推出新产品和新技术，为客户提供工业项目的整体解决方案，引领下游行业客户向着更加节能、环保、高效的方向发展。公司积极融入全球化分工合作体系，充分利用全球资源，构建国际化经营模式，为全球客户提供优质产品和服务。

2014 年，公司继续秉承"客户满意是我们永恒的追求"的服务理念，本着"一切以客户需求为中心，一切以客户满意为目标"的宗旨，致力于为客户创造价值，切实发挥用户服务、大客户服务、备件服务三位一体的新型客户服务体系的积极作用，为客户在线提供查询、诊断、监控、技术、备件、指导等多种服务，并通过 3G 视频功能，用手机等移动终端与多媒体服务调度控制中心交流，清晰地看到设备现场运转情况，帮助客户现场解决一系列问题，完善了售后服务体系，实现了服务增值，及时解决了消费者的投诉和要求。

2. 注重品质提升

公司坚持以质量求生存，建立了完善的质量管理体系，先后通过质量管理体系、军工质量管理体系和环境及职业健康安全管理体系认证，并成功导入卓越绩效管理模式。通过内审、外审、管理评审，加以持续改进。聘请著名外籍专家担任质量总监，实行首席质量官制度。通过严格的质量控制，等级品率达到 100%。

公司建立了严格的质量考核体系，如具有创新特色的"一把手"质量考核、质量成本考核、质量看板管理考核等，并处罚落实到位；实施质量激励制度，每年评选质量奖（质量金、银奖）对获奖单位给予表彰；并按年、季、月对质量成本、质量看板、质量攻关、6S 管理、QC 成果等表现优秀的单位给予奖励。

2014 年，公司荣获全国质量检验工作先进企业、中国质量诚信企业；公司铸锻厂铸钢车间造型班组获评"全国质量信得过班组"；公司系列减速器、回转窑、辊压机、立式辊磨机、管磨机五个产品获"中国建材机械工业著名品牌产品"；公司 LK 牌机械设备获"2013~2015 年度河南省国际知名品牌"；公司矿井提升机智能恒减速电液制动装置等五类产品获评"河南省名牌产品"。在 2014 年度中国工业企业品牌竞争力评价结果中，中信重工首次成为"中国工业企业品牌竞争力评价前百名"上榜企业。

（六）股东权益

公司在稳健发展的同时，非常注重对投资者的回报，实行积极、持续、稳定的股利分配政策。2014 年 6 月，公司根据中国证监会《关于进一步落实上市公司现金分红有关事项的通知》、《上市公司监管指引第 3 号——上市公司现金分红》以及上海证券交易所《上市公司现金分红指引》，对《公司章程》第 155 条"股利分配政策"进行了修改。经股东大会批准，公司 2013 年度利润分配方案为：以母公司当年可供分配利润的 30% 向全体股东进行现金分红，共派发现金股利1.5892 亿元（含税）。该利润分配方案已于 2014 年 7 月 2 日实施完毕。

加强对投资者关系的管理，与投资者建立了良好的关系。2014 年，公司董事会要求相关部门认真执行《公司投资者关系工作制度》。公司在门户网站公布了投资者咨询电话、传真和电子信箱，由专人负责接听、答复投资者电话，保证投资者与公司沟通渠道的畅通；同时，做好国内外各种投资机构的实地调研、电话访谈，并与之签署《保密承诺书》，确保所有投资者可以平等地获取同一信息，切实保护广大投资者的合法权益，尤其注重对小股东权益的保护。2014 年，公司组织召开了 2013 年度业绩网上说明会，参加了河南上市公司"诚信公约阳光行"活动；接待国内外机构投资者、股民实地调研 25 余人次；接听、答复各类投资者电话 192 余人次，整理投资者关注事项或访谈记录 30 余条。公司荣获河南上市公司协会颁发的"2013 年度上市公司诚信履约先进单位"。

（七）员工权益

1. 职业健康

公司以改善职业场所作业环境、强化员工职业健康为重点，建立健全环境和职业健康安全管理体系，组织开展职业安全健康的宣传工作，认真落实职业危害作业点监测和职业健康体检计划，积极做好"冬送温暖，夏送凉"工作，不断提升企业的职业安全健康水平。

2014 年，公司按照 GB/T24001-2004 和 GB/T28001-2011 标准，对公司环境、职业健康安全管理体系进行了换版，通过内部审核、管理评审工作，保持了体系的有效运行，并通过了中联认证中心对体系的年度监督审核。2014 年，公司组织有害作业人员职业健康体检 1620 人次，组织有害因素现场监测 140 个点。公司近年投入资金进行了大规模技术改造，有效改进了生产场地工作环境，强化了劳动安全保护措施，各项关键检测指标均控制在国家标准以内。

2. 员工职业发展与权益保障

（1）职业发展。公司坚持"以人为本，员工与企业共成长"的人才理念，为员工建立了多通道的职业发展路径，员工可以参考公司不同岗位的具体任职要求，结合自身的业务能力和兴趣选择适合自己的成长道路。公司为新员工开设了职业生涯管理讲座，引导员工管理职业生涯。通过中信重工大学培训体系建设，提供了涵盖员工职业生涯不同阶段的培训和学习机会，为员工构建了高层次的学习和发展平台。建立了内部岗位竞聘制度，进行内部人力资源调配，实现员工的多元化发展。尤其针对后备干部队伍，公司通过委托培养、挂职锻炼、岗位轮换等多种模式加快领导能力培养，促进员工成长和自我价值的实现。

2014 年，公司继续实施"金蓝领工程"，开辟技术、生产一线和管理三条职业发展通道，鼓励员工立足岗位成长成才，其中，《公司大工匠、高级技师和技师聘任管理办法》已于 2014 年 7 月正式实施；制定并实施了《工程技术人员技术等级评定管理办法（试行）》，为广大工程技术人员建立了一个技术成长和职业发展阶梯。2014 年，公司加强员工培训，全年完成管理、营销、技术等各类培训 13225 人次，员工队伍整体素质和能力得到提升。

（2）福利待遇。工作报酬。2014 年，公司继续贯彻执行"按劳分配为主，效率优先，兼顾公平"的分配原则，坚持工效挂钩，坚持员工个人收入与个人创造的效益和劳动成果挂钩，坚持员工岗位诚信考评结果与薪酬挂钩，继续实行由标准工资、技能工资、岗位绩效奖励工资组成的薪酬架构，建立与企业发展相适应的工资增长激励机制。2014 年，公司员工工资总额同比增长 13.66%，人均工资同比增长 17.22%。另外，公司严格执行了最低工资保障制度。

社会保险。2014 年，公司根据国家有关政策和法律法规参加社会养老、失业、医疗、工伤、女职工生育保险，全年做到按时足额上缴。公司为员工按时缴纳住房公积金，缴纳比例为企业、员工各承担 12%。公司还于 2009 年起建立了企业年金制度，企业、员工各承担 4%。2012 年 10 月，公司加入洛阳市城镇职工大额补充医疗保险。

休假、健康体检及员工帮扶。公司员工依法享有各种法定的带薪假期，包括法定节假日、年休假、婚假、探亲假、丧假、产假、病假、工伤假等。坚持年度健康体检制度，保证员工的身心健康。2014 年，公司组织员工健康体检 8952 人，职业病体检 1620 人，女工体检 1685 人。公司积极发挥职工帮扶中心的作用，2014 年救助大病特困职工 20 名，集团工会拨付救助资金 45.25 万元，其中救助特困职工 23 人、困难职工 174 人、爱心助学困难职工子女 52 人。建立了困难职工档案 180 份，下拨困难救助专项经费 70 余万元。

（3）文化生活。2014 年，公司大力推进员工文化和企业文化建设。充分利用员工文化体育活动设施、员工俱乐部等场所，积极开展员工喜闻乐见的文化、体育活动，先后举办"中国梦、重工梦、我的梦"系列文化主题活动、足球赛、篮球赛、全民健身月等活动，增强了员工的凝聚力。此外，公司还开展了"打造诚信重工、争做诚信员工"活动、群众性经济技术创新、劳动竞赛、技能培训、技能大赛等，进一步提高了全体员工的法制观念和思想素质。

（4）权益保障。2014 年，公司继续坚持完善落实职代会制度，认真组织、开好两级职工代表大会，坚持落实代表团长联席会议、职工代表巡视和参加公司每月办公扩大会议制度及民主评议干部工作制度。坚持集体合同制度、工资集体协商制度、女职工专项合同制度、厂务公开制度等，充分保障职工的知情权、参与权、表达权和监督权。2014 年，公司荣获"河南省工会职工维权服务示范单位"称号。

（八）能源环境

作为一家负有社会责任的企业，公司以生态友好的方式满足商业需求。一方面，在内部管理上强化环境保护和节能减排意识，加强内部资源的有效利用。2014 年，公司万元产值综合能耗达到 0.0635 吨，与 2013 年的 0.0669 吨标煤相比，节约标煤 4065.97 吨，超额完成了市政府下达的节能目标。公司连续两年荣获"河南省节能减排竞赛先进单位"。另一方面，公司积极推广节能环保技术及产品的应用，帮助客户实现节能减排，助推产业升级。

1. 环境保护

2014 年，公司环境保护工作继续贯彻"预防为主、防治结合"的方针。在日常管理中始终宣传贯彻环境保护政策，提高全体员工的环境意识，强化预防管控，倡导绿色发展、绿色制造，不断加大环保设施投入和治理力度，大力开展节约资源、节能降耗活动，持续改善企业环境质量水平。

公司重视加强内部节能减排管理，不断优化办公环境管理制度和流程。2014 年，公司充分利用信息共享资源，推行无纸化办公，建立起 OA 办公系统、视频会议系统等电子化、网络化运营模式，利用现代信息技术手段，推进节约型企业建设。公司号召全体员工从节约每度电、每滴水、每张纸开始，尽量降低对能源的消耗，有效保护环境，实现可持续发展。

2. 节能减排，大力发展节能环保及资源循环利用产业

公司以强烈的社会责任感，大力发展循环经济和节能环保产业。立足环境保护和资源节约的发展理念，致力于生产过程和产品技术的低碳化，以节能技术、节能工艺、节能方法生产节能产品，打造节能产品制造基地，用节能技术装备中国工业，在余热发电、活性石灰、褐煤提质、尾矿处理、矿渣处理、原料立磨、高压辊磨、水泥窑消纳城市生活垃圾等资源综合利用、高效节能产品的研发上取得了重大

突破，相继推出了 10 余项资源高效利用、能源清洁开发、节能减排、安全可靠的重大技术装备。这些技术和装备的应用创造了巨大的经济效益和社会效益。

（1）节能产业。主要产品和服务包括水泥窑余热发电、干熄焦余热发电、烧结机余热发电、硅铁矿热炉余热发电、兰炭尾气发电等余热余压利用技术及装备，新型水泥立磨、高效辊压机及选粉机、高压变频调速技术及装备、高效破碎机、氧气底吹熔炼炉等高效节能设备，以及基于余热发电技术的合同能源管理服务。2014 年，公司在水泥窑余热发电牢牢占据行业领军位置的同时，低品位余热高效回收利用技术拓展应用到干熄焦、烧结矿、硅冶炼、兰炭等多个领域。截至 2014 年底，公司利用低品位余热高效回收利用技术已建成投产及在建发电项目总装机容量达 1125 兆瓦，全部建成投产后年发电量约 75 亿千瓦时，按照我国 GB2589-2008《综合能耗计算通则》的规定，电力等价热值折标准煤系数 0.4040 kgce /kWh（每千瓦时电力折算的千克标准煤量）计算，年节约标煤约 300 万吨，减排二氧化碳约 786 万吨，减排二氧化硫约 9.6 万吨，减少氮氧化合物排放约 4.8 万吨。

（2）环保产业。主要产品包括褐煤提质用高压对辊成型机、水泥窑协同处置城市垃圾技术及成套装备、水泥窑烟气脱硝技术及设备等。公司自主研制的利用新型干法水泥生产线协同处置生活垃圾技术及装备，利用城市垃圾部分替代水泥生产原料和燃料，可在节能的同时实现资源的充分利用，完全实现城市生活垃圾的减量化、无害化、资源化利用。日产 5000 吨水泥项目设计日处理垃圾量 500 吨，设计年处理垃圾量 16.5 万吨，与建设一条日处理 500 吨垃圾的垃圾焚烧厂相比，日节约用煤量 48 吨、节约矿石 108 吨，年节约用煤量 1.58 万吨、节约矿石 3.56 万吨。

（3）资源循环利用产业。主要产品包括尾矿脱水技术及装备、矿渣/钢渣粉磨处理技术及装备、高岭土综合开发利用技术及设备等。公司自主研发的尾矿用大型盘式过滤机与传统的圆筒式过滤机相比，过滤设备系数可以由 0.227t/m2.h 提高到 0.757t/m2.h；能耗指标比国际同类盘式过滤机低 25%~30%，同比国内系统能耗降低 50%~60%。单台 LGMS5725 矿渣立磨全年节电可达 3600 万度，相当于节约标准煤 2.3 万吨，减排二氧化碳 4.9 万吨，节约 180 万吨石灰石等原材料资源。

（九）和谐社区

一直以来，公司与政府机构、行业协会、社区、学校等保持良好的关系，诚信经营，公平竞争，支持并营造了良性的生态发展氛围。同时发挥辐射作用，积极履行社会责任。2014 年，公司继续坚持依法诚信经营，按时足额缴纳税金、社会统筹、住房公积金，大力支持教育、扶贫、社区建设等公益事业，公司党、政、工、团等部门，齐抓共管，造福社会，受到广泛好评（见表1）。

表 1　中信重工 2014 年度履行社会责任情况汇总（部分）

序号	项目名称及主要内容	金额（万元）
1	实缴税金	43670.04
2	实缴社会统筹	23160.53
3	实缴住房公积金	13142.12
4	在洛阳实施"中信重工公益林"项目，包括绿化植被、园内灌溉管网、园林道路、广场等	200.00
5	资助社区公共设施改造、物业维修抢修、消防防汛及环境卫生综合治理等	181.70
6	慰问 11000 余名离退休职工，发放慰问品、慰问金等	171.05
7	资助社区幼儿园硬件提升改造和保教物资更新等	88.00
8	向洛阳市捐赠《精神的路标》、《生命的动能》2 万册，在全社会弘扬焦裕禄精神	80.00
9	赞助拍摄纪录电影《永远的焦裕禄》、微电影《天下公仆之焦裕禄》等，传播正能量，弘扬核心价值观	50.00
10	利用企业热网为生活区所驻的政府办事处（居委会）、派出所、税所、学校等公共事业单位提供采暖支持和服务	42.40
11	开展"金秋爱心助学"活动，为 52 名困难员工子女捐助款项	15.00
12	参与洛阳市委市政府"关爱道德模范和身边好人奖励帮扶基金"捐助活动	6.00
13	实施"爱心圆梦工程"，打通汝阳县王坪乡王坪村入村、入户道路	6.00
14	实施汝阳县王坪乡饮水工程改造，解决当地 2000 余名群众的饮水问题	4.15
15	开展"爱心书屋"活动，向汝阳王坪乡中心小学捐赠 5200 册图书，购置书柜、书架等	3.00
16	慰问河南汝阳 30 户困难党员和五保户	1.50
17	组织开展义务献血活动，60 名职工献血，献血量达 23000 毫升	

（十）责任管理

公司积极营造具有社会责任感的企业文化，实施有社会责任的项目，维护了良好的公众形象，无社会责任缺失事件。针对近期资本市场出现的非理性波动，为增强投资者信心，共同维护资本市场稳定，公司参加了由 Wind 资讯组织发起的"责任在心，担当在行"活动。积极响应国家有关部门的号召，采取实际行动共同维护资本市场稳定、健康发展。

作为一家公众上市公司，中信重工充分意识到企业成长与承担社会责任是相

267

辅相成、密不可分的，公司重视为股东实现最佳回报，保护投资人的合法权益；注重回馈员工，实现员工的个人发展与公司发展同步增长；重视公司的发展要融入社会，积极回馈社会，实现企业与社会的和谐、可持续发展。

三、建议

中信重工机械股份有限公司高度重视企业社会责任工作，采取了一系列措施推动企业积极履行社会责任，但还有一些地方应当加以改进和完善：

（1）公司在制定核心经营战略时，应进一步深化社会责任理念，逐步建立能充分彰显企业社会责任的管理体系，并完善相关的制度。

（2）公司社会责任在内容设置上特色不够鲜明。应考虑根据自身产品或服务特色积极传播企业公民理念和公益文化，更好地发挥辐射作用，影响更多的社会成员。

（3）公司社会责任的平衡性表现不足。平衡性指标的披露对增强报告的可信度具有重要作用，从披露情况来看，缺少对负面数据及案例的描述。建议公司对负面案例及数据进行适当性披露，增强报告的可信度。

中原环保股份有限公司 2014 年度
企业社会责任报告

一、中原环保股份有限公司概况

中原环保股份有限公司成立于 2007 年初，其前身为白鸽（集团）股份有限公司，是郑州市政府控股的唯一一家国内 A 股上市公司。公司业务以污水、污泥处理，中水利用，供热及管网维修为主，属市政公用行业。中原环保股份有限公司下辖王新庄水务、航空港区水务、西区供热三个分公司以及登封水务、登封热力、新密热力、开封同生工业水务、郑州上街水务、漯河水务、伊川水务七个子公司。

公司成立后，通过建立"三会一层"、公司治理体系、内部控制体系等来不断推进企业的现代化进程，经过数年发展，已成为一家管理规范、运营稳健的国有控股上市公司。公司在党、政、工各个方面均取得了优异成绩，先后荣获"全国十佳城市污水处理厂"、"中国城镇供排水行业突出贡献单位"、"郑州市五个好基层党组织"、郑州市"五一劳动奖状"、"郑州市国资系统先进党委、目标管理先进单位"、"为中原区经济发展做出突出贡献先进单位"等多项殊荣。

在业务经营方面，公司在保证两大主业稳定运行的基础上，充分发挥上市公司的投融资优势，积极投资地方公用事业，在淮河治理、中原经济区建设、郑州都市区建设中发挥了积极作用。通过几年的投资、经营、发展，公司污水处理规模和能力不断提升，目前公司水务运营单位达到 8 个，设计日处理污水能力 67 万吨，2014 年全年污水处理量首次突破 2 亿吨，达到 2.26 亿吨，较 2013 年增长 3800 万吨。产业链延伸效果持续提升，全年中水输送量 1814 万吨，沼气输送量 436 万立方米。登封水务、上街水务、港区水务生产运营稳步提升。公司不断扩大供热面积，2014 年度总供热面积达到 1164 万平方米，较 2013 年增加 304 万平方米。与此同时，公司也不断提高管网管控水平，提升供热管理水平和服务质量，大大提高了郑州及周边城区的宜居性。在此基础上，公司经济效益连年大幅增长，截至 2014 年底，公司资产总额 229587.61 万元，较 2013 年同期上升 23.94%；股东权益 90287.90 万元，较 2013 年同期上升 6.93%。本期实现营业收入 57827.78 万元，较 2013 年同期上升 17.93%；实现利润总额 7915.54 万元，较 2013 年同期上升 9.79%；实现净利润 6795.98 万元，较 2013 年同期上升 13.46%。[①]

二、中原环保股份有限公司履行社会责任情况

随着社会主义市场经济的不断深入发展，我国经济上所取得的成就举世瞩目，然而人们在享受经济发展带来的文明成果的同时，也面临着其所附带的负面效应。政府、企业与社会公众越发深刻地认识到，企业在创造利润、持续发展的同时，除了对企业内部成员承担责任之外，还要对外承担一定的社会责任，这些社会责任既包括遵守基本的法律、承担可持续发展方面的责任，也包括保护消费者权益、保护生态环境、参与社会公益事业等。社会责任已经成为现代文明社会所必须具备的基本意识之一，一个积极承担并履行社会责任的企业，同时也是对自身前途、命运负责任的企业。企业在履行社会责任的同时，实际上也树立了自身良好形象、打造了自身品牌，提升了企业声誉。

中原环保股份有限公司作为一家国有控股上市公司，成立伊始便积极履行社会责任，将"服务于民，回报社会"的发展理念视为公司发展的核心要素之一，致力于规范、诚信、务实、高效造福于社会。公司严格履行法定社会义务，积极承担社会责任，力争经济效益和社会效益相结合，努力打造优秀企业形象，构建与时俱进、独具特色的社会责任体系。

（一）法律道德

中原环保股份有限公司在生产经营活动中严格遵守党和国家的各项政策法规，依法规范企业的经营行为，树立经济效益、社会效益"双赢"的经营思想，倡导平等竞争、公平交易的道德风尚，坚决反对见利忘义、以假充真的违法行为，自觉维护行业利益和形象，争当依法生产、守法经营的模范，争当照章纳税、重诺守约的模范，自觉接受全社会及有关行政管理部门的监督检查。2014年未发生己方原因造成的违约事件。

---

① 中原环保股份有限公司 2014 年度报告〔EB/OL〕. http：//disclosure.szse.cn/m/finalpage/201-04-03/1200782387.PDF.

作为一家国有控股上市公司，中原环保股份有限公司致力于规范、诚信、务实、高效造福于社会，积极履行社会责任，公司始终将"服务于民，回报社会"作为企业重要的发展理念，严格履行法定社会责任，积极履行道义社会责任，把实现经济效益和社会效益统一起来，努力塑造优秀的企业形象。公司积极地学习、了解和采用ISO26000《社会责任指南》标准，用它来约束企业自身的行为。ISO26000《社会责任指南》不同于其他的技术标准，因为它超越了以往只强调技术指标，只把赚取利润作为唯一目标的传统观念，而更加强调在生产过程中对人的健康、安全的关注，对消费者、环境和社区的人文关怀，对社会的贡献。另外，公司严格依据《中国企业社会责任评价准则》构建CSR管理指标体系，推进社会责任理念探索和实践，逐步由基本达成社会共识阶段进入社会责任管理的新阶段，并在总体上形成政府引导、行业推动、企业实践、社会参与、国际合作五位一体、多元共促的社会责任推进格局。

公司始终强调廉政建设的重要性，持续加大从源头上预防腐败的力度，不断推进党风廉政建设和反腐败工作。对工程建设等关键部门、采购及财务等重要岗位实行重点监管，确保公司健康、持续发展，确保党员干部职业生涯安全、良性发展，以实现公司发展和个人进步共荣双赢。

（二）质量安全

中原环保股份有限公司作为一家政府控股企业，对于关乎广大人民群众切身利益的城市集中供热工作，高度负责，毫不懈怠。具体表现为：

第一，为保证供热服务质量，公司加大自建自管热交换站的巡检力度，增加巡检次数和深度，提前查漏补缺，防患未然，有效控制了自建自管站的供水温度，保证了大网均衡供热。

第二，公司制定了热力管网、换热站故障及爆管等应急预案，确保城市集中供暖万无一失。公司各级单位认真落实领导责任制、岗位责任制及供热运行汇报制，抢险设备设专人管理。供热前针对二次网、部分支架年久老化锈蚀严重等情况，对各热交换站、管网、支架等进行全面排查，发现问题及时维修。在此基础上，公司进一步投入资金30万元更新供热抢险设备，提升应急处理能力。并成立五支供热抢险服务小分队，应对供热运行中突发的各类事故。

第三，通过信息化建设和组织机构再造，公司供热服务手段向现代化、信息化迈出了坚实的一步。为提高公司的信息化水平，公司信息化建设全面启动。OA协同管理平台建设工程高质高效，整个项目经历商务谈判、项目规划、蓝图

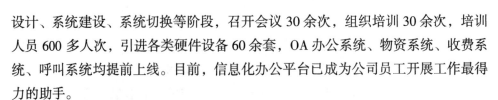
设计、系统建设、系统切换等阶段，召开会议 30 余次，组织培训 30 余次，培训人员 600 多人次，引进各类硬件设备 60 余套，OA 办公系统、物资系统、收费系统、呼叫系统均提前上线。目前，信息化办公平台已成为公司员工开展工作最得力的助手。

总之，公司通过扩大供热面积，不断改进供热管理水平和服务质量，大大提高了郑州城区的宜居性。

中原环保股份有限公司始终将安全生产视为头等大事，紧紧围绕企业安全生产、经济效益和科学发展，着力打造本质安全型企业。公司建立了安全生产责任制，坚持安全生产"党政同责"，将安全生产工作作为生产运营工作重点，层层签订《安全生产目标责任书》，建立健全"一岗双责"责任制。实际工作中，坚持定期召开安全生产专题会，总结分析安全生产过程中存在的问题，使生产一线的安全隐患得到及时发现和有效控制，确保公司安全生产工作各项环节正常运转。按照公司整体安全生产工作要求，安全生产领导小组每月对生产单位进行一次全面的、深入的安全检查，深入车间、深入现场，将存在的安全隐患列表存档，及时向生产单位下达整改通知。与此同时，坚持开展"安康杯"竞赛，保障职工人身安全。工会紧紧围绕公司职代会确立的安全生产目标及任务，一方面，充分发挥政治和组织优势，利用企业内部刊物、办公网络等宣传阵地，采取演讲会、知识竞赛、板报展览、案例教育等活动形式，大力营造企业安全文化氛围，广泛动员职工积极参与到"安康杯"竞赛活动之中；另一方面，把"安康杯"竞赛活动与公司开展的"安全活动月"、"安全竞赛"、"安全大检查"等活动，以及生产、工程、设备、消防等专项检查活动有机地结合起来，提高了"人人讲安全，人人懂安全，人人要安全"的职工安全意识和自我保护能力，推动了"安康杯"竞赛活动的深入开展，公司在安全生产综合治理方面实现了"零事故"。

（三）科技创新

科技是第一生产力，企业要想做大做强，必须注重科技，必须加快新技术的引进和应用。2014 年，公司在技术引进和创新上进行了有益尝试，取得了初步效果。一是新密热力公司引进清洁燃料新技术，节煤效果明显，二氧化硫排放浓度明显降低，锅炉大气污染物排放达到国家颁布的最严格标准。二是王新庄水务分公司进行了不停水加装可升降式曝气管施工，结束了维修曝气头必须停止系统进水的历史，为水务单位日常检修提供了新的参考模式。三是登封热力、新密热力公司远程监控设备上线运行，安装了热力系统自控平台，基本实现了对供热管网运行工况数据的实时监控。

同时，公司加大新技术的创新和研发力度，延伸产业链。通过调整工艺，2014 年沼气输送量为 435.78 万立方米，总量是 2013 年同期的 129%。污水处理项目的 HV-TURBO 单级高速离心鼓风机和福乐伟离心脱水机属于行业内技术领先设备，公司在维修维护方面通过不断摸索，逐步实现部分配件的国产化替代，大大减少了维修费用，提升了公司在行业内的竞争力。

除此之外，中原环保股份有限公司也十分重视科技人才的引进和培养，强化人才兴企战略，树立以人为本的管理理念。公司每年组织各种专业培训都在 300 人次以上。通过不断提高员工队伍的基本素质，带动了管理水平不断提升。为更好地解决人才短缺问题，公司采取"外招内选"的方式，实行人才招聘和竞聘上岗，建立了"能者上、平者让、庸者下"的干部管理机制。通过内部竞聘，公司把合适的人放到了合适的岗位上；通过外部招聘，引进了公司急需的管理人才和专业技术人才，进一步提升了公司的核心竞争力，为公司又好又快发展奠定了坚实的人才基础。

（四）诚实守信

中原环保股份有限公司将诚信纳入企业的规章制度，贯穿于企业的生产、经营之中，成为企业全体员工共同遵守的行为规范，使诚信行为普遍化。同时，在建立诚信制度的过程中，运用公平、公正、公开的诚信奖惩等手段，加强约束和激励机制，形成相应的考核评价体系，对诚信者进行表彰和奖励，对失信者进行批评和处罚。这些措施大大增强了员工对企业的责任感、认同感与归属感，从而提高了员工的诚信服务意识和诚信服务水平，使员工将个人成长与公司兴衰有机结合起来，在公司内外部形成倡导诚信、推广诚信、实践诚信的价值体系。在公司管理层和员工的共同努力之下，企业上下已牢牢树立了"守信光荣，失信可耻"的理念，诚信意识已真正深入人心，融入日常工作规范中，变成自觉的行为，每个员工都充分认识到企业诚信文化是企业最宝贵的无形资产，是个人和企业成长必不可少的精神财富。

为了规范公司治理，进一步提高信息披露质量，2014 年公司对《信息披露事务管理制度》进行全面修订，对《独立董事制度》、《内幕信息知情人登记管理制度》进行部分修订，实现了制度建设与公司管理需求同步发展。公司一向重视并高质量地完成信息披露工作，确保及时、准确、真实、完整地披露每项信息。公司在 2013~2014 年度获得深圳证券交易所授予的"信息披露直通车上市公司"称号，信息披露工作受到有关主管部门和投资者的一致肯定。

2014年，公司进一步完善供应商信息档案，为供应商管理和及时掌握物资市场行情打下基础。加强供应商资格审查，平等对待供应商；加大采购透明度，让供应商平等获得信息，并严格依照法律和程序办事，规范运作。

（五）消费者权益

公司高度重视所肩负的社会责任和政治责任，秉承"辛苦千万次，温暖每一家"的供热服务宗旨，在有计划地改造老旧管网的基础上，依托"六个一"，即"一条热线、一个短信平台、一个新型收费管理模式、一支网络客服队伍、一个网格化管理模式、一支社区服务小分队"，营造和谐供热环境。为方便用户缴费，公司拓宽缴费渠道，建立了银企互联系统，用户可以选择ATM机、网上银行、银行柜台等多种渠道缴费，也可致电客服电话享受预约上门收费服务。公司开通400热线电话和106573371366短信平台，24小时为用户服务，倾听用户心声，实现零距离沟通，对用户提出的问题进行"一站式"服务。客户拨打电话进入客服中心，根据操作提示可收听公司收费政策、常规暖气故障解决方法等语音信息。打不进电话时，有短信服务。客服中心可以通过短信平台对用户提出的问题进行及时处理，做到24小时内解决留言问题。

为进一步畅通服务渠道，加强网络客服应用，公司新建网络客服队伍，通过"中原环保西区供热"微博及时发布消息，增强与用户的互动，实现供热区域网格管理员与社区网格员对接，第一时间了解三级网格内用户投诉的问题和用户提出的意见，并及时给予处理和回应，做到网上客服和网格化服务对接。

（六）股东权益

中原环保股份有限公司作为一家上市企业，严格遵守《公司法》、《证券法》、《上市公司治理准则》等有关法律法规，建立健全了治理结构和内控体系，设立了股东大会、董事会、监事会和经理层。董事会下设战略委员会、提名委员会、审计委员会和薪酬考核委员会四个专业委员会。为保证各项规章制度的贯彻落实，公司进一步建立健全了董事会领导下的内部审计体系，充分发挥内审机构的监督职能。通过不断开展内部审计工作，达到了预防风险、查堵漏洞的目的，在一定程度上促进了公司健康、可持续发展。内控体系的不断完善，对推进公司规范化管理奠定了坚实基础。

为了规范财务核算管理，保证财务报告的真实、准确、完整、及时，公司按照《公司法》、《企业会计准则》、《企业内部控制基本规范》及其配套指引等法律法规的规定，建立了《财务管理制度》、《货币资金内部自控制度》、《财务支出管理制度》、《会计人员管理办法》、《应收账款管理制度》等多项财务报告内部控制制度，对公司会计核算、资产管理、资金管理、会计人员行为管理、会计档案管理等实施有效控制，使财务的控制职能在经营管理活动中的各个环节得到有效发挥，保证财务报告能够真实、准确、客观地反映企业的资产状况、经营成果和持续经营能力等信息。报告期内，财务报告内部控制制度得到良好执行，财务报告内部控制没有出现重大缺陷。

在管理与投资者关系方面，公司推进监管层、决策层、经营层之间的沟通，优化公司治理环境，建立起科学、畅通、及时、有效的沟通渠道。公司巩固和监管机构的沟通，及时了解最新的法律法规，把握监管动向；加强和大股东的沟通，持续完善"三会一层"治理结构，推进公司健康发展；畅通公司与投资者之间的沟通渠道，保护中小投资者的利益。公司建设投资者关系管理平台，及时高质量地回复深交所互动易平台上投资者的提问，做到工作时间电话有人及时接听、来信及时回复、来访有专人接待。

中原环保股份有限公司坚持创新发展方式，积极发挥在资本市场与货币市场的投融资优势。遵循市场规律，突出城市基础设施建设和市政公用事业主业，持续实现国有资产保值增值和股东利益不断增长，使员工价值持续提升，为改善民生和促进经济社会可持续发展做出了贡献，实现了社会效益和经济效益"双赢"。

（七）员工权益

中原环保股份有限公司通过建立健全劳动安全卫生制度，执行国家劳动安全卫生规程和标准，对职工进行劳动安全卫生教育，为职工提供健康、安全的工作环境，并依照《中原环保股份有限公司员工劳动保护用品发放管理规定》，为在岗员工发放劳动保护用品，保障员工在劳动过程中的安全和健康。公司每年度定期组织全体员工进行体检，对员工健康体检中发现的健康问题或存在的健康隐患，做到早发现、早治疗、早预防，并根据员工的健康情况安排相适应的工作岗位，帮助员工拥有良好的身体素质，获得身心健康及家庭幸福。坚持为职工购买意外伤害保险和女职工健康保险，确保职工的人身安全，解决职工在工作中的后顾之忧。

公司始终秉持"群众利益无小事"这一理念，关心职工生活，解决职工迫切需要解决的问题。开展夏季"战高温、送清凉"、冬季"战严寒、送温暖"活动，每逢夏冬两季，党政工领导组成慰问小组，看望奋战在工作一线的员工，嘘寒问暖，并发放慰问品。特别是在传统节日春节前夕，公司领导会专程探望贫困党员职工，详细了解他们的家庭境况和身体状况，耐心聆听他们生活上的困难和对组织的要求，同时鼓励他们一定要保持乐观心态、树立信心，积极面对眼前的困难，并发放慰问金，使职工切实感到集体的关怀和温暖，增强职工的归属感。

在人才的引进和培养方面，公司提出"以企育人、以人兴企"这一思路，制定了《干部考核办法》、《后备人才培养方案》、《员工试用期管理办法》等一系列措施，并在认真建立内部培训机制的同时，不拘一格地引进公司急需的各种人才。为强化人才兴企战略，公司树立以人为本的管理理念，积极开展人力资源项目建设，按照"德能正其身、才能胜其任、言能达其意、书能成其文、绩能服其众、体能担其责"的"六能"标准培育员工队伍。除此之外，公司每年组织的各种专业培训都在 300 人次以上。通过不断提高员工队伍的基本素质，带动了管理水平不断提升。为更好地解决人才短缺问题，公司采取"外招内选"的方式，实行人才招聘和竞聘上岗，建立了"能者上、平者让、庸者下"的干部管理机制。通过内部竞聘，公司把合适的人放到了合适的岗位上；通过外部招聘，引进公司急需的管理人才和专业技术人才，进一步提升了公司的核心竞争力，为公司又好又快发展奠定了坚实的人才基础。

（八）能源环境

中原环保股份有限公司以可持续发展与节约资源为己任，以保护环境和维护自然和谐为己任。通过几年的投资、经营、发展，公司污水处理规模和能力不断提升，目前公司水务运营单位达到 8 个，设计日处理污水能力 67 万吨，2014 年全年污水处理量首次突破 2 亿吨，达到 2.26 亿吨，有效削减了郑州市市政污水污染负荷，对缓解贾鲁河水环境污染起到了积极的作用，使郑州市环境质量得到改善。公司沼气输送量达 436 万立方米，变废为宝，不仅取得了经济效益，还为生态环境的保护做出了贡献。[①] 为减少温室气体排放量，在做好污水处理、保证出水达标排放的同时，公司积极探索污水处理新技术、新工艺，并在中水回用、沼气利用、污泥处置等方面开展技术攻关。目前，沼气利用项目已顺利投产一年多，结束了沼气点天灯的历史，将洁净沼气输入郑州市燃气管网系统，初步满足 2 万户居民的日用气需要。与此同时，中水利用项目已经实现通水，输出中水回

---

① 中原环保股份有限公司 2014 年度报告［EB/OL］. http://disclosure.szse.cn/m/finalpage/201-04-03/1200782387.pdf.

用量达到 2854 万吨，污泥处置实验也已经取得很好的效果。随着技术进步和对外合作的不断深入，公司将逐步提升资源综合利用的效率和效能，实现规模、效益的不断突破。公司在污水处理与环境保护事业上的突出贡献有目共睹，得到了社会各界的广泛称赞与积极肯定，两次荣获"全国十佳城市污水处理厂"，连续多年被评为"河南省城镇污水处理运营先进单位"、"郑州市环境友好企业"等多项殊荣。

供热方面，公司采取积极有效措施，大力增加集中供热面积，减少供热区域内污染物的排放量，利国利民，将环保的热电联产集中供热做大做强，对国家节能减排提供最大支持。依靠科技，加快技术开发和推广。加大投入，有计划地分批更新已运行近 20 年的一次主管网和采用新型保温材料，强化一、二次管网的保温效果，减少管网热量损失。公司下属新密热力公司引进清洁燃料新技术，节煤效果明显，二氧化硫排放浓度明显降低，锅炉大气污染物排放达到国家颁布的最严格标准。

（九）和谐社区

中原环保股份有限公司每年都开展"阳光供热，提升服务"主题竞赛和"入社区、送温暖、进万家"便民服务活动，实现服务进社区、维修进家门，解决社区群众最关心的集中供热问题，几年来进社区服务达千余人次。公司组织服务小分队走进小区进行宣传，深入开展集中供热入网咨询、政策法规介绍、供热常识介绍等系列服务活动，征求意见，接受咨询，并通过开展各种形式的社区服务活动，树立良好的外部形象。除此之外，公司还通过整理客户档案，专门为老红军和孤寡老人建立绿色通道，优先提供服务、快捷提供服务。

公司在干部职工中开展"送温暖、献爱心"、"慈心一日捐"、扶贫捐款、植树护绿、义务献血等各类社会公益活动，曾多次向汶川、玉树、雅安地震灾区和慈善机构捐款，得到了社会各界的高度评价。

（十）责任管理

中原环保股份有限公司与国内著名的企业文化研究机构中国企业文化建设测评工作委员会携手，致力于构建和谐的企业文化，打造富有特色的中原环保企业文化。中原环保企业文化建设领导小组和测评工作委员会通过对中原环保文化积淀的提炼，文化现状的分析，文化建设方向、内容及方式的明确，与中原环保各层级进行深入沟通，并广泛借鉴国内外优秀环保企业的企业文化建设成果，形成了"一个价值核心"和"五大创新理念"。

一个价值核心是：以造福人类为核心，"领航环保、福润社会，创造生态之美"。环保事业是保障人类生存和发展的永恒事业。公司把"环保责任"作为企业核心价值观，通过强化职业自豪感、使命感来引领企业员工以崇高的责任感、卓越的理念、科学的管理促进公司的持续健康发展。五大创新理念是：一是以"中原立基、卓越发展"为发展理念；二是以"关爱民生、真诚无限"为服务理念；三是以"臻于至善"为质量理念；四是以"安全就是生命"为安全理念；五是以"敬德重才、纳贤用能"为人才理念。同时，明确了企业宗旨、企业使命和企业愿景，即以"规范、务实、诚信、高效"为企业宗旨；以"服务城市居民、提高城市品位、发展循环经济、建设幸福家园"为企业使命；以"打造行业典范"为企业愿景。公司形成了独具中原环保特色的企业文化体系，该体系反映了广大员工的共识，契合了公司发展战略和管理实践，彰显了中原环保的特色和追求。经过初步的理念和视觉系统导入推广，培育了良好的劳动和生产环境，转变了员工的服务观念和服务意识，全面提高了员工的整体素质，增强了企业的凝聚力和向心力，在社会上树立了良好的企业形象。

公司党委、工会积极开展丰富多彩的党建宣传活动及职工文化娱乐活动，如通过组织开展主题演讲比赛、参观红色教育基地，庆"三八"女职工文体活动比赛、职工篮球比赛、羽毛球比赛等活动，进一步提高干部群众的参与意识、竞争意识和团结协作意识，在广大干部职工队伍中树立了良好的团队精神，营造了和谐的企业文化氛围。

在制度建设方面，公司将优化经济发展环境工作纳入制度化、规范化的轨道，制定了一套切实可行的措施，狠抓窗口服务。首先，公司与下属各分公司、子公司签订行风目标责任书，认真落实行风建设目标责任制，由西区供热分公司领导负总责，下属各中心负责人为直接负责人，逐级管理，层层落实。同时制定了《西区供热分公司规范化服务考核奖惩办法》，与经济效益挂钩，做到责任到人，认真考核，奖惩分明。其次，建立健全了七项管理制度：一是首问负责制、半小时回音制度；二是供热运行汇报制度；三是便民服务制度；四是事故排查、检修制度；五是检修工作专工负责制度；六是经营考核制度；七是竞赛评比制度。为优化经济发展环境和建立长效机制提供了制度保证。

三、未来改进建议

企业社会责任不仅是一种理念，更是一种实践。人们价值观念和消费观念的不断改变，以及对可持续发展观越发广泛的认同，促使企业转向以人为本的经营管理思路，将以营利为目的的经营理念调整为以获取多元化目标为目的的经营理念，主动履行社会责任，进而提升企业竞争力和可持续发展能力。对此，针对中原环保股份有限公司 2014 年度企业社会责任的履行情况，本部分尝试对其未来可改进的方面提出相关建议。

第一，强化人性化管理模式。和谐的劳动关系是企业人力资源管理的终极目的，也是企业得以长期发展的根本。有效的经济组织是经济增长的关键，有效率的经济组织需要在制度上做出安排和确立所有权，以便造成一种刺激，将个人的经济努力变成私人收益率接近社会收益率的活动。人性化管理是企业管理创新的主要内容之一。建立成熟的企业人性化管理机制，首先要确立人性化的激励机制，针对不同员工的不同需要采取不同的激励手段，从而有的放矢，实现激励效果的最大化。对员工的激励，一方面，应注重物质层面的激励因为物质是基础，有了物质基础才谈得上心理满足；另一方面，精神需要的满足也有助于更有效地创造物质财富，员工的收入也会因此而增加，从这个角度来说，有效的精神激励也会对员工的物质激励有很大帮助。除此之外，企业还要善于营造充满活力的企业氛围，在这种气氛潜移默化的影响下，企业员工在工作中的潜力可以得到充分发挥。

第二，促进就业是企业社会责任中不可或缺的重要组成部分。在实现合法及规范经营的同时，企业应当成为解决就业问题的主要载体，充分发挥其在促进就业方面的积极作用。作为国有企业，则更应利用自身经营优势，发挥其在缓解就业压力方面的作用，广泛吸纳农村转移劳动力、城镇困难人员、退役军人就业，积极承担和履行必要的社会责任。企业在促进就业方面承担基本的社会责任，一方面能够很好地带动企业和所在地区的经济发展，另一方面能够很好地解决被安置员工家庭的生存和发展问题，即协助政府完成了社会创新管理过程中安置劳动者就业、实现社会稳定发展的任务，也是关注和改善民生、实现社会民众安居乐业的良好体现，是企业履行社会责任尤为重要的方面。可见，在社会建设层面，企业要积极发挥促进就业和再就业的功能。企业要在发展经济的同时，落实国家就业优先战略和更加积极的就业政策，促进全民就业，尤其是民营中小企业要注重对弱势群体和下岗再就业人员的吸纳。

第三，建立全方位的社会责任监督体系。随着社会的不断进步，消费者民主意识不断增强，社会维权意识不断提高，消费者对企业信息的关注程度不断增

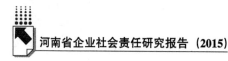

加。公众的舆论和社会的监督对企业伦理责任的担当起着重要的作用。首先，要加强消费者的监督。消费者是企业现在的和潜在的客户，消费者对企业所投的"货币选票"是企业最关注的资本形式。因此，消费者是企业在发展过程中最关心的因素。加强消费者的监督能对企业的不伦理行为起到有效的制衡。消费者应当增强法律意识，不断提高知识文化水平，建立正确的消费观念和价值观念，增强权利保护意识，通过合法的途径和方式保障自身的合法权益。其次，增强企业内部员工的监督。员工要有正义感，要不断学习法律知识，提高文明程度，对于侵犯自身权益的行为和影响社会利益的不良企业行为通过相应的渠道予以追究。最后，通过媒体包括网络新媒体的监督和信息的披露，充分发挥媒体宣传伦理道德建设的积极作用，提高社会的维权意识，推动清洁能源的推广、有毒物质的检测等。应批评和揭露无视伦理责任的企业，宣扬学习优秀的企业典范，从而促进企业担当伦理责任，推进企业优秀文化的建设。

附　录

附录一 中国企业社会责任评价准则

中国企业评价协会 清华大学社会科学学院
2014 年 6 月 17 日 中国北京·钓鱼台国宾馆发布

前 言

本评价准则由中国企业评价协会、清华大学社会科学学院发起研究并提出。

本评价准则起草单位为：中国企业评价协会、清华大学社会科学学院、三星（中国）投资有限公司、国家电网公司、海尔集团公司、美国 PPG 工业公司、天津市房地产开发经营集团有限公司、中国石油化工集团公司、腾讯公益慈善基金会、京东方科技集团股份有限公司、深圳市燃气集团股份有限公司、福耀玻璃工业集团股份有限公司。

本评价准则主要起草人：侯云春、任玉岭、李强、李春伟、刘传伦、游睿山、郑路、金思宇、李伟阳、魏稳虎、刘戈、贾涛、吴浣苓、延彩明。

本评价准则的附录 A、附录 B 为资料性附录。

1 总则

1.1 范围

本评价准则旨在为对企业在存续期内的社会责任行为进行评价提供参考和依据。

本评价准则规定了在对企业履行社会责任进行评价时应遵照的原则、准则及方法。

本评价准则适用于在中国境内注册、依法开展生产经营活动的企业，包括在华外资企业和中国本土企业。

1.2 应用

本评价准则规定的所有要求具有普适性，能够应用于不同行业、不同类型、不同规模的企业。

本评价准则应用于以下情况：

a）发起起草单位或授权的第三方依据本评价准则对企业的社会责任表现开展外部评价活动。

b）企业可将本评价准则规定的要求作为自身履行社会责任的指导，也可参照本评价准则的要求对自身的社会责任表现进行自我评价。

c）依据本评价准则开展社会责任评价活动时，由评审委员负责评价和审核的执行工作；评审委员实行聘任制，应通过有开展社会责任评价活动资格的主体机构审核、注册并确认。

2 目的与原则

2.1 引导性

通过分析企业在生产经营全流程中履行社会责任的状况，诊断其中的问题，提出改进意见，引导企业在生产经营中有效履行社会责任。

2.2 可比性

衡量企业在生产经营活动中履行社会责任的情况，并可做纵向和横向比较。

注1：纵向比较是对不同时期内一个企业在生产经营活动中履行社会责任的情况进行前后对比，反映的是该企业履行社会责任的改进情况。

注2：横向比较是对不同企业之间在生产经营活动中履行社会责任的情况进行对比分析。但应在相同行业范围内进行，确保具有可比性。

2.3 普适性

本评价准则中规定的评价条款具有普适性。针对不同行业或不同类型企业进行评价时，应根据本评价准则制定相应的评价细则，以保证评分指标的适用性。

评价方法应简便易行，评价指标的选择要易于采集和评分，以确保评价操作的准确性，便于推广使用。

2.4 持续性

社会责任评价活动应是持续性的，应将其视为引导企业在生产经营活动中履行社会责任的重要依据。通过定期开展评价活动，达到不断发现问题并改进的目的。

3　规范性引用文件

附录C中文件的条款通过本评价准则的引用而成为本评价准则的条款。凡是不注明日期的引用文件，其最新版本适用于本评价准则。

4　术语与定义

下列术语和定义适用于本评价准则。

4.1　评价（evaluation）

对事物在性质、数量、优劣、方向等方面做出的判断。

4.2　评价指标（evaluation index）

是具体、可观察、可测量的评价准则。本评价准则中的指标均为符合性的，按事实和证据（文件、记录）的符合性，以及量化数据的符合性来进行评价。

4.3　企业（corporate）

是从事生产、流通、服务等经济活动，以生产或服务满足社会需要，实行自主经营、独立核算、依法设立的一种营利性的经济组织。

4.4　企业社会责任（corporate social responsibility）

是企业通过透明的、有道德的行为对其决策及活动对社会、环境产生的影响所负的责任，包括：与可持续发展和社会福祉相一致；考虑利益相关方的期望；符合相关法律并与国际行为准则相一致；融入整个社会组织活动。

4.5　原则（principle）

决策或行为的基本根据。

4.6　有道德的行为（ethical behaviour）

符合特定背景所接受的正确或良好行为原则和国际行为规范的行为。

4.7　透明（transparency）

影响社会、经济和环境的决策和活动的公开性，以及以清晰、准确、及时、诚实和完整的方式进行沟通的意愿。

4.8　利益相关方（stakeholder）

那些在一个组织的决策和活动中有利益的个人或群体。

4.9　股东（stockholder）

公司的出资人或投资人。

4.10 员工（employee）

企业（单位）中各种用工形式的人员。

4.11 消费者（consumer）

为个人的目的购买或使用商品和接受服务的社会成员。

4.12 产品（product）

企业用以销售或作为其提供服务的组成部分的物品或物质。

4.13 环境（environment）

组织运行所处的自然环境，包括空气、水、土地、自然资源、植物、动物、人和太空及其相互关系。

4.14 节能减排（energy-saving emission reduction）

加强用能管理，采取技术上可行、经济上合理以及环境和社会可以承受的措施，从能源生产到消费的各个环节，降低消耗，减少损失和污染物排放，制止浪费，有效、合理地利用能源。

4.15 可持续发展（sustainable development）

满足当代的需求而不危及后代，符合社会自身前进发展的规律。

4.16 供应链（supply chain）

向企业提供产品或服务的活动或参与方的序列。

5 评价内容

5.1 法律道德

5.1.1 企业在生产经营活动中认真遵守法律法规，无违法乱纪现象。

5.1.2 公司的核心经营战略充分考虑应尽的社会责任。

5.1.3 反对腐败，倡导并践行健康的商业价值伦理，公司的发展规划和行动始终与社会的主流方向一致。

5.1.4 企业将社会责任绩效纳入核心经营战略规划。

5.1.5 税收贡献。

a）税收及税收增长纵向比较情况。

b）积极纳税的示范带动作用及对产业良性发展的推动作用。

5.2 质量安全

5.2.1 高度重视产品质量和生产安全管理，建立有相应制度，始终坚持提供合格产品。

5.2.2 有系统的、严格的质量控制方法和流程，安全生产始终如一。

5.2.3 通过了相关的产品质量认证。

5.2.4 有应对突发事故或进行危机处理的完善程序与责任人。

5.2.5 企业没有出现过严重的产品质量事件和安全事故。

5.3 科技创新

5.3.1 积极开展产品创新、管理创新，注重对研发的投入。

5.3.2 新技术、新产品为消费者或社会喜爱，引导美好生活，推动社会进步。

5.3.3 企业将先进的研发成果积极转化为生产力，带动行业健康发展并有利于其他企业研发水平的提升。

5.3.4 专利申请及拥有情况。

5.4 诚实守信

5.4.1 具有完善的信息沟通和披露机制，及时向利益相关方披露公司与运营相关的、对利益相关方的决策具有重要影响的信息，主动与利益相关方进行多种形式的沟通。

5.4.2 在运营活动中始终为利益相关方提供真实合法的产品和信息。

5.4.3 诚信经营、公平交易，在商业活动中坚决杜绝欺诈行为。

5.4.4 尊重和保护知识产权。

5.4.5 以身作则，为社会诚信经营环境的提升而不断努力。

5.4.6 在供应链中倡导健康的商业道德价值，为供应链的上下游企业提供公平的交易机会。

5.5 消费者权益

5.5.1 始终坚持为消费者提供优质、合格的产品。

5.5.2 公平营销、真正公正的信息和公平的合同行为。

5.5.3 建立完善的售后服务体系，及时解决消费者的投诉和要求。

5.5.4 具有和实际执行对存在质量缺陷的产品召回并给予消费者补偿的规定。

5.5.5 重视对消费者的健康保护、安全保护、信息及隐私保护。

5.6 股东权益

5.6.1 正当健康经营，确保股东的合理回报。

5.6.2 注重对小股东权益的保护与救济。

5.6.3 科学的治理结构，决策最大程度地体现股东意志。

5.6.4 加强投资者关系管理，与投资者建立良好关系。

5.7　员工权益

5.7.1　尊重劳工权益，尊重人权。

5.7.2　严格遵守国家劳动法律和制度，员工社会保障、保险齐全。

5.7.3　企业制定健全的反对歧视制度，生育期间享有福利保障，薪酬公平，休假制度健全。

5.7.4　企业积极开展员工培训，注重培养本土的技术人才、管理人才。

5.7.5　组建工会并积极开展工会活动。

5.7.6　企业注重保护员工的职业健康和安全。

5.7.7　注重维护和谐的劳动关系，没有各种形式的强迫劳动、童工劳动。

5.7.8　积极创造就业机会。

5.8　能源环境

5.8.1　环境保护。

a）企业制定有环境保护的具体措施，并切实履行环境保护责任。

b）坚持环保预防性原则，在全球各地都秉持相同的环保标准。

c）企业积极培养和倡导员工的环境保护意识。

d）减缓并适应气候变化，致力于生产环保型产品或服务。

e）企业主动发起或积极参与环境保护项目。

f）引导并创造可持续性消费。

5.8.2　节能减排。

a）企业注重节能降耗减排，积极发展循环经济。

b）企业注重使用清洁能源，并积极向社区里的更多人群做宣传推广工作。

c）企业重视对节能减排措施的投入和研究创新，并注重将各项新技术、新方法积极推广到实际生产工作中。

d）节能减排有较显著的成效。

5.8.3　可持续发展。

a）企业制定了科学的可持续发展战略，已经形成了较强的可持续发展意识。

b）企业在战略的可持续、生产的可持续、盈利的可持续、研发的可持续及环保的可持续等方面的表现。

c）企业在对环境和资源的利用上强调并实施可持续发展战略。

5.9 和谐社区

5.9.1 社区关系。

a）同政府机构、行业协会保持良好关系。

b）公平竞争，支持营造良性生态。

c）发挥辐射作用，能带动所在社区的更多成员积极履行社会责任。

5.9.2 公益慈善。

a）力所能及地开展慈善捐赠，并有科学安排，具有持续性。

b）积极传播慈善理念和公益文化，引导他人向善。

c）通过教育提升、文化传播、技术开发与获取等方式对所在社区生活改善所做出贡献的情况。

5.10 责任管理

5.10.1 具有社会责任感的企业文化情况。

5.10.2 有社会责任管理机构和相关人员。

5.10.3 实施有社会责任项目。

5.10.4 企业建立了针对突发事件的积极有效的应对和改进机制。

5.10.5 维护良好的公众形象，无社会责任缺失事件。

5.10.6 企业获得社会责任的相关奖项或领先排名情况。

6 评分

6.1 基本要求

根据本评价准则的规定和被评价企业履行社会责任的过程和结果的实际情况，按各项指标的分值进行评分。可参照附录 A。

具体要点如下所述：

a）企业在履行社会责任过程中所采用的方式方法和形式。

b）所使用的方式方法与标准评分项要求的适宜性以及有效性。

c）各种方式方法的可重复性，是否以可靠的数据和信息为基础。

d）为实现标准评分项要求所采用方法的展开程度。

e）社会责任的当前水平和取得的效果与反应。

6.2 社会责任评分

企业社会责任评分可参照本评价准则的附录 B 执行。

7 评级

7.1 企业社会责任评级

本评价准则对企业社会责任的评级按由劣到优分为 C，B、BB、BBB，A、AA、AAA 三类七个基本级。依据企业社会责任评分，对应级别如表 1 所示。

表 1　企业社会责任评级

类型	标志	得分范围	评语	备注
C	C	350 分及以下	社会责任严重缺失企业	
B	B	351~550 分	社会责任缺失企业	
	BB	551~650 分	社会责任轻度缺失企业	
	BBB	651~750 分	社会责任合格企业	
A	A	751~850 分	社会责任良好企业	
	AA	851~950 分	社会责任优秀企业	
	AAA	951~1000 分	社会责任典范企业	

7.2 补充说明

a）企业社会责任评级只考量某一时段企业履行社会责任的状况，不是终生评价。

b）以上每一个评级等级可用"+"、"–"符号进行微调，表示略高或略低于本等级，但不包括 C 和 AAA。

c）企业社会责任评级实行动态管理，年度检查、调访。任何级别的评价结果在下一年度都可能变动。

d）企业社会责任评级应遵循"公开、公正、科学、严格、透明"的原则，审慎、严肃地进行。评价准则、评价程序、评审委员和评价结果应通过相关渠道向社会公示，接受监督。

附录 A　评分指南（资料性附录）

本附录规定了以下的评分要求，如表 2 所示。

表 2　指标评分要求

评分比例	要　点
0%~20%	• 在该评分项要求中水平很差，或没有描述结果，或结果很差
	• 在该评分项要求中没有或有极少显示趋势的数据，或显示了总体不良的趋势
	• 在该评分项要求中没有或有极少的相关数据信息，或对比性信息

评分比例	要　　　点
20%~40%	• 在该评分项要求中结果很少，或在少数方面有一些改进和（或）处于初期绩效水平
	• 在该评分项要求中有少量显示趋势的数据，或处于较低水平
	• 在该评分项要求中有少量相关数据信息，或对比性信息
40%~60%	• 在该评分项要求的多数方面有改进和（或）良好水平
	• 在该评分项要求的多数方面处于取得良好趋势的初期阶段，或处于一般水平
	• 在该评分项要求中能够获得相关数据，或对比性信息
60%~80%	• 在该评分项要求的大多数方面有改进趋势和（或）良好水平
	• 在该评分项要求中一些趋势和（或）当前显示了良好到优秀的水平
	• 在该评分项要求中获得大量相关数据，或对比性信息
80%~100%	• 在该评分项要求中的大多数方面，当前结果/水平/绩效达到优良水平
	• 在该评分项要求中大多数的趋势显示了领先和优秀的水平
	• 在该评分项要求中能够获得充分的相关数据，或对比性信息

在确定分数的过程中应遵循以下原则：

a）应当评审评分项中的所有方面，特别是对组织具有重要性的方面，即必须考虑履行社会责任过程中关键因素的重要度。

b）给一个评分项评分时，应判定哪个分数范围总体上"最适合"企业在本评分项达到的水平。总体上"最适合"并不要求与评分范围内的每一句话完全一致，允许在个别要素上有一定差距。

c）企业社会责任达到的水平是依据对评价准则中所有要素进行综合评价的结果，并不是专门针对某一个要素进行评价或对每一个要素评价后进行平均的结果。

d）在适合的范围内，实际分数根据企业社会责任的水平与评分要求相接近的程度来判定。

e）特别弘扬原则。对照 10 个一级评价标准，企业可申请提出自身认为做得最好的 1~3 个方面特别呈现给评审员，以争取该项的更高得分。特别弘扬原则要求在被弘扬的打分项上，企业做到世界或国内领先，或在行业内得到认可，或有独到的创新之处，有切实的成绩体现或依据。

f）缺失波及原则。在本评价准则的一级或二级标准中，企业因责任缺失将波及其他相关打分项的得分。例如，企业在环境保护方面出现问题，不仅影响企业在该项的得分，可能还会波及"道德伦理"、"和谐社区"等方面的得分。

g）零分捆绑原则。评价准则里的 10 个一级标准所包含的二级或三级标准中，若有一项分为零，则该一级标准全部得分为零。例如，企业出现了严重的产品质量事件，那么其在一级标准"质量安全"里的所有项目得分为零，即该项120分不得分。

附录B 企业社会责任评价指标及分值（资料性附录）

本附录规定了企业社会责任评价过程中的评分指标和分值分配，如表3所示。

表3 企业社会责任评分

目标	一级指标	二级指标	三级指标	分值分配
社会责任	法律道德（135分）	遵守法律法规		30
		核心战略考虑社会责任		20
		反对腐败，健康的商业价值伦理		25
		社会责任绩效		20
		税收贡献	税收及税收增长情况	20
			纳税的示范带动作用	20
	质量安全（120分）	质量管理制度		25
		质量控制方法		40
		产品质量认证		15
		事故应对		15
		无严重质量事件和安全事故		25
	科技创新（95分）	研发投入		35
		开发好产品		25
		成果转化		20
		专利申请及拥有情况		15
	诚实守信（90分）	完善的信息沟通和披露机制，利益相关方沟通		15
		真实合法的产品和信息		20
		诚信经营、公平交易，杜绝欺诈		20
		尊重和保护知识产权		15
		营造诚信环境		10
		供应链关系		10
	消费者权益（90分）	始终提供优质产品		25
		公平营销		20
		完善的售后服务体系		25
		产品召回与补偿		10
		消费者保护		10
	股东权益（96分）	确保股东合理回报		32
		小股东权益的保护与救济		24
		最大程度体现股东意志		24
		与投资者的良好关系		16

目　标	一级指标	二级指标	三级指标	分值分配
社会责任	员工权益（100分）	尊重劳工，尊重人权		15
		遵守劳动法律和制度		15
		反对歧视		10
		员工培训		10
		工会活动		10
		职业健康和安全		10
		和谐劳动关系		15
		创造就业		15
	能源环境（130分）	环境保护	环境保护措施	12
			环境保护标准	8
			环境保护意识	5
			产品与服务	10
			环境保护项目	10
			引导并创造可持续性消费	10
		节能减排	循环经济	15
			清洁能源	10
			技术创新	10
			量化的成效	10
		可持续发展	可持续发展战略	10
			可持续发展表现	10
			可持续利用	10
	和谐社区（64分）	社区关系	良好关系	12
			良好生态	12
			辐射作用	10
		公益慈善	慈善捐赠	10
			慈善理念传播	10
			社会公益慈善项目	10
	责任管理（80分）	有社会责任感的企业文化		20
		责任管理机构和人员		15
		社会责任项目		15
		突发事件应对		10
		良好的公众形象		10
		社会责任荣誉		10

注：以上打分项共63款，满分1000分。

附录 C   规范性引用文件

1994 年 7 月 5 日	《中华人民共和国劳动法》
1999 年 3 月 15 日	《中华人民共和国合同法》
2000 年 7 月	联合国全球契约（Global Compact）十项原则
2002 年 6 月 29 日	《中华人民共和国安全生产法》
2005 年 10 月 27 日	《中华人民共和国公司法》
2007 年 6 月 29 日	《中华人民共和国劳动合同法》
2010 年 11 月 1 日	国际标准化组织《社会责任指南标准（ISO26000）》

附录二

DB41

河 南 省 地 方 标 准

DB41/T876-2013

民营企业社会责任评价与管理指南

2013-12-25 发布　　　　　　　　　　　　　2014-02-25 实施

河南省质量技术监督局　发布

前　言

本标准按照 GB/T 1.1–2009 给出的规则起草。

本标准由河南省民营企业社会责任促进中心提出并归口。

本标准起草单位：河南省工商业联合会、河南省民营企业社会责任促进中心、河南省民营企业家协会、河南省品牌促进会。

本标准主要起草人：梁静、杨德恭、林彬、孙泓君、李艳姣、王延资。

本标准参加起草人：杨潮恒、李维庆、刘俊峰、许现峰、朱连亮、王海灿、印娟娟、毛世涛、胡琳琳。

1 范围

本标准规定了民营企业社会责任的术语和定义、评价原则、评价内容和评价方法。

本标准适用于对民营企业社会责任履行状况的评价，也适用于对企业社会责任管理的指导。

2 规范性引用文件

下列文件对于本文件的应用是必不可少的。凡是注日期的引用文件，仅注日期的版本适用于本文件。凡是不注日期的引用文件，其最新版本（包括所有的修改单）适用于本文件。

GB/T 19011-2003《质量和（或）环境管理体系审核指南》

GB/T 27925-2011《商业企业品牌评价与企业文化建设指南》

3 术语和定义

下列术语和定义适用于本文件。

3.1 民营企业

除国有独资、国有控股和集体企业之外的所有企业的统称，包括在工商行政管理机关登记注册的私营企业、非国有经济控股的有限责任公司、股份公司、港澳台投资和外商投资企业等各类营利性经济组织。

3.2 企业社会责任

企业在商业运作过程中对其利益相关方应负的责任，包括对消费者、员工、商业伙伴、社区、环境等的责任。

3.3 企业社会责任管理

企业通过建立一套管理体系，有效管理企业运营对利益相关方、社会和环境的影响，形成社会责任理念融入企业经营的全过程长效机制。

3.4 童工

未满 16 周岁，与单位或者个人发生劳动关系从事有经济收入的劳动或者从事个体劳动的少年、儿童。

3.5 未成年工

已满 16 周岁未满 18 周岁的劳动者。

3.6 补充保险

企业在国家统一制定的基本保险之外，依据企业自身的经济实力，在履行缴纳基本保险费义务之后的附加保险，所需资金主要来源于企业自有资金，国家在利税方面给予优惠。包括企业补充养老保险和企业补充医疗保险两部分。

3.7 企业民主管理

员工以主人的身份，通过职工代表大会等多种形式，对企业经济生活、政治生活、社会生活、文化生活以及其他事务实行民主决策、民主参与、民主监督。

3.8 企业社会责任报告

企业就其履行社会责任的理念、内容、方式和绩效所进行的信息披露报告。

4 评价原则

4.1 公正性

评价应公平、公正，遵守 GB/T19011-2003 中第四章的要求。

4.2 持续改进

企业可根据自身发展状况按照附录 A 的要求逐步完善社会责任管理，评价具有持续性，得出评价结果后，应至少按年度对企业社会责任履行状况进行监督评价，至少每两年重新评价一次，达到保持和改进的目的。

5 民营企业社会责任评价

5.1 消费者责任

5.1.1 产品质量

5.1.1.1 产品质量稳定、安全、合格，符合国家产品安全和质量标准。

5.1.1.2 通过技术改进和创新，提升产品性能和附加值。

5.1.2 服务质量

5.1.2.1 制定系统有序的规范化要求，服务人员有优良的服务态度和技能。

5.1.2.2 对顾客承诺的服务及时有效兑现。

5.1.2.3 建立消费者沟通机制，积极回应消费者提出的问题，增强与消费者的互动。

5.1.3 产品信息披露

如实进行产品质量和安全信息披露，对产品质量和标准等信息明确承诺和公示。

5.1.4 消费者信息安全

加强消费者信息安全管理，无泄露消费者信息的行为。

5.1.5 纠纷处理

及时化解纠纷，妥善处理消费者投诉，对发生的侵权行为及时回应和补偿。

5.2 员工责任

5.2.1 劳动用工

5.2.1.1 执行国家未成年工和女职工等特殊人群的劳动保护规定，无使用童工行为。

5.2.1.2 尊重员工的风俗习惯和信仰，维护员工人格尊严，对员工无歧视、暴力、威胁、监禁等行为。

5.2.2 劳动合同

遵循平等自愿、协商一致、诚实守信原则，与劳动者依法签订劳动合同，并履行完好。

5.2.3 劳动收入

5.2.3.1 按时、足额支付员工劳动报酬。

5.2.3.2 劳动报酬不低于当地政府规定的最低工资标准。

5.2.3.3 经营效益好的企业宜逐步合理地提升员工劳动收入水平。

5.2.4 劳动保险

5.2.4.1 依法、足额为员工缴纳社会保险。

5.2.4.2 经营效益好的企业宜为员工缴纳补充养老、医疗保险或其他保险。

5.2.5 劳动时间

执行国家及地方相关法规，合理安排员工的劳动时间与休假。

5.2.6 企业福利

企业应逐步完善员工福利保障，包括经济福利、工时福利、设施福利、娱乐福利等。

5.2.7 健康与安全

5.2.7.1 建立员工健康档案，定期组织健康体检，并将体检结果对当事员工如实公开。

5.2.7.2 采取职业病防控措施，减少职业病危害。

5.2.7.3 重视员工心理健康，定期开展心理咨询活动，帮助员工舒缓压力，保持工作和生活的平衡。

5.2.7.4 开展现场管理，配备必要的劳动防护设施，定期发放劳动防护用品，保障劳动过程和工作环境的安全。

5.2.8 企业民主管理

5.2.8.1 加强党、工、团等企业民主管理组织建设，健全活动机制，广泛吸纳员工参与企业民主管理。

5.2.8.2 通过职代会、厂务公开等多种途径，让员工参与企业各项事务的决策与监督。

5.2.9 员工发展

5.2.9.1 制订培训计划，开展职业技能知识、思想道德等多方面的培训和考核，提高员工的综合素质和业务技能水平。

5.2.9.2 建立科学合理的晋升机制和通道，帮助员工制定职业发展规划，为员工提供广阔的职业发展空间。

5.3 社区责任

5.3.1 依法纳税

依法、诚信、按时、足额缴纳国家规定的各项税款，并遵循财务会计信用管理规定。

5.3.2 促进就业

5.3.2.1 根据自身战略规划和发展要求，为社会提供更多的实习与就业岗位，缓解就业压力。

5.3.2.2 响应政府号召，妥善安置复转军人、残疾人、下岗职工等特殊人群就业。

5.3.3 社区共建

5.3.3.1 在实现自身发展的同时，积极投身社区基础设施建设，支持、发起和参与社区活动，促进社区和谐发展。

5.3.3.2 根据自身发展状况，对欠发达地区的资源进行倾斜性开发，帮助当地脱贫致富。

5.3.4 公益慈善

5.3.4.1 宜安排相应的人力、物力、财力，通过公益慈善行为，帮助发展教育、社会保障和医疗卫生等事业。

5.3.4.2 对智障、体障人群和老人等社会弱势群体给予社会人文关怀。

5.3.4.3 积极发展员工加入志愿者组织，尽可能提供条件支持员工的志愿者活动。

5.4 商业伙伴责任

5.4.1 信息披露

定期披露企业的经营管理状况，履行告知义务。

5.4.2 合同履行

遵循公平、公正、诚信的原则依法签订合同，忠实履约，保障各方利益不受损害。

5.4.3 责任采购

在采购决策中可考虑商业伙伴的产品或服务在整个生命周期中的环境、社会和道德绩效。

5.4.4 尊重知识产权

尊重和保护商业伙伴的知识产权，无侵权行为。

5.4.5 公平竞争

以公平的方式开展竞争，反对垄断，不采用非正当行为获取竞争优势，不损害商业伙伴的商业信誉，防止介入或陷入不正当竞争。

5.5 环境保护责任

5.5.1 环保管理

5.5.1.1 对环保工作进行有效管理，包括环保管理的组织与执行、环保工作状况的监控与改进、环境预警应急机制等内容。

5.5.1.2 建立环保管理制度，并以企业文件形式体现。

5.5.1.3 定期编制、公开发布环保工作报告，如实披露开展环保工作的理念、制度、措施和绩效，以及企业运营对环境的重大影响。

5.5.2 保障机制

5.5.2.1 设有专门负责环保的职能部门，岗位设置明确，人员结构合理、数量充足。

5.5.2.2 提供必要的财力、物质资源及开展环保工作所必需的基础设施，保障环保工作的有效实施。

5.5.3 降污减排

5.5.3.1 严格执行国家及地方相关规定，满足污染物达标排放、总量控制要求，逐渐降低污染物排放总量。

5.5.3.2 以妥善和透明的方式对危险废弃物加以管理。

5.5.3.3　在生产过程中逐步淘汰有毒、有害原材料。

5.5.3.4　积极采用资源利用率高、污染物产生量少的清洁生产技术、工艺和设备，建立持续清洁生产机制，并根据需要开展清洁生产审核。

5.5.4　资源节约

5.5.4.1　减少不可再生资源和能源的消耗，提高其使用效率，积极开发和使用可再生的替代资源和清洁能源。

5.5.4.2　积极考虑原料和产品在整个生命周期中的利用效率，通过再制造、重复使用、综合利用等方式提高资源生产率。

5.5.4.3　监测、控制和降低单位产值的资源消耗及能耗，将节能、节水和资源综合利用纳入对经营活动的内部考核体系。

5.5.5　生态与人文环境保护

5.5.5.1　在生产经营活动中可采取有效措施预防和减少对生物多样性、生态平衡、人文风俗和历史文化遗产等的不利影响，对造成破坏的应予以恢复和补偿。

5.5.5.2　积极投身环保公益事业和宣传教育，主动承担环境治理和修复责任。

5.6　企业文化建设

5.6.1　企业凝聚力

5.6.1.1　企业文化建设与企业中心工作的融合度、协调发展度高，企业文化的积极引领作用得到发挥，在转变经济发展方式、实现科学发展方面有显著成效。

5.6.1.2　企业核心价值观为员工广泛认知、认同，并在企业生产经营服务活动和员工行为中得到体现。

5.6.1.3　企业管理层与员工之间、员工与员工之间关系和谐融洽，无大规模群体性事件发生。

5.6.2　人文关怀

5.6.2.1　充分发挥企业党、工、团等组织在企业文化建设中的重要作用，经常开展员工喜闻乐见的各种文化活动，丰富员工的精神文化生活，定期开展企业间、企业与地方间的文化交流活动。

5.6.2.2　加强党风廉政建设，关心员工的工作、生活，建立困难帮扶和员工心理疏导等工作机制，使员工政治觉悟、思想道德水平和文明素质得到整体提升，爱国、敬业、诚信、友善，精神生活健康。

5.6.3 企业形象

5.6.3.1 按照 GB/T 27925-2011 的要求，制定企业品牌发展战略，注重提升品牌的文化含量，细化品牌管理的标准与流程。

5.6.3.2 建立以企业标识、标准色、标准字、着装、司旗和司歌等为主要内容的视觉识别系统，并制定具体的应用规范。

5.6.4 企业文化传播

5.6.4.1 每年宜拨付一定数量的企业文化设施建设专项经费，加强图书室、宣传栏、文体活动场所等阵地建设，并配备必要的现代化工具。

5.6.4.2 建立企业互联网和手机信息平台，办好企业广播电台、电视台、企业报、企业内部刊物等，扩大企业文化传播的覆盖面，通过大众媒介向社会宣传企业价值理念，树立企业形象，提高企业的社会知名度和认同度。

5.6.4.3 企业文化手册、企业（员工）故事、企业案例、企业成功经验、先进典型和企业文艺作品门类齐全、丰富多样，有本企业特色，企业文化产品发展均衡、有延续性，能反映不同阶段企业发展成就和员工精神风貌。

5.6.4.4 开展多种形式的主题宣传教育活动，设计内容丰富、层次多样、针对性强的业务培训课程，且用于培训工作，定期开展企业文化教育实践活动，提升员工对企业文化的认知度和认同度。

5.6.5 创新导向

5.6.5.1 以科学发展为主线，确立全面统筹协调、可持续发展理念，保证企业健康发展。具有创新意识，有明确的激励机制，重视对核心技术的开发、掌握、应用。

5.6.5.2 形成鼓励创新的氛围，企业文化建设方式方法、载体机制有创新、有成效。

6 评价方法

6.1 基本要求

根据本标准的规定对企业社会责任履行状况进行评价时，对各项指标采用评分制，见附录 B。

具体要点如下所述：

a）企业在履行社会责任过程中所采用的方式、方法和形式。

b）所使用的方式、方法与标准评分项要求的适宜性及有效性。

c）各种方式、方法的可重复性，是否以可靠的数据和信息为基础。

d）为实现标准评分项要求所采用方法的展开程度。

e）企业履行社会责任的当前水平和取得的效果与反应。

6.2 评分

6.2.1 企业社会责任评价评分按附录 C 执行。

6.2.2 评价结果的等级和表述方式如下：

a）涉污企业：

1）900 分以上（含 900 分），五星社会责任企业。

2）850 分以上（含 850 分），四星社会责任企业。

3）700 分以上（含 700 分），三星社会责任企业。

4）600 分以上（含 600 分），二星社会责任企业。

b）不涉污企业：

1）800 分以上（含 800 分），五星社会责任企业。

2）750 分以上（含 750 分），四星社会责任企业。

3）600 分以上（含 600 分），三星社会责任企业。

4）500 分以上（含 500 分），二星社会责任企业。

附录 A
（规范性附录）
企业社会责任管理指南

A.1 责任理念

企业家应有明确的社会责任理念，从社会责任的角度审视企业的发展，塑造以社会责任为核心的企业精神和价值观念。

A.2 责任战略

企业在全面认识自身业务对经济、社会、环境的影响，全面了解利益相关方需求的基础上，制定明确的社会责任核心议题和步骤清晰的社会责任规划，作为开展企业社会责任管理工作的行动指南。

A.3　责任治理

A.3.1　由企业高层代表负责社会管理工作，设立专职部门，岗位分工明确，人员结构合理、数量充足。

A.3.2　提供必要的财力、物质资源及开展社会责任工作所必需的基础设施，保障企业社会责任管理工作的有效实施。

A.3.3　对企业社会责任进行有效管理，包括社会责任管理的组织与执行、企业社会责任理念宣贯、企业社会责任状况的自评与改进等内容。

A.3.4　建立社会责任管理制度，通过社会责任沟通、社会责任绩效考核、社会责任报告编制等制度的全面实施，保证企业社会责任工作的常态化和规范化。

A.4　责任融合

A.4.1　将社会责任理念融入企业发展战略和企业文化建设中，坚持企业宗旨、愿景、精神和核心价值观与社会责任的统一，将实现经济、社会、环境的综合价值最大化体现在企业发展战略和企业文化建设中。

A.4.2　根据社会责任的要求设计和梳理企业所有的制度、职责和流程，优化原有的工作手段和方式，使其符合社会责任标准。

A.4.3　建立供应链社会责任管理制度，对供应链企业进行恰当的尽责审查和监测，推动供应链企业接受和支持社会责任原则与实践。

A.4.4　以社会责任为导向制定危机管理机制，预防和减少可能发生的危机。对已发生的危机，通过迅速、规范、透明的处理方式回应社会，将危机对企业造成的负面影响降至最低。

A.5　责任沟通

建立完善的利益相关方沟通机制和公平、规范的沟通渠道，定期对利益相关方的需求及期望进行调查，兼顾各方利益，及时做出回应和调整，树立良好的社会公众形象。

A.6　责任自评与改进

建立科学合理的内部社会责任评价体系或借用第三方评价体系，定期对企业社会责任履行情况开展自评，并据此持续改进，提高社会责任管理水平和履行绩效。

A.7 社会责任报告

定期编制、公开发布企业社会责任报告，如实披露企业在履行社会责任方面的理念、制度、措施、绩效和企业运营对社会的重大影响。

附录 B
（规范性附录）
民营企业社会责任评价指标和分值

B.1 评价指标和分值

表 B-1 给出了民营企业社会责任的评价指标和分值，满分为 1000 分。在实际评价中，应根据本标准规定的要求制定有关细则。

表 B-1 民营企业社会责任评价指标和分值

一级指标	二级指标	分值
消费者责任（200分）	产品质量	80
	服务质量	50
	产品信息披露	20
	消费者信息安全	30
	纠纷处理	20
员工责任（200分）	劳动用工	20
	劳动合同	30
	劳动收入	20
	劳动保险	20
	劳动时间	20
	企业福利	20
	健康与安全	30
	企业民主管理	20
	员工发展	20
社区责任（200分）	依法纳税	50
	促进就业	50
	社区共建	40
	公益慈善	60

一级指标	二级指标	分值
商业伙伴责任（100分）	信息披露	10
	合同履行	30
	责任采购	30
	尊重知识产权	10
	公平竞争	20
环境保护责任（150分）	环保管理	30
	保障机制	20
	降污减排	40
	资源节约	40
	生态与人文环境保护	20
企业文化建设（150分）	企业凝聚力	40
	人文关怀	30
	企业形象	30
	企业文化传播	20
	创新导向	30

B.2　附加分数

为鼓励企业积极履行社会责任，将附录A作为附加项。该附加项总计100分，不计入总分，仅作为对参评企业进行最终星级评定和排名时的参考依据。

附录C

（规范性附录）

民营企业社会责任评价评分要求

表C-1给出了民营企业社会责任评价评分要求。

表C-1　民营企业社会责任评价评分要求

评分比例	要　点
0%~20%	• 在该评分项要求中水平很差，或没有描述结果，或结果很差 • 在该评分项要求中没有或有极少显示趋势的数据，或显示了总体不良的趋势 • 在该评分项要求中没有或有极少的相关数据信息，或对比性信息
20%~40%	• 在该评分项要求中结果很少，或在少数方面有一些改进和（或）处于初期绩效水平 • 在该评分项要求中有少量显示趋势的数据，或处于较低水平 • 在该评分项要求中有少量相关数据信息，或对比性信息
40%~60%	• 在该评分项要求的多数方面有改进和（或）良好水平 • 在该评分项要求的多数方面处于取得良好趋势的初期阶段，或处于一般水平 • 在该评分项要求中能够获得相关数据，或对比性信息

评分比例	要　　点
60%~80%	• 在该评分项要求的大多数方面有改进趋势和（或）良好水平 • 在该评分项要求中一些趋势和（或）当前显示了良好到优秀的水平 • 在该评分项要求中获得大量相关数据，或对比性信息
80%~100%	• 在该评分项要求中的大多数方面，当前结果/水平/绩效达到优良水平 • 在该评分项要求中大多数的趋势显示了领先和优秀的水平 • 在该评分项要求中能够获得充分的相关数据，或对比性信息

在确定分数的过程中应遵循以下原则：

a）应当评审评分项中的所有方面，特别是对组织具有重要性的方面，即应考虑企业在履行社会责任的过程中关键因素的重要度。

b）给一个评分项评分时应判定哪个分数范围总体上"最适合"企业在本评分项达到的水平。总体上"最适合"并不要求与评分范围内的每一句话完全一致，允许在个别要素上有一定差距。

c）企业社会责任达到的水平是依据对评价准则中所有要素进行综合评价的结果，并不是专门针对某一个要素进行评价或对每一个要素评价后进行平均的结果。

d）在适合的范围内，实际分数根据企业社会责任履行的水平与评分要求相接近的程度来判定。

附录三

河南企业社会责任报告

Corporate Social Responsibility Report of Henan

新华社河南分社

河南省工业和信息化委员会

新华网河南频道

河南省企业社会责任促进中心

二○一五年十二月

《河南企业社会责任报告》
编委会

前 言

企业社会责任是指企业在生产经营、对股东承担法律责任的同时，还要兼顾员工、消费者、商业伙伴、环境和社区等利益相关者的需求。社会责任价值观要求企业必须超越以往利润高于一切的传统观念，转变为对人的价值的关注，在生产经营中思考对员工是否关心、对消费者是否负责、对环境与社会有没有贡献。无论是公平竞争、缴税纳税、质量安全、生态保护，还是员工福利待遇、消费者满意程度等，都属于企业社会责任的范畴。

在我国经济发展进入新常态的大背景下，企业社会责任已成为企业提升竞争力和企业品质的核心要素，是实现企业自身创新与可持续发展，乃至推动社会可持续发展的客观要求；是企业优化产业结构，实现转型升级的内生需求，同时也是企业参与和管理社会事业，促进我国信用体系建设，实现社会和谐，共铸中国梦的必然选择。

党的十八届三中全会对各种所有制经济履行企业社会责任都提出了明确要求。党的十八届四中全会通过的《中共中央关于全面推进依法治国若干重大问题的决定》中特别提出，要"加强企业社会责任立法"，首次将推进企业履行社会责任上升到依法治国的国家战略层面。

改革开放 30 多年的繁荣与发展，使河南省在全国经济格局中占据了重要地位。截至 2014 年 12 月底，全省实有各类市场主体 326.29 万户，在中部六省中位居第二。同时随着商事制度的改革推动，我省新登记市场主体数量和资本总额均创下历年新高，月均新登记企业超万户，迎来企业发展的新浪潮。我省经济已成功实现由传统农业大省向新兴工业大省的历史性转变，制造业规模以上的主营业务收入超过五万亿元，居全国第五位。

经济社会的进步与发展，基础在企业。推动河南发展，建设"四个河南"，实现我省全面建成小康社会是企业的使命，也是企业的未来。新常态下，企业一方面应该坚持以经济发展为目标，继续为国民经济的增长做贡献；另一方面需要更加清醒地认识自身肩负的使命和任务，更好地回馈社会，履行应尽的责任和义务，思考和关注企业自身与经济、社会和环境的协调发展。

放眼全球，国际上正在建立一种新的合作秩序，以获得世界经济的共同繁荣。一方面，联合国全球契约组织的十项原则、ISO26000、SA8000 等国际社会责任标准在世界范围内逐步普及，成为企业进入国际市场不可或缺的通行证。另一方面，随着国家"一带一路"战略的实施与推进、国际产能与制造业的深度融合，也促使"走出去"的企业必须遵循市场规律和国际通行规则，坚持互利共赢、兼顾各方利益和遵守社会责任基本原则，寻求利益契合点和合作最大公约数，遵循并满足国际企业社会责任标准。这也是未来一个时期我省大多数企业实现长足发展的关键所在。

作为推动经济社会发展的重要力量，企业和企业家必须认识到当前的经济发展形势和社会发展要求，清醒地看到企业的转型发展还面临着严峻的挑战和压力，社会和国家对于企业履行社会责任的要求和期望正不断提高且持续具体化，同时互联网技术缩短了创新周期，提高了创新频率，企业的生存环境和自然环境现状不容乐观，食品安全、诚信缺失现象屡禁不止，经济与社会发展的深层次矛盾凸显，社会正在呼唤具有强烈社会责任感和行动力的企业和企业家。

为贯彻落实党的十八大和十八届三中、十八届四中全会有关促进企业履行社会责任的精神，以社会责任建设促进我省企业转型升级、创新发展，走可持续发展的道路，在新华社河南分社、河南省工业和信息化委员会的指导支持下，新华网河南频道、河南省企业社会责任促进中心共同调研编制了《河南企业社会责任报告》，这也是我省首份由政府主管部门、主流媒体和专业研究机构共同发布的企业社会责任报告。

《河南企业社会责任报告》旨在以社会责任的视角，梳理和分析我省企业履行社会责任的现状，引导企业在新一轮的发展机遇面前，通过加强和改进社会责任建设，在全面深化改革中获得更大的空间，发挥更大的作用，抓住更多的机遇，以更多、更高和更新的全球可持续发展目标来要求自己，用社会责任理念和方法来提升企业管理和经营水平，重塑企业形象，缩小与世界先进企业在格局与视野上的差距。我们期待着以社会责任和可持续发展理念引领我省企业更加健康地发展，更加科学地承担社会责任，为促进社会的和谐与进步发挥应有的作用。

同时，我们也力图通过这份报告发现我省企业社会责任建设过程中的问题与不足，探索符合河南特色的区域责任竞争力提升路径。并以此为契机，让企业和公众全方位地了解河南企业社会责任建设工作，积极参与到企业社会责任管理和发展中，更好地引导企业通过开展社会责任建设工作，认识、适应、引领新常态，助力打造"四个河南"，协同推进"两项建设"，为中原崛起、河南振兴、富民强省贡献出力量。

报告说明

报告的主要目的在于全面、客观地展示我省企业履行社会责任的现状和特点，找出我省企业社会责任工作中的问题与不足，引导企业积极开展社会责任工作。

一、调研对象

调研对象主要为注册地址在河南省境内的企业，及业务区域范围在河南省内的企业性质的单位。

二、样本数据来源

本报告主要数据来源如下：

（1）河南省企业社会责任促进中心《河南省企业社会责任信息数据库》，新华网河南频道信息中心《企业信息数据库》。

（2）新华社河南分社、河南省工业和信息化委员会《河南企业社会责任绩效调研表》，河南省工商业联合会《2014年度民营企业社会责任调研表》，河南省工商业联合会《2014·河南民营企业100强调研分析报告》，河南省部分工业企业社会责任报告。

（3）河南省工业和信息化委员会、河南省发展和改革委员会、河南省统计局、河南省工商行政管理局等公开发表的年报和相关信息，主流媒体及企业网站披露的相关数据和信息。

此外，本报告还参考了国家统计局、国家工商行政管理总局、国家发展和改革委员会等有关部门公开发布的权威数据，以及中国社会科学院企业社会责任研究中心等专业研究机构公开披露的信息。

三、样本分布情况

调研覆盖全省18个地市、18个行业、777家企业（见图1）。其中，民营企业750家，国有企业27家。样本分配综合考虑了企业成立年限、企业类型、企业规模、行业特点等多方面因素，力图全面、客观地反映河南企业履行社会责任的现状。

分类	类别	百分比	分类	类别	百分比
	制造业	48.6%		第一产业	10.3%
	农林牧渔业	10.3%	产业分布	第二产业	57.7%
	批发和零售业	10.0%		第三产业	32.0%
	房地产业	8.6%			
	建筑业	5.3%		大	10.2%
	住宿和餐饮业	3.2%		中	33.1%
	采矿业	2.9%	企业规模	小	37.8%
	租赁和商务服务业	2.6%		微	18.9%
	交通运输、仓储和邮政业	2.0%			
行业	居民服务和其他服务业	1.6%		独资企业	11.0%
	卫生、社会保障和社会福利业	1.1%		股份有限公司	16.9%
	文化、体育和娱乐业	1.0%	企业类型	有限责任公司	70.0%
	电力、燃气及水的生产和供应业	0.9%		合伙企业	2.1%
	教育	0.7%			
	信息传输、计算机服务和软件业	0.6%		3 年以内	5.3%
	科学研究、技术服务和地质勘察业	0.3%		3~5 年	10.1%
	金融业	0.1%	成立年限	5~10 年	28.3%
	水利、环境和公共设施管理业	0.1%		10~20 年	43.9%
	总样本 N=777			20 年以上	12.4%

图1　样本分布情况

样本总体上呈现三大特征：

（1）大中型企业较多。从企业规模来看，大中型企业占总体的 43.3%，远高于自然分布状态的大中型企业比例。

（2）行业相对集中。从行业分布来看，制造业企业样本数占比最大，达到 48.6%，接近半数；除制造业外，样本数量占比在 5% 以上的行业还有农林牧渔业、批发和零售业、房地产业和建筑业。以上五个行业总样本数占调研总样本数的 82.8%。

（3）有限责任公司达到七成。从企业类型来看，有限责任公司样本数占比最高，为 70.0%；其次是股份有限公司和独资企业，占比分别为 16.9%、11.0%；合伙企业样本数最少，占比只有 2.1%。

四、调研时间

本报告中所有调研数据的时间范围为 2014 年 1 月 1 日至 2014 年 12 月 31 日。

评价体系说明

本评价体系充分借鉴 GB/T36000、ISO26000、河南省民营企业社会责任标准等文件，结合河南地方实际情况，以易获取、易操作为原则进行指标选取；采取国际通用的德尔菲法（Delphi）、层次分析法（AHP）对指标进行赋值；先后向 11 位知名专家学者和企业家进行了三轮意见征询，最终形成了河南企业社会责任绩效评价体系，力求科学、全面地评价河南企业社会责任水平。

该指标体系包括经济责任、责任管理、社会关系、劳动关系、环境责任和公益慈善 6 大模块，涵盖 19 个一级指标和 51 个二级指标。

经济责任

——经济规模：主营收入、主营收入增速

——纳税贡献：纳税额、纳税额增速

责任管理

——责任管理：社会责任管理制度、企业社会责任管理部门

——责任传播：CSR 报告、CSR 报告第三方认证、CSR 专题培训

社会关系

——促进就业：新增就业率

——产品质量：专利成果、售后服务、满意度调研、标准制定、质量管理体系、责任营销

——信用评价：纳税信用等级评价、银行信用等级评价

——合作共赢：合同履约率、商业腐败与贿赂、知识产权、供应链社会责任评估

劳动关系

——劳动合同：劳动合同签订率

——社会保险：社会保险参保率

——工资福利：薪酬增加制度、工资发放、员工福利

——劳动环境：安全宣传培训、安全生产管理制度、职业安全卫生、健康体检、特殊人群保护

——发展培训：员工培训、晋升机制

　　——民主管理：组织建设、职代会、集体合同制度

环境责任

　　——环保行为：污染物排放、环境保护达标状况、环境管理体系认证

　　——节能减排：环境影响评估与改进、供应链环境管理、节能减排

　　——环保行动：参与社会环保活动情况

公益慈善

　　——社区参与：社区共建、企业家社会职务

　　——公益慈善：吸纳残疾人就业、慈善捐赠、公益品牌项目、员工志愿者、公益慈善项目数

第一章　2014 年河南企业社会责任总体情况分析

　　通过对问卷样本进行分值计算和统计分析后显示，河南企业社会责任平均得分为 308.9 分（总分 1000 分），最高得分 712 分，最低得分 50 分，整体处于较低水平。

一、整体得分情况

　　通过对比不同规模、行业、企业类型、成立年限企业的得分情况，对这些背景变量进行多元对应分析可以发现，不同规模、成立年限、类型和行业的企业得分差异显著。得分高的企业普遍具有以下特征：成立时间在 20 年以上、规模较大、类型为股份有限公司、性质为国有、所在行业为制造业。相对来说，小微企业、独资企业以及成立时间在 5 年以内的企业得分较低。如图 1-1 所示。

　　从企业成立年限来看，成立 20 年以上的企业平均得分为 354 分，较成立时间在 3 年以内的企业（248 分）高出 106 分（见图 1-2），成立时间越早的企业，社会责任得分越高；从企业规模来看，随着企业规模的增大，企业社会责任得分呈现明显的上升趋势。这一定程度上反映出企业社会责任得分与企业的规模和成立年限呈正相关。国有企业在社会责任得分上优势突出，遥遥领先于民营企业，达到 480 分，高出民营企业 177 分（见图 1-2）。

　　从企业类型来看，股份有限公司的得分最高，为 361 分；有限责任公司和合资企业的得分略高于平均水平（308.9 分）；而独资企业表现欠佳，只有 250 分（见图 1-3）。

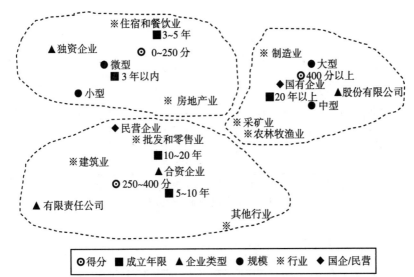

图 1-1 企业成立年限、规模、类型、所属行业与得分多元对应分析
注：指标距离表示指标间的相关程度。

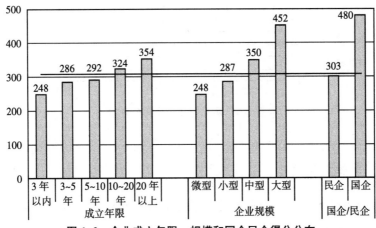

图 1-2 企业成立年限、规模和国企民企得分分布

分行业来看，作为支柱产业的制造业企业社会责任得分（340 分）领跑各行业，而其余各行业企业社会责任得分则不同程度地低于平均分（308.9 分），其中住宿和餐饮业得分相对较低（见图 1-4）。

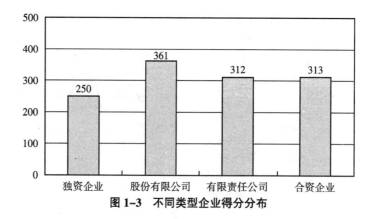

图1-3　不同类型企业得分分布

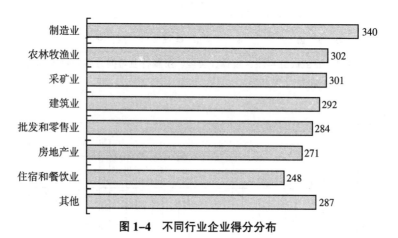

图1-4　不同行业企业得分分布

二、责任模块得分

在六个责任模块中，企业在公益慈善方面表现较好，得分率达到45.44%；劳动关系、经济责任和社会关系三个模块紧随其后，得分率分别为37.35%、31.42%和29.14%；而环境责任和责任管理则表现欠佳，其中，责任管理得分率仅有6.24%（见图1-5）。整体得分情况明显呈现出重实践轻管理的态势，表明企业社会责任实践方面取得了一定的成效，但大部分企业缺乏系统性的规划和战略，尚未将社会责任融入企业的制度程序、体系等长效机制中，责任管理是主要的短板。

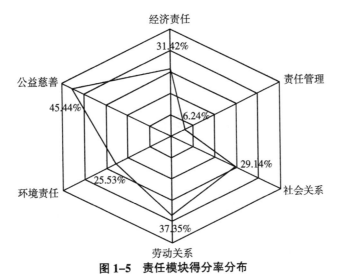

图 1-5 责任模块得分率分布

注：得分率=指标得分/该项指标满分。

在 19 个一级指标中，产品质量、节能减排、社区参与、劳动环境、劳动合同、社会保险、民主管理等指标得分率高于平均水平；而责任管理、责任传播、发展培训、环保行为及认证、环保社会活动、促进就业等指标得分则远低于平均得分率（30.89%）（见图 1-6）。其中，社区参与指标的得分率高达 92.41%，环保社会活动指标得分率仅为 1.16%。综合来看，19 个一级指标中环保类指标及管理类指标得分普遍偏低，表明企业在环境保护和责任管理方面还有很多工作要做。

第二章 经济责任

生存和发展是企业履行社会责任的根本和前提。企业作为社会的重要组成部分，在推动经济发展、维护社会稳定方面具有义不容辞的责任和义务。一方面，企业通过合理地创造经济效益，使经济总量保持在合理区间，稳步推进国民经济发展；另一方面，企业在追求经济效益的同时兼顾社会效益，自觉纳税，回馈社会，贡献民生。

河南省省长谢伏瞻在 2014 年省政府工作报告中指出，2014 年我省围绕打造四个河南、推进两项建设，聚焦三大国家战略规划，统筹稳增长、促改革、调结构、强支撑、控风险、惠民生，各项发展任务均实现稳定发展，全年全省生产总值 34939.38 亿元，比上年增长 8.9%，全年全省全部工业增加值 15904.28 亿元，

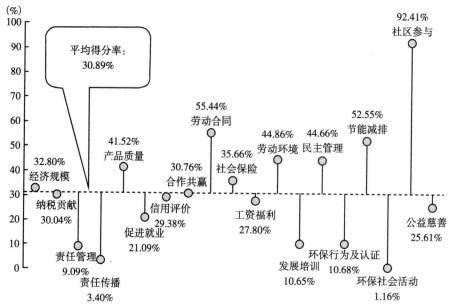

图1-6　一级指标得分率

比上年增长 9.5%。

一、国有企业营业收入总额高，非国有企业营业收入增速快

企业发展的第一要义在于创造经济价值。企业的经营发展状况受到诸多因素的影响，如政策、市场、行业、技术等。在全国以及各地的百强企业评选活动中，营业收入作为一项核心经济指标被列入考核和评价范围，在一定程度上说明营业收入这一指标的基础性和重要性。

据河南财政厅统计，2014 年 1~12 月全省 6284 户一级企业累计实现营业总收入 23944.7 亿元，增长 2%。其中，国有企业 2014 年度实现营业总收入13761.1 亿元，占我省企业总营业收入的 57.47%；非国有企业营业收入 10183.6亿元，占 42.53%。但在营业收入增速方面，国有企业同比下降 0.9%，相比之下，非国有企业营业收入增速较快，同比增长 6.0%（见图 2-1）。

此外，全省 6284 户一级企业累计实现利润 1118.7 亿元，增长 9.1%。其中，国有企业累计实现利润 604.7 亿元，增长 2%；非国有企业累计实现利润 514 亿元，增长 18.8%（见图 2-2）。

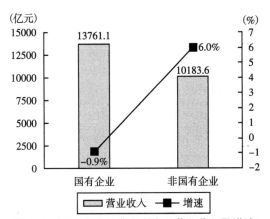

图 2-1 国有企业和非国有企业营业收入及增速

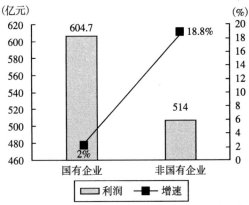

图 2-2 国有企业和非国有企业利润及增速

　　拥有较强资本实力、发展基础较为牢固的国有企业资本产出能力较强,但随着国有企业改革的深入开展,以及非公有制经济的迅速蓬勃发展,非国有企业凭借机制灵活、市场敏感度较高等优势展现出了更大的发展活力。

二、民营企业税收占全省税收总额的 2/3 以上

　　守法经营、依法纳税是企业的法律义务和责任。企业在发展过程中占用了一定的社会公共资源,因此,企业应当以其他形式对社会予以回馈和补偿,税收就是其中的重要途径。据河南省统计局发布的《2014 年河南省国民经济和社会发展统计公报》显示,2014 年,我省国税收入达到 1692.69 亿元,增长 8.2%;地方公共财政预算收入 2738.47 亿元,增长 13.4%,其中税收收入 1950.67 亿元,增长 10.5%。其中,民营企业税收贡献明显,据河南省工商联数据显示,我省民营企

业对全省 GDP 贡献达 71%，税收贡献达 60.5%，吸纳了 80%以上的就业。

第三章　社会关系的建立及维护

建立和谐的社会关系、营造健康的商业环境是企业经营发展过程中最为重要的责任之一，直接关系企业自身发展的可持续性，也是企业综合实力和责任意识的集中体现。企业应积极创造条件，促进社会就业；紧抓产品及服务质量，维护消费者利益；提升自身信用等级，营造公平竞争环境；积极引领供应链责任建设，共筑可持续商业生态圈。

本次调研显示，我省企业社会关系模块得分 81.60 分（满分 280 分），得分率为 29.14%，仍有较大的上升空间。企业需进一步提升责任意识，在社会关系的建设和维护方面再接再厉。

一、民营企业在拉动就业方面表现较为突出

就业问题关乎经济和社会的和谐发展，企业是促进就业的重要组织力量。2014 年，河南省城镇新增就业 144.2 万人，同比增长 0.7%，失业人员再就业 48.64 万人。本次调研显示，777 家样本企业中，2014 年新增就业岗位的企业有 343 家，占比为 44.14%。在经济下行的压力下，我省企业依旧尽己所能地为拉动就业贡献力量。从"新增就业率"指标得分上看，我省国有企业得分为 5.11 分（满分 30 分），民营企业得分为 6.37 分（见图 3-1），相比之下民营企业在拉动就业方面为我省做出了较大贡献。

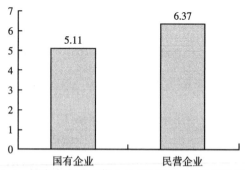

图 3-1　国有企业和民营企业"新增就业率"指标得分

同时，调研数据显示（见图 3-2），2014 年，我省第三产业（得分为 7.95 分）和第一产业（得分为 7.93 分）提供了更多的就业机会，在拉动就业方面比

第二产业（得分为 5.19 分）表现突出。

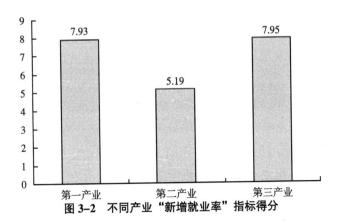

图 3-2　不同产业"新增就业率"指标得分

二、制造业质量管理得分最高

2014 年，习近平总书记在河南调研时提出"要推动中国制造向中国创造转变、中国速度向中国质量转变、中国产品向中国品牌转变"。为贯彻落实"三个转变"要求，企业严把质量关，建立完善的质量管理体系，全方位保障并提升产品质量及安全。

本次调研中，过半数（55%）企业开展了质量管理体系认证工作，"质量管理体系"指标平均得分为 11.02 分（满分 20 分）。参与调研企业数量最多的五个行业中，制造业"质量管理体系"指标得分为 15.34 分，处于领先地位；紧随其后的是建筑业和农林牧渔业，得分均在平均分以上；房地产业、批发和零售业得分较低（见图 3-3）。

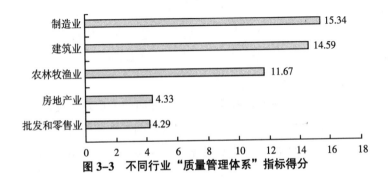

图 3-3　不同行业"质量管理体系"指标得分

三、民营企业创新实力有待加强

专利是科技成果商品化的法律保障，可以有效地保护企业产品的市场占有率和竞争力。企业的专利成果数越多，在一定程度上体现出其产品研发及创新实力相对较强。

本次调研的企业中，55.6%的国有企业拥有专利成果，"专利成果"指标得分为 11.11 分；民营企业中有专利成果的只占 23.3%，得分为 4.67 分，与该指标满分（20 分）相差较远（见图 3-4）。因此，我省民营企业应加大科研创新力度，增强科研创新实力，推动企业走上创新发展的道路。

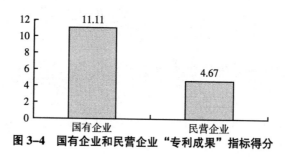

图 3-4　国有企业和民营企业"专利成果"指标得分

四、为客户提供良好的售后服务已成为企业共识

完善的售后服务是维护消费者权益的重要保障。建立全面的售后服务制度，从专业化、规范化角度为消费者提供满意的服务，是企业售后服务成熟完善的重要标志。

本次调研中，85%的国有企业表示建立了完善的售后服务制度，"售后服务制度"指标得分为 17.04 分（满分 20 分）；民营企业的这一比例达到 96%，指标得分为 19.04 分。我省企业在售后服务制度的建立方面都较为积极，尤其是民营企业，在建立健全售后服务制度、为客户提供良好的售后服务方面已形成普遍共识。

相比之下，国有企业在消费者满意度调查方面的表现好于民营企业。调研的国有企业中有 1/3 都开展了满意度调查，满意度调查指标得分为 12.59 分（满分 20 分）；民营企业中开展客户满意度调查的占 51%，指标得分为 10.11 分，略低于国有企业（见图 3-5）。

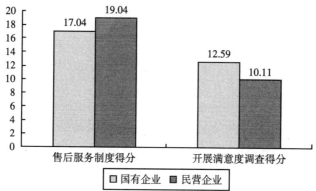

图 3-5　国有企业和民营企业"售后服务制度"和"开展满意度调查"指标得分

五、我省企业应继续提升纳税信用等级

税收信用体系建设，是促进依法纳税、提升社会诚信意识、营造优良信用环境的重要举措。一个企业的纳税信用等级综合反映了企业的纳税守信程度，我省对纳税信用等级为 A 级的企业提供了一系列优惠政策；相反，对失信企业则在多方面进行约束和限制。

2014 年度全省符合纳税信用评级条件的纳税人共计 161747 户，共评出纳税信用 A 级纳税人 12571 户。本次调研的 777 家企业中，纳税信用等级为 A 级的企业有 163 家，约占 20.98%，"纳税信用等级"指标得分为 5.27（满分 25 分），整体上仍有较大的上升空间。其中，有近一半的国有企业纳税信用评级为 A 级，该指标得分为 12.04 分（见图 3-6）；民营企业中仅有 20% 的企业为 A 级，指标

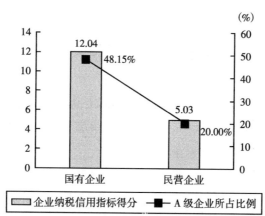

图 3-6　国有企业和民营企业"纳税信用"指标得分及 A 级企业占比

得分为 5.03 分，可以民营企业应更加规范自身纳税行为，积极配合纳税信用等级评定工作。

六、企业成立越久越注重供应链的社会责任

供应链的健康运转关乎企业的生产运营，供应链当中涉及的环境、安全、劳工等社会问题，将会影响企业发展的商业环境以及可持续发展。企业有必要对供应链的社会责任工作进行监督和审核，在促使供应链重视责任能力建设的同时，确保企业所在商业生态圈的良性运转。

本次调研结果显示，有 309 家企业表示会对供应链进行社会责任审核。从企业成立年限来看，企业成立越久，"供应链社会责任审核"指标的得分越高（见图 3-7），说明企业对供应链社会责任的重视程度随着企业的发展不断提升。

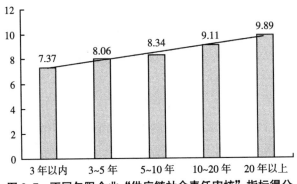

图 3-7　不同年限企业"供应链社会责任审核"指标得分

第四章　和谐劳动关系

构筑和谐劳动关系，是推动经济发展、维护社会稳定的基础和前提。河南作为人口大省，构建和谐劳动关系，对我省经济发展、社会稳定意义重大。中小企业是我省经济建设的重要力量，也是构建和谐劳动关系的主要组成部分，然而，当前，我省中小企业劳动合同签订率、社保参保率及民主管理水平普遍较低，成为我省构建和谐劳动关系亟须破解的难题。

本次调研显示，我省劳动关系模块得分 74.69 分，得分率为 37.35%，在六大板块中得分率仅次于社区指标。我省企业在劳动用工方面的责任表现虽相对较好，但仍有进一步提升的空间。

一、民营企业用工规范程度有待加强

企业劳动用工规范主要体现在与员工依法签订劳动合同、缴纳社保方面。在本次调研中，国有企业"劳动合同签订率"和"社会保险参保率"指标的得分分别为 21.11 分、17.78 分（满分均为 30 分），民营企业这两项指标的得分分别为 16.47 分和 10.44 分，两者均低于国有企业，说明我省民营企业在规范劳动用工方面还有待进一步加强和完善（见图 4-1）。

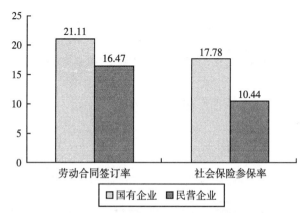

图 4-1　国有企业和民营企业"劳动合同签订率"、"社会保险参保率"指标得分

二、劳动用工得分与企业资产规模呈正相关

企业资产规模大，资本实力雄厚，则在吸纳人才和规范管理方面更有优势。本次调研显示，随着企业资产规模的增大，签订劳动合同和缴纳社保的企业比例均呈增长趋势。其中，资产规模在 10 亿元以上的大型企业劳动用工表现相对较好，"劳动合同签订率"、"社会保险参保率"指标得分均处于首位，分别为 22.16 分及 18.34 分，相比之下，资产规模较小的企业在规范劳动用工方面稍显欠缺（见图 4-2）。

三、制造业安全、培训制度及员工体检制度得分最高

保障员工的健康安全是企业最基本的责任。企业通过建立完善的安全管理体系，进行安全培训，能有效防范影响员工健康安全的问题和隐患。在参与本次调研企业数量最多的五个行业中，制造业在安全制度建设和安全培训方面表现最

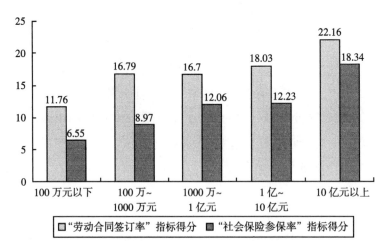

图4-2　不同资产规模企业"劳动合同签订率"、"社会保险参保率"指标得分

好，"安全制度"和"安全培训"指标得分分别为 8.58 分和 6.75 分（满分 10 分）（见图 4-3）。

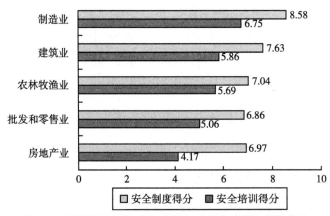

图4-3　不同行业"安全制度"和"安全培训"指标得分

在员工体检方面，制造业也处于领先地位，"员工体检制度"指标得分 6.67 分（满分 10 分），建筑业紧随其后，得分 6.37 分（见图 4-4）。建筑业和制造业相比其他行业，存在的健康、安全风险较大，在完善安全制度、进行安全培训及建立员工体检制度等方面的防范措施相对较为全面。

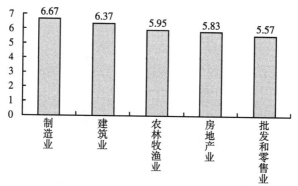

图4-4　不同行业"员工体检制度"指标得分

四、国有企业及股份有限公司民主管理得分较高

职代会制度是经过长期实践检验、行之有效的企业民主管理制度，对于开展企业民主管理工作、营造良好的工作氛围具有重要的推动作用。本次调研显示，约有一半以上的企业（50.19%）都建立了职代会制度，"职代会"指标得分为5.02（满分10分）。其中，国有企业该指标得分为7.41分（见图4-5），民营企业得分为4.93分。与民营企业相比，国有企业在民主管理制度方面较为完善。

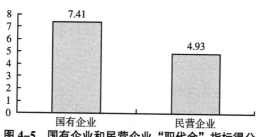

图4-5　国有企业和民营企业"职代会"指标得分

不同类型企业在建立健全职代会制度、完善企业民主管理方面有所差别。在本次调研的企业中，股份有限公司建立职代会的比例较高，该指标得分为6.61分，其次是合资企业，得分为5.33分，独资企业民主管理得分相对较低，仅为3.29分（见图4-6）。

第五章　环境保护责任

近年来，我省环境质量状况堪忧，全国空气质量排名靠后，环境治理任重而道远。2014年，我国通过了史上最严《环保法修订案》，进一步强化了企业污染

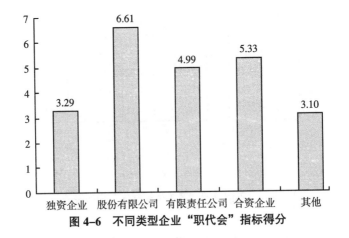

图 4-6 不同类型企业"职代会"指标得分

防治的责任，加大了对环境违法行为的法律制裁，拉开了全社会环保攻坚战的序幕。同年，我省围绕推进生态文明和建设美丽河南的主题，在全省范围内开展了"整治违法排污企业，保障群众健康"环保专项行动。一年来，在全省各界的不断努力下，环境质量状况有所改善，但生态环境保护形势依然严峻，与国家考核要求和人民群众的期望还有很大的差距。

本次调研结果显示，我省企业环境责任模块的得分为 38.29 分，得分率仅为 25.53%，与其他责任指标相比得分率较低，仅高于管理指标的得分率。我省企业亟待加强环境责任意识，提升环境履责能力，将环境保护切实融入自身可持续发展战略中。

一、企业环保投入明显增加

淘汰落后产能、优化产业结构是高耗能、高污染企业转型升级，实现战略性转变的必由之路。2014 年企业在内外部双重压力下，不断加大对节能环保领域的投入，创新节能环保技术。据本次调研统计，在 777 家企业中，2014 年有环保投入的企业为 345 家（见图 5-1），比 2013 年增加 13 家；环保投入金额共计 401338.48 万元。

二、企业环境体系认证得分偏低

建立环境管理体系是企业开展环保工作的重要保障，对于规范企业环境管理行为、减少环境污染具有指导意义。环境管理体系认证是对企业在环境管理方面达到国际水平的证明，在本次调研结果中，我省企业在"环境管理体系认证"指

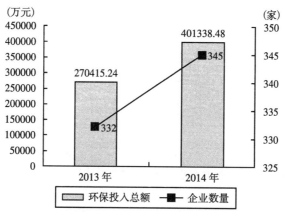

图5-1　2013年和2014年企业环保投入情况

标上平均得分为5.20分，与该指标满分20分相比得分较低，因此建立并完善环境管理体系，提升环境管理水平，是当下企业应予以重视并解决的问题。

其中，按企业性质来看，国有企业得分为11.11分（见图5-2），远高于平均分，民营企业仅为4.99分。因此，民营企业在实现经济增长的同时，应加大环境管理力度，建立系统的环境管理体系，为企业可持续发展提供保障。

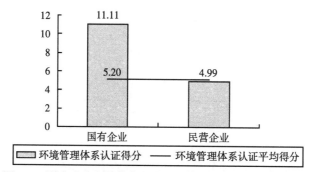

图5-2　国有企业和民营企业"环境管理体系认证"指标得分

此外，从企业成立年限来看，企业在"环境管理体系认证"指标上的得分与企业成立年限呈正相关关系（见图5-3）。随着成立时间的增长，企业在环境管理方面的意识随之增强，能够更为主动地参与相关认证。

三、节能减排行为受到企业重视

节能减排是企业促进转型升级的重要内容，是企业可持续发展的重要突破口。调研结果显示，在777家样本企业中，有742家企业在一定程度上采

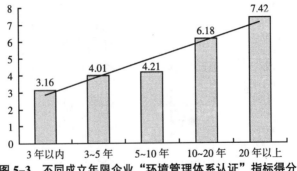

图 5-3 不同成立年限企业"环境管理体系认证"指标得分

取了节能减排措施。企业"节能减排"指标平均得分高达 19.10 分，几近于满分 20 分。

将调研企业按产业进行分类，显示第三产业在节能减排指标上的得分为 18.30 分（见图 5-4），略低于第一产业（19.72 分）和第二产业（19.45 分）。这与第三产业的企业性质有关，因为第三产业以服务业为主，涉污企业较少。

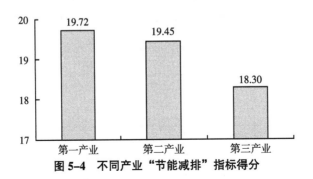

图 5-4 不同产业"节能减排"指标得分

需要强调的是，这里的评分只考虑企业是否有节能减排行为，偏重于对企业节能减排意识的考察，其结果不代表企业的实际节能减排效果。

四、供应链的环境表现成为企业采购时考虑的因素之一

企业对其供应链的环境管理和约束，是企业可持续发展理念和环境责任感在原材料采购过程中的体现。目前，我国仅有 38.34% 的企业已经形成较为完善的绿色、可持续发展理念。本次参与调研的企业中，60.87% 的企业表示在采购过程中会考虑供应商的环境表现，"供应链的环境管理"指标平均得分为 12.18 分（满分 20 分）。

从行业类型来看，调研企业占比最多的五个行业中，建筑业"供应链的环境管理"指标得分最高，为 14.59 分（见图 5-5），制造业紧随其后。

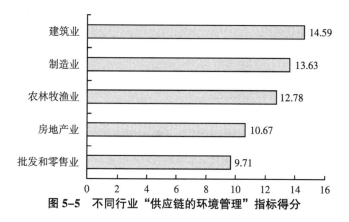

图 5-5　不同行业"供应链的环境管理"指标得分

第六章　公益慈善

企业在发展壮大的同时，有责任也有必要兼顾社会效益，通过参与公共活动、投身公益慈善，身体力行地推动社区发展。其中，积极投身公益慈善是企业承担社会责任的重要表现，也是当下多数企业较为重视的履责方式。2014 年 12 月，国务院印发《关于促进慈善事业健康发展的指导意见》，该文件的出台将更好地指导、规范和促进企业慈善事业的发展。

本次调研结果显示，公益慈善模块得分为 77.25 分（满分 170 分），得分率为 45.44%，在六大责任模块中得分率最高。我省企业在公益慈善方面表现较为突出，大部分企业都能够主动地参与到社区建设中来，积极投身公益慈善事业，在创造经济价值的同时兼顾社会效益。

一、六成以上企业积极投身慈善事业

在参与调研的企业中，2013 年共有 485 家企业有公益慈善捐赠行为，占被调研企业的 62.42%，捐赠总金额为 47419.2 万元；2014 年，有公益慈善捐赠行为的企业增长到 500 家，占被调研企业的比例增加到 64.35%，有捐赠行为的企业数量相对 2013 年增长了 3.1%，捐赠总金额也达到了 49243.7 万元，增加了 1824.5 万元（见图 6-1）。由此可见，我省慈善事业发展势头良好，越来越多的企业开始关注并投身慈善事业，捐赠行为日趋普遍化，捐赠规模也呈现整体上升趋势。

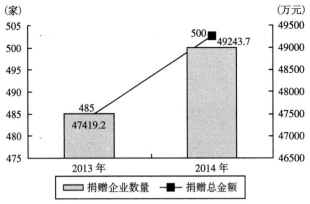

图6-1　捐赠企业数量与捐赠总金额情况

二、民营企业是捐赠主力

2014年，我国国有企业捐赠额占年度捐赠总额的20.99%，民营企业捐赠额占年度捐赠总额的40.43%，民营企业是我国捐赠领域的主力军。本次调研显示，我省民营企业在"慈善捐赠"指标上的得分为11.64分（见图6-2），国有企业为7.79分，与全国捐赠趋势基本相同，民营企业在我省亦是慈善捐赠的主要力量。

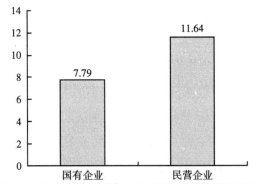

图6-2　国有企业和民营企业"慈善捐赠"指标得分

三、扶贫是企业捐赠的主要领域

从捐赠领域上看，我省企业捐赠领域较为多元，在扶贫、教育、助残、环保、科学文化、救灾等诸多领域均有涉及。其中，扶贫是企业进行慈善捐赠的主要领域。

调研数据显示，在扶贫领域进行捐赠的企业数量最多，2013 年为 337 家，2014 年为 344 家；其次，在教育领域有捐赠行为的企业 2013 年为 311 家，2014 年为 316 家，在有捐赠行为企业中的占比也在六成以上（见图 6-3）。

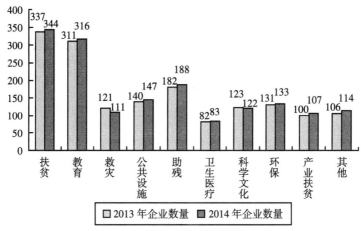

图 6-3　企业捐赠领域分布情况

四、企业参与社区建设热情高

企业与其所在社区之间的关系是相辅相成的，作为社区的重要成员之一，企业有责任也有义务发挥并增强自身的公民价值，支持所在社区的发展，为营造良好的社区环境而努力。本次调研评分显示，96.78% 的企业都发起或参与过解决本地社区实际问题的行动，积极为社区发展贡献自己的力量。调研企业的"社区共建"指标平均得分为 24.20 分，该指标满分为 25 分。

从企业性质上看，民营企业"社区共建"指标得分为 24.30 分（见图 6-4），国有企业为 21.30 分。民营企业相较国有企业而言，经营领域更多元，经营形式也更灵活，与社区的联系更加密切。这里该指标得分仅以企业是否参与社区建设为准，不涉及活动或项目的大小、规模和效果。

需要注意的是，无论企业成立年限的长短，企业在"社区共建"指标上的得分都较高（见图 6-5），说明企业从成立之初就十分重视社区建设，并将其贯穿于企业成长的各个阶段。

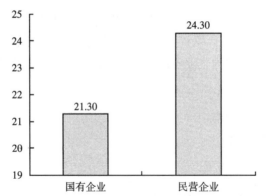

图6-4　国有企业和民营企业"社区共建"指标得分

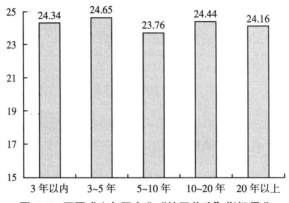

图6-5　不同成立年限企业"社区共建"指标得分

五、企业家及企业领导人积极参与社会事务

企业家或企业领导人在致力于企业发展的同时，积极参与社会事务，在政府组织或行业协会等机构担任社会职务。本次调研显示，有684家企业的企业家或企业领导人担任社会职务，占到样本总量的88.03%，"企业家社会职务"指标的平均得分为20.85（满分25分）。

从企业性质来看，国有企业和民营企业在担任社会职务方面表现得都较为积极主动，国有企业"企业家社会职务"指标得分略高于民营企业（见图6-6）。

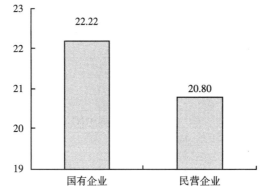

图 6-6　国有企业和民营企业"企业家社会职务"指标得分

六、企业员工志愿服务工作有待加强

《国务院关于促进慈善事业健康发展的指导意见》中提出"鼓励开展形式多样的社会捐赠和志愿服务",党的十八届三中全会特别提出"支持和发展志愿服务组织",从国家层面大力推动志愿服务的开展。企业志愿者作为志愿服务的一支主要力量,是志愿服务发展壮大的有力支柱。

本次调研发现,在接受调研的 777 家企业中,组织开展员工志愿者活动的企业只有 220 家,占比为 28.31%,相比有慈善捐款行为的企业来说,显得动力不足,"员工志愿者"指标满分 30 分,参与调研的企业平均得分仅为 8.94 分;从产业方面来看,第三产业企业得分较高,为 10.22 分(见图 6-7)。

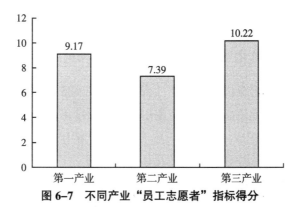

图 6-7　不同产业"员工志愿者"指标得分

此外,从整体趋势上看,随着企业资产规模的增大,"员工志愿者"指标得分随之提升(见图 6-8)。

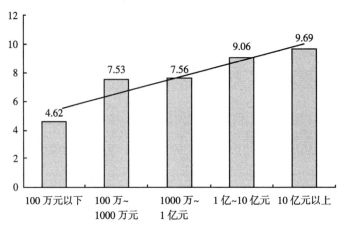

图 6-8　不同规模企业"员工志愿者"指标得分

第七章　社会责任管理

社会责任管理体系是确保企业履行社会责任，使企业良性发展的一系列制度安排与组织建设。强有效的社会责任管理，能够更好地推进企业社会责任工作，是企业实现可持续发展的有效路径。在经济新常态的时代背景和企业社会责任立法的促进下，企业社会责任管理已成为企业管理领域的一项重要议题。

本次调研结果显示，我省企业责任管理模块得分为 4.5 分，得分率为 6.24%，在六大责任模块中得分率最低。我省企业社会责任管理建设水平整体偏低，完善企业社会责任管理体系，提升社会责任管理的专业化水平是我省企业在今后发展过程中亟待解决的问题。

一、社会责任组织建设水平有待进一步提升

完善的责任管理组织机构是企业社会责任得到有效履行的基本保障。本次调研结果显示，在参与调研的 777 家企业中，仅有 292 家企业成立了社会责任管理机构，所占比例不到四成（见图 7-1），这一定程度上表明我省企业内部的社会责任组织建设水平整体较低，尚处于起步阶段。

从企业社会责任组织建设的专业化程度来看，我省企业所建立的责任管理机构以兼职为主，缺乏专职机构。在设置有社会责任管理机构的 292 家企业中，有 263 家企业成立了兼职社会责任管理机构，仅有 29 家企业成立了专职社会责任管理机构，占所有调研企业的 4%（见图 7-1）。

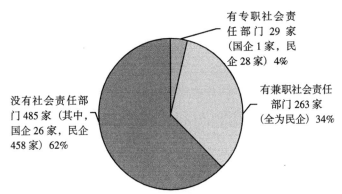

有专职社会责任部门 29 家（国企 1 家，民企 28 家）4%

有兼职社会责任部门 263 家（全为民企）34%

没有社会责任部门 485 家（其中，国企 26 家，民企 458 家）62%

图 7-1　河南省企业社会责任部门设置情况

从企业成立年限来看，企业社会责任管理机构的设置率随着企业成立年限的增长而增加（见图 7-2）。这表明随着企业的不断发展壮大，企业社会责任组织的建设程度及其专业化水平逐步提升。同时也从侧面说明企业社会责任管理组织机构的建设对企业持续发展有促进作用，并越来越引起企业的重视。

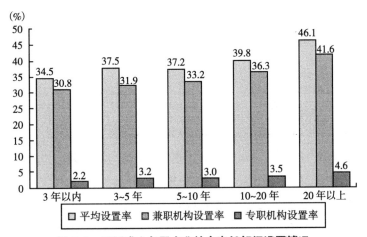

图 7-2　不同成立年限企业社会责任部门设置情况

注：设置率=设置责任管理机构的数量/企业总数。

二、社会责任管理制度有待进一步完善

管理体制是保证企业决策正确的主要因素。机构完整、权责明确、运转高效的社会责任管理制度是企业社会责任得到有效履行的基本保障。

本次调研结果显示，2014 年我省调研企业中，仅有 30 家企业建立了社会责

任管理制度，占比为 3.9%，"社会责任管理制度"指标平均得分仅为 1.60 分（满分 25 分）（见图 7-3），这表明我省企业社会责任管理制度建设的整体水平偏低，社会责任管理制度有待完善。

另外，从企业性质来看，国有企业在社会责任管理制度建设方面表现略好于民营企业，国有企业得分为 6.40 分，民营企业得分仅为 1.50 分（见图 7-3），低于企业平均得分。

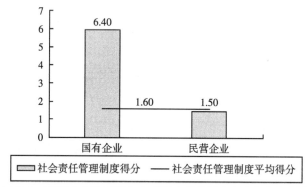

图 7-3　国有企业和民营企业"社会责任管理制度"指标得分

三、社会责任信息披露亟待加强

社会责任信息披露是企业遵守利益相关方共同体的规范、期望与契约的具体体现，也是企业获取利益相关方诉求，从而改进社会责任实践的重要方式。社会责任报告是企业对自身责任理念与责任绩效的系统信息披露，发布社会责任报告已经成为企业自身发展的必然选择与内在需求。

本次调研结果显示，2014 年我省调研企业中，仅有 50 家企业发布了社会责任报告，所占比例不到一成，"社会责任报告"指标平均得分仅为 1.62 分（满分 25 分）（见图 7-4），这说明我省企业社会责任报告的发布水平偏低，企业社会责任信息披露亟待加强。

数据显示，我省国有企业比民营企业略为重视社会责任报告的发布，国有企业社会责任报告发布率为 74%，民营企业仅为 4%，民营企业应注重社会责任报告的发布，加强社会责任信息披露。

此外，从企业社会责任报告质量来看，我省企业社会责任报告质量较差，规范性有待加强。本次调研结果显示，在发布报告的 50 家企业中，仅有 6 家企业

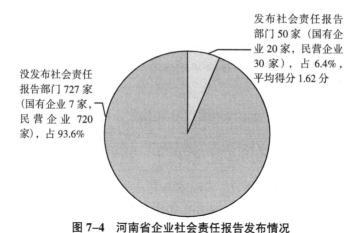

没发布社会责任报告部门 727 家（国有企业 7 家，民营企业 720 家），占 93.6%

发布社会责任报告部门 50 家（国有企业 20 家，民营企业 30 家），占 6.4%，平均得分 1.62 分

图 7-4　河南省企业社会责任报告发布情况

的报告通过了第三方审验和认证，报告审验和认证得分仅为 1.5 分。

第八章　主要发现及建议

一、主要发现

1. 企业社会责任总体水平不高，亟待进一步加强

2014 年，中国经济步入新常态，河南经济运行总体平稳，并呈上升态势。2014 年，河南省 GDP 总量居全国第五，在中部六省中位居第一。

与经济发展势头形成对比的是，河南企业社会责任发展水平相对落后。本次调研发现，我省企业社会责任履行情况总体欠佳，在满分 1000 分的社会责任评分体系中，企业平均得分仅为 308.9 分。企业对社会责任的认知度不高，实践力不强，企业社会责任建设工作还需政府、行业组织、企业以及社会各界共同大力推动，使我省在经济实力得到提升的同时，发展的科学性亦得到增强。

2. 履责基础薄弱，责任管理水平偏低

建立社会责任管理组织和制度是增强企业社会责任感推动企业落实责任实践的基础保障。我省企业在社会责任管理理念和建设上仍处于起步阶段，在经济责任、责任管理、社会关系、劳动关系、环境责任和公益慈善六大模块中得分率最低，仅为 6.24%。

责任管理直接关系到企业社会责任的实践水平，因此，我省企业在提高社会责任认识的同时，应当注重提升社会责任管理水平，找到一条社会责任与企业经营融合的路径，实现经济发展，兼顾社会效益。

3. 环境责任表现欠佳，环境保护任重道远

《2014 年河南省环境状况公报》中指出，我省 18 个省辖市中有 14 个为轻污染，全省平均霾日数 41.3 天，比常年偏多 9.6 天，比上年偏少 4.8 天。总的来看，全省环境质量状况有所改善，但生态环境保护形势仍然严峻。

本次调研发现，我省企业环境责任分数较低，得分率仅为 25.53%，企业在节能增效、资源循环利用和低碳能源使用方面表现不佳，节能减排仍停留在意识层面。

4. 社会责任报告发布数量少，社会责任信息披露不足

2014 年，我国企业社会责任报告发布数量又现井喷，但我省企业对于社会责任报告的编制和发布一直以来都显得较为冷淡。从 2010 年起，我省工业经济联合会会同有关省级行业协会和省辖市区工经联每年发布社会责任报告，但企业的参与热情不高，发布报告的数量较少。

在本次调研的企业中，披露过社会责任信息的只有 100 家，其中以国有企业和上市公司居多，主要原因是国有企业和上市公司有社会责任信息披露方面相对硬性的规定和要求。已发布的报告中，很难见到规范且内容丰富的报告，大多数报告质量较差，内容实质性不强，信息披露不完整。

5. 企业积极投身公益慈善，推动社区建设贡献大

企业的发展离不开社会。我省大部分企业在取得经济效益的同时，都能够自觉主动地参与到社区建设中来。本次调研结果显示，企业社区指标在六大指标模块中得分率最高。一方面，我省企业通过拉动就业带动社区发展，大力投身公益慈善事业；另一方面，企业领导及企业家积极参与社会治理，为社会发展建言献策。

二、建议

目前，河南企业社会责任工作整体处于起步阶段，对责任理念的认知不足，责任实践的推动亦缺乏动力，需要政府、社会、企业共同努力，营造良好的社会责任舆论氛围，逐步形成全社会的责任共识，打造多元共促的社会责任发展格局。

（一）政府层面

1. 建立符合河南省情的社会责任制度体系

立足我省发展状况，参照国家及其他省市有关社会责任的制度和标准，在我省建立起一套符合省情的社会责任制度体系，依法促进企业履行社会责任。从制度层面形成对企业履行社会责任的鼓励和约束，建立社会责任奖惩机制。通过税收优惠、优先采购等政策扶持，以及评选表彰、媒体通报等方式对负责任的企业进行激励；同时，采取限制评选、建议警告、取消优惠措施等方式对不负责任的行为进行惩罚。

2. 开展专项行动，搭建交流平台

以和谐劳动关系构建、诚信体系建设等专项活动为抓手，在社会责任的关键领域和薄弱环节强化社会责任建设，推动企业社会责任水平的提高。组织开展社会责任培训、专题研讨，搭建社会责任网络平台，举办与社会责任相关的交流学习活动，邀请企业领导共商共议，传播企业社会责任理念和实践经验，提升企业的履责意识和能力。

3. 探索园区责任建设新模式

大力推动产业集聚区提质转型、创新发展，将推动入驻企业社会责任建设纳入工作重点，在经济发展和社会责任建设上都发挥出园区的集群效应。园区管委会以政策手段提升企业责任意识，推动企业增强社会责任绩效；建立园区管理机构、企业、社会的社会责任交流平台，促进履责资源的共享和经验的传播。通过园区的社会责任集中建设，形成社会责任试点，总结经验，以点带面，最终带动整个地区的社会责任发展。

（二）社会层面

1. 行业协会引导企业责任建设

行业协会应更好地承担企业与政府之间进行沟通的桥梁和纽带作用，协助政府制定和实施行业发展的相关规划；充分结合行业自身的责任诉求和核心议题，提出建议供政府和企业参考。寻找符合行业实际的责任推进路径，选准推进行业社会责任建设的方法；积极开展多种活动，如社会责任理论培训、企业间的参观学习、国内外优秀企业案例分享等，号召企业积极投身社会责任建设工作。

2. 专业组织助力责任发展

专业组织应发挥自身优势，为企业提供培训、知识普及、咨询等服务，协助企业建立并完善社会责任工作体系，规范企业社会责任信息披露内容及方式，并为企业的社会责任达标评估提供专业评审服务。同时，专业组织也应积极开展社会责任相关研究，不断提升自身在社会责任方面的专业能力，积极跟进国内外最新的研究成果，从而为企业提供更加专业和有效的服务。

3.新闻媒体营造责任氛围

新闻媒体应发挥广泛的宣传效力，加大对企业社会责任理念、优秀责任实践、社会责任活动的传播力度，营造良好的社会责任舆论氛围；加强对企业履行社会责任的舆论监督，曝光企业不负责任的实践，以舆论压力促进企业积极履行社会责任。同时，广大媒体也应紧跟时代，不断用先进的责任理念和意识武装自己，确保报道的公正性以及舆论导向的正确性，从而更好地为社会责任传播和发展保驾护航。

（三）企业实践

1.深化责任理念，促进责任融合

增强社会责任意识，结合国情、企业所在行业特点及企业自身的经营特点，将社会责任理念融入企业战略和日常运营中，实现社会责任与企业经营的有机融合，推进责任建设工作，更好地领会社会责任的核心及关键内容，逐步明确企业自身的社会责任范围和主要议题，避免认识和实践误区。实现从管理层到基层员工充分认识社会责任对企业可持续发展的重要意义，将社会责任理念和要求融入企业各个职能体系。

2.借鉴成功经验，发挥专业优势

积极参加社会责任实践、社会责任传播等的交流、培训会，学习借鉴标杆企业的优秀经验；参照相关社会责任评价标准对标查找问题，以评价促改进。同时，企业应紧密结合专业优势，强化社会责任实践的战略性、可复制性以及可持续性，将创新思想纳入社会责任实践，强化社会责任实践的经济效益，并努力提升社会责任实践的环境及社会效益。

3.加强信息披露，沟通创造价值

企业应响应社会对信息披露的诉求，充分认识社会责任报告的价值，积极发布高质量的社会责任报告。全面、客观、完整地披露企业社会责任绩效、社会责任做法以及取得的效果，让社会责任报告成为与利益相关方及全社会进行沟通的重要方式，提升企业的透明度，获得相关方的了解、认同和支持。同时，企业也应丰富沟通内容、形式和渠道，如采取问卷调研、利益相关方研讨会、微博、微信等形式，最大程度地开展与利益相关方的沟通，助力打造企业良好的社会形象。

后 记

　　《河南省企业社会责任研究报告（2015）》一书由河南财经政法大学河南经济伦理研究中心、中国人民大学伦理学与道德建设研究中心（教育部百所重点人文社会科学研究基地）、河南省经济伦理学会组织撰写。《河南省企业社会责任研究报告》（拟定每年度一本）是河南财经政法大学河南经济伦理研究中心推出的重大特色项目，也是河南省高等学校哲学社会科学应用研究重大项目——《新常态下河南省上市公司企业社会责任研究》（编号：2016-YYZD-02）的阶段性成果。项目历时一年半，其间经过项目前期的理论考证、国内外尤其是河南省企业社会责任建设实践的梳理、选择评价参照体系、企业调研、问题讨论、撰写初稿、企业反馈等阶段，最终形成《河南省企业社会责任研究报告（2015）》这一研究成果。

　　《河南省企业社会责任研究报告（2015）》一书由四部分组成，分别为总报告、理论篇、实践篇、附录。具体分工如下：总报告（乔法容、黄卫华），理论篇（马书臣、张新宁、乔楠），实践篇（依企业排序分别是：周林霞与刘武阳、王文超、李培林、吴俊、李青霞、郑卫丽、马越、郦平、李涤非、王莹、许贵阳、冷元元、郑铮）。全书由主编、副主编撰写大纲、选择评价标准体系等，最后由主编统稿、定稿。

　　《河南省企业社会责任研究报告（2015）》一书主要研究2014年度河南省企业社会责任的履行情况、政府的制度和政策引领、社会各方推动、企业的社会责任实践与创新等内容，于2015年推出，之后将陆续出版。这是河南省第一本较为系统地研究河南省企业社会责任理论与实践的著作。由于是首部著作，在资料收集上存在一定的难度，所以该书以上市公司为研究对象和典型个案，依据公司年度业绩报告和我们的调研数据来开展研究工作。

　　《河南省企业社会责任研究报告（2015）》一书是河南财经政法大学河南经济伦理研究中心推出的具有河南特色的重大应用研究成果。该项目的团队是在河南省经济伦理研究中心专兼职人员基础上组建的，绝大多数成员具有教授、副教授、博士等职称和学位，还有 3 位获得国家级、省级专家荣誉称号的学者。该中心系河南省高校人文社会科学研究重点基地，近三年评估获得优秀等次。中心有省级重点学科——哲学一级学科支撑，河南省经济伦理学会、教育部百所重点研究基地——中国人民大学伦理学与道德建设研究中心企业伦理研究所均挂靠与设置在该中心。在中国人民大学伦理学与道德建设研究中心主任葛晨虹博导的指导和大力支持下，在河南省经济伦理学会的直接协助下，由河南财经政法大学河南经济伦理研究中心具体组织该书的研究与写作任务。2015 年暑期是该研究最紧张的调研写作时期，团队成员在学校党委副书记马书臣教授、乔法容教授、周林霞教授等带领下，冒着酷热，奔赴企业实地考察、调研、访谈。我们了解到一些企业在践行企业社会责任方面不断探索与创新，面对矛盾与问题勇于破解与承担。同时，也知悉一些企业在履行社会责任方面存在的认知弱项、机制障碍等。这些在该著作中得到了较为系统和充分的反映，也为日后的研究奠定了良好基础。万事开头难，首部著作只是开端，缺陷与不足会不同程度地存在，我们将在认真总结、借鉴中不断提升课题的研究质量与水平，更好地为河南企业以及中国企业健康发展提供可以参考的思路与建议。因为，我们有一种认识：在经济全球化大趋势日益深化与拓展的历史进程中，中国企业社会责任的履行状况将在很大程度上影响着企业的可持续发展甚至命运。党的十八届五中全会提出的"五大发展理念"，关乎中国改革全局，也与企业发展息息相关，与企业社会责任工作紧密相连。我们愿在推动企业承担社会责任的征途中，出一份心智，尽一份责任，相信企业与社会的和谐将会助力中国梦、中原梦的早日实现。

关于本书排序，也做简要说明。2015 年 7 月 8 日，《财富》（中文版）发布 2015 年中国 500 强排行榜，所依据数据为上市公司在各证券交易所正式披露的信息。其中，中国石化集团公司居第 1 名，故在本书"实践篇"中将中国石化洛阳分公司排在第 1 位；将豫系上榜企业中的安阳钢铁股份有限公司（198 位）、河南神火煤电股份有限公司（222 位）、神马实业股份有限公司（324 位）分别排在第 2~4 位。2014 年 11 月，中商情报网发布《2014 年河南省上市公司价值排行榜》，本书"实践篇"按这个排行榜，将河南汉威电子股份有限公司（3 位）、华兰生物工程股份有限公司（6 位）、河南羚锐制药有限公司（12 位）、三全食品股份有限公司（15 位）、新天科技股份有限公司（19 位）、河南森源电气股份有限公司（23 位）、风神轮胎股份有限公司（28 位）、中信重工机械股份有限公司（49 位）排在第 5~12 位。中原环保股份有限公司在本书"实践篇"中暂列第 13 位。

在本书即将付梓之际，对支持与帮助我们工作的领导与朋友深表感激之情。感谢首次入选本书的 13 家企业，正是你们的奋斗与创造成全了该书；感谢中国人民大学伦理学与道德建设研究中心葛晨虹教授以及各位导师长期以来对企业伦理研究所工作的指导与帮助；感谢河南省企业社会责任促进中心主任、河南省经济伦理学会副会长林彬的大力支持，也感谢他在推动我国与河南省企业社会责任工作方面所做出的突出贡献；感谢河南财经政法大学对我们课题组的有力支持；感谢学界诸位学者，你们的研究成果正是我们借鉴和思考的思想资源，引用处已在著作中一一标出。

在此，特别要感谢经济管理出版社的领导和编辑同志，正是你们的鼎力支持和无私帮助，才使本书得以顺利出版。

作 者

2015 年 11 月于河南郑州